编 高中语文教材

选择性必修课文教学微设计

总 主 编： 洪方煜

本书策划： 郭吉成

本书主编： 郭吉成

参编人员（以姓氏笔画为序）：

王　惠　王建军　方香椿　朱崧源　华伟臣　江　海

孙元菁　吴　敏　应　健　张　颖　陈爱娟　陈梁飞

周　刚　胡奇良　侯小娟　姜志超　姜建华　徐成辉

黄小伟　黄黎莲　曹　静　谢　虎　詹　鑫　颜佩文

统稿审稿： 郭吉成

浙江工商大学出版社
ZHEJIANG GONGSHANG UNIVERSITY PRESS
·杭州·

图书在版编目（CIP）数据

统编高中语文教材选择性必修课文教学微设计 / 洪方煜总主编；郭吉成主编．—杭州：浙江工商大学出版社，2022.3（2024.9 重印）

ISBN 978-7-5178-4882-0

Ⅰ．①统… Ⅱ．①洪… ②郭… Ⅲ．①中学语文课—教学设计—高中 Ⅳ．① G633.302

中国版本图书馆CIP数据核字（2022）第043620号

统编高中语文教材选择性必修课文教学微设计

TONGBIAN GAOZHONG YUWEN JIAOCAI XUANZEXING BIXIU KEWEN JIAOXUE WEISHEJI

洪方煜 总主编　郭吉成 主编

策划编辑　杨　戈
责任编辑　童江霞
责任校对　李远东
封面设计　沈　婷
责任印制　包建辉
出版发行　浙江工商大学出版社
（杭州市教工路 198 号　邮政编码 310012）
（E-mail：zjgsupress@163. com）
（网址：http：//www. zjgsupress. com）
电话：0571-81902049，88831806（传真）
排　　版　杭州朝曦图文设计有限公司
印　　刷　杭州宏雅印刷有限公司
开　　本　787mm × 1092mm　1/16
印　　张　19.25
字　　数　444 千
版 印 次　2022 年 3 月第 1 版　2024 年 9 月第 3 次印刷
书　　号　ISBN　978-7-5178-4882-0
定　　价　68.00 元

前 言

2017年底，教育部正式颁布了《普通高中语文课程标准（2017年版）》(以下简称“课标”)，并要求于2018年秋季开始执行该课标。2020年秋季开始，全国普通高中统一使用教育部统编版高中语文教材，高中语文教学从此进入了一个新的教学历程。

新课标、新课程、新教材给我们的课堂教学带来了新的教学方式和新的教学思考。面对着这“新”的课堂形态，我们需要用积极而理性的姿态去迎接它、拥抱它，因为这是一种态度，也是一种理念。从理性的角度来说，要真正去实践落实新课程理念，首先要思考的是教师如何去设计新课程背景下的课堂教学，让教学设计真正体现课堂教学方式和学生学习方式的转变。

“课标”是学科对党和国家教育方针的具体化，它是一门学科实施教育教学（含备课、教学、辅导）所必须遵循的指导性文件。因此，在进行学科教学前，教师必须清楚地了解本学科课标的内容，领会课标的思想，并在具体的教学设计和教学过程中加以实施和落实。因为教学设计关乎整个课堂教学的走势，影响教学目标的达成。实践新课标背景下新教材的课堂教学，需要有新课程理念指导下的课堂教学设计。教材是教师用来教学、学生用来学习的。无论是什么版本的教材，编写的首要依据是课标。从这个意义上说，教材是学科课标的具体化。因此，课堂教学设计也必须在教材维度下进行。也就是说，在新课标的背景下，我们使用的是统编版普通高中语文教材，那么，我们就必须考虑如何在统编教材这一维度下进行教学设计，尊重教材，落实教材要求，体现教材思想。

正是鉴于以上的考虑，我们编写了这本《统编高中语文教材选择性必修课文教学微设计》，目的是通过“课文教学微设计”传达我们编写者对普通高中语文新课标、新课程的认识与理解，一者期望与同行们一起交流对新课程新教材教学的认识，二者也想为同行们提供一些教学设计的参考性借鉴。

本书主要由课文提要、任务目标、预习任务、任务设计、课后任务等栏目组成。具体是：

1.课文提要：用精练的语言介绍与课文文本相关的资料，为学生学习课文提供必要的背景材料，同时对课文主要内容及表现手法做了简要的概述。

2.任务目标：针对单元导语、课后“学习提示”“单元研习任务”所确定的学习内容和活动内容，针对性地提出具体的学习任务目标，以明确学习方向。

3.预习任务：有针对性地设置了2—3项预习任务。预习任务课内外相结合，具有基础性、延展性、综合性的特点。

4.任务设计：围绕学习任务目标，根据确定的教学内容设计若干项学习任务，并对学习任务做出阐述。阐述的内容从两个层面考虑：一是任务活动方法、学习方法的指导建议，二是对任务内容理解的参考性建议。这里要注意的是，我们在设计时绝大部分课例是按一个课时设计的，但为了体现目标教学内容设计的完整性，也有少数几则案例可能需要两个课时，具体操作由施教老师自行决定。

5.课后任务：根据学习内容和能力要求，安排了1—2个课后学习任务。这些任务具有巩固性、拓展性、综合性和运用性的特点，并附有简略的参考答案。

为了让每一份教学设计都呈现出一个相对完整的教学过程，我们编写时不仅坚持了实用、可用、能用的原则，还考虑到了以下几点：

1.每一份设计都努力地体现课标理念、大单元设计思想，用好用足单元导语、课后“学习提示”和“单元研习任务”，体现教材的“这一篇”，使每一篇都能起到学习示例的作用。

2.以学科核心素养提升为基本要求，避免单纯的知识性问题的设计，努力做到“以项目化学习为载体”，将知识学习与实际运用融合起来，体现课标“在真实的语言情境中实现实践性自主学习”的要求。对于一些最为基础的内容，学生通过查阅工具书能自行解决的学习问题，如字音、字形、词意等在设计中均略去，按照课程思想和教材编写意图，重点突出“研讨”性问题的设计。

3.坚持学生自主学习的原则，充分考虑学情，每个教学设计都关注到不同层次学生的学习需求，每份设计都呈现学生学习思维阶梯推进的课堂逻辑思想。

4.因为是“微课例”设计，所以每份设计我们尽可能体现一个“微”字，尽可能抓住教材编者对某一篇课文所确定的教学内容，并删繁就简，从中选择一到两个点进行深入设计。

5.教学设计重视学生的活动，给每份设计都安排了必要的活动内容，并且通过具体的学习活动，推进学习的真实发生和学习思维的发展。

本书是浙江省郭吉成名师网络工作室集体合作、研究的成果，它凝聚了工作室全体学科带头人的心血。参与编写的编者均是浙江省各名校的老师，他们中间有特级教师、正高级教师、设区市名师及“浙派名师”培养对象等。具体参与本书编写的老师有王惠（安吉县高级中学）、王建军（浙江省诸暨市海亮高级中学）、方香椿（浙江工业大学附属德清高级中学）、朱崧源（嘉善高级中学）、华伟臣（仙居县城峰中学）、江海（台州市黄岩中学）、孙元菁（嘉善高级中学）、吴敏（乐清市知临中学）、应健（杭州市余杭第二高级中学）、张颖（浙江省舟山中学）、陈爱娟（绍兴鲁迅高级中学）、陈梁飞（玉环市玉城中学）、周刚（北京师范大学台州附属高级中学）、胡奇良（绍兴市高级中学）、侯小娟（杭州市余杭中学）、姜志超（浙江省诸暨市海亮高级中学）、姜建华（江山市清湖高级中学）、徐成辉（浙江省衢州第二中学）、黄小伟（苍南县三禾高级中学）、黄黎莲（浙江省象山中学）、曹静（浙江省杭州第七中学）、谢虎（温州市第八高级中学）、詹鑫（浙江省青田中学）、颜佩文（温岭市新河中学）。

特级教师、正高级教师洪方煜担任全书总主编。本书由省特级教师、省首批正高级教师郭吉成担任主编，并负责体例策划设计、统稿审稿等工作。

本书中所有案例均为原创。由于我们水平有限，书中的内容肯定会有许多不足之处，期望各位读者海涵，同时也期望读者在使用过程中多提宝贵意见，我们一定虚心吸纳，并在有机会再版时加以修正完善。

编　者

2021年11月15日

目录

第一部分　选择性必修上册

第二部分　选择性必修中册

第三部分　选择性必修下册

第一部分
选择性必修上册

1.《中国人民站起来了》教学微设计

【课文提要】

《中国人民站起来了》是毛泽东同志1949年9月21日在中国人民政治协商会议第一届全体会议上发表的著名讲话。它是中华人民共和国的开国文献，是中国历史大转折的科学总结，也是引领新中国发展的重要纲领性文件。

整篇讲话站在中华民族改天换地的历史节点，以此届政治协商会议为引线，回望过去，立足当下，展望未来，用无比高昂的姿态向全世界宣告“中国人民站起来了！”的伟大消息。讲话先介绍了会议的参与者，表达了对会议的渴望之情，说明了我们党的广泛团结；然后回顾了中国人民的斗争历程，畅谈中国革命的大好形势、本次会议的重要意义。在此基础上，毛主席展望未来，描绘新生国家的发展规划和民族振兴的宏伟蓝图，英明地阐释了中华人民共和国成立后的基本方针、路线和任务。整篇讲话可谓高屋建瓴、激情澎湃，充满鼓舞人心的自豪之气。

全文紧紧围绕“占人类总数四分之一的中国人从此站立起来了”这一中心，语言生动，结构严密，浑然一体。讲话中透着极强的理性，又有突出的情感表达，不仅通俗易懂、生动有趣，还具有宏大的气魄和振奋的力量，极具感染力。

【任务目标】

学习本课时，需要梳理清楚全文的讲话思路，理解毛主席如此安排讲话结构的用意，把握演讲词的文体特征；通过研习文本，理解“站起来”的特殊意义，体会其中蕴含的强烈自豪感；结合毛主席描绘的蓝图，感受时代青年在“站起来”中的历史责任，感受作品的万丈豪情，增强自己的使命意识。

本课的学习任务目标如下：

（1）围绕“中国人民站起来了”这一核心，梳理本文的演讲思路。

（2）结合具体的讲话内容，把握“站起来”的伟大意义和核心内涵。

（3）结合具体的讲话内容，感受讲话的充沛情感，体会文章的情感表达。

【预习任务】

1.查阅相关历史资料，了解中国人民“站起来”之前经历的艰苦卓绝的斗争和付出的可歌可泣的牺牲。

2.结合高一所学演讲词，进一步归纳演讲词的文体特征。

3.仔细阅读文本，梳理围绕“中国人民站起来了”，作者阐述了哪些具体内容。

【任务设计】

在博物馆举行的“复兴之路”展览中，有两张关于毛泽东的照片被放在了同一展区。其中一张是毛泽东在中国人民政治协商会议第一届全体会议上致开幕词的照片，另一张照片大家不是很熟悉，以下是有关该照片的文字介绍，请据此完成以下任务。

库尔班·吐鲁木，出生于新疆维吾尔自治区于田县托格日尕孜乡一个贫苦农民家庭，年轻时饱受封建地主的剥削和凌辱，亲人相继去世。1949年新疆和平解放后，库尔班·吐鲁木老人过上了幸福生活，多次萌发要到北京看望毛泽东主席的心愿并屡次骑着毛驴出发，均被人劝回，但他依然坚信只要他的毛驴不倒，他就一定能到北京，后被评为全国劳动模范，两次受到毛主席的亲切接见。

任务一：对话库尔班·吐鲁木

活动探究1：中国人民站起来了，那么，在站起来之前中国人民是怎样的生存状态？请看库尔班·吐鲁木——新疆戈壁滩上的一位野人，5岁时，由于地主的虐待，父母、兄长、姐姐相继去世，他成了一名孤儿。他没有房屋和土地，在地主家的羊圈里度过童年，在被压榨十几年之后，又被地主转卖，在芦苇滩和戈壁荒漠做了十年苦力；后逃亡戈壁，与妻子走失，开始了茫茫戈壁荒沟17年的野人生活。

面对逃亡的库尔班·吐鲁木，请从文中摘选一句话送给他，并说明理由。

任务阐述：百年屈辱史，水深火热的中国，让每一个中国人都蒙受了巨大的灾难。“或者是推翻这些敌人，或者是被这些敌人所屠杀和压迫”，面对民族的危亡，人们面前只有这样两种选择。库尔班·吐鲁木逃向茫茫戈壁，是一种无奈，是亿万中国人民面对压迫时苦难的具体表现。

学生们从文中摘选语句与库尔班·吐鲁木对话的过程，既是进一步熟悉讲话内容的过程，也是对历史进行回顾的过程。在不断的对话中，学生们会逐步理解毛主席着力论证的中国革命取得胜利的必然性，也更能感受全国人民面对胜利的无限喜悦和强烈自豪。

活动探究2：在本文中，毛主席给出了“二者必居其一”的选择，但这其实只有一种选择。请同学们相互合作，结合找出来送给库尔班·吐鲁木老人的具体语句，谈谈中国人民、中国共产党走过了一条怎样的革命道路。

任务阐述：中国人民、中国共产党在中国革命中付出了艰苦卓绝的努力，回顾这条革命之路，可以帮助学生们进一步理解这次会议在新中国成立时的重要意义，感受文中真切饱满的深情。本篇讲话稿以情动人，情从何起，这个背景需要我们做充分的把握。

任务二：致敬库尔班·吐鲁木

活动探究1：中国人民站起来了，那么，这一次站立和历史上每一个盛世王朝的站立有什么区别呢？请看库尔班·吐鲁木——解放后，他被巡逻士兵在戈壁滩发现并救回村子，分到了房子和14亩土地。“第一次种上了属于自己的土地，激动得睡不着觉”，他说。他精心耕作，喜获丰收，还被评为生产劳模。

2003年，新疆于田县建立了库尔班·吐鲁木纪念馆。纪念馆中下面这张“库尔班·吐鲁木和家人囤肥”的照片的解说词中有一句话选自本文，表达了对他们劳动的歌颂，请试着找出来。

任务阐述：中国人民站起来了，在这里，“站”是一个非常重要的概念。这一次，站起来的中国人民和以往的中国人民有什么区别？毛主席在讲话中关于这个问题的阐述是深入理解本文自豪之情的一个重要突破口。把握这个问题，便是立足演讲的当下，感受那时那刻中华民族的心跳！

学生们在寻找照片解说词的同时，也是在深入理解这篇讲话稿的一个核心问题——什么是中国人民政治协商会议，什么是人民当家作主。纪念馆中照片的解说词是“以勇敢而勤劳的姿态工作着，创造自己的文明和幸福”。学习时，可以认真品读这一句话所在的段落，从段落中不断出现的“我们”和一个一个的短句中，进一步把握每一个中国人心中难以抑制的喜悦，深入理解文章开头对全文定调的“渴望”一词的分量。一篇好的讲话稿要有共鸣点，要能与听众共振，而这一“站”，就是一个民族最大的自豪和最强的共振。

活动探究2：中国人民站起来了，还有一个“站多久”的问题需要思考。如何让中国人民永远昂首挺立在天地间？请看库尔班·吐鲁木——他的孙女成为克拉玛依油田的化工技术工人，投身祖国的工业建设；他的重孙女成为“辽宁舰”女士官，驻守祖国辽阔的海疆。

任务阐述：从库尔班·吐鲁木家人的故事里，我们感受到了每一个中国人的应承担责任和使命。一个民族应如何永远屹立在世界民族之林？毛主席在讲话中展望未来，从政治、经济、文化、军事各个方面为新生的中国作出了规划，这是对未来中国的强大信心，也是对每一个中国人民的殷切期盼。

学生在分析这一部分时，要联系自己的生活实际和所思所感，将自我融入宏大的历史背景中去，既要感受先辈的信念，也要发掘自己的力量。一篇优秀的讲话稿，要有升华点，让听众在听完后有明确的方向和十足的动力，在此，本文做了很好的示范。

任务三：讲述库尔班·吐鲁木

活动探究1：在学完本文之后，假如你是博物馆的志愿者，面对前来参观的中学生，你将如何向他们介绍"任务设计"开头介绍的两张照片？请设计介绍文字，并向你的同学讲解。

任务阐述：回到任务设计的原点，让学生进一步通过库尔班·吐鲁木的事迹，通过一个普通民众命运的改变来深入理解"中国人民站起来了"之于每一个中国人的意义，让讲话稿穿过岁月的烽烟，以更加鲜明具体、有血有肉的方式形象地呈现在学生们面前，帮助学生们更好地理解文章的内涵。

示例：亲爱的同学们，你们好，欢迎大家参观"复兴之路"特展。现在大家看到的两张照片，左边这张是毛主席在中国人民政治协商会议第一届全体会议上致开幕词的照片，这次会议可以说是中华民族复兴之路的起点。右边这张照片中，和毛主席亲切握手的老人叫库尔班·吐鲁木，他是新疆的一位普通农民。在战争年代，他被地主折磨，家破人亡、妻离子散。解放后，老人被解放军营救重回家园，便念念不忘要见毛主席表达谢意。他通过勤耕劳作，被评为全国劳动模范，获得去北京学习的机会，先后被毛主席接见两次，留下这张珍贵的照片。库尔班·吐鲁木不仅自己积极建设家园，还让其子女后人纷纷进厂参军，在各条战线上努力建设祖国。库尔班·吐鲁木老人的身上，折射的是一个普通中国人建设中国的热情，是每一个伴随中国走向复兴的老百姓的质朴光芒。

活动探究2：回顾课文内容，梳理围绕"中国人民站起来了"，作者阐述了哪些具体内容。

任务阐述：通过内容整理，对讲话内容进行回顾，进一步感受本文清晰的结构，明确面对听众时讲话稿在内容逻辑上的针对性。

示例：

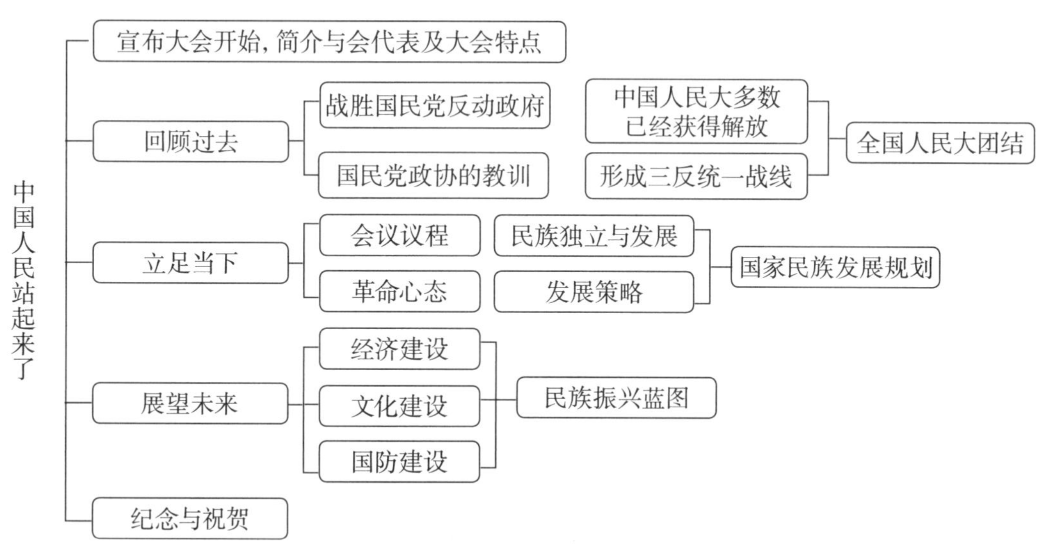

【课后任务】

今天，中华人民共和国已经走过了70多年的岁月，经历了从“当家作主站起来”到“改革开放富起来”再到“伟大复兴强起来”的历史征程。(1) 从你的所见所闻中，任选一个相关事件，概括事件内容，不超过20字。(2) 结合课文内容，对事件做简要评说，不超过150字。

参考答案：

(1)2020年，中国成为全球唯一经济正增长的国家。

(2) 正如文中所说，今天的中国是一个全国人民大团结的中国，我们能够渡过任何极端艰难的岁月，只要我们保持艰苦奋斗的作风，只要我们团结一致，我们就能在经济战线上迅速获得胜利。2020年，新冠肺炎疫情席卷全球，世界经济大衰退，全球陷入危急，只有敢为人先的中国人率先摆脱疫情的枷锁，昂首走向前方，中国的强大源于每一个中国人的不懈努力，源于每一个中国人对自我的严格约束，对国家强烈的责任感和对生活、对明天的热切期盼！

浙江省诸暨市海亮高级中学 姜志超

2.《长征胜利万岁》教学微设计

【课文提要】

回忆录是一段历史的真实写照，但又不像历史那样拘于形式和完备。它用第一人称以叙述、描写等手法回忆史实，真实形象地再现历史的本来面貌，表达作者的观点和倾向。因此，它兼有历史性和文学性的特点，融叙事、描写、抒情和议论为一体。

《长征胜利万岁》作为一篇关于长征的回忆录，节选自《杨成武回忆录》。它展示了中国工农红军长征的伟大壮举，记述了红军胜利到达陕北、在吴起镇伏击并歼灭敌军、召开全军干部会议等事件，表达了对长征胜利结束的欣喜和激动之情。文中毛泽东关于长征的论述，高度赞扬了中国共产党领导下的红军长征这一壮举，从理论高度评价了长征的伟大意义，坚定了红军指战员的革命信念，激发了他们对革命胜利的信心。

作为亲历者，杨成武将军选取了一些真实、热烈的具体场面描写和生动细致的细节描写来记录这一重大历史时刻，并融入饱含情感的议论和抒情，烘托胜利的来之不易，让读者能更好地融入历史的情境，感受红军将士对革命的坚定信念，为国为民不畏艰险、勇于牺牲的战斗精神，我们阅读时要多加体会。另外，文中多处引用了毛泽东关于长征的论述，朗读这部分内容，加深对长征伟大意义的理解。

【任务目标】

学习本课时，要立足回忆录这一文体的特征，结合历史背景，通过欣赏场面、细节描写与议论抒情相融合的叙事技巧，还原历史情境，体会将士们对长征胜利的欣喜和激动，从而领悟红军将士的乐观主义和永不磨灭的革命情怀。其中，毛泽东关于长征的论述部分是全文的高潮部分，可尝试用演讲的方式理解长征的伟大意义，弘扬长征精神。

本课的学习任务目标如下：

（1）品读“长征记忆”，学习本文宏大叙事的个性表达技巧。

（2）比较回忆录不同叙述笔调，感受历史情境中的革命情怀。

（3）了解长征，理解长征的伟大意义，传承长征精神。

【预习任务】

有条件的同学观看《长征》纪录短片，了解长征的背景和过程，明白“吴起镇”的独特意义，为更好地体会长征胜利的情感做准备。

认真阅读课后“学习提示”，在梳理概括全文主要事件的基础上，选择你感兴趣的“长征记忆”进行点评，以供课上交流。

毛泽东关于长征的论述部分是全文最激动人心的篇章，有感情地朗读毛泽东讲话部分，提炼归纳长征的伟大意义，并做好模拟演讲的准备。

【任务设计】

任务一：跟随红色足迹，品读“长征记忆”

活动探究：纪伯伦说，回忆是一种重逢。“吴起镇”成为杨成武将军对长征胜利最激动人心的回忆，我们也借由他的回忆重回长征岁月。请选择令你印象深刻的场景或细节描写进行品读、点评，谈谈你的认识和感悟。

事件	场面或细节描写	点评
抵达吴起镇	吴起镇披着灿烂的阳光在欢迎我们。我们在蓝盈盈的天空下，列队进入了这个镇子	灿烂的阳光、蓝盈盈的天空是环境描写也是作者独特的心理感受，烘托出其对抵达吴起镇那份激动兴奋之情。之所以激动，是因为他在长征途中历经千难万险，终于到达北上抗日根据地。只有亲身经历者，才能深切感受胜利来之不易，才会难抑激动，才能对当时的太阳和天空有如此独特的记忆
吴起镇战斗	“红军长途行军”“企图进入陕北会合刘志丹”这话都不假，但却是我们“相机包围”了蒋介石的骑兵，并把他们给歼灭了	缴获密电这个历史细节，本是蒋介石要集合兵力消灭红军，最后却被红军“相机包围”了，并被“歼灭了”，这几个“了”字表达了作者对胜利的无限自豪之感。吴起镇战斗是一次以少胜多、以弱胜强、以步兵战胜骑兵的战役，被称为“切尾巴战斗”，这个细节也从侧面展现了红军团结一心、英勇无畏的战斗精神
吴起镇会议	小平同志说：“关心一下宣传队的同志，给剧团的小鬼每人做套衣服怎么样？” “长征万岁！”会场里霎时升起欢呼声。“二万五千里长征万岁！”口号声此起彼伏	小平借布，尤其是“小鬼”这一独特的称呼，显示出红军领导的平易近人、对同志的关心和爱护。 “霎时升起”“此起彼伏”这两个细节描写，让人仿佛身临其境，感受到毛泽东讲话时那群情沸腾的场面，既表现了将士们对长征胜利的狂喜和激动，也从侧面展现了毛泽东无与伦比的领袖风采

任务阐述：课文篇幅较长，又存在年代隔阂，让学生在预习整体感知的基础上品读对长征的记忆，可以拉近与作品的距离，感性地体会将士们对胜利的激动和兴奋之情以及原因，感受红军将士身上的品质和精神，从而帮助学生更好地走进文字，领悟长征的精神。同时通过点评这一活动，也让学生学习宏大的叙事如何借助具体的场面和细节描写，使其鲜活生动。

任务二：比较叙述，感受革命情怀

活动探究：回忆录是历史的一段真实写照，但又不同于史实的客观，它带有非常强烈的个人主观色彩，不同的立场、个性、身份等都会影响他们在讲述、选材、表达、情感等方面的不同。阅读下面两篇回忆录的节选片段，比较两者在叙述上的同与异。

当然，战争不可能总是如此滑稽。事实上，每天都有人被炸断腿，头颅大开，胸部被打穿。我看到的人类痛苦不知凡几。我听说，德军让军乐队在战场上吹奏送葬曲，美国的作战部队中有坟墓注册处，但驻印军一切付之阙如。我们的死者，如果算得上埋葬的话，只不过在尸身上覆盖一层薄土。雨季时大雨冲刷新挖的墓地，凄凉的光景让路人也觉感伤。大多数的日军尸身横在路旁，无人闻问。我在中学时，曾经读过一篇反战文章，作者描述他曾躺在死人旁边，看到蛆在尸身上翻滚蠕动，我从没想过自己会亲自经历他的描写。在缅甸战场上，我有非常类似的体验，我还看到蚂蚁从死人身上搬走米粒。

——《黄河青山：黄仁宇回忆录》

战士们在一旁手里握着枪，眼睛紧盯着川里，从他们的神情可以看出，此刻谁都心里痒痒的，恨不得一下扑过去，将敌人彻底消灭。但是，这次是联合行动，必须听从统一指挥。我知道，现在两边山沟里，数百挺轻、重机枪都等着他们，只要一声令下，便可见到万马奔腾、千钧（jūn）雷霆之势。这时，我习惯地转过头去，看看后边阵地。

突然“啪！”山谷里响起了清脆的枪声。

刹（chà）时间，两边山沟里的轻、重武器一齐吼叫起来，两厢伏兵一齐杀了出来。敌人此时才知道进了我们的伏击圈，但已经晚了。我们一个迅猛突击，把走在前面的那个团打了个七零八落。受惊的马狂奔乱跳，敌人无法控制坐骑，纷纷从马背上跌落下来。有的腿还挂在镫（dèng）里，硬给马拖着跑了。敌人后边的三个骑兵团，阵势还没有摆定，一家伙就给他们自己的败骑冲散了。真是人喊马嘶，不打自垮。我们就这样轻轻松松地消灭了敌人一个骑兵团，打垮了敌人三个骑兵团。

——杨成武《长征胜利万岁》

任务阐述：《黄河青山：黄仁宇回忆录》是黄仁宇的一本回忆录。抗战时期，他曾作为国民党参谋兼记者到缅甸和印度参加对日作战，亲身经历了战争的残酷。他的立场和个性使他从人道主义的角度去看待战争中人的遭遇，这和杨成武作为长征的先锋团——红四团政委看待战争、描述战争形成了鲜明的对比。选取黄仁宇的这一段战场描写与吴起镇战役中的战场描写进行比较阅读，可以帮助学生更直观迅速地把握杨成武这一篇回忆录的独特之处，也能更深刻地体会特定历史情境下的革命情怀。

	《黄河青山：黄仁宇回忆录》片段	《长征胜利万岁》片段
同	第一人称，都注意细节描写和议论抒情相融合回忆自身经历的历史	
异	缺少宏大场面的描写，关注人在战争中的遭遇，充满悲悯情怀	点面结合表现宏大战争场面；关注战争过程，表现将士战斗的英勇、对敌人的蔑视，洋溢革命乐观主义，讴歌战争英雄主义

任务三：理解长征意义，弘扬长征精神

活动探究1：毛泽东对长征伟大意义的论述部分是全文的高潮部分，也是最激动人心的部分，他以富有激情和感染力的演讲在历史上第一次评价了长征的伟大意义，深深地感动和鼓舞了在座的红军将士。请以小组推荐的方式，选取其中一段进行模拟演讲。

任务阐述：作者引用毛泽东关于长征的论述，既旨在将我们对长征的感性认识提升到理论的高度，又向我们证明毛泽东的讲话十分富有感染力和鼓动性，几十年之后，作者依然句句在耳。因此这一部分非常适合进行吟哦诵读。歌德说："历史给我们的最好的东西就是它所激起的热情。"模拟演讲，以沉浸式体验的方式，一则再现历史情境，二则也加深学生对长征意义的理解。

活动探究2：为庆祝中国共产党建党100周年，吴起中央红军长征胜利纪念园准备在广场上立一条评价长征的标语。请再次朗读毛泽东的讲话，选出一句作为标语，并说明理由。

任务阐述：毛泽东讲话的核心句就是，"长征是历史纪录上的第一次，长征是宣言书，长征是宣传队，长征是播种机"。而这句话也是今天吴起中央红军长征胜利纪念园广场上竖立的标语，它精准又生动地评价了长征的伟大意义：开创历史、意志的胜利、粉碎敌人计划、扩大影响、肯定党的领导。真实的情境设置，避免单纯地提炼归纳长征伟大意义的死板单一，让学生连接现实，在运用中深入理解长征的伟大意义。

【课后任务】

1.从北斗环绕到嫦娥奔月，从神舟起航到天舟穿梭，中华民族的航天梦，承载的是中国人民"敢上九天揽月"的豪情壮志，而践行航天梦，助力它们起航的就是长征系列运载火箭。读了杨成武的《长征胜利万岁》，你觉得中国航天人将运载火箭命名为"长征"的原因是什么？

2.认识一支军队，从认识这支军队的将士开始。结合文本概括文中红军将士的精神品质。

参考答案：

1.长征作为中国革命历史上的著名事件，是红军为了革命胜利目标，克服千难万险，最终取得的阶段性的胜利，是意志战胜命运的奇迹，表现了为了自己的理想而牺牲奋斗与坚持到底的精神。而当时中国的航天事业从零开始起步，面临着巨大的困难，因而航天人以长征来命名火箭，意在发扬长征精神，表达要克服困难、最终取得胜利的决心。

2.①从经历重重困难取得长征胜利看出红军的坚忍勇敢。②从对苏维埃的情感看出红军对党的忠诚、对革命的信念。③从吴起镇战役看出红军有勇有谋、乐观而富有组织性。④从打土豪、灭民团看出红军一心为民。⑤从小平借布、开干部会看出红军上下齐心、团结友善、以大局为重。

温岭市新河中学　颜佩文

3.《大战的插曲》教学微设计

【课文提要】

《大战中的插曲》选自《聂荣臻回忆录》，它以朴实无华的笔触记述了在百团大战时，以聂荣臻为代表的晋察冀抗日军民，在残酷、激烈的战争环境中，本着人道主义精神救助失去父母的两个日本小女孩的事情。战后多年，这事成为中日人民友好的佳话。

作为回忆录，聂荣臻在追忆这一段往事时，还完整引用了当时写给日本官兵的一封信，并谈到中国军队宽待战俘的事，“不失时机地对敌军进行政治工作”。结合文本中他说的“这件事，不只是我一个人会这样做，我们的军队，不论谁，遇到这样的事情，同样都会这样做的”，显然，聂荣臻并不想通过这件事来表现自己的善良博爱，而是借此展现人民军队与人民战争的性质与影响。本文对人物的动作、心理等进行了细节描写，读来真挚感人；所引的信既义正词严，揭露批判，又贮满人道的坚守、人性的光辉，入情入理。这是中国革命的一段真实写照，具有历史、教育、文学等价值意义，并形象地解答了中国革命能够最终取得胜利的根本原因。

【任务目标】

学习本课时，要理清行文思路，理解题目中“插曲”的内涵，探究作者救助日本小女孩并致信日本官兵的深刻用意，并思考这个小小的“插曲”为何“成了中日人民友好的佳话”，领略革命家的风采，以及中国军人伟大的人道主义精神。

本课的学习任务目标如下：

（1）梳理行文思路，了解“插曲”的内容，把握回忆录的文体特征。

（2）鉴赏本文细节，把握鲜明的个人形象，思考作者寄寓的深刻用意。

（3）结合文本背景，探究“插曲”的意义，感受革命人道主义精神。

【预习任务】

1.认真阅读全文，概括情节，弄清全文的叙述顺序。

2.查阅资料，了解百团大战，思考日本小女孩得救的原因。

3.阅读相关资料，如姚远方的《日本小姑娘，你在哪里？》，探究本文的现实意义。

【任务设计】

任务一：照图梳理，理解人物

活动探究1：请仔细看这两张跨越40年的照片，《聂荣臻与美穗子（1940年）》与《1980年7月14日，聂荣臻在人民大会堂亲切会见美穗子》。阅读全文，向同学们介绍照片中的故事，并说说这个故事最触动你的地方。

图一

图二

任务阐述：借助照片梳理全文的脉络。首段回忆，引出故事；接着回到1940年，聂荣臻在战火中救助日本小女孩；聂荣臻派人送回小女孩，并写了一封信；40年后，长大成人的美穗子来中国谢恩；"插曲"成了中日人民友好的佳话。文章的叙述顺序是先倒叙，后顺叙。全文结构是"总分总"结构，首尾呼应。开头综述，引出"插曲"；结尾总结"插曲"的影响和意义。

触动"我"的地方：在炮火轰鸣、刀光剑影的战场中，救助无辜的小孩子就是很美好的事。战士们半天功夫就将孩子们安全送到了指挥所；聂荣臻将军亲自照料孩子们，拿梨子给大的孩子吃，并用勺子给她喂饭；女孩消除戒心，常常用小手拽着将军的马裤腿，十分依恋；战争结束，美穗子与聂将军在和平年代重逢，中日两国更是化干戈为玉帛。细节描写真实感人。

活动探究2：40年的光阴，英姿勃发的将军成了慈爱可亲的耄耋老人，幼弱羞怯的孤女长为纯朴善良的妇人，而他们的手握得更紧了。虽有时空之隔，但情谊更深。重逢并不容易，为什么当初聂将军要将日本女孩送还？

任务阐述：引导学生去细细品味作者的心理描写。聂将军收到前线请示后，他的想法就是，孩子是无罪的，应当很好地安置她们。对如何合理安排孩子们做分析时，他一切从孩子的身心健康出发，绝无半点儿显扬美名之意。

这两张照片及"将军救孤女"的故事让我们感受到聂将军是一位慈善仁义、和蔼可亲、宽厚细心的革命家，他的铁骨柔情超越国家、党派、阶级。

任务二：比较联读，探究深意

活动探究1：他们的重逢得益于姚远方同志的一篇文章《日本小姑娘，你在哪里？》。请结合这篇文章中的选段，谈谈你对课文中"这件事，不只是我一个人会这样做，我们的军队，不论谁，遇到这样的事情，同样都会这样做的，这是我们的政策，是我们军队的无产阶级性质所决定的"这句话的理解。

从战火中抢救儿童，这对人民军队战士来说，本来是平常的事，可这一次却有些不寻常了。因为抢救出来的，不是中国老百姓的孩子，而是两军对阵冲杀中的敌方儿童……

“这孩子呀，没爹没娘，好命苦呀！咱们不能不管！”

最先发话的是机枪班的老班长，一个沉默寡言的淳朴农民。他有个儿子，当放牛娃，在一次敌人搜山中为挣脱日兵追捕坠崖摔死。其余的战士，各人也有一本血泪账。但对两个无依无靠的日本孤儿，却动了怜爱之情。“孩子是没有罪的，砸锅卖铁也得养活她们。”全班下了决心。尽管当时部队还处于敌军炮火威胁下，尽管物质条件极端贫乏，战士们还是自愿挑起哺育孩子的重担。他们又是当爹又是当妈，笨手笨脚地为孩子张罗一切，把粗布军装改成小孩衣裳，把玉米面煮成糊糊，一勺一勺地喂给孩子，一次一次地给孩子端屎端尿。战士的温存和怜爱，使孩子很快感到亲近，信任代替了恐惧，笑声代替了哭泣，小姐姐还用刚学来的汉话，叫八路军战士“叔叔”哩。

……

接连几个夜晚，两姊妹都住宿在这个山村的农舍里。一位慈祥的大娘搂着她们，同睡在一条土炕上，用自己的乳汁喂养小囡囡，不停地扇扇子给孩子赶蚊虫。姐妹俩听着中国妈妈唱摇篮曲：“小小叶儿哗啦啦，儿是娘心一朵花……”

——姚远方《日本小姑娘，你在哪里？》

任务阐述：从聂将军在文中所写的“我们的部队——三团一营的战士们救起了两个日本小女孩”“经过我们的医务人员及时抢救和治疗”“我和指挥所的几个同志，担心孩子在路上哭”等语句中可以看出，他并不想通过这件事来表现自己的善良博爱，而是借此展现人民军队与人民战争的性质与影响。

女孩们能得到救助，完全是整个八路军工作体系的成果，她们是被善良、正义、充满爱心、恩怨分明的战士们用自己有力的双手托举才到聂将军那儿。但凡有一人起了恶意，但凡战场枪火无眼他们没有全力护佑，女孩们随时都会遭遇死亡。这件事不是个别人发个善心就能办成的，这件事能够发生，是由人民军队的性质决定的。当然，还有一群善良、仁义的中国老百姓。为当时战火中每一位受过创伤却仍心怀慈悲的中国人点赞。

活动探究2：照片、回忆录是这段历史的真实写照。我们不仅借此认识历史真相，而且一再地被影像、文段中的革命者在残酷的战争中仍坚守人道主义所感动。但聂将军的回忆录很特别，中间完整引用了他写给日军的一封信，这封信还没有加封。请朗读这封信，谈谈你对此的理解。

任务阐述：写信是为了“不失时机地对敌军进行政治工作”，是革命家大局观的体现。

信中用词严谨，特别是“日阀”与“日本士兵及人民”这两个概念的区分，更是体现了革命家的远见卓识与广阔胸襟。对日阀的态度是严厉痛斥，对日本士兵及人民的态度是理解并团结，正是“对待敌人要像严冬一样残酷无情，对待同志要像春天般的温暖”，原则分明，至仁至义。

同时，表明中国人民战争的性质是为了民族独立，人民军队的性质是为人民谋幸福，是正义之师。这也是八路军战士会救助日本孤儿、抢救日本副站长、宽待战俘的根本原因。而正义必将战胜邪恶。

正如习近平总书记在庆祝中国共产党成立100周年大会上的讲话中说的那样：“中国人民是

崇尚正义、不畏强暴的人民，中华民族是具有强烈民族自豪感和自信心的民族。中国人民从来没有欺负、压迫、奴役过其他国家人民，过去没有，现在没有，将来也不会有。同时，中国人民也绝不允许任何外来势力欺负、压迫、奴役我们，谁妄想这样干，必将在14亿多中国人民用血肉筑成的钢铁长城面前碰得头破血流！”

任务三：打破隔阂，永留佳话

活动探究1：这两张照片非常有纪念意义。如果将其保存在同一个相框中，于抗日战争纪念馆展出，请你为其拟名，并说明理由。

任务阐述：打破时间、空间、国别的隔阂，追求其人其事的永恒意义。

示例一：插曲与佳话。理由：①战争的主旋律是充满血与泪的，这个插曲却如此温暖美好。②插曲虽小，但它折射出的美好人性是巨大的，是超越时空的；“插曲”如余音袅袅，绕梁三日，又如涓涓溪流，滋润心田。③从大战中的插曲变成中日人民友好的佳话，是爱好和平的两国人民的民心所向，对于当下，依然有重要的现实意义。

示例二：中日父女跨越40年的牵手。理由：①照片中都有“牵手”，这是一种温暖的传递。②“中日”表明国籍，“父女”表达他们的深厚情谊，聂将军值得美穗子这一声热泪盈眶的“父亲”。③跨越40年，中日从交恶走向和平建交，这种跨越十分艰难，却是大势所趋。希望两国人民都以史为鉴，世世代代保持友好关系。

活动探究2：2021年10月20日，“中日关系舆论调查”结果发布。其中，两国民众对对方国家好感度下降引发各方担忧。中国前驻日本大使程永华认为：中国民众对日本好感度下降，一方面是受疫情影响，面对面的交流减少；另一方面是中方接收到的日本对华姿态使得中国民众对日本好感度下降。针对这个问题，请小组交流，结合文本对此提出一个可行性建议。

任务阐述：将中国革命文化积极融入当代文化参与。

示例：重温历史，拒绝战争；多唱“插曲”，共筑美好；回顾中日建交，坚持邦交初心；互利合作，共建命运共同体；“情同与共，共享世界”。

【课后任务】

1.1980年，聂荣臻将军赠送给美穗子一幅《岁寒三友图》作纪念，他在画上亲笔题字——“中日友好万古长青”。请问，《岁寒三友》中的“松、竹、梅”有怎样的寓意？

2.2022年，中日将迎来两国邦交正常化50周年。请以“情同与共，共克时艰”为题，写一篇演讲稿，并在班级里交流。

参考答案：

1.松树严冬苍劲挺拔，梅花腊月盛开不败，翠竹四季常青如驻，象征着中日两国的友谊经得起考验。

2.略。

浙江省象山中学 黄黎莲

4.《别了，“不列颠尼亚”》教学微设计

【课文提要】

具有划时代意义的香港回归，是中华民族历史上的重大事件，尤其是1997年7月1日的交接仪式，备受世界瞩目。《别了，“不列颠尼亚”》是周树春等人记录香港回归事件的短消息，是当时众多报道中最别致的一篇。作者没有写交接仪式现场多么庄严，也没有写欢庆回归的人们多么激动，更没有只是突出中方的胜利和对英方的讽刺挖苦，而是选择了英方撤离这样一个角度，并且把末任港督乘英国皇家游艇“不列颠尼亚”号撤离香港这一事件放在一个历史的背景中，更加突出了这一事件的历史意义。

【任务目标】

学习本课时，要注意新闻消息的特点，关注特定新闻时刻及历史背景，并了解作者从细节角度展现历史与现实的时空转换技巧，感受寄寓其中的民族情感。

本课的学习任务目标如下：

（1）学习新闻的写作特点，了解探究新闻报道角度的规律。

（2）了解文中的新闻事实与背景材料，理解本篇新闻的写作特色，体会新闻作品的历史价值和现实意义。

（3）品味本文意味深长的语言内涵，感受文中表现出的国家尊严和民族自豪感。

【预习任务】

1.阅读文章，梳理文章的脉络，了解新闻六要素。

2.品味语言，找出文中的重点词语，体会作者的情感态度。

3.阅读新闻报道《中英香港政权交接仪式在港隆重举行》，对比同一事件不同的表述方式。

【任务设计】

任务一：梳理文本，了解新闻消息的特点

活动探究1：消息是新闻报道中使用最多的一种文体，它包括标题、开头、导语、主体、背景和结语六部分，其中，标题、导语和主体是必不可少的。速读全文，小组讨论本文具备消息的几

个要素、主体是以什么顺序来叙述事件的，并以思维导图的形式完成文章脉络梳理。

任务阐述：新闻消息叙述的内容比较具有概括性，以写事为主，本文包括新闻标题、导语、主体和结语，主体是以时间顺序来完成对整个新闻事件的叙述的。

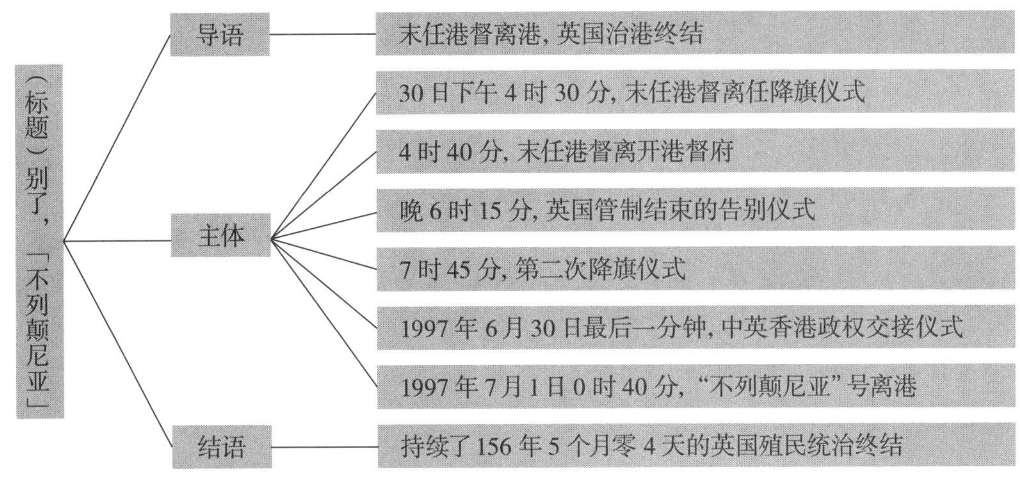

活动探究2：一般导语包含哪些内容？据此特点分析本文的导语部分包含的信息有哪些，举证说其对整篇文章的表达有什么作用。

任务阐述：导语概述了新闻的主要内容或事实，鲜明地揭示新闻的中心，传统的新闻导语一般遵循“5W+1H”的规律，即时间（When）、地点（Where）、人物（Who）、事件（What）、原因（Why）和结果（How）六要素，其中时间、地点、人物、事件是最重要的四要素。

本文导语部分交代了告别仪式的时间（When）、地点（Where）和英国末任港督（Who）撤离香港（What）。此部分首先点明标题，点明英国国旗降落后，查尔斯王子和港督彭定康将乘坐“不列颠尼亚”号回国，“不列颠尼亚”号将最后完成接载英国王子查尔斯和港督撤离的使命，这样就赋予了“不列颠尼亚”号以深层的意义；其次，揭示主旨，在香港飘扬了156年多的英国米字旗即将下降，香港即将回归。最后导语结束在时间上，为消息主体部分的时序顺序奠定基础。

任务二：细读文本，了解写作特色

活动探究1：新闻的主体，承接导语，阐述导语所揭示的主题，或回答导语中提出的问题，对新闻事实做具体的叙述与展开。它是新闻的主干，是典型材料主要叙述的地方，其内容必须具体、充实，与主题无关的内容要舍弃，次要材料要简略。其结构必须严谨，层次分明，安排层次主要以时间顺序、逻辑顺序以及时间和逻辑相结合的顺序，做到严密而有条理，活泼而不紊乱。

本文主体以时间为顺序，串联了六个场面，其中有三次写到了降旗仪式，是否重复？仔细阅读有关三次降旗仪式的内容，并分析三次降旗的意义，理解作者写降旗仪式时插入与之相关的历史与评述的用意。

任务阐述：不会，三次降旗代表三个仪式，第一次降旗是末任港督离任的降旗仪式。在“日落余音”的号角声中降下港督旗帜，标志着今后香港不再由港督来管治。第二次降旗是香港岛每天一次的降旗。这标志着被英国管治了156年多的香港终于回到了祖国的怀抱。第三次降旗是中英香港政权交接仪式上的易帜。这标志着英国结束了对香港的管治，中国从此恢复对香港行使主权。

活动探究2：新闻标题是新闻的眼睛，它提纲挈领，浓缩文义，具有简洁、准确、醒目的特点。请分析以《别了，“不列颠尼亚”》作为新闻标题有什么作用。

任务阐述：①主谓倒装，突出重点。起到强调作用，表明英国对香港殖民统治的终结，中华民族的胜利，能更好地表达情感，突出文章主题。②旧题新用，略有讽意。标题活用毛泽东于1949年8月18日为抨击美国的“白皮书”和美国政府扶持支持中国国民党发动内战的政策而写的《别了，司徒雷登》，“别了”，委婉的语气中略带一丝嘲讽。③一语双关，意味深长。一是反映现实场景，将新闻事件告诉大家，从字面上看，参加完交接仪式的查尔斯王子和末任港督彭定康乘坐皇家游轮“不列颠尼亚”号离开香港，“不列颠尼亚”号消失在南海的夜色中。二是具有象征意义，凸显新闻事件的新闻价值，“不列颠尼亚”号离去，象征英国殖民管治在香港终结，洗雪了中华民族历史上的一段耻辱。

任务三：对比阅读，理解内蕴情感

活动探究1：伟大的历史时刻，总会有很多的记录，当时关于“香港回归”仪式的新闻报道很多，同期的《中英香港政权交接仪式在港隆重举行》和本文的报道有何不同？

任务阐述：①标题形式不同。“中英香港政权交接仪式在港隆重举行”直接、明确，点明新闻的要素；本文标题一语双关，含蓄而耐人寻味。②视角不同。《中英香港政权交接仪式在港隆重举行》是从中方接管香港事务的角度进行的；本文是从英方撤离香港的角度来写的，既不会只写中方，又能完整反映英方撤离的情况，既没有对英方讽刺挖苦，又突出了殖民统治结束的象征意义。

活动探究2：历史事件的评述，立场不同，观点各异，请观看BBC电台关于香港回归的报道视频，对比视频中不同的细节展现，思考英方对此事件的态度，分析二者情感的不同。

任务阐述：(1) 本文以时间为顺序，主体通过六个时间点展现了这一重要历史时刻，并插入相应的历史背景来对照，在对比中体现了这一历史事件对国人的意义与展现的民族自豪感；BBC电台关于香港回归的报道视频，以倒叙的方式，先写了“不列颠尼亚”号驶离港口的场景，整个视频以彭定康为主要人物对象，配以略带低沉的音乐，突出了大英帝国殖民统治时代终结的伤感。

(2) 关于彭定康离开总督府，本文重点强调“皇家标志”“最后一次离开”，简洁明快地突出了对英国在香港殖民统治的终结、香港政权的回归的轻快心情；而报道视频强调了“他遵循传统坐车绕行总督府三圈，这是中国人的传统，代表着承诺‘我会回来’”，表现了大英帝国对香港回归的不甘之情。

(3) 结尾表达的不同。本文以“大英帝国从海上来，又从海上去”区区13个字结尾，运用对比手法，包含无穷意蕴。“从海上来”指当年不可一世的英国远征军凭借其坚船利炮强占了中国的领土，开始对香港进行殖民统治，当时是耀武扬威地来；“从海上去”指英国对香港殖民统治的结束，今天是默然地从海上去，文字显露了厚重的历史感，暗含着历史与现实的对比，呼应标题，暗含嘲讽，既含蓄地对殖民主义进行了无情鞭挞，又抒发了包括香港人民在内的中国人民的自信与自豪。报道视频是以“不列颠尼亚”号驶离港口，配以解说词“看着今晚在我身后航行的‘不列颠尼亚’号，很难想象英国人靠着木造船航行过半个世界的时代，那时候，香港是个荒凉寂寞的地方，英国人的帝国主义冒险最不可能发生于此，当时香港还没有成为大英帝国最有价值的战利品”结尾，把香港的繁荣昌盛当成自己的功劳，却对殖民的本质置之不理，对香港回归中国表示无比的遗憾和惋惜。

【课后任务】

1.阅读新闻通讯《落日》，这是1945年9月2日上午9时10分，日本签署投降协议，朱启平当日经历投降仪式后，有感而发写成的文章。对比本文，并回答问题：两者都是重大历史时刻的报道，它们（消息和通讯）各有什么特点？

2.有人说，“香港回归”是中华民族的一次胜利，但对香港采取“一国两制”“港人治港”没有实现香港主权的真正回归。你如何看待？

参考答案：

1.消息和通讯都是经常采用的新闻基本体裁，两者具有不同的形式和特点。①标题不同。消息是对新闻内容的形象概括，具有直接明了、富于变化的特点；通讯则多具新闻性、文学性、评论性的特点。②结构不同。消息程式性较强，形式简单；通讯较灵活，不拘于固定形式，创造性强。③语言特点不同。消息的语言简明概括，客观公正；通讯的语言详尽具体，富有情感。④表现手法不同。消息风格朴实，多用概括叙述；通讯富有文采，可兼用多种手法，融描写、议论、抒情等于一体。⑤时效性不同。消息对时效性要求严格；通讯由于对材料的要求比较严格，要求更详细、深刻、生动、典型，所以往往不如消息及时。

2.“一国两制”“港人治港”、高度自治是中国政府对香港的基本国策。从国家层面看，这一方式确保了香港以和平方式实现回归的目的，无缝交接，平稳过渡，和平实现了从英国殖民管治到回归祖国怀抱的历史变革，以最小代价铸就了国家统一大业的历史丰碑；从保障社会实现平稳的政治转型来看，与大多数新独立的前殖民地国家或地区难免经历动荡混乱的制度转型期不同，“一国两制”保障了香港在一夜之间回到祖国怀抱，成功确立和适应特别行政区制度，把社会动荡降低到最低限度；从有效恢复行使主权来看，“一国两制”确保中国对实行资本主义制度的香港恢复行使国家主权，严格依照宪法和基本法办事，有效行使对港澳的全面管治权；从历史和全局的视角考察，中国在实现整体发展的同时，也保持了回归后香港、澳门的繁荣稳定，这一方式开创了国家统一的和平方式与国家治理的崭新模式，向世界展现了中国智慧、提供了中国方案。

苍南县三禾高级中学　黄小伟

5.《县委书记的榜样——焦裕禄》教学微设计

【课文提要】

《县委书记的榜样——焦裕禄》是1966年2月7日由新华社撰稿、中央人民广播电台播发的一篇长篇通讯报道，同时刊登于《人民日报》。这篇通讯是时任新华社副社长的穆青带领周原、冯健两位记者，经过两年多的实地考察、访谈，深入县乡基层，采访群众干部，在掌握大量第一手材料的基础上，七易其稿撰写而成的。它记录了焦裕禄同志从1962年底来到兰考担任县委书记的470多天里，为改变兰考穷困面貌所做出的贡献，以及其去世后，兰考人民继续按照焦裕禄生前倡导制订的改造兰考自然蓝图艰苦奋斗，最终改变全县贫困落后面貌的奋斗历程，表现了社会主义建设时期党员干部的光辉事迹，谱写了干群鱼水深情的赞歌。

这篇新闻通讯是穆青倡导的“用散文笔法写新闻”的成功案例。他说：“可以不一定写导语；也可以不一定要有新闻根据；可以夹叙夹议，既有形象的细节描写，又允许有简短的议论和记者的感受；在选择角度的时候，既可以从领导角度来写，也可以从群众角度来写。突破了那些不合理的束缚以后，那一套令人生厌的新闻语言也可能随之改变了。”

【任务目标】

学习本课时，要结合当时兰考正经历“三害”，36万人民面临生存考验的历史背景，体会焦裕禄鞠躬尽瘁，积劳成疾，身患肝病仍带领群众封沙、治水、改造盐碱地，并取得明显成效的忘我奋斗精神，充分认识焦裕禄精神的现实意义和价值——正是他的牺牲精神才使兰考短时间内发生巨大变化，摆脱千年难改的困境。

拓展阅读其他相关的采用新闻、通讯访谈等实用性文体记录革命传统的优秀作品，联系生活实际和亲身见闻，以正确的价值观，深入理解其内容，学习其写作手法。

本课的学习任务目标如下：

（1）重温以焦裕禄为代表的社会主义建设时期党员干部科学求实、迎难而上的光辉事迹和无私忘我的奋斗精神，充分认识焦裕禄精神的现实意义和价值。

（2）学习新闻报道通过选取典型材料来表现人物精神和品格的方法。

（3）了解“用散文笔法写新闻”的方式。

【预习任务】

1.阅读课文，对照小标题，概括作者选取了哪些具体事例，思考这些事例具有怎样的典型意义。

2.从课文中撷取焦裕禄感人肺腑的话语，“以言见人”，体味其中的思想内涵和情感蕴藉。

3. 阅读其他有关焦裕禄的文章或观看相关影视作品，全面了解焦裕禄作为“榜样人物”的原貌。

【任务设计】

任务一：探究背景，理解人物

活动探究：研读课文并结合其他资料，了解兰考当时的实际情况，寻找寻焦裕禄忘我工作的主要原因和动力来源，以此理解焦裕禄工作的目的与意义。

任务阐述：兰考位于豫东平原，是黄河故道上有名的老灾区，九曲黄河虽在兰考境内只有25千米，但兰考却是历史上黄河决口最多的地段。1171—1949年的700多年间，黄河兰考段决口泛滥达140多次，兰考境内有迹可循的古道就有11条，断堤50多处。古道、断堤遍布全境，形成上百个风口，再加上整体地势低、地下水位高、盐碱含量高，使“风沙、内涝、盐碱”成为长期制约兰考经济发展的“三害”。风沙灾害，在兰考尤为严重，甚至“大风能把坟刮平，把棺材刮出来”。风沙吞噬良田和庄稼，多年来久攻不克。1962年春，狂风流沙打坏了20多万亩麦苗，秋天的特大内涝又淹坏了30多万亩庄稼，还有10多万亩禾苗被碱死，全县的粮食产量下降到历史最低水平，灾民背井离乡，大量外流。“党把这个县的36万群众交给我们，我们不能带领他们战胜灾荒，应该感到羞耻和痛心！”焦裕禄说。

焦裕禄精神所追求的价值目标是“实事求是，密切联系群众”和“全心全意为人民服务”。当年，他向人征求治理沙丘的意见时说：“服务群众的办法，还得从群众中找。”焦裕禄在总结群众经验的基础上，亲自主持和起草了治理“三害”的重要文件，找到治理“三害”的科学方法，制订实施步骤。他一贯执行“一切为了群众、一切依靠群众、从群众中来到群众中去”的工作方针，坚持走群众路线，他曾喊出“我是您的儿子”这样的话，来表达对人民的全部忠诚。

任务二：典型材料，彰显情操

活动探究：阅读课文，对照小标题，概括作者选取了哪些具体事例，思考这些事例具有怎样的典型意义。

任务阐述：真实的材料是新闻通讯的生命，怎样选取典型材料来表现人物的精神和品格是一篇新闻通讯能否产生震撼人心力量的重要因素。这篇通讯记录的时间是自焦裕禄到兰考上任的1962年冬天，到焦裕禄去世后一年左右的1965年春天；记录的空间覆盖兰考全县90多万亩土地、120多个大队，以及焦裕禄入住过的医院。这样的时间跨度和空间跨度，涉及的事情必然很多，如何取舍、组织就需要精心思考。最后我们看到的是焦裕禄站在激流中绘制洪水流向图，在严重灾害关头镇定布置工作，到许楼访问无依无靠老人，肝痛难忍依然坚持听取汇报，躺在病床上预见兰考新未来，住在医院仍然急切询问兰考人民抗灾斗争情况……这一个个典型而具体的材料，无不显示一名共产党员面对困难时的英雄精神，面对群众时的公仆情怀。焦裕禄勇敢乐观、无私奉献、廉洁奉公的高尚情操在这些典型材料中尤其令人感动。

任务三：以言见人，挖掘内蕴

活动探究：从课文中撷取焦裕禄感人肺腑的话语，“以言见人”，体味其中的思想内涵和情感蕴藉。

任务阐述：语言是人物内心世界的反映，是人物性格和思想境界的直接表现。通过品评人物的语言，可以揣摩出人物的心理活动和个性特征等，从而把握人物形象，感受人物魅力。这篇通讯在“以言见人”方面表现得非常突出。引子中记述焦裕禄下乡情况时，就大量记录了他的语言。见到沙丘，他说：“栽上树，岂不是成了一片好绿林！”见到涝洼窝，他说：“这里可以栽苇、种蒲、养鱼。”见到碱地，他说：“治住它，把一片白变成一片青！”转了一圈回到县委，他向大家说：“兰考是个大有作为的地方，问题是要干，要革命。兰考是灾区，穷，困难多，但灾区有个好处，它能锻炼人的革命意志，培养人的革命品格。革命者要在困难面前逞英雄。”三次“见到”，写出他所到地方之多；四次“他说”，表现出他的勇气和斗志。文中这样的语言描写还有很多，例如：“吃别人嚼过的馍没味道”“活着我没有治好沙丘，死了也要看着你们把沙丘治好”“病是个欺软怕硬的东西，你压住他，他就不欺侮你了”，表现出焦裕禄坚定的信仰、乐观的精神和务实的作风；“春天要安排一年的工作，离不开”“谈你们的情况吧，我不是来休息的”“你回去对县委的同志说，叫他们把我没写完的文章写完”，表现出焦裕禄不顾个人安危，牢记责任使命；“雨天，群众缺烧的，不吃啦！”“灾区群众生活很困难，花这么多钱买药，我能吃得下吗？”，表现出焦裕禄艰苦朴素、廉洁奉公、一切为了人民的品质。

任务四：散文笔法，撰写新闻

活动探究：1964年11月《人民日报》《河南日报》已发表过新华社河南分社记者写的焦裕禄的人物通讯，穆青还是觉得有重新采访、重新撰写的必要。同样的人、事，穆青等人写的这篇通讯与众不同，请和你的同学一起探究其“散文笔法”。

任务阐述：本文时间跨度从1962年冬直到1965年春，从焦裕禄来兰考上任、工作到他生病、逝世，再到次年春天兰考百姓祭奠他等；空间跨度从兰考县城、兰考火车站、各公社大队，到开封医院、郑州医院、北京医院等；所叙事情有焦裕禄到灾情最重的公社、大队了解灾情，和县委副书记交流，风雪夜召开会议，亲自带领“三害”调查队在风沙、洪水最厉害的时候去探源头搞调查，冬夜到许楼问寒，等等。这些事情多而不杂，每件事都有不同的代表性，并且都贯穿在一条“榜样”的思想主线之上。无论是作为一个领导干部时刻把百姓冷暖装在心上，视人民为父母的情怀，还是对自己严格要求，对同志柔风细雨的态度，无不凸显焦裕禄“榜样”的形象。这些正与散文“形散神不散”的特征相吻合。

为使文章生动，作者适时恰当地综合运用了多种表达方式。如文章开头用白描手法描绘灾区面貌，后面又用抒情笔触表达对焦裕禄的深情，“人们怎么会忘记，在那大雪封门的日子，他带着党的温暖走进了贫农的柴门；在那洪水暴发的日子，他拄着棍子带病到各个村庄察看水情”。文中还通过议论点明焦裕禄的精神及其意义，如“焦裕禄虽然去世了，但他在兰考土地上播下的自力更生的革命种子，正在发芽成长……他一心为革命，一心为群众的高贵品德，已成为全县干部和群众学习的榜样。这一切宝贵的精神财富，今天已化为强大的物质力量，推动着兰考人民在自力更生、奋发图强的大道上继续奋勇前进”，这些议论的运用，有力地表现了主题，使文章气势浩大，震撼人心。这也和散文运用多种表达方式来传情达意的特点不谋而合。

【课后任务】

1.观看电影《焦裕禄》，比较影视作品与新闻通讯在表现人物上的差异。

2.查阅资料或参观访问，搜集、积累家乡的爱国主义教育基地或革命历史遗迹，尝试写作一篇以“家乡英雄”为主题的新闻通讯。

参考答案：

1.影视作品是视觉艺术，它可以直接通过妆容、服饰等来表现人物的身份、性格、品质等，而新闻通讯是文学艺术，它必须依靠文字来表情达意；影视作品可以对事件进行适度的艺术加工，而新闻通讯重在真实性。据《穆青传》介绍：“第7稿改好，穆青再拿给吴冷西（时任新华社社长）看。吴冷西通过。穆青让人把稿子打出清样，寄给周原，让他带着稿子到兰考核对。一再嘱咐：‘必须保证全部事实绝对无误。’周原带着稿子到兰考，正赶上县委召开公社、大队、生产队三级干部大会。张钦礼（时任兰考县县长）拿着稿子在大会上念……在场两千多（名）干部哭成一片。最后除订正了几个人名、地点，大家都认为事实全部准确，一致举手通过。”

2.略。

浙江省舟山中学 张 颖

6.《在民族复兴的历史丰碑上——2020中国抗疫记》教学微设计

【课文提要】

《在民族复兴的历史丰碑上——2020中国抗疫记》是一篇综合报道，也是一篇工作通讯。

课文全方位回顾了2020年这场蔓延波及全国的新冠肺炎疫情，综合分析了中国人民抗击新冠肺炎疫情获得胜利的原因，深刻反思了抗疫斗争的深刻教训。课文共分为八节，第一节写了正是因为党中央的沉着应对和果断决策，带领全党全国各民族人民战胜了疫情（坚毅果敢、指路定向的领导力，上下同欲、万众一心的组织动员力，步调一致、令行禁止的执行力，三力并行，成为制胜法宝）；第二节指出中国特色社会主义制度具有强大的生命力和显著的优越性，这正是中华民族攻坚克难、迈向复兴的根本保障；第三节指出中国精神是中华民族共同的精神财富，是中华民族披荆斩棘、奋勇向前的力量之源；第四节表达对因疫情而消逝的生命的哀悼，这永远的创痛，让我们感悟生命的价值；第五节指出“科学防治”在克难攻坚中的重要作用；第六节反思我们在抗疫斗争中暴露出来的短板和不足，并提出以四个“必须”对现有问题做出改变；第七节指出大疫当前，唯有秉持人类命运共同体理念，全人类团结起来才能真正战胜疫情；第八节总结全文，疫情过后，中国重焕生机，苦难和磨砺都无法阻挡中华民族前进的步伐。这八节内容相辅相成，互为补充，从各个角度为读者回顾了这场伟大的抗疫斗争。

作者在文中并没有将笔力重点集中在某个感人事迹或英雄人物上，而是全方位、多角度地去思考、总结、反思这场抗疫斗争的价值和意义，因此，全文读来有一种历史的厚重感。此外，作者在行文时，大量引用名言、诗句，使得文章语言既含蓄隽永又深情澎湃，比如“浩浩长江水，巍巍黄鹤楼”“岂曰无衣，与子同袍”“科学的不朽荣誉，在于它通过对人类心灵的作用，克服了人们在自己面前和在自然界面前的不安全感”等，大大增强了文章的艺术感染力，需要我们关注。

【任务目标】

学习本课时，要注意梳理八个部分的主要内容，看看作者是如何进行多角度、分层次的综合报道的。在表达上，作者引用了大量名言、诗句和格言式的句子，使得文章既有一种典雅蕴藉之美，又可以更凝练直接地抒发饱满的情感，达到一种言有尽而意无穷的表达效果。

本课的学习任务目标如下：

（1）认真研读课文，能比较正确地梳理课文逻辑结构。

（2）学习写作技巧，学习赏析课文语言之美的方法。

（3）理解作品内涵，比较正确地领会崇高美的真谛。

【预习任务】

1.认真研读课文，为课文的每个部分拟一个小标题，标题要能概括该部分的主要内容。

2.以思维导图的形式，呈现课文的逻辑结构，说说各部分之间的关联。

3.从《在武汉》、《中国医生》战疫版、《人间世·抗击疫情特别节目》、《武汉战疫纪》等纪录片中任选一部进行观看，了解在抗疫过程中那些具体的英雄人物或感人事迹，体会悲壮雄浑的崇高美。

【任务设计】

任务一：对照阅读，梳理脉络

活动探究1：快速阅读全文，梳理文章逻辑结构，进行四人小组合作，并任选一种形式（思维导图或小标题）在班级展示预习成果。

任务阐述：课文篇幅较长，每一部分相对独立，需要找出文章内在的逻辑链，理清各部分之间的关系。在预习任务中布置了相关的阅读要求，我们在小组合作学习之后利用5分钟左右的时间进行班级展示。了解全文的行文思路将有助于我们对文章内容进行更深入的了解，也有助于我们理解作者的写作目的。

活动探究2：欣赏漫画家“陈小桃momo”的三幅热干面漫画，请从文中找出相应句子为漫画做注解，还原“中国抗疫”的过程。

任务阐述：设计这一活动的目的仍然是梳理文章的行文思路和脉络。

三幅漫画分别创作于2020年1月、3月和4月，漫画家用自己的画笔展现了英雄的武汉人民、伟大的中华民族是如何万众一心战胜疫情，迎来新生的。漫画与我们的课文是不同的表达方式，课文厚重博大，漫画直接明了，如果相互对照着来看，一定会有别样的收获。

文章虽然没有按照非常明晰的时间顺序来写抗疫过程，但是我们可以调整次序从而找到明晰的脉络来为漫画做注解。比如第三部分的“武汉加油！”，第一部分的“挺”，第二部分的“谢谢”，正契合三幅漫画的顺序。

当然，我们也可以选择一段话来注解一幅漫画。比如课文第一部分有一段非常感人的描写：“‘让党旗在防控疫情斗争第一线高高飘扬！’党中央一声令下，460多万个基层党组织、9000多万名党员迅速行动起来，成为抗疫中坚力量。从重症病房，到城乡社区，从工厂车间，到科研院所，到处都有共产党员冲锋陷阵的身影。人民解放军、公安民警、基层干部、社区工作者、志愿者，方方面面的力量汇集起来，共同铸就联防联控的钢铁长城。”这种画面是我们在疫情期间看到最多的画面，这段话也可以作为第三幅漫画的注解，漫画家特地将支援武汉的英雄们入画，展现了中华儿女团结一心、互帮互助的精神。

任务二：品读文字，体会崇高

活动探究：文章的语言颇为讲究，既善于引用或化用诗文典故、名言警句，也善于凝练整饬睿智的警句、金句，使得文章典雅厚重。选择一到两处，将你的心得体会记录下来，在文中对应之处做批注。

知识介绍：名言警句或金句指一些名人说的、写的、历史记录的、经过实践所得出的结论或建议，以及警世的比较有名的言语。心得体会是指阅读这些名言警句或金句后所写的感受性文字，因此要想写好心得体会，必须对你所摘录的名言警句或金句有独到的理解和深入的思考，可结合全文，去揣摩其在内容、结构、主旨等方面的作用，细细品味，必有收获。还可以结合自己的生活经验、情感体验来加以分析，一定会得到更有价值的思考成果。

任务阐述：在《普通高中教科书　语文　必修　上册》第六单元中，我们已经对撰写名言警句的心得体会有所了解。在本篇课文中，值得摘抄和撰写心得体会的名言警句有很多，虽然围绕名言警句谈心得是一个相对开放的任务，我们也不能就警句谈警句，将其与整篇文章割裂开，或者望文生义，生硬地进行解读。同时，任何经典的句子都不是放诸四海而皆准的真理箴言，我们要学会联系现实对这些名言警句进行与时俱进的诠释。

示例：我们从哪里来？从深重的苦难与磨砺。

我们向何处去？向着民族复兴的光明未来。

任何磨难都只能激发我们奋斗的力量。任何困难都不能阻挡我们前进的步伐！

心得体会：“我是谁？”“我从哪里来？”“我要到哪里去？”这人生三问似乎永远没有答案，但是伟大的中国人民，顽强的中华民族穿过历史的风风雨雨，发出震彻寰宇的怒吼：“我们从苦难中来，我们向光明而去！”一场疫情，成为新时代的最大考验，我们所有人团结在党中央周围，凝心聚力，众志成城，经受住了这场考验！中华民族从来不信奉什么救世主，当苦难和灾难到来之时，我们万众一心，积极自救，同时，当自身情况有所缓解时，人类命运共同体的理念又召唤我们尽己所能，为世界、为全人类做点什么。所以，我们的医疗工作者跨过千山万水，奔赴异国他乡；我们的医疗物资远渡重洋，被送到需要的人手上。这就是英雄的中华民族，五千年的风风雨雨，让我们的脚步迈得更加沉稳更加踏实，当我们战胜了一次又一次的困难之后，民族复兴的丰碑上必将镌刻上一个又一个感人的故事！

任务三：激情演讲，歌颂崇高

活动探究：课文引用了学者卡尔·齐默的名言——“我们生活的历史，其实就是一部病毒史”。在漫长而悲壮的与疫病抗争的过程中，人类付出了太多沉重的代价。而我国抗击肺炎新冠疫情为何能取得重大胜利，课文告诉了我们答案。

请根据课文内容任选角度，以《为________唱一首赞歌》为题，进行班级内的主题演讲，表达你对此次疫情抗击战的理解和认识。

展示形式：四人小组进行推荐，每组选出一名同学进行班级展示，时间控制在5分钟以内。

任务阐述：这篇课文属于通讯，但是作者的笔触饱蘸深情，动人心弦，适合我们好好去吟哦诵读。而主题演讲的方式，不仅能够很好地引用、化用作者的文字，而且可以将我们读者读完文章后的感受直接强烈地表达出来。第一部分演讲主题可确定为“为党中央唱一首赞歌”，面对来势汹汹的新冠肺炎疫情，党中央沉着应对、果断决策，坚持生命至上、人民至上的理念，为我们战胜疫情提供了源源不断的动力；第二部分演讲主题可确定为“为武汉唱一首赞歌”，当绵延25千米的武汉“长江巨屏”连续推出主题灯光秀，我们看到了6000万荆楚儿女对全国人民的谢意，武汉从来不是一座“孤岛”，英雄的荆楚儿女在这场抗疫斗争中上演了无数可歌可泣的故事；第三部分演讲主题可确定为“为中华民族唱一首赞歌”，抗疫时期一幕幕感人的场景，积淀着中华优秀传统文化的厚重底色，诠释着社会主义核心价值观，展现了新时代中国人民的精神品格；第四部分演讲主题可确定为“为医务工作者唱一首赞歌”，这一部分写了很多普通而伟大的医务工作者，他们冒着被感染的风险积极挽救生命，一封封请战书，一道道口罩勒出的深痕，一个个疲惫的身影，正是对医者仁心的最好诠释。

文章中还有很多细节值得我们细细去品读，在品读的过程中，我们要将那份感动、那份振奋、那份深思铭记于心，宣之于口。

【课后任务】

1.结合习近平总书记的相关讲话精神，以及《人民日报》、新华社的相关评论文章，理解新时代伟大抗疫精神的内涵。

2.了解综合报道、工作通讯的写法和要求，结合课文的研讨，从新闻宣传的角度思考作者为什么要从八个方面总结2020年中国抗疫的巨大成果。

知识介绍：综合报道又称“综合新闻”，是对一个时期、一个地区、一个方面、一项工作或一个问题做全局性情况的报道。工作通讯就是反映成就、总结经验（或教训）、探讨问题的通讯。它是以提出问题、分析问题和介绍经验、总结教训为主要内容，以指导工作为主要目的的重要报道形式。

参考答案:

1.略。

2.这篇文章是综合报道,也是一篇工作通讯,作者挥洒自如,直抒胸臆,有评有议,有赞颂有反思。应该说,这样全面性、综合性的报道是对这场抗疫斗争最好的总结和分析。这场突如其来的严重疫情,让我们对很多问题有了更深刻的认知和分析,作者从不同的角度深刻又全面地进行了回顾。中国共产党执政为民的理念,中华文明人命关天的道德观念,各条战线的抗疫勇士尽忠职守的大爱精神,广大人民群众积极响应党中央号召,配合防疫政策的奉献精神……这些都是中华民族最宝贵的精神财富,也是中华民族穿越五千年风风雨雨依然屹立不倒的原因。

安吉县高级中学 王 惠

7.《〈论语〉十二章》教学微设计

【课文提要】

《论语》是春秋时期思想家、教育家孔子的弟子及再传弟子记录孔子及其弟子言行而编成的语录文集，成书于战国前期。全书共20篇，每篇又分若干章，不相连属，计498章，以语录体为主，叙事体为辅，较为集中地体现了孔子及儒家学派的政治主张、伦理思想、道德观念及教育原则等。

《论语》为语录体作品，言简义丰，含蓄凝练，包含了孔子渊博的学识和丰富的生活经验；在记言的同时，也传达了人物的神情态度；在某些章节的记述中，还生动地反映了人物的性格特点；其中有不少精辟的言论成为人们习用的格言和成语，甚至对后来的文学语言有很大影响。

《论语（十二章）》，顾名思义，是从《论语》中选择了十二章，具体来说，内容出自《学而》《八佾》《里仁》《雍也》《泰伯》《子罕》《颜渊》《卫灵公》《阳货》等九篇中，包含了孔子独白、师生对话和生生对话等不同的形式。其重点在立身处世的规范性原则，深入浅出，要言不烦，精辟隽永。（注："章" 指诗文、歌曲的段落。）

【任务目标】

传统文化是一株枝繁叶茂的大树，先秦诸子便是大树的根，而孔子及其儒家思想可能是这些树根中最粗壮的一枝。学习本课，加深对传统文化之根的理解。注意领会孔子对社会人生的洞察，思考其思想学说对立德树人、修身养性的当代意义；感受孔子雍容的论说风格，理解其论说方法，领悟其绝妙之处。

本课的学习任务目标如下：

（1）熟读课文，会正确翻译与背诵。

（2）联系初中所学的有关孔子的思想内容，结合儒家思想的基本要义，体会文本蕴含的深刻哲理，培养付诸实践的意识。

（3）了解《论语》的有关文学知识，初步探究其用语特色，明确其文学价值。

【预习任务】

1.阅读《〈论语〉十二章》，对照注释口头翻译每一章。

2.在明确句意的基础上，熟读成诵。

3.思考：这十二章核心的思想内容是什么？围绕这一核心，课文具体是从哪些方面来谈的？你认同这些思想观点吗？

【任务设计】

任务一：明确君子之道

活动探究1：传统文化思想博大精深，又颇接地气。比如关于君子之道，历来有诸多论述，尤以孔子的论述最为简明扼要。你能从文本中读出孔子提倡的君子之道吗？请填写下面表格，以“‘我’读出的君子之道”为话题，与同学分享。

章序	关于君子之道的内容概要
1	君子要善于抵制物欲，要尽可能地把精力放在对德行的追求上
2	
3	
4	君子与小人的区别在于，君子倾向于义，小人倾向于利
5	
6	
7	
8	
9	
10	
11	
12	

任务阐述：我们从君子的处世、德行修养、知识学习等方面，并结合君子与小人的对比，可以了解到一个较为鲜活的“君子”形象。孔子将仁、义、礼三者赋予“君子”，并指明了一条“君子”所行之道。本活动主要是让学生在阅读的过程中，学会归纳、提炼、分析的方法，提升文化名著阅读的素养。

示例：

章序	关于君子之道的内容概要
1	君子要善于抵制物欲，要尽可能地把精力放在对德行的追求上
2	仁、礼、乐是相互关联的，并且有了仁才能去谈礼、乐
3	要执着追求道义
4	君子与小人的区别在于，君子倾向于义，小人倾向于利
5	要向他人学习，做到见贤思齐
6	文与质要有效配合，方能成为君子
7	士人要有远大的志向，要有主动承担社会责任的坚定信心和决绝勇气
8	功亏一篑和持之以恒都是因为自己
9	具有智、仁、勇这三种品质，方能成为真正的君子
10	明确“克己复礼”的重要性，这是达到仁的境界的方法
11	要做到“己所不欲，勿施于人”
12	强调《诗》的多方面作用

活动探究2：找到事物的联系，分类是个办法。复杂的、看似没有联系的事物，通过分类，可以找到其中的联系。

这十二章内容如果要分类，你会如何划分呢？试着和你的同学分分类。

任务阐述：分类，要有相应的标准，先商定标准再分。每个学习小组可以有不同标准，这是个性化学习的要求与精髓所在。当然，所订立的标准须言之有理，言之有据。比如孔子说的与非孔子说的；又如关于“学”的（第一章、第三章、第四章、第八章、第十二章）、关于“君子”的（第四章、第六章、第七章）、关于“仁”的（第二章、第七章、第九章、第十章、第十一章）等。当然有的章节会有交叉，比如第七章，说明有些章可以做不同角度思考，也可侧面反映《论语》章句的内涵极其丰富。

任务二：探究为何要做君子

活动探究1：“君子”人格思想的形成是受其社会背景影响的结果，也是“君子”追求内在超越的结果。你能从孔子所处的时代角度，探求到相关原因吗？

任务阐述：时势造英雄，时代求君子。春秋末年，礼崩乐坏。百家争鸣，学说大昌。儒家强调要做真君子来拯救乱世。思想解放，学说争鸣，更有助于让各派有识之士认识到社会发展问题的严重与复杂性，于是纷纷寻求救世途径。

不妨可琢磨一下文中哪些章节隐含了时代信息。第一章，隐含了乱离之士该如何求学。第二章谈礼乐与仁的关系，当乱世之时，各种礼乐制度只是虚有其表，礼乐就乱套了。第七章所言任重道远，在乱世尤显可贵。第十章阐述“克己复礼为仁”，强调礼的必要性，因乱世中非礼的言行太多了。第十二章提及学《诗》，“迩之事父，远之事君”。这些章节都折射了孔子所处的时代，是一个充满了各种矛盾的复杂的过渡时代。当时，社会矛盾急剧转化，奴隶主贵族阶级由统治地位逐渐退居次要地位，取而代之的是正在蓬勃兴起和壮大的新兴地主贵族阶级。社会在变革，新事物也在萌生，“士”便是在这种情况下，顺应时代潮流产生了。处在“士”阶层的人物，在政治上的地位都比较低下，从当时高阶层的诸侯卿相养“士”就可以窥其全貌。而所谓的“士”也争相寻找“明君”“贤主”，企图能得到统治者的支持，推行并实施其政治主张。孔子倡导的儒家思想致力于为当时社会“正名”，“名不正则言不顺”，以仁者之心，矢志推行仁、礼、乐的主张。

活动探究2：打铁还需自身硬，儒家对自身的要求历来很高。从这十二章看，儒家的“君子”主要从哪些方面来要求自身？请和你的同学一起归类，并依托本文合作完成一个思维导图。

任务阐述：可以这结合十二章的内容，也可以拓展到《论语》整本书。儒家的“君子”主要从为政、为人、为学、军事等方面来要求自身，尽管儒家反对战争与杀伐，但儒家也强调“有文事者，必有武备”。

思维导图示例：

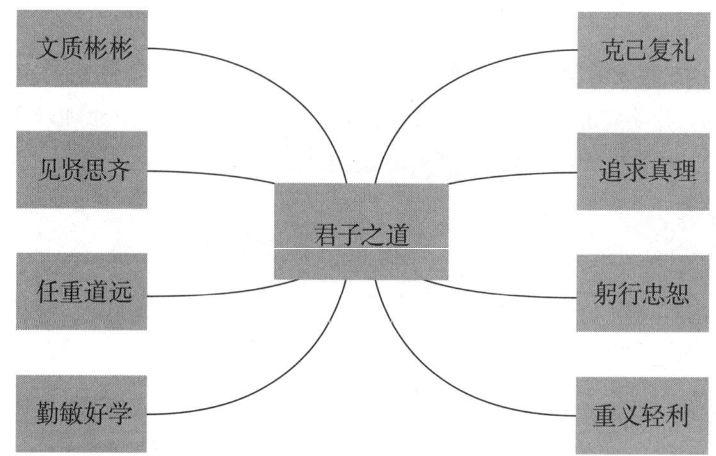

任务三："君子之道"之我见

活动探究1：认同其君子之道的精彩表达。

任务阐述：文中从多方面谈论了君子之道，其中有一些肯定是你所认同的。请挑选一至两章你特别赞同的加以解说分享。

用"我赞同________。因为________________________"的句式回答。注意前后连贯与思维的推进，可选择运用并列式或递进式，可全认同，也可部分认同，表达时要准确到位。

示例：我赞同"子曰：'君子食无求饱，居无求安，敏于事而慎于言，就有道而正焉，可谓好学也已'"。因为君子不过于关注物质享受，尽管有着良好的品行，仍不断地去接近贤能有道之人来匡正自己，君子对道德始终有着更高的追求，他们才是真正的好学者。

活动探究2：对照自身，提出倡议。

任务阐述：有赞同的，就有反对的，对于那些不太认同的，你可结合自身理解与先贤交流，给出自己的困惑疑虑，寻求解答。对于赞同的联系自身实际，发出倡议，号召当代青年也加强自身修养。

用"因为________________，所以我对______感到困惑"或"因为____________________，所以我倡导________________"的句式来表达。

示例：因为知、仁、勇三者，不但是君子所向往的三种境界，是孔子竭尽一生努力奋斗和实践的，也是我们修身必备的品德，是天下人都要具备并运用于日常的德行，所以我倡导每个人都追求"知者不惑，仁者不忧，勇者不惧"的境界。

【课后任务】

1.在明了《〈论语〉十二章》的思想内涵后，试着探究其语言特色。

2.子曰："小子何莫学夫《诗》？《诗》，可以兴可以观（观察了解天地万物与人间万象），可以群，可以怨。迩之事父，远之事君。多识于鸟兽草木之名。"（《阳货》）孔子非常重视对《诗》的学习，那么《诗》真的是一个人提高修养所必须要钻研的吗？

参考答案：

1.本文采用简洁明了的语录体形式，通过师徒的对话来传达人物的思想主张，表明人物的观点，体现人物之间的情感活动。另外，文中多采用比喻、对偶等修辞手法，言简义丰。文中还多次运用反问句，言语之间跳跃较大，含意丰富。

2.观点一：是必须研读的。孔子认为，不学习《诗》，就没有办法说话，学《诗》能知言善语，可以激发人的情感，可以观察政治、风俗的盛衰得失，可以提高人际交往能力，可以在礼的准则下怨刺时政。

观点二：不是必须研读的。孔子只是在当时的社会背景下，提出要学习《诗》的建议，孔子看重《诗》，其本质是对教化和德行的重视。如果一个人通过其他途径能够获得相关的教育，不一定必须研读这部书。(言之有理即可)

台州市黄岩中学　江　海

8.《大学之道》教学微设计

【课文提要】

《大学》相传为孔子弟子曾子所作，是阐述儒家思想的一篇重要散文，也是中国古代讨论教育理论的一篇重要著作。它原先并未独立成篇。北宋时期程颢、程颐等大儒竭力尊崇《礼记》，使得《礼记》在儒学系统中的地位日益提升，后南宋朱熹将《大学》从《礼记》中抽离出来，又作章句，如此，《大学》才和《中庸》《论语》《孟子》并称“四书”，并成为四书之首。宋元之后，《大学》成为封建科举考试的必读书，对中国古代教育产生了极大的影响。

《大学》全篇只有2100多字，以简约的文辞，对先秦儒家道德修养理论，以及关于道德修养的基本原则和方法，做了高度概括总结。其深刻的内涵，对后世读者在做人、处事，乃至治国理政方面等都有深远的影响。本文节选的内容，是《大学》开篇部分，只占全篇的十分之一，但意义重大，因为它是全篇的总纲。

《大学》提出的“三纲”（“明明德”“亲民”“止于至善”）和“八目”（“格物”“致知”“诚意”“正心”“修身”“齐家”“治国”“平天下”），强调修己是治人的前提，修己的目的是治国平天下，说明治国平天下和个人道德修养具有一致性 。

【任务目标】

《礼记》中记载的古代文化史知识及思想学说，对儒家文化传承、当代文化教育和德性教养均有重要影响。学习《大学》开篇部分，加深对传统文化之根的理解。注意领会曾子对社会人生的洞察，思考“大学之道”对道德修养、品性建设的当代意义；感受《大学》条理分明的论说风格，理解其严密的逻辑，领悟其高妙的说理艺术。

本课的学习任务目标如下：

（1）熟读课文，能运用工具书逐句翻译文章，能正确地背诵全文。

（2）联系初中所学的《〈礼记〉二则》及《论语》中曾子言说的思想内容，结合儒家思想的基本要义，体会本文蕴含的深刻哲理，培养付诸实践的意识。

（3）了解《大学》的有关知识，初步探究其论说特色。

【预习任务】

1.阅读《大学之道》，口头翻译全文。

2.在明确句意的基础上，熟读，并能背诵。

3.思考《大学之道》的核心思想内容是什么，以及围绕这一核心，文章是从哪些方面来论说的。你认同这些思想观点吗？

【任务设计】

任务一：明确大学之道

活动探究1：《大学之道》非常准确地概括了《大学》的主旨，也从根本上揭示了儒学的基本精神。你能从课文中读出《大学》的主旨吗？

任务阐述：《大学》是讲治国平天下的学问，但是它也遵循孔子的思想，并不是就事来论事，而是将孔子一贯强调的人的精神的弘扬和道德品行的培养放在最优先地位。请研读下面的表格，明确大学与小学的区别。

古代学制	学习内容	概括归纳
大学	文化基础知识；基本技能和基本礼节	大人之学、成人之学的基本原理；使人能够完善道德、治国安邦的大学问
小学	详训诂，明句读；教授学生“洒扫、应对、进退”“礼、乐、射、御、书、数”	教学生穷理、正心、修己、治人之道，即学习如何参与社会管理，参与国家政治

另外，“道”原来是道路之意，“大学之道”的“道”指古代在大学阶段学习到的基本规律和基本原则，包括为人、为政、哲学等。明确了大学与小学的区别，“大学之道”就显而易见了，“大学之道在明明德，在亲民，在止于至善”，它是格物穷理、修身正心的根本原则，是儒家倡导的“修己治人，治国安邦”的大学问。

活动探究2：大学之道的“三纲”很容易记，但其内在联系并不是特别容易理解。你能说清这三者是什么关系吗？

任务阐述：知其然，还要知其所以然，我们知道“三纲”，还要明确其内在联系。“三纲”是每一个学习者的最终目标。但它们之间是平行的关系，还是其他的关系呢？

明明德，彰明美德，是一个长期实践的过程；亲民，亲近爱护百姓，或者使民众去旧立新，它可以是明明德的目的所在；而止于至善，到达美德修养的最高境界，这是最终理想所在，是根本所在。三者逐层深入，层层递进。可以用思维导图表示：

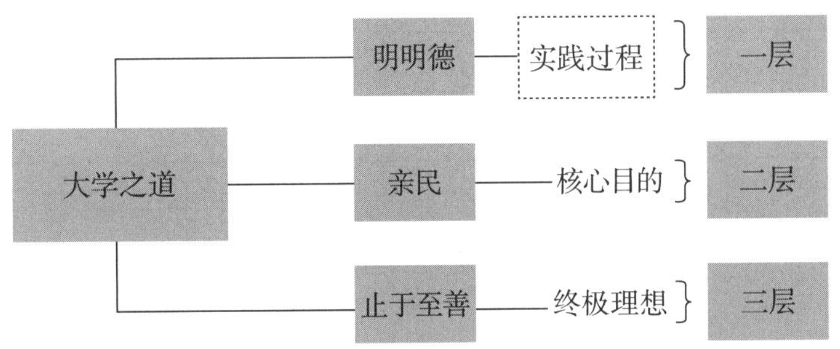

任务二：探究为何要遵行大学之道

活动探究1：大学之道确实重要，至于为何重要，你能寻求到相关原因阐释吗？

任务阐述：“知止而后有定；定而后能静；静而后能安；安而后能虑；虑而后能得。”“止、定、静、安、虑、得”这六个动词以“止”为起，以“得”为终。“止”于哪里，就是本文开宗明义所提出大学之道的“三纲”，这“三纲”才是引领学者学习的目标。以此目标为逻辑起点，才会有“定、静、安、虑”，最终有“得”。言下之意，没有那个“起点”，也就不可能有“得”，由此可见“大学之道”的必要性。

而“物有本末，事有终始。知所先后，则近道矣”从普遍方法论角度强调大学之道的重要引导作用，言下之意，大学之道就是那个始，那个本。

当然，后文“八目”中也阐释了其巨大功用，即众所周知的修身、齐家、治国、平天下。

活动探究2：“八目”是对“三纲”的承接。“八目”和“三纲”间到底有怎样的关系？“八目”间具体又有怎样的联系？

任务阐述：先明确“八目”间的关系，再明确“八目”与“三纲”间的联系。“八目”虽然内容较多，但它们前后衔接，一以贯之。

“修身、齐家、治国、平天下”，是中国儒家圣贤智慧的结晶。而儒家先贤的智慧都不是脱离群众的，自我、家族、民族、国家和天下的观念在古代中国人那里是一脉相承的。

大学之道，提出了“三纲”（“明明德”“亲民”“止于至善”），而“八目”（“格物”“致知”“诚意”“正心”“修身”“齐家”“治国”“平天下”），是实施“三纲”的具体路径。修己是治人的前提，修己的目的是治国平天下；而治国平天下基于正己修身。由此可见，治国平天下的大事和个体的道德修养具有一致性。具体可用下表表示：

条目	解释	“八目”间的关系	“八目”的整体联系	“八目”与“三纲”的关系
格物	探究事物原理	“格物、致知”为第一步，对应的是“知”的功夫	“格物、致知、诚意、正心、修身”是修己，“齐家、治国、平天下”是安人	“三纲”是宗旨，是纲领，是指导思想，“八目”是实现“三纲”的具体步骤。它们是一个不可分割的整体
致知	获得知识			
诚意	使心意诚实	“诚意、正心、修身”为第二步，对应的是“修”的功夫		
正心	端正内心			
修身	修养自身			
齐家	整治家庭	“齐家、治国、平天下”是第三步，对应的是“用”的功夫		
治国	治理国家			
平天下	使天下归于太平			

任务三:"大学之道"之我见

活动探究1:认同其大学之道的精彩表达。

任务阐述: 文中多方阐释了大学之道及其"三纲""八目",其中有一些论述、观点肯定是你所认同的。请挑选一些你特别赞同的加以解说分享。

用"我赞同________。因为________"的句式来表达。

注意前后连贯与思维的推进,可选择运用并列式或递进式,可全认同,也可部分认同,表达时要准确到位。

示例:我赞同"自天子以至于庶人,壹是皆以修身为本"。因为"身修而后家齐,家齐而后国治,国治而后天下平";反过来看,"欲治其国者,先齐其家。欲齐家者,先修其身";立德也好,立功也罢,成人也好,成事也罢,都离不开修身这个基本功。

活动探究2:对照自身,提出倡议。

任务阐述: 有赞同的,就有反对的,对于那些不太认同的,你可结合自身理解与先贤交流,提出自己的困惑疑虑,寻求解答。对于赞同的联系自身实际,发出倡议,号召当代青年也加强自身修养。

请用"因为________,所以我对____感到困惑"或"因为________,所以我倡导________"的句式来表达。

示例:因为治国需齐家,齐家需修身,修身需正心,正心需诚意,诚意需致知,致知需格物,鉴于部分当代青少年盲目追求、好高骛远,所以我倡导在基础学习阶段要夯实格物致知的功夫,真正沉潜修身,为日后发展打下良好基础。

【课后任务】

1.找出本文使用顶真修辞的语句,试着探究其作用。

2.下列句子中加点的词语,是一种特殊的古代语言现象,请指出这种语言现象的名称,并试着概括其含义。建议先结合词性进行解释,再给它们归类,在归类的基础上加以概括归纳。

①大学之道,在明明德。

②在止于至善。

③欲治其国者,先齐其家。

④先正其心。

⑤先诚其意。

⑥必先苦其心志。

⑦南征北战。

参考答案:

1.语句:"古之欲明明德于天下者,先治其国。欲治其国者,先齐其家。欲齐其家者,先修其身。欲修其身者,先正其心。欲正其心者,先诚其意。欲诚其意者,先致其知。致知在格物。”作用:《大学之道》属论说类文章,说理时使用顶真的修辞手法,可以使条理清晰,逻辑性强,最终使论证准确而严密。

2.①形容词作动词:明,彰明。②形容词作名词:善,完善的境界。③④⑤⑥形容词的使动用法:齐,使……整齐有序;正,使……端正;诚,使……真诚、无私;苦,使……受苦。⑦名词作状语:南,向南;北,向北。故可分为四类,①/②/③④⑤⑥/⑦,分别对应形容词作动词、形容词作名词、形容词的使动用法、名词作状语。

这类现象称为词类活用。词类活用是古代汉语一种比较特殊的现象,它是指某些词在语境中,改变了它原来的词性功能,而去充当其他词类的语法现象。古代汉语中,词类活用比较常见,它是古代汉语的一个重要语法特点,掌握它,对于我们阅读古典文学益处多多。词类活用的种类,主要包括名词、形容词、数词用作一般动词,名词作状语,使动用法和意动用法,等等。

台州市黄岩中学 江 海

9.《人皆有不忍人之心》教学微设计

【课文提要】

《孟子》属儒家重要经典著作，是战国时期孟子的言论汇编，其中记录了孟子和其他派别思想的交锋、对弟子的身教与言传，以及游说诸侯的内容。《孟子》是由孟子和其弟子万章等人共同编写完成。《孟子》共分为七篇，《梁惠王》(上、下)、《公孙丑》(上、下)、《滕文公》(上、下)、《离娄》(上、下)、《万章》(上、下)、《告子》(上、下)、《尽心》(上、下)，记录了包括“民贵君轻、民本、仁政、王霸之辩”等在内的诸多治国理政的思想主张，其成书大约在战国中期。

《孟子》全书共有三万五千多字，是“四书”(南宋时朱熹将《孟子》与《论语》《大学》《中庸》合在一起称“四书”)中篇幅最长、部头最大的一本。《孟子》一书，不仅理论宏博纯粹，文章也极雄健优美。

孟子学说的出发点是性善论，他主张德治。自从宋、元、明、清以来，人们一直把《孟子》当作必读书，如同我们现在的教科书一般。《人皆有不忍人之心》一文论证了“人皆有不忍人之心”这一观点，进而提出人皆有“四端”，而“四端”之说，对修身、治国等都具有重大意义。

【任务目标】

传统文化，相对于当代文化和外来文化而言，它由文明演化汇集而成，是中华各民族历史上诸多文化思想、观念形态的总体表现，内容包括历代存在过的各种物质制度的、精神的文化实体及文化意识。学习本课，要加深对中华传统文化之根之一《孟子》的理解。注意领会孟子对社会人生的观察，思考其思想学说对立德树人的当代意义；感受孟子雄辩的论说风格，理解其论说方法，领悟其绝妙之处。

本课的学习任务目标如下：

(1) 熟读课文，明确“忍人、内交、要誉、辞让、四端、自贼”等词的含义，口头翻译全文。

(2) 联系初中所学的《鱼我所欲也》的思想内容，结合儒家思想的基本要义，体会本文蕴含的深刻哲理，培养付诸实践的意识。

(3) 了解《孟子》的有关知识，能剖析文章的论述思路，初步探究其论说风格。

【预习任务】

1.阅读《人皆有不忍人之心》，读准，读流畅。

2.在明确句意的基础上，口头翻译全文。

3.思考本文的核心思想观点是什么，以及基于此观点，文章是从哪些方面加以申发的。你认同这些观点与分析吗？

【任务设计】

任务一：探究何为“不忍人之心”

活动探究1：中华民族始终有着自身的精神标识和文化基因，中华儿女最信仰的还是中华传统文化流传至今的孔孟之道。文章中，孟子是如何提出“不忍人之心”这一思想的？这样提出你觉得效果好吗？

任务阐述：“忍人”，是说狠心地对待他人。“不忍人之心”，即怜爱别人之心。“人皆有不忍人之心”是孟子的一个重要思想观点，即每个人都有怜爱他人之心。疏通了字面障碍后，再明确文中是在什么位置提出的，如此提出有何功效。我们可用列表的方法来解答相关问题。

示例：

思想观点	字面解释	思想内涵	出现位置	功用效果	写作借鉴
人皆有不忍人之心	每个人都有怜爱他人之心	这是孟子性善论的一个基础	文章之首	开门见山，直截了当地提出中心论点——人皆有不忍人之心，中心明确，言简意赅	开篇提出论点，并提纲挈领地引起下文的论证，效果往往较好

活动探究2：明确了“人皆有不忍人之心”的基本含义、提出方式及功用效果，我们研读时还需要明了这一论题到底是如何论证的。那么你能明晰文章是如何论证“人皆有不忍人之心”这一观点的吗？

任务阐述：论证一个论题往往不容易，如果这一论题是首次提出的，那么就更加不容易。但是论证对于雄辩的孟子来说从来不是问题。我们可以再仔细阅读文章，看孟子是如何论证，又是采用哪些恰当的论证方法来助力的，好的论证方法无疑可以如虎添翼。我们可用列表的方法来明确孟子是如何认证的。

示例：

论题	论述内容（原文）	扼要解释（概要）	论证方法	论证效果	写作借鉴
人皆有不忍人之心	今人乍见孺子将入于井，皆有怵惕恻隐之心	看见小孩掉井，必会有惊惧同情之心	举例论证	列举老百姓日常生活的例子，比较浅近易懂	生动的生活中宜多观察思考，以便举出实例参证
	非所以内交于孺子之父母也，非所以要誉于乡党朋友也，非恶其声而然也	原因在内不在外	剖析原因，反面论证	否定了外在，即是肯定了内在因素	正反结合进行论述

任务二：探究何谓“人之四端”

活动探究1：在纷纭的社会变革及激烈的社会矛盾下，诸子百家的代表人物都纷纷亮剑，游说诸侯，既是为了推销各自学说，也是探索解决矛盾的策略道路。孟子也不例外，他巡游列国，游说君王，以期推行政治主张。那么他的政治主张是什么呢？你能从文中梳理出相应的主张吗？

任务阐述：文中开篇即亮出其观点，“人皆有不忍人之心”，但此观点并非他本篇的论说目的。他紧接着提出了“四端”，“四端”指的是什么？“恻隐之心，仁之端也；羞恶之心，义之端也；辞让之心，礼之端也；是非之心，智之端也。”在孟子看来，如果此人没有同情之心，他不能算真正的人；如果没有羞耻之心，他不能算真正的人；如果没有谦让之心，他不能算真正的人；如果没有是非之心，他也不能算真正的人。而人的同情之心是“仁”的发端；人的羞耻之心是“义”的发端；人的谦让之心是“礼”的发端；人的是非之心是“智”的发端。一句话，有同情、羞耻、礼让、是非之心，是一个真正人格的必备要素，由此培育开发其仁、义、礼、智的思想素养。当然，仅有此思想素养的苗头还不行，“苟能充之，足以保四海；苟不充之，不足以事父母”，必须加以培养扩充，扩充得足够大，内可以侍奉父母，外可以保平四海。如此，孟子从人性出发，再倡导“仁政”政治主张的思路，已呼之欲出。

活动探究2：孟子历来对自己言说的内容及方式充满自信。从文中看，孟子在其“仁政”主张提出的过程中，采用了何种论证方式，来加强其说服力？

任务阐述：孟子论述往往予人以理由充沛，逻辑严密之感。其缜密纯熟的论辩技巧以及气势浩然的文风，历来为后人称颂。纸上得来终觉浅，我们不妨以本文的论证方法为切入点，试着探究其论说的魅力。

仔细阅读下表，再与同学交流。

论证	论述内容（原文）	扼要解释（概要）	论证方法	论证效果	论述风格
人皆有不忍人之心	人之有是四端也，犹其有四体也。 若火之始然，泉之始达	人有四种发端，就像人有四肢	比喻论证	通过此比喻，将“四端”的重要性及后天扩充发展“四端”的重要性深入浅出地表现出来	擅能近取譬，深入浅出，气势充沛
	有是四端而自谓不能者，自贼者也；谓其君不能者，贼其君者也。 苟能充之，足以保四海；苟不充之，不足以事父母	有此四种发端，却不认可，是自暴自弃	对比论证	对有无“四端”进行对比，对是否“充之”再加以对比，从而突出不忍人之心的重要性	
	苟能充之，足以保四海；苟不充之，不足以事父母	能扩充，足以安定天下	假设论证	通过假设两种情况，再进行推导，从而让听者自悟，高妙	

任务三：“性善说”之我见

活动探究1：认同其性善论的精彩表达。

任务阐述：“人皆有不忍人之心”的实质是在告诉我们人性本善，通俗地说，生而为人，其生下来就有“善”的因子，行为处事往往会与人为善。文中的论述，其中有一些肯定是你所认同的。请挑选一些你特别赞同的加以解说分享。

用“我赞同________。因为________________________”的句式来表达。

注意前后连贯与思维的推进，可选择运用并列式或递进式，可全认同，也可部分认同，表达时要准确到位。

示例：我赞同关于“人皆有不忍人之心”的剖析。因为若突然看见小孩即将要掉井里，一定会有惊惧同情之心，这种心理的产生不需要任何准备与条件，也不分身份、地位、年龄、种族等，有普适性和普遍性，当然，具有此心的人也绝不是为了某种世俗目的，比如要交好孩子父母等。

活动探究2：对照自身，提出倡议。

任务阐述：有赞同的，就有反对的，对于那些不太认同的，你可结合自身理解与先贤交流，给出自己的困惑疑虑，寻求解答。对于赞同的联系自身实际，发出倡议，号召当代青年也加强自身修养。

用“因为________________，所以我对_____感到困惑”或“因为____________________，所以我倡导________________”的句式来表达。

示例：因为孟子处在战国纷争的时代，他主张性善，尽管似有强调天赋道德之意，但目的是推行仁政，无疑他推崇的主张是相当有积极意义的。再以发展的眼光看，就算到任何时代，推崇这些，肯定也比鼓吹性恶，进而放弃道德约束，甚至施行暴政要好百倍。所以我倡导“人之初，性本善”，人性向善，不断修身自足，小可建设自身小家，大可建设集体大家。

【课后任务】

1.在明了《人皆有不忍人之心》的思想内涵后，试着探究孟子的语言特色。

2.既然孟子认为“不忍人之心”是每个人生来就有的，“性本善”，那么，后文又说“凡有四端者，知皆扩而充之”岂不是自相矛盾？你如何看？

参考答案：

1.自然平朴是孟子文章语言风格的一大特色。其主要表现在不论是发表议论，还是阐述事理，用词都浅近平实，语言明白晓畅。另外，孟子也善于变抽象为具象，化高深为显明，具体表现在其运用大量比喻来生动形象地陈述说理。

2.并不矛盾。确实，“人皆有不忍人之心”，人之初，性本善，每个人都有“四端”的萌发，但是，也仅仅是萌发，不代表所有个体就不需要修炼即可达成较高修养。对物质的追求、私欲膨胀等问题，往往会导致善的本性逐渐泯灭，所以，要想避免这种状况的发生，须在后天的教育中，不断督导人们自觉地对“四端”加以扩充。如此，才可事父母，保四海。

台州市黄岩中学 江 海

10.《〈老子〉四章》教学微设计

【课文提要】

战国后期，社会动荡，一些有识之士洞察世事，认为只有避世韬晦，才能保全人格尊严和生命价值。他们主张以宇宙本体、万物之源的“道”作为法则，以“天道”驾驭“人道”，用“无为”实现“有为”。老子就是秉持这一思想的大哲学家。

课文第一章侧重谈“论道”。通过对车轮、陶器、房舍的观察和思考，强调了“无”的功能。

课文第二章侧重谈“修身”。通过对日常生活现象的观察，解说其中蕴含的自然之理。

课文第三章同样侧重谈“修身”。通过知人与自知、胜人与自胜、知足与强行、不失其所与死而不亡的比较辨析，阐明了人生唯有自知、自胜、自强，才能与道长存的道理。

课文第四章侧重谈“治国”。先通过概念之间的辩证关系来说明重视细微的必要性，再通过对比来说明肆意妄为常会导致失败，最后通过阐释做事经常功败垂成的原因，强调必须从始至终保持谨慎。

本文在语言形式上有独特之处。整齐的句式体现了中国文字的音韵之美。排比的运用使论述的事理主次分明，气势磅礴。对偶句有机地排布在各章中，不仅给人以美感，而且含有深刻的哲理，给人无穷启迪。

【任务目标】

学习本课时，要注意根据文言语境，理解重点语句的含义，掌握一些常见的、经典的文言语法现象，了解本文对比说理的特点，关注篇章中那些突破常规的认识，将篇章中的内容与中华优秀传统文化相联系，训练提升理性思辨素养。

本课的学习任务目标如下：

（1）通过学习，初步了解《老子》原著的思想价值和人文价值。

（2）根据文本语境，通过车轮、陶器、房舍等比喻论证，初步理解老子思想“无”的内涵。

（3）在初步理解老子基本思想的基础上，联系现实生活，能解释某些生活现象，能从老子的为人处世准则中生发出新的积极意义。

（4）领会老子对社会人生的洞察，思考其学说对自身修养提升的现实意义。

【预习任务】

1.查找相关资料，搜集有关老子的名人轶事。

2.概括本文所选《老子》四章的内容要点，并思考这四章分别是从什么层面来展现老子的思想的。

3.请列举一位你所熟悉的先秦思想家，找一句他的经典话语，从中体会其对社会人生的思考或对时代的洞察，并相互交流学习。

【任务设计】

任务一：聚焦文本，读懂《老子》

活动探究1：阅读《老子》第二十四章，思考老子不赞成企立、跨行、自见、自是等行为的原因，以及本章想要表明什么观点。

任务阐述：设计这个任务是为了提升学生依据文本概括观点和分析原因的基本能力。用脚尖直立身体的“企者”，违背人体自然规律；迈大步，不是行走的自然状态。自然状态才最合宜。“自见、自是、自伐、自矜”是追逐外在，看重“有”的表现。自我炫耀不可取。本章意在表明这样的观点：做人不要主观妄为，而要遵循自然规律，顺“道”而行；做人不能“自见”“自是”“自伐”“自矜”，而要放下自我，拥抱真我。

活动探究2：“天下万物生于有，有生于无。”有人将“无”理解为从虚无空寂中生出万有；有人把“无”理解为道，认为老子讲无中生有其实是说道生养万物。请结合第十一章，和同学们探讨“无”的内涵。

任务阐述：学习老子学说的基本任务是读懂文本，依托文本语境把经验中、传闻中的老子还原，通过比对辨析，读懂老子学说的核心观念“无”。

老子以车轮、器皿、房屋为例说明“无”这一概念不能做无意义的理解。“无”并不等于无意义，而是和“有”相辅相成，实现物的完整功能。在“天下万物生于有，有生于无”中，更将“无”抽象理解为宇宙万物的道，也就是自然的规律，这个规律既包含已被认知的自然现象，也包含未被认知的自然规律与宇宙运行法则。

活动探究3：“有之以为利，无之以为用”，这里的“无”有保留空间的意思，请结合你在学习、交友等方面的情况，思考其中是否保留了适当的“空间”，以及最终要达到的“用”又是什么。

任务阐述：设计这个任务是为了引导学生结合自己的生活实践，进一步理解老子所说的“无”。自身体验的加入更有助于去理解抽象的概念，结合自己的经验能让抽象的概念具体化。学习老子学说的根本目的是要加深对自身的认识，从而在成长中锤炼思维，能更好地处理自我与外部世界的关系。

第一环节的三个探究活动，都是以理解老子的核心思想“无”为轴，以四章的文本为依托，从日常生活到修身再到治国，范围从小到大，对思维能力的要求层级也是逐渐提升的。学生在这个任务中，学习古人的智慧，培养理性，汲取营养，培育自身的优良品格。

任务二：正本清源，读通《老子》

活动探究1：有人认为“知足者富”可以理解为知足常乐，即富有就是对物质生活不做过多要求，请和同学交流，应该如何理解老子思想的原意，避免望文生义。

任务阐述：设计这个活动的目的是引导学生在学习古代经典著作时，要将其放到当时的社会关系中去理解，否则就容易出现望文生义或曲解原意的情况。老子对“知足者富”的理解是能充分自知的人称得上富有，要把精力聚焦在自己身上，真诚地接纳自己身上所拥有的一切，正如王阳明所说的“圣人之道，吾性自足，向之求理于事物者误也”。

活动探究2：在现实生活中，老师或家长常激励我们去表现自我、展示自我，争优胜、得第一，同学们似乎也更关注如何“知人”“胜人”，可《老子》却总是提醒我们重视那通常被忽视的一面，这对你有哪些启示？

任务阐述：设计这个活动的目的是让学生从老子的话语中反思自我，培养辩证思维和思辨精神。这个问题可以一分为二来看，如果是为了赢得别人的关注而表现自我，有时甚至不管方式方法去争第一，这样的行为是不可取的。特别是有些性格内向的同学，在自己没有准备好的情况下被赶鸭子上架，不仅不能展示自己，增加自信，反而会背上一些思想包袱。如果这种展现与本人的性格是相符的，展现的目的是更好地发展自己的天赋优势，而且这样的展现也让自己感觉很自如，并让自己通过这个过程逐渐成为自知者、自明者，那这样顺“道”而行的自我展示就是合宜的。

活动探究3：老子说，“少则得，多则惑。”有些同学结合自己的体验，得出这样的理解：学得越多就越困惑，还是少学一点，不求甚解比较好。你认为这是老子这句话的本意吗？

任务阐述：这个活动聚焦于从相对概念来读通《老子》，虽然同学们根据自己的体验，得出了新的感悟，但老子的话语不能脱离语境和老子思想的系统去孤立、片面地理解，老子的“道”是宇宙之道、自然之道，也是个体修行即修道的方法。

老子说：“少则得，多则惑。”这里的少不是被动给予的少了，而是自己得主动去删减，其实就是摆脱那些与个人发展、追求人生价值无关的事，比如在低俗的短视频、缺乏意义的游戏上消磨时间，而是要把时间和精力投入有意义的事情中，“我选择我要做的事”而非“我必须做”，“只有小部分事是重要的”而非“一切都重要”，“我能做任何事，但不是所有事都去做”而非“不懂取舍”。

任务三：古为今用，读活《老子》

活动探究1：2020年在全球新冠肺炎疫情肆虐的情况下，结合老子“圣人不积，既以为人，己愈有；既以与人，己愈多”这句话，小组讨论如何看待中国给世界上需要援助的国家无私地支援医疗设备、派遣医护技术人员、捐赠疫苗等行为。

任务阐述：设计这个活动的目的是让学生关注当下，关注国计民生，理解中华优秀传统文化蕴含的大视野、大胸怀、大境界，同时也思考中华优秀传统思想如何在当今国际交往中展现其独特的智慧和价值。

圣人是没有私心的，他不会偷偷私藏，相反，他还会竭尽全力帮助别人做许多事情，他给别人的越多，自己在精神上就更加满足和充实。中国是一个负责任的大国，在危难面前，具备崇高的人道主义精神，用自己的实际行动去影响世界，身体力行，尽自己所能去帮助他国。这种雪中送炭、守望相助的精神，这种人间大爱必将战胜疫病的信念，在中华民族伟大复兴的康庄大道上生根发芽，硕果累累。

活动探究2：《老子》多用格言和警句，这些格言、警句形象而深刻地浓缩了历史和现实生活的经验教训，闪耀着思想之光。请参照示例，从下面的话语中选择一句，和同学分享其对你学习、生活等方面的启示。

示例：多言数穷，不如守中。

释义：多言与“不言”相对，指政令繁多。数穷，屡次失败。守中，持守虚静。

解读：这句话谈的是如何治国，其中体现出的治理思想是，政令不在多，更不在繁，而是需要保持稳定、保持定力，才能做到“蹄疾而步稳”。政令过于烦琐、具体，就可能会陷入穷于应付千变万化的实际情况的局面，应对的方式是“守中”——守住底线、守住原则、守住根本，才能万变不离其宗，最终以不变应万变。

（1）人法地，地法天，天法道，道法自然。

（2）图难于其易，为大于其细。天下难事，必作于易；天下大事，必作于细。

（3）治大国如烹小鲜。

任务阐述：这组活动是在前面学习的基础上，让学生把所学知识综合运用在实践生活中，既要基于文本进行解读，又要立足于现实思考如何和自己的生活实际相联系，属于较高层次的思维活动，对于学生思维素质的提升是很有益处的。

（1）人法地，地法天，天法道，道法自然。

中华民族向来尊重自然、热爱自然。从《老子》的“人法地，地法天，天法道，道法自然”到《荀子》的“草木荣华滋硕之时，则斧斤不入山林，不夭其生，不绝其长也”，这些观念都体现了要把天、地、人统一起来，把自然生态同人类文明联系起来，按照大自然规律活动，取之有时，用之有度，表达了我们的先人对处理人与自然关系的重要认识。

（2）图难于其易，为大于其细。天下难事，必作于易；天下大事，必作于细。

成功的背后永远是艰辛努力。大事全是由小事积累起来的，要把小事当作大事干，一步一个脚印往前走。滴水可以穿石，只要坚韧不拔、百折不挠，就一定能够成功。学习和生活中最怕眼高手低的人，所有大事、难事的完成，都需要从低处入手、从细微之处入手。

（3）治大国如烹小鲜。

治理大国就像烹制小鱼一样。“小鲜”即小鱼。这是老子基于“无为”理念阐发的治理大国的基本原则。烹制小鱼，必须注意调和好各种佐料，精心掌握好火候，使每条小鱼都入味；同时不能多加搅动，多搅则易烂。与此相类，大国幅员辽阔，人口众多，各地域、阶层的差别较大，治国者要精心周到，统筹兼顾，使政策措施惠及每一个人；国家大政方针一旦确立，施政者必须要有审慎负责的态度。

【课后任务】

1.老子说理善用比喻，以下是从《老子》中选出的一个比喻，请就此谈谈你的感想。

“江海所以能为百谷王者，以其善下之，故能为百谷王。”

2.分组合作完成关于当代中学生理解传承先秦诸子思想的现状调查，对中学生如何继承中华优秀传统文化提出建议，并撰写一份调查报告。

3.在21世纪的今天，儒道互补的文化格局已经成为中华文化的总体基调。查阅相关研究资料，结合阅读经历和生活体验，思考儒道两家的思想为什么能够互补，儒道互补对于处在发展新阶段的中国有怎样的意义。写一篇文章。

参考答案：

1.老子用江海作比喻，告诉人们，江海之所以能够成为百川汇聚之地，是因为它善于处在低下的地方。我们为人处世时，须保持谦恭、虚心的态度，切勿高高在上。

2.略。

3.略。

温州市第八高级中学　谢　虎

11.《五石之瓠》教学微设计

【课文提要】

《五石之瓠》节选自《庄子·逍遥游》，选文以主客问答的形式，讲了一大一小两个故事。"大故事"是惠子告诉庄子，他是如何处理一个容得下五石之物的大葫芦的。因为这个葫芦太大了，做不了盛水的容器，剖开做水瓢，又没有地方放，索性就把它打破了。庄子认为，惠子不善于使用大的东西，无法发挥"大"的作用。于是给他讲了一个"小故事"，也就是著名的"不龟手之药"的故事。两则故事说明万物皆有所用，同样一件东西，由于人们的眼光和见识不同，它所发挥的作用也不一样。

本文充分体现了《庄子》善于以寓言说理，婉曲达意，以增强说理的趣味和效果。本文行文风格汪洋恣肆。文章想象丰富大胆，像匹骏马驰骋于宇宙，撷取与表达中心思想有关的妙趣横生的题材，生动、形象地宣传了作者的观点。

【任务目标】

学习本课时，要注意加深对庄子思想的理解，体味庄子学说的现实意义，并感受庄子以寓言说理的论说风格。

本课的学习任务目标如下：

（1）通过学习课文，初步了解庄子及其思想。

（2）从本文的学习中初步感知庄子的"无用之用"。

（3）能比较深刻地领略庄子运用寓言故事说理的艺术特点及其效果。

【预习任务】

1.课前查阅资料了解庄子及惠子，了解和整理庄子的主要思想。

2.阅读课文三遍，对照注释疏通课文中的字词，理解课文内容。

3.了解《庄子》，收集《庄子》中著名的寓言故事。

【任务设计】

任务一：阅读全文，梳理故事内容

活动探究1：庄子的散文善于运用寓言故事来说理，本文也包含着有趣的故事。那么本文讲述了几个故事？故事之间有什么关系？将你的梳理与理解与同桌交流分享。

任务阐述： 本文的结构是大故事套小故事，大故事是瓠的价值之争，小故事是“不龟手之药”。本文非常重要的内容之一就是大故事套小故事的结构，也与上文的二人争辩相呼应，同时为下一部分梳理两个故事的内容和人物进行铺垫。

活动探究2：请学生以小组为单位进行讨论，思考两个故事中的四位人物有什么关系，以及他们分别代表了什么观点。你更同意谁的观点？请结合生活中的具体事例分享一下。

任务阐述： 本文通过大小故事来说理，故事比较多，容易混淆，所以需要进行梳理。具体可参见下面的表格。

故事	人物	具体做法	原句
小故事	宋人	为洴澼絖	世世以洴澼絖为事
	客	以说吴王	大败越人，裂地而封之
大故事	惠子	盛水、做瓢	为其无用而掊之
	庄子	虑以为大樽	浮乎江湖

活动探究3：惠子和庄子分别是如何使用“大瓠”的？宋人和客分别是如何使用“不龟手之药”的？如何理解这两个故事的寓意？

任务阐释： 本文利用惠子和庄子的语言，生动形象地刻画了这两个人物形象。惠子用“五石之瓠”盛水、做瓢，都失败了，于是“为其无用而掊之”；庄子“虑以为大樽而浮乎江湖”。宋人“世世以洴澼絖为事”“鬻技百金”；客凭借不龟手之药“大败越人，裂地而封之”。

两个故事的寓意是：同一事物，用法不同，价值不同；要善于转换视角，发现和发挥事物的最大价值；“无用之用”才是“大用”。

活动探究4：宋人和惠子有哪些相同点？客和庄子有哪些相同点与不同点？请你用表格整理出来。

任务阐释： 这里意在理解两种不同的人物形象。

惠子、宋人：只看到世俗的小利，看不到背后的“大用”。

客、庄子：相同点是都能看到事物背后的“大用”，发挥事物的最大价值；不同点是客看到的仅仅是功利，而庄子追求精神的自由，二者境界不同。

示例：

人物	相同点	不同点
惠子	只看到世俗的小利，看不到背后的“大用”	
宋人		
客	都能看到事物背后的“大用”，发挥事物的最大价值	看到的仅仅是功利
庄子		追求精神的自由

任务二：探究形象，理解文章思想

活动探究1：本文中塑造了两个鲜活的人物形象——庄子、惠子。试概括文中庄子和惠子的形象特征。

任务阐释：庄子——放旷豁达，无欲无求，随顺自然，也必能得到真正解脱的真人状态。惠子——斤斤计较，锱铢必争，有太多欲望要求和外界与内心的束缚。

活动探究2：生活中有人喜欢“实用派”，有人喜欢“逍遥派”。你喜欢“实用派”的惠子还是“逍遥派”的庄子？请结合自己的实际生活体验，阐明理由。

任务阐释：这一部分主要是由故事内容引导学生归纳人物关系及两方的观点，并由此引申至现实生活中的“实用派”和“逍遥派”，理解有用与无用在一定程度上是相对的。

观点一：我喜欢“实用派”的惠子。将“实用”作为评价事物价值的标准，能够最大限度地节约时间，满足人们生存和发展的基本需求，符合经济原则，也能更好地满足当下社会快速发展的需要。

观点二：我喜欢“逍遥派”的庄子。如今，人们的物质生活已经得到了极大的满足，但是在社会中却弥漫着一股“浮躁之风”，不少人抱有急功近利的心态，恨不得做什么事都立竿见影，长此以往，不利于社会的健康发展。而庄子的“逍遥”主张抛却事事皆功利的想法，重视对美的欣赏和对精神的追求，不失为拯救“过度功利”的一剂良药。

相较于惠子实用主义的角度（巨大的葫芦，在惠子眼里毫无用处，而且占地方，碍手碍脚），庄子是从审美主义的角度来看待事物的。其超越了某些世俗观念，大葫芦既没有被劈开，也没有被当成粗笨的器皿，在他眼里，大瓠可以用来泛舟江湖，诗意人生。他不仅保全了大瓠，还发挥了“大用”，很显然庄子达到了一种“诗意的栖居”的境界。

惠子用“大瓠之种”的事例，说明大葫芦大而“无用”，意在讥讽庄子的学说大而无用。庄子用“不龟手之药”的事例，意在证明自己的学说大而有用，说明使用事物的方法不同，结果也会不同；批评惠子不能通晓领悟，只看到无用，看不到“无用之用”；讽刺惠子的做法与宋人一致，从利的角度看待有用无用，看不到无用之“大用”。

活动探究3：《五石之瓠》有什么寓意？请和你学习小组的同学一起试着讨论提炼，然后选派一位代表向全班同学汇报。

任务阐释：阅读了故事，梳理情节之后，意在探讨庄子的寓言故事的内涵。

《五石之瓠》的寓意：①万物皆有所用，同样一件东西，由于人们的眼光和见识不同，它所发挥的作用也不同。②说明事物大有大的用处，小有小的用途，关键的问题在于必须善用不同的事物。③要善于转换视角，独辟蹊径，从不同的角度看问题，就能够超越他人，发现事物不一样的价值等。

任务三：通读全篇，探究艺术特点

活动探究1：思考本文在说理上有什么特点。

任务阐释：（1）庄子善于运用寓言故事说理，形象生动，说服力强。庄子讲述了一个“不龟手之药”的故事，同样的药方，不同的用途，得到了“或以封，或不免于洴澼絖”的悬殊结果，生动地阐明了事物价值的大小取决于“所用之异”的道理。

（2）夸张、对比手法的运用。庄子笔下的大瓠能装得下五石的东西，五石就是五十斗，相当于五百升，体现了庄子丰富的想象力。客“凭着不龟手之药”，大败敌手，获封土地，极富夸张色彩，增强了故事的生动性和感染力。同样的“不龟手之药”，宋人不免于洴澼絖，客却被君王封赏，结局对比鲜明，突出了用途决定价值的道理。

（3）论点鲜明，论述思路清晰。文章开头先写惠子的问题，庄子指出“夫子固拙于用大”。接着运用寓言故事说理，得出“所用之异”的结论，然后再回到惠子的大瓠上，说“何不虑以为大樽而浮乎江湖”，指出了正确做法，同时指出了惠子思想的局限，“则夫子犹有蓬之心也夫”，论述首尾照应，深刻透彻。

活动探究2：小组合作讨论“不龟手之药”的故事在全文中的作用。

任务阐释：①批评惠子的孤陋。惠子不能合理使用大瓠，只能把大瓠打破，这种做法与宋人“世世以洴澼絖为事”“鬻技百金”类似，他们只看到世俗的小利，看不到事物背后的“大用”。惠子也是宋国人，庄子当着惠子讲宋人的蠢事，有明显的讽刺意味。②凸显庄子的超拔。客凭借“不龟手之药”裂地受封，眼光和做法超过宋人太多。客虽然眼光高，但还停留在功利层面，庄子以超凡的智慧说出大瓠的妙用，隐含精神的自由，境界比客更高。

【课后任务】

莫言曾说：“文学和科学相比，的确没什么用处。但文学最大的用处，也许就是它没有用处。”这句话包含的哲理耐人寻味，请写一段话，表达你的理解和看法，并和同学交流分享。

参考答案：

示例一：所谓“有用”，一般人的理解是指物质之用、功名之用、富贵之用。以此观之，文学的确不如科学“有用”。但如果从哲学的视角来看，文学，则潜移默化地塑造着人的世界观，科学更多是教人以方法论，其二者虽相互依存，但显然世界观更具有根本性、决定性，这是否意味着文学比之科学更为“有用”？有了高于现实的信仰，就如康德所言的“仰望星空”一样，它给生命以方向、以希望。就像苏轼，远谪黄州，政治失意，人生遇到低谷。但当他将生命融入天地自然，认识到“此造物者之无尽藏也，而吾与子之所共适”，他就成了名垂千古的东坡。苏轼在所谓的“无用”之中成就了人生的“大用”。舍弃“无用”，也许就舍弃了生活本身。

示例二：“有用”与“无用”，本是对立统一的关系，二者相互依存。没有“有用”，就无所谓“无用”；没有“无用”，也无所谓“有用”。即便是人类史上重大的科学发明，在刚开始时，也曾经被视为“无用”。法拉第发现的电磁感应，初始只局限在实验室里，曾被讥讽为“毫无用处”。而法拉第回答说：“那么刚出生的婴儿又有什么用呢？”之后，他运用电磁原理发明了第一台电动机，人类由此步入电气时代，“无用”成了有“大用”。

浙江工业大学附属德清高级中学　方香椿

12.《兼爱》教学微设计

【课文提要】

《兼爱》有上、中、下三篇，本文选的是上篇。“兼爱”是墨子最根本、最核心的思想，其本质是要求人们爱人如己，彼此之间不要存在血缘与等级差别的观念。兼爱还表现在大国不侵略小国，国与国之间无战事，和平共处。墨子认为社会动乱的原因就在于人们不能兼爱，人们只有通过“兼相爱，交相利”才能达到社会安定的状态。这种理论具有反抗贵族等级观念的进步意义，但同时也带有强烈的理想主义色彩。

墨子追求语言的浅白、逻辑的严谨和结构的层次感，同时又反复论说，形成了独特的论说风格。

【任务目标】

学习本课时，要注意加深对墨子思想的理解，体味墨子学说的现实意义，并领会墨子语言浅显、论证严密的写作风格。

本课的学习任务目标如下：

(1)通过筛选观点，理清文章的论证思路，感受墨子逻辑严密、质朴深刻的说理之美。

(2)从本文的学习中概括作者的观点和态度，感受墨子“摩顶放踵利天下”的精神力量，同时思考墨子“兼爱”思想的现实意义，从而涵泳心灵，激励人生。

(3)比较阅读孟子的《人皆有不忍人之心》与墨子的《兼爱》，比较儒家“仁爱”思想与墨家“兼爱”思想，加深对传统文化的理解。

【预习任务】

1.课前查阅资料了解墨子及其著作，了解和整理墨子的主要思想。

2.通过个人朗读和同桌对读相结合，对照注释疏通课文中的字词，理解课文内容。

3.了解《墨子》，初步体会墨子论证的风格。

【任务设计】

任务一：阅读全文，整体把握全文结构，筛选、理解作者观点

活动探究1：《兼爱》中体现的墨子的主要观点是什么？请你阅读课文，填写下面这张表格。

任务阐述：本文语言简洁，观点、论证条理都非常清晰，每段都有主要观点。通过对每段观点的筛选和梳理，总结本文主要观点，可以快速把握文章的主要思想。

段落	主要观点	论证特点
第1段	圣人以治天下为事者也，必知乱之所自起，焉能治之	类比论证
第2段	当察乱何自起？起不相爱	举例论证、因果论证，运用铺排句式
第3段	若使天下兼相爱，则天下治	假设论证，运用铺排、反问的句式
第4段	故天下兼相爱则治，交相恶则乱	引用论证，运用反问句式
全文	天下兼相爱则治，交相恶则乱	

活动探究2：请同学们以小组为单位进行讨论，文中作者是如何一步步表明自己观点的？

任务阐述：学生通过讨论可以厘清文章的脉络。文章开篇提出要治理好天下的混乱必须要知道混乱产生的源头，就像医生要知道病人的病根才能对症下药，把病治好一样。接着指出天下混乱产生的原因是人们不相爱。文章的论述从父子、兄弟、君臣之间的不相爱，到盗贼横行，再到大夫互相侵害、诸侯互相攻伐，分层论述“乱起不相爱”的观点。这是从反面论证观点。然后，在分析问题的基础上，提出解决问题的办法，即“使天下兼相爱”。最后归纳论点，肯定结论，总结全文。全文4段，起承转合，慢慢得出结论。

活动探究3：结合预习中查找的资料，请写一写你是如何理解墨子“兼爱”思想的内涵的。

任务阐述：设计这个任务旨在打通学生课前的预习和课内的学习，使其进一步理解墨子的“兼爱”思想。“兼”除了有加倍、广、全的意思还有一方对另一方兼而有之的意思。“兼爱”是指一方对另一方的付出，包含平等、博爱与相互友爱的意思。墨子认为，要让不平等的双方产生爱，必定是高贵的、强盛的一方，将理解、宽容以及援助更多地给予卑贱的、弱小的一方，让卑贱的一方生活处境得到改善。因此，“兼爱”的目的很明确，就是要努力做到出身高贵的爱护出身低贱的，强大的爱护弱小的。“兼爱”实际上反映贫弱者的心声，带有鲜明的平民色彩。

活动探究4：小组合作讨论，墨子的“兼爱”思想对当今社会是否有意义。

任务阐述：这个任务意在探讨“兼爱”思想在当代社会的意义。墨子认为天下混乱产生的原因是人们不相爱，因此他提出“兼相爱”，认为“兼相爱”是治理天下混乱的良方。墨子认为，兼爱互利是为治之道，“兼相爱”并不否定自爱，而是把自爱与爱人结合起来，力求使自利与互利两不偏废，如此天下才能实现和谐、富足。墨子的这种“兼爱”思想是一种达致和谐的崇高理想，至今仍有其不可抹杀的现实意义，特别是对当今中国构建和谐社会具有重要的启迪意义。

任务二：比较墨家“兼爱”思想和儒家“仁爱”思想

活动探究1：阅读以下几则材料，分析墨家“兼爱”思想和儒家“仁爱”思想的区别在哪里。

入则孝，出则弟……泛爱众而亲仁。——孔子

亲亲而仁民，仁民而爱物。——孟子

官无常贵，民无终贱。——墨子

墨子兼爱，摩顶放踵利天下，为之。——孟子《尽心上》

任务阐述：这个任务引进了儒家“仁爱”思想和墨家“兼爱”思想中的经典片段，便于学生进一步理解这两种思想，同时在对比中走向深入理解。

儒家所说的爱，是以自己为中心，从天性中的情感出发，强调推己及人，从有血缘关系之人，推广到没有血缘关系的人，像石子一般投入水中，一圈圈推出去，愈推愈远，也愈推愈薄。墨子则认为父子、兄弟、君臣、大夫、诸侯，因为不能互利，所以不相爱，把互利作为相爱的前提。墨家讲爱人如己，无差等的爱，冲破等级的枷锁，冲破血缘的坚冰。

活动探究2：小组讨论儒家的“仁爱”思想与墨家的“兼爱”思想有什么异同。

任务阐述：此任务意在在前面阅读现成材料的基础上，调动更多的阅读经验和思考，尤其是曾学习过的《论语》《人皆有不忍人之心》，加深对这两种思想的比较，在对两种思想的梳理和比较中获得更清晰的理解。

相同之处：①基本内涵一致。“仁爱”与“兼爱”，二者皆显出了爱的普遍性，孔子的“泛爱众”与墨子的“兼相爱，交相利”都体现了爱的普遍性、广泛性。二者在主张人人相爱，关爱民众，反对以强凌弱上显然是相通的。②社会背景和基本目标相同。儒家的“仁爱”思想和墨家的“兼爱”思想都是产生在春秋战国的社会动乱时期，都怀着安邦定国、终止混乱纷争的理想。

不同之处：①具体内涵不同。儒家的“仁爱”思想是建立在宗法等级制度、血缘关系基础上的有差别的爱，是有先后等级顺序的，是由“爱亲”到“爱人”，最后才是“泛爱众”。它要求按照宗法等级秩序，即尊卑、贵贱、亲疏的顺序去爱人。墨家的“兼爱”思想是一种超越血缘关系的爱，这种爱没有尊卑、亲疏、贵贱的差别，即“兼相爱”，借此达到利人如己、无私利他的“交相利”的目的。②爱的倾向性不同。儒家的“仁爱”思想是“己所不欲，勿施于人”“己欲立而立人，己欲达而达人”，主张尽心，不言回报，只求尽职尽责，不问自己的权利。墨子的“兼爱”思想则是站在功利的角度上，提出了对等互报的原则，即“兼相爱，交相利”。

总体看来，儒家的“仁爱”是一种有差别和等级的爱，即要求以对父母兄弟之爱为同心圆的圆心，层层外推，逐渐扩展到对宗族、社会和国家的爱。而墨家的“兼爱”是一种无差别和等级的爱，它要求人们抛却血缘和差别等级，不分厚薄亲疏，爱人如己。

任务三：总结本文的写作特色，体味墨子的写作风格和说理特点

活动探究1：阅读下面关于墨子文章风格的点评，说说你是怎么理解的。

墨翟随巢，意显而语质。——刘勰《文心雕龙·诸子》

楚王谓田鸠曰：“墨子者，显学也……其言多而不辩，何也？”曰：“……（墨子）若辩其辞，则恐人怀其文，忘其直，以文害用也。”——《韩非子》

任务阐释：此任务意在通过名家点评，思考墨子言多而不辩的特点。

墨子的美学思想是实用至上的，这种文风和墨子学派一贯主张实用主义的思想是一致的。

活动探究2：有人说，本文的写作特色是“意质语显，逻辑清晰”。你赞同吗？试结合文本进行分析。

任务阐释：此任务意在引导学生在感性阅读的基础上提炼本文的写作特色：①意质而语显。

文章质朴充实，不重文采。文辞不加修饰，浅近通俗，重在以理服人。说理逻辑严密，论辩一气呵成，气势非凡。②逻辑严密，明辨是非。本文先指出议论的焦点，“圣人以治天下为事者也，不可不察乱之所自起”；然后从三个方面分别论述“乱起不相爱”；再通过对比指出，如果“天下兼相爱”“则天下治”；最后顺理成章得出结论，“天下兼相爱则治，交相恶则乱”。论辩一气呵成，富于说服力与逻辑力量。

【课后任务】

思考：墨家的“兼爱”思想在今天仍然有积极意义，那么历史为什么没有选择墨家？请你查找资料，并写成一篇不少于700字的小论文。

参考答案：

（1）墨子历史认识的局限性。

由于墨家是站在弱势群体的角度，客观地反映了身处贫困与战乱的人们的愿望，因而它成为战国时期一大学派。但是，这种“兼爱”的学说在封建等级社会能行得通吗？再者墨子所处的时代正值春秋末战国初，奴隶社会向封建社会过渡的时期。此时所出现的社会动乱并不是墨子所简单朴素理解的各方不兼爱、“交相恶”引起的，根本上则是社会生产力的发展所引起的。因此，墨家的这种“兼爱”的思想从根本上来说是一种理想主义，它根本是不会实现的。

（2）以血缘关系为基础的宗法等级观念根深蒂固。

中国古代社会是以血缘关系为纽带建立起来的宗法等级社会，自然亲情和人伦纲常被视如神圣。君权神授、君主就是法律、父权制、家长制和人情网等得到绝对认同。在这方面，儒家“爱有等差”的原则直接为宗法等级辩护，得到历代统治者的青睐，儒学在汉朝和南宋两次被奉为官方哲学便是明证。与此不同，墨家的“兼爱”要求视人之国、人之家乃至人之身若视其国、其家和其身，这淡化了人己之别，直至隐蔽了吾之君、吾之父优于人之君、人之父的特权。更有甚者，兼爱中流露的天与人上与下的平等、互惠和互利原则冲击了上位者的利益。

正因为如此，孟子抨击墨家的“兼爱”思想是禽兽逻辑，指出“墨氏兼爱，是无父也。无父无君，是禽兽也”。爱自己的孩子，总比爱兄弟的孩子要多一些；爱兄弟的孩子，也总是比爱邻居的孩子要多一些。这是常理，也是常情、常识。这不需要讨论，每个人自己的经验就可以证明。孟子的看法在某种程度上代表了中国传统文化的主流意识和大众心理。由此，儒家与墨家一传一绝的不同命运也就在情理之中了。这样看来，孟子的观点是对的。我们基于血缘而形成的亲疏关系，是符合人性的。而墨家这种爱在乎人情，却走了极端，太过于理想化了，爱父母和爱陌生人一样，这超越了人性本身，太难以实现了，甚至会成为“伪善”。

（3）当时社会生活环境的制约。

“兼爱”虽然不是评判一个人道德高尚的标准，却也涉及人的道德层面，当时社会秩序混乱，战争不止，百姓生活困苦，在这种情况下，几乎所有的人都在为了生存而奔命，反映出的都是人自利自保的天性，对自身的道德要求根本不高，因此“兼爱”这种高尚的道德情操不可能推行。

（4）中国人注重儒家思想，热衷于义；淡漠墨家思想，耻于言利。

孟子的“何必曰利”符合中国人耻于言利的大众心理和价值取向，为历代统治者所提倡；墨子的尚利倾向却为中国人所不耻（至少在表面上是如此）。儒家与墨家不同的历史命运可以在其对中国人心理倾向和价值评判的一迎合、一逆忤中得到解释和说明。

（5）墨家代表的阶级利益，令统治者忌惮。

墨子出身平民，他的思想和利益需求自然充满了民本的特点，他的草根精神是统治者所畏惧的，更何况，墨家自己有一个300多人的武装力量，令统治者十分忌惮。

浙江工业大学附属德清高级中学 方香椿

13.《大卫·科波菲尔（节选）》教学微设计

【课文提要】

《大卫·科波菲尔》是英国小说家查尔斯·狄更斯创作的长篇小说，也是他最重要的代表作品，被他称为“心中最宠爱的孩子”。

全书融进了作者本人的许多生活经历，具有鲜明的自传性质和传奇色彩。在创作上，狄更斯借用“大卫·科波菲尔自身的历史和经验”，采用第一人称的叙述方式，讲述了主人公大卫·科波菲尔的成长故事，回顾并总结自己的生活道路，反映了他的人生哲学和思想。故事以“我”的出生为源，从大卫的孩童视角，发现、讴歌了善良正直、仁爱宽容等一切善行美德，也直面很多残酷的社会问题，将朋友的真诚与阴暗、爱情的幼稚与冲动、婚姻的甜美与琐碎、家人的矛盾与和谐熔铸交织，展示了19世纪中叶英国的广阔画面，一方面真实再现维多利亚时代迅速发展的英国在繁荣表象下的黑暗和压迫，另一方面又着力刻画人物在面对生活苦难时的“天真烂漫”，反映了狄更斯希望人间充满善良正义的理想。

小说一经出版，便引起强烈的社会反响，激发了人们对社会变革的深入思考，甚至还推动英国议会的相关立法。

节选部分记录了大卫·科波菲尔人生中的一个片段。

【任务目标】

本文通过大卫这个孩子的眼睛观察周围的人物和环境，既表达了对人世间善良、宽厚、仁爱等美德的赞美，同时也饱含着对当时社会的深刻批判。阅读时可以通过参阅狄更斯的经历来理解他的创作心理，领略小说所营造的社会环境和作者的态度，发现社会环境和人物对小说中“我”成长的意义。

本课的学习任务目标如下：

（1）扣住“成长”这一线索，梳理大卫所经历的事、所遇到的人，以及这些人和事对大卫成长的影响。

（2）体会通过外貌、语言、动作等方面的细节塑造人物的手法，能分析把握作品中人物形象的特征。

（3）明确小说的叙事角度，并能结合语境分析其表达艺术效果，提高小说鉴赏能力。

【预习任务】

1.查阅工具书，掌握本课生字词的读音及基本意义、语境义。

2.自读课文，熟悉小说情节，梳理大卫所经历的事、所遇到的人，以及这些人和事对大卫成长的影响。

3.画出文中有关人物外貌、语言、动作等方面的细节描写，初步分析小说中米考伯先生、米考伯太太、大卫·科波菲尔的人物形象特点。

【任务设计】

学校话剧社决定将课文《大卫·科波菲尔（节选）》排演成话剧，在排练的过程中，以下几个问题让剧组有些犯难。

任务一：探寻“成长”踪迹

活动探究1：“成长”是小说《大卫·科波菲尔》的一条重要线索，在节选片段中，童年大卫身边出现的人、发生的事都对他的成长产生了深远影响，但鉴于文章的篇幅，剧组人员不知道怎样合理展现课文内容会更加切合话剧的表现形式，请你结合文章的具体内容，为“我”画一幅成长轨迹图，并给剧组提供相应的建议。

任务阐述：本文虽然是节选的片段，但是作为课文依然很长，由于年代的久远和生活经历的陌生，学生们在初读时不太容易引起共鸣，通过梳理情节，梳理主人公的成长经历，可以帮助他们更好地把握课文内容，理解童年大卫的成长。

本文虽然只是大卫童年生活的一个片段，但是作坊的工作方式，相继出现的昆宁先生、米克·沃克、粉白·土豆、米考伯先生、米考伯太太、霍普金斯船长等人和他们不同的性格、经历，错综复杂的关系等都给童年的大卫带来不同的人生影响。梳理把握这些人物、事件之于大卫的意义，不失为进入课文的一把关键钥匙。同时，给剧组提供意见的行为，也是在对课文内容进行解读和评析，有助于大家进一步理解课文内容。

示例：

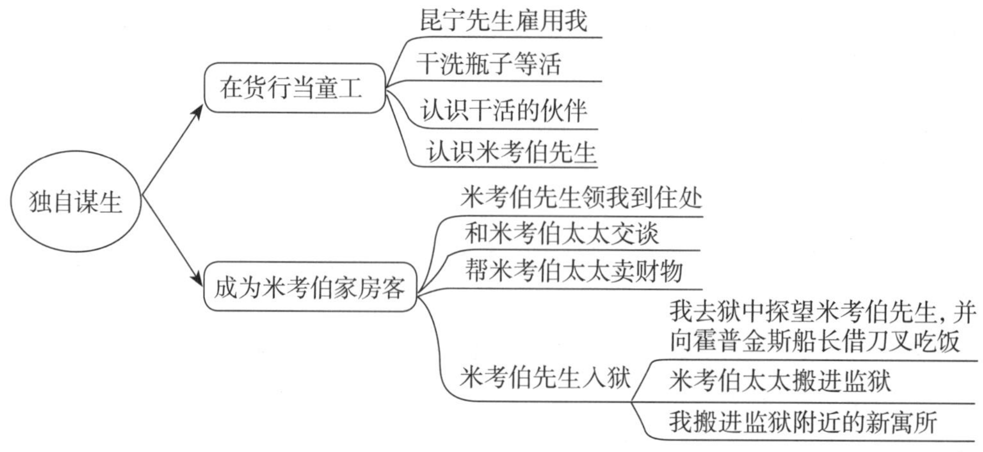

独自谋生——→遭遇遗弃——→哭当童工——→租房成客——→平等交心——→代卖餐具——→探访狱友——→另租住所

活动探究2：在演出的排练过程中，大家对主演同学的表演不是很满意，认为他的表演过于孩子气，不够有张力。请仔细阅读课文，结合文章中的具体内容，寻找“我”的成长表征，谈谈你对这个角色“成长”内涵的理解并给主演男一号一些表演建议。

任务阐述：在课文的情节中，作者展示了大卫在童年时代的一段生活经历，在这段人生历程中，大卫也经历了一个逐渐成长的过程。文章通过代入感极强的表达展示出“我”一开始的无辜、可怜，并在与周围人事的接触中，逐渐变得能够承受苦难，懂得自爱自立。课文内容有很强的整体性，把“我”的童年阶段展示得十分细致，将“我”的形象塑造得血肉丰满，立体性强。我们在学习时，要注意结合作者塑造人物的精湛手法分析人物形象的变化，把握人物形象的特点，同时，在演绎这个人物时，不能只是展示“我”孩子的一面，更要关注“我”逐渐清晰的人格意识。

任务二：感受“成长”的环境

活动探究1：在演出准备阶段，剧组请你帮忙设计舞台的道具和布景，以便更好地呈现舞台效果。对此，你有怎样的想法和建议？

任务阐述：环境作为小说三要素之一，是把握小说内容的重要支点。作为助推大卫成长的重要内容，小说中无论是社会环境还是自然环境都有着典型意义，布置舞台布景，便是对小说环境的深入分析，也是对文章关键内容的仔细推敲。

文中无论是货行、街道，还是米考伯的家，抑或是监狱，作者都对其进行精心的描写。从工作环境到租住环境再到英国底层家庭环境，从对童工生活的展示、对济儿院社会背景的穿插，再到对英国混乱司法的鞭挞，作者一支健笔囊括了英国社会的各个层面，为我们展示了一幅生动的社会画卷。通过对舞台布景的设计，学生们要深入推敲这些环境的特点，感受环境之于大卫成长的意义。

活动探究2：从环境内容看，小说以“我”为观察主体，通过特定环境下的一系列情节展示了“我”的成长。仔细阅读全文，结合文章内容分析这样的叙述方式有怎样的优势和不足，并探讨作者是如何突破这种叙述方式的局限的。根据探讨的结果，结合必修阶段所学的关于话剧的知识，给剧组一些建议，帮助观众更好地理解剧情。

任务阐述：小说全文采用第一人称叙述，从“成长”的维度看，有着很强的亲切感，让读者可以快速地建立与主人大卫的心理关联。但第一人称的有限视角也确实带来了一定的认知局限，尤其是面对相对较为陌生的历史环境下的故事，学生们在理解时或多或少可能会有一些隔阂。

所以，在阅读时，我们要仔细感受作者在第一人称有限视角下的叙述变化，尤其在表现环境时，作者常常使用一些评论性语言，表现大卫成年后回望成长阶段的一些阐述性话语。学生们要深入感受作者叙述口吻的变化，感受作者对自我成长的态度，理解作家对叙述局限的突破。

另外，给剧组一些建议时，可将小说语言转变为话剧语言或者舞台说明，同学们在语体和文体的转换中，可以进一步理解作者在文中转变语态的意义，感受作者对“成长”话题的深入探讨。

任务三：表达“成长”的启迪

活动探究：演出筹备结束，需要在校园宣传栏张贴一张演出海报为公演造势，请你结合“成长”的主题，为海报写一句宣传语作为本次公演的标语。

任务阐述：“成长”是本篇课文的主题，学习本文后，我们应该当对这一主题有一定的思考。为海报设计宣传语，可以凝练地展示出我们对文章主题的把握，也可以较好地体现我们对这一话题的思考深度。

示例：

坎坷是成长的基石，疼痛是成长的前奏。

一个孩童的成长史，一段我们共同的生活。

他的故事里有我们每个人成长的味道。

【课后任务】

《大卫·科波菲尔》不仅为世界文学长廊贡献了大卫这一经典人物，也为世界文学塑造了米考伯这一可爱形象，甚至还形成了心理学上的“米考伯主义”，请结合文章内容谈谈你对“米考伯主义”的理解。

参考答案：

米考伯主义，是指无远虑而老想走运的乐天主义。文中米考伯夫妇虽然有着很多缺点，但他们面对窘困的生活，能始终保持乐观的心态；面对困难和诱惑，能不失善良纯真的本色。他们携手前进，相互信任，给童年的大卫带来了一定的家庭温暖，也教给了他善良和热情。

浙江省诸暨市海亮高级中学 姜志超

14.《复活（节选）》教学微设计

【课文提要】

《复活》是19世纪中期俄国批判现实主义作家列夫·托尔斯泰继《战争与和平》《安娜·卡列尼娜》之后创作的一部长篇小说，是托尔斯泰一生思想、艺术探索的总结，被誉为俄国批判现实主义发展的高峰，首次出版于1899年。小说主要描写聂赫留朵夫引诱姑妈家女仆玛丝洛娃，使她怀孕并被赶出家门。后玛丝洛娃沦为妓女，因被指控谋财害命而受审判。聂赫留朵夫以陪审员身份出庭，认出玛丝洛娃后良心深受谴责，于是为她奔走申冤，并请求同她结婚，试图以此赎罪。上诉失败后，聂赫留朵夫陪玛丝洛娃流放西伯利亚。他的行为感动了玛丝洛娃，使她重新爱上自己。但为不损害他的名誉和地位，玛丝洛娃最终选择同一个革命者结为伉俪。小说通过玛丝洛娃的苦难遭遇和聂赫留朵夫的上诉经过，广泛而深刻地抨击了法庭、监狱、官僚机关的腐败、黑暗，揭露了封建统治阶级骄奢淫逸的生活和反动官吏的残暴昏庸，反映了农村的破产和农民的极端贫困，勾画了一幅已经走到崩溃边缘的农奴制俄国的社会图画。

课文节选的是《复活》第一部第四十三章，写的是聂赫留朵夫在法庭上深受良心谴责，去监狱探望玛丝洛娃，以祈求宽恕的经过。先是两人隔栏相见，聂赫留朵夫试图得到宽恕，而玛丝洛娃从不认识到终于认出了他；再是两人长凳叙旧，玛丝洛娃依然对那段生活感到痛苦，冷漠回避说出自己的遭遇；后是玛丝洛娃要钱，聂赫留朵夫从她的言语、神情中觉察到她“已经丧失生命了”，但他仍坚持请求她的宽恕；最后探监结束，玛丝洛娃等待回牢，聂赫留朵夫表示会再来。小说通过语言、动作、心理等方面的精妙描写，刻画了人物心灵的激烈震荡与矛盾冲突，表现了人性、精神的“复活”过程，寄寓了作家“博爱”的人性理想。

【任务目标】

本文属于外国作家作品研习任务群单元。学习本文，既要感受小说所反映的19世纪俄国的社会生活面貌，又要鉴赏批判现实主义小说的艺术魅力。通过梳理故事内容，联系整本书情节，领会小说描述的19世纪俄国黑暗腐朽的社会现实；通过语言、动作、心理等细节描写，揣摩人物的内心与性格；通过探讨标题的含义，领会小说的“复活”主题以及作家所寄寓的人性理想。

本课的学习任务目标如下：

（1）梳理小说情节，理解小说的批判意味。

（2）鉴赏人物描写细节，把握人物内心与性格。

（3）探讨“复活”内涵，领会小说的思想主题。

【预习任务】

1.阅读《复活》整本书,大致了解故事情节。

2.阅读本课内容,概括主要的故事情节。

3.从课文中找出两处有关人物肖像、神态、语言、动作、心理等细节描写的语句,并做批注,赏析这些语句是如何细腻地表现人物的内心世界与性格的。批注时,先指明描写手法,再赏析表达效果。

示例:

“对,我在做我该做的事,我在认罪。”聂赫留朵夫想。他一想到这里,眼泪就夺眶而出,喉咙也哽住了。他用手指抓住铁栅栏,说不下去,竭力控制住感情,免得哭出来。

①心理描写。直接写聂赫留朵夫的心理,他认为玛丝洛娃有此遭遇的根源在自己,自己应该赎罪。

②动作、神态描写。他的情绪很激动,说明他急于想得到玛丝洛娃的谅解,同意自己赎罪的想法。

4.查阅资料,了解作家的背景及小说的写作背景。

【任务设计】

任务一:填表梳理内容,理解现实批判意味

活动探究:批判现实主义特指19世纪在欧洲形成的一种文艺思潮和创作方法,其突出特点是比较广阔和真实地展示了社会生活的各个方面,对现实矛盾的揭示十分深刻。列夫·托尔斯泰是19世纪俄国最伟大的现实主义作家,其作品反映了1861—1905年俄国的社会矛盾和社会变动,因此被列宁誉为“俄国革命的镜子”。《复活》描绘了19世纪俄国的社会生活场景,展现了特定时代下人物的生存状况,反映了俄国沙皇统治的社会现实。

(1)速读课文,筛选文中关键信息制作成表格。先概括本文的故事情节,把握人物心理变化过程;再联系整部小说的故事情节,列举导致两个人物现状的前情原因。

(2)你对玛丝洛娃的遭遇有怎样的思考与体验?请联系小说相关情节表达自己的看法。

要求:先根据要求独立制作表格;再开展小组交流讨论,求同存异,形成共识;最后小组派代表在班级展示成果。

任务阐述:本任务旨在让学生通过梳理情节内容领会小说的现实批判意味,含任务情境、活动任务与活动要求三部分。

先是任务情境,主要介绍知识背景,指出批判现实主义文学的基本特点及托尔斯泰的伟大贡献,明确活动任务的方向。

再是活动任务,以表格制作为主。一是概括节选部分的主要情节内容,梳理人物心理变化过程,整体把握人物的遭际与现状,要求从文中找出关键词语用简洁的文字制表;二是联系整

部小说的情节内容，探求人物遭际命运的前因后果，概括出导致人物现状的事件，展现俄国沙皇统治下黑暗腐朽的社会现实；三是展示对人物命运的思考与体验，表达个性化的阅读体验。既可以联系本文表达内心感受，也可以联系整本书的情节发表个人观点；既可以从结果到原因展开分析，也可以从现象到本质进行剖析，从而进一步理解小说的现实批判意味。小说的现实批判意味不但能从整部小说的情节看出来，从本文也能够看出一些来，比如玛丝洛娃向聂赫留朵夫要卢布时有所顾忌地说，“当着他的面别给，等他走开了再给，要不然会被他拿走的”，赤裸裸地刻画了典狱长平常的无耻行径，在朴素的叙述中揭露了当时俄国大小官吏的巧取豪夺，隐含着辛辣的讽刺。

后是活动要求，将自主活动与小组合作结合起来，既要求独立开展阅读与制表活动，也要求小组合作交流补充。自主制表应立足于课文内容，筛选关键信息，讲究语言精练；小组合作要组织有效交流，重在形成多维立体对话。

示例：

<table>
<tr><th rowspan="2">情节</th><th colspan="5">内容</th></tr>
<tr><th>主要内容</th><th>聂赫留朵夫心理变化</th><th>前情原因</th><th>玛丝洛娃心理变化</th><th>前情原因</th></tr>
<tr><td>开端</td><td>隔栏相见</td><td>忐忑激动</td><td rowspan="4">贵族生活圈子泯灭了他的正直和纯洁，进入军队后，他诱奸玛丝洛娃使其怀上孩子，并将其随意抛弃，让其陷入悲惨遭遇</td><td>意外震惊</td><td rowspan="4">①被聂赫留朵夫玩弄后被抛弃，怀孕后被姑姑们赶出家门；
②给人家当女仆受尽男主人的调戏与侮辱；
③沦落到妓院；
④牵连一起人命案，被法庭起诉；
⑤法官们各怀鬼胎随意判决，判她去西伯利亚服苦役</td></tr>
<tr><td>发展</td><td>长凳问旧</td><td>羞愧悔恨</td><td>愤怒悲伤</td></tr>
<tr><td>高潮</td><td>卢布插曲</td><td>意外吃惊</td><td>讨好利用</td></tr>
<tr><td>结局</td><td>结束会面</td><td>同情自省</td><td>心灰意冷</td></tr>
</table>

思考与体验：是当时黑暗的社会导致了玛丝洛娃的人生悲剧，促使玛丝洛娃一步步走向堕落。先有贵族公子无情抛弃，再是世道不古侮辱陷害，后是官场腐败随意审判。悲惨痛苦的经历，使她丧失善良与天真，自甘堕落，使她对世道人心已完全失望，精神沉沦，心灰意冷，麻木冷漠，使她成为卖笑的风尘女子，正如文中所说，“这个女人已经丧失生命了”。玛丝洛娃的遭遇使我们认清了俄国当时的黑暗现实，使小说具有强烈的现实批判意味。

任务二：批注细节描写，领会心理刻画艺术

活动探究：《复活》通过神态、肖像、语言、动作、心理等精妙的细节描写，生动细腻地刻画了处于心灵转变的关键时刻、内心激烈震荡的人物形象。批注是文学鉴赏和批评的重要形式和传统的读书方法，在教材空白处对课文进行批评和注解，点评文字，发表感想。学习《复活》，我们可以采用批注的形式鉴赏小说的细节描写，揣摩人物的内心世界。批注应先指明描写手法，再赏析表达效果。

（1）小组交流课前预习的批注成果，评选出最精彩的两个批注在班级展示。

（2）小组合作完成下列批注任务，相互交流批注成果，并派代表在班级发言。

①课文多处描写玛丝洛娃的“笑”，请找出相关语句，至少写一处批注。

②课文中聂赫留朵夫对玛丝洛娃的称呼语经历了三次变化，请从文中找出三次称呼变化的语句，至少写一处批注。

（3）根据以上批注成果，用简要的文字分别总结概括聂赫留朵夫与玛丝洛娃的人物形象，同时归纳总结出小说刻画人物心理的主要方法。

要求：应注意小组合作，交流评选最佳批注，合作完成关键批注，重在把握人物心理，鉴赏心理艺术。

任务阐述：设计本任务旨在通过批注细节鉴赏小说的心理刻画艺术。情境设计主要是为了设置知识背景，点明《复活》的细节艺术，介绍批注这一读书方法。活动任务包含系列化的一个活动过程，结合课前的预习任务，交流批注细节的成果，选取两处关键细节进行小组合作批注，概括聂赫留朵夫与玛丝洛娃的形象，总结小说的心理刻画艺术。活动要求强调小组合作的过程。

小组交流课前预习任务中的批注成果，目的是在赏析细节中全面领会小说的心理刻画艺术，托尔斯泰的小说刻画人物心理主要有两种手法：一是直接的心理刻画，直接剖析人物当时的心理状况；二是间接的心理暗示，通过个性鲜明的神态、肖像、动作等细节刻画人物的心理。但是，托尔斯泰的小说特别擅长内心独白式心灵剖析，剖析人物内心的矛盾与挣扎，如玛丝洛娃在面对聂赫留朵夫赎罪时，往事美好回忆与接二连三痛苦的交织冲突，聂赫留朵夫在面对玛丝洛娃的堕落时，魔鬼与天使两种思想的矛盾较量，表现了人物心理的丰富复杂，也体现了托尔斯泰小说中心理刻画的精妙艺术。

小组合作批注时，重点为对玛丝洛娃“笑”的神态与聂赫留朵夫称呼的变化进行批注，目的是准确理解玛丝洛娃的心理现状与聂赫留朵夫的复杂心迹。课文多次写到玛丝洛娃的“笑”，“嫣然一笑”“笑盈盈”“又嫌恶又妖媚又可怜地微微一笑”“媚笑”等，在“笑”的背后隐藏的是玛丝洛娃的苦难与堕落。她始终以妓女的身份审视周围的人，并不以妓女的身份为耻，看到眼前是个有钱人就露出习惯性的笑容，尽管对聂赫留朵夫“嫌恶”又不信任，但也故意装出一副妖媚的可怜相，目的是得到一些好处。可见，玛丝洛娃是被侮辱、被侵害、人性走向堕落的下层群众的典型代表，她自甘堕落、失去灵魂，麻木不仁、心灰意冷。而聂赫留朵夫在探监过程中的赎罪心理也是复杂变化的。第一次对话，聂赫留朵夫不知道用“您”还是“你”，但随即决定用“您”，因为他们之间没有了以往的亲切、熟悉感，他是带着“严肃、庄重和爱怜的心情”来请求玛丝洛娃的饶恕的，所以用“您”。当玛丝洛娃突然向他要钱时，他意识到“这个女人已经丧失生命了”，但他直呼玛丝洛娃的小名“卡秋莎”，而且改称“你”，因为玛丝洛娃不让他闯进自己的内心世界，反而让他“产生一种特殊的新的力量”，让他不再厌恶她，也不只是怜悯、同情她的处境，而是决定在精神上唤醒她，“恢复她的本性”。当他把想赎罪的话说完，玛丝洛娃表现出极度的冷漠和“粗野可怕、拒人于千里之外的神色”，于是在玛丝洛娃准备回牢房时，他又改称“您”，因为玛丝洛娃的冷漠让他意识到她对自己的距离感，让他决定还是利用庄重的敬称来获取饶恕和救赎。可见，聂赫留朵夫是贵族地主阶级罪恶的体现者，也是贵族地主阶级罪恶的批判者，是忏悔贵族的复杂矛盾的形象，他的心理变化体现了他觉醒与复活的艰难历程。

任务三：探究复活主题，领会作家人性理想

活动探究：小说通过塑造人物形象来表现主题，而对小说主题的理解往往是多义的。有人从小说题目入手探究小说的主题，认为《复活》是表现“复活”主题的，主人公玛丝洛娃与聂赫留朵夫都经历了“复活”的人生变化过程。

（1）面对这个“已经丧失生命了”的女人，聂赫留朵夫“内心刹那间发生了动摇”。“聂赫留朵夫开了头，本来还想说他要同她结婚，但接触到她的目光，发觉其中有一种粗野可怕、拒人于千里之外的神色，他不敢开口了。”有人认为，聂赫留朵夫的“动摇”与“不敢开口”都表明他似乎并没有真正“复活”。你赞同这种看法吗？请发表自己的看法。

（2）从课文内容看，聂赫留朵夫的“复活”包含哪些方面的含义？其中寄寓了作家怎样的人性理想？请联系作家背景进行分析。

要求：小组合作讨论探究，交流形成共识，推派代表在班级发言。

任务阐述：设计本任务旨在让学生通过讨论探究进一步体悟小说的主题意蕴。任务情境主要说明小说主题的多义性特点，并解释小说人物与主题的关系、小说标题与主题的关系，获得有关主题的背景性知识。活动任务主要讨论主人公聂赫留朵夫是否真正“复活”的问题，从而进一步探究小说的“复活”主题以及其中寄寓的作家的人性理想。活动要求采用小组讨论形式，交流讨论，形成共识，展示成果。

探究聂赫留朵夫是否真正“复活”，目的是深入理解“复活”的多层次含义。聂赫留朵夫去监狱探望玛丝洛娃，渴望得到饶恕，赎自己的罪过，但看到玛丝洛娃无动于衷，依旧保持风尘女子的堕落样子，甚至向自己索要卢布，他的内心动摇了。这表明聂赫留朵夫思想的矛盾复杂，也表明一个贵族公子哥“复活”的艰难历程，每一次“动摇”都使聂赫留朵夫的“复活”思想愈加坚定。聂赫留朵夫本想说“要同她结婚”，但看到玛丝洛娃“粗野可怕、拒人于千里之外的神色”，他“不敢开口了”，他是担心自己的想法不被玛丝洛娃理解，怕因此惹恼她，他充分认识到自己对玛丝洛娃带来的严重伤害，而这种伤害不是一下子就能愈合的，需要他长期付诸努力，他已经做好准备让她觉醒，恢复她的本性。这里从表面上看是“不敢开口”，实际上却表明聂赫留朵夫思想认识更加深刻理智，思想更加成熟高尚，是更进一步的“复活”。在探望的时间结束，玛丝洛娃站起来要走时，他告诉她，“我还要来的”“您对我来说比妹妹还亲哪”。他已经把玛丝洛娃视为自己的亲人。因此，聂赫留朵夫的“复活”包含三个层次：一是人性的复活，现在人性的复苏战胜了以前自私的兽性；二是道德的复活，认识到是自己伤害了玛丝洛娃，忏悔自己的罪过，祈求获得宽恕，承担责任，弥补罪过；三是精神的复活，已经深刻认识到自己的罪过，并做好了长期拯救的准备，不带任何同情，不带任何私心，思想与精神变得纯粹高尚。

探究小说寄寓的作家人性理想，目的是理解“托尔斯泰主义”的内涵。《复活》的主人公历尽坎坷最终实现了人性、精神的“复活”，在主人公身上寄托了赎罪、宽恕、拯救灵魂、“不以暴力抗恶”“道德自我完善’等美好的人性理解，宣扬了托尔斯泰式的“博爱”思想。人们称之为“托尔斯泰主义”。

【课后任务】

1.课文侧重于描写聂赫留朵夫开始“复活”的心路历程。有人认为，玛丝洛娃这个人物的“复活”历程比聂赫留朵夫更有光彩，请阅读小说其他章节，梳理玛丝洛娃在聂赫留朵夫三次探监时的不同心理变化。

2.“精神的我”和“兽性的我”是一个具有永久探讨价值的话题，聂赫留朵夫的“精神复活”在今天有怎样的意义？请联系现实生活或是你读过的文学作品，以“人性与道德”为话题，写一篇600字左右的文章谈谈你的看法。

参考答案：

1.①第一次探监：玛丝洛娃对自己的妓女身份满不在乎，“好像感到满意，几乎为此自豪”，故弄风骚地挑逗聂赫留朵夫，只想着如何利用这位公爵，让他掏腰包给她买烟、买酒。除了逃避现实，自我麻醉外，她不想也想不到跟现实中的邪恶斗争，甚至感觉不到对聂赫留朵夫有丝毫的仇恨。②第二次探监：玛丝洛娃就“已经不能再照原先那样忘掉一切，浑浑噩噩地生活下去”了，聂赫留朵夫的的真情打动了她，同时，也勾起了她淡漠已久的伤心往事，她严词拒绝了聂赫留朵夫的求婚，怒斥他想让灵魂安宁的赎罪行为。③第三次探监：“她完全变成了另一个人”。聂赫留朵夫的诚意悔过感动了她，并早已重新唤起了她对聂赫留朵夫的爱情，她愿听从聂赫留朵夫的一切愿望。她到医院当了一名看护，彻底戒了烟酒，变得勤劳、纯朴起来；而且，与政治犯们相处久了，她眼神中“不正派的亮光”也消失了，故意留在额头前的那绺卷发也早已包在头巾里，对人的态度再也没有先前故意卖弄风骚的迹象。她爱聂赫留朵夫，之所以拒绝他的自我“牺牲”，选择西蒙松，是为了使聂赫留朵夫生活得更幸福、轻松；同时也是因为，支配她行动的已不再是单纯的感情，而是她支付了昂贵的代价后所换来的理智。

2.略。

玉环市玉城中学 陈梁飞

15.《老人与海（节选）》教学微设计

【课文提要】

《老人与海》是美国作家海明威在1951年完成的一部中篇小说，于1952年出版。1954年，海明威凭借该小说获得当年的诺贝尔文学奖。这部小说在文学艺术上“悉心裁剪，以极简洁的语言，铸入一个较小的模式，使其既凝练，又精当；这样，人们就能获得极鲜明、极深刻的感受，牢牢地把握它要表达的主题”“具有勇气的人被置于各种环境中考验、锻炼，以便面对冷酷、残忍的世界，而不抱怨那个伟大而宽容的时代”。在中国，自1955年由张爱玲翻译的《老人与海》中文版在台湾问世以来，海峡两岸共产生了300多个中文译本，“涉及出版社数量之多、覆盖范围之广、参与译者之众，在整个外国文学翻译史的长河中，都蔚为壮观”，足见，《老人与海》对中国读者的影响力之大，其中的名句“你尽可以毁灭他，但却打不败他”更是深入人心。

1936年海明威发表了一篇名为《碧水之上：海湾来信》的散文，讲的正是该小说的原型故事，在经历10多年的精心构思后，海明威将其写成小说。故事发生在20世纪中叶的古巴，主人公是一位名叫圣地亚哥的老渔夫，一连84天都没有钓到一条鱼，但他不肯认输，终于在第85天遇到一条大马林鱼，经过三天两夜的搏斗将其捕获，把它拴在船边带回，在归程中一再遭遇鲨鱼的袭击，老人奋力对抗鲨鱼，但大鱼仍难逃被吃光的命运，最终，老人筋疲力尽地拖着一副鱼骨架回家。小说“生动地展现出人的命运。它是对一种即使一无所获仍旧不屈不挠的奋斗精神的讴歌，是对不畏艰险、不惧失败的那种道义胜利的讴歌”。本文是老人捕获马林鱼后与鲨鱼搏斗到回港的部分。

【任务目标】

这篇小说作者用冷静、密实的叙事方式给我们展现了一位孤单的老人，面对险恶的大海所进行的一场人与自然之间的惊心动魄的搏斗，课文通过对老人与鲨鱼五个回合的搏斗场景的细节描写，给我们展现了小说情节的发展，又通过大量的人物内心的独白，表现了人物的性格和揭示了小说的主题，学习时要加以感受和体会。

本课的学习任务目标如下：

（1）熟读课文，通过梳理老人与鲨鱼搏斗过程中的多重矛盾对立关系，品读老人矛盾的内心独白，初步掌握老人的“硬汉”形象特点。

（2）鉴赏课文中简洁的语言和鲜明的形象，探究“八分之七”的丰富情感和深刻思想，体味海明威“冰山理论”的艺术魅力。

（3）探究“失败的英雄”的永恒意义，比较分析中美英雄形象的区别，理性认知英雄背后的不同民族文化根源。

【预习任务】

1.预习《老人与海（节选）》，梳理五次搏斗中的矛盾对立面，有条件的同学可阅读整本书。

2.查阅资料，了解海明威的作品和人生经历，了解他创作《老人与海》的时代背景及其影响。

3.收集文献，比较分析中美英雄文化的差异。

【任务设计】

任务一：厘清矛盾对立，解读“硬汉”形象

黑格尔说：“人格的伟大和刚强的程度，只有借矛盾对立面的伟大和刚强的程度才能衡量出来。”在这场老人与鲨鱼的搏斗当中，也充满着多重鲜明的矛盾对立，既有来自外部环境的，也有来自内心思想的。

活动探究1：梳理五次搏斗，请你找出“矛盾对立”的部分，并谈谈这些“矛盾对立”对人物形象塑造有什么作用。

任务阐释：①环境的对立，老人面临的是极端辽阔浩瀚不可预测、有朋友也有敌人的海洋，老人退守的堡垒只是一条破旧的小船，因此老人说“没有什么把我打垮，都是因为我出海太远了”。②搏斗双方的对立，一方是海洋中又大又凶残的“海中霸”鲨鱼（群），一方是人类中弱小的、孤独的、只有可怜武器的老人。③搏斗过程的对立，鲨鱼从一条到两条到鲨鱼群，从吃腐肉的到饿起来吃船、袭击人的，越来越多，越来越凶残，老人却武器越来越少、身体越来越疲惫、伤痛越来越多。④搏斗结果的对立，大鲨鱼们被老人击伤或击亡，大马林鱼的肉越来越少最后消失殆尽，老人仅剩一条船和永不腐烂的鱼骨头。作者在这些强和弱、得和失、生和死的极端对比中，展现人类的命运，当弱小的人类面临极端困顿的绝境，究竟该何去何从？老人用自己的故事告诉每一个人。

活动探究2：老人在面对这些强大的敌人时除了英勇，还表现出怎样的品质？请结合课文内容概括，并与同学谈谈你所概括出来的老人的品质。

任务阐释：真正的硬汉精神不仅是战胜敌人，还有对“敌人”的尊重。真正的硬汉应该具有大智、大勇、大爱。无论是面对大马林鱼还是鲨鱼，老人都表现出了高贵的品格。例如，第3自然段“那是一条很大的灰鲭鲨，生就的游泳高手，能和海里速度最快的鱼游得一样快，除了嘴以外，它的一切都显得无比美丽”，第12自然段“尖齿鲨很残忍，而且也很能干，很强壮，很聪明”，第25自然段尖齿鲨“它美丽而崇高，无所畏惧”，第68自然段“很抱歉，我出海太远了。我把咱们俩都毁了”。面对“敌人”，老人表现出了真正的硬汉精神，不是贬低、抱怨对手，而是尊重对手，这是对自己的尊重，更是对一切生命的敬畏。面对“朋友”，老人表现出了大爱的精神，多次对大马林鱼表示抱歉。由此，文章在坚硬中多了一丝柔软，所以福克纳认为这部小说中多了“怜悯”的味道。

活动探究3：请找出人物的内心独白，读一读这些独白，谈一谈老人在“想”和“说”“大声说”之间如何表达矛盾的心理情绪状态。

活动阐释：老人内在心理充满矛盾，小说中有大量的人物内心独白，原作中有两个高频的叙事标记结构，即 the old man/he said aloud 与 the old man/he thought，中文翻译成老人/他“大声说”和老人/他“想”，分别投射了主人公自言自语时内心思想变化。在课文中，“想”出现28次左右，“说”“大声说”共出现28次左右。例如，第10自然段“好景不长啊，他想。我现在真希望这是一场梦，希望根本没有钓上这条鱼，而是独个儿躺在床上铺的旧报纸上”，第12自然段“‘但人不是为失败而生的，’他说，‘一个人可以被毁灭，但不能被打败’”，第91自然段“你给打垮了，反倒轻松了，他想。我从来不知道竟会这么轻松。是什么把你给打垮了呢，他想”，第92自然段“‘没有什么把我打垮，’他大声说，‘都是因为我出海太远了’”，等等，通过梳理整合对比，在无声的“想”和“大声说”之间，学生可以发现老人的思想轨迹，往往面对已知和未知的现实困境，包括绝对的孤独、疲惫、困倦、伤痛、失败甚至死亡，老人用无声的“想”表达抱怨、无奈甚至害怕等人性最真实懦弱的情感，但是，立刻马上，老人又“大声说”或“说”，用最铿锵有力的声音发出人类面对困境时战胜自我、乐观勇毅战胜悲观怯懦、不惧失败无畏死亡的强音。通过对这些内心独白中矛盾的分析，了解真正的“硬汉”不是徒有外表的刚强，不是自带光芒的无畏无惧，而是在重压之下战胜困境、战胜自己以维持人类优雅的风度和不屈的尊严。

任务二：以“一”问“七”，体味“冰山”艺术

《老人与海》被认为是海明威最典型的一部“冰山原则”的小说，“《老人与海》本来可以长达1000多页……把一切不必要向读者传达的东西删去……我所了解的东西正是冰山在水面以下的部分”。冰山露出水面的八分之一包括“简洁的文字”和“鲜明的形象”，冰山藏在水下的八分之七包括“丰富的情感”和“深刻的思想”。

活动探究1：海明威将《老人与海》修改了200多遍，伐尽“冗词赘语”才出版，凭借“悉心裁剪”和“极简洁的语言”成功塑造了老人的硬汉形象，展现了人类在绝境中不惧失败的精神。小组合作，欣赏课文中简洁的语言，探究背后的丰富情感和深刻思想。

任务阐释：作者叙述的语言是简洁的，但又充满了精心的剪裁。老人五次都是与鲨鱼搏斗，但是从数量上讲从一条、两条到鲨鱼群逐渐递增，五次搏斗描写详略得当，搏斗的激烈与老人思考的宁静形成对比，叙事节奏缓急相间。场面描写用词简洁而有力，给人以无限的想象。思考的语言尤其是“说”出来的语言简洁有力又含义厚重，如“人不是为失败而生的”等成为镌刻在读者心头的人生格言。

有些语言虽然简洁但前后勾连，产生丰厚的意蕴，例如“五次”。如第96自然段，作者写老人“一路上坐下歇了五次，才走回自己的小棚屋”，有翻译家将这一句翻译成“在走到他的小屋之前，他不得不坐下来，歇了五次”，特地将“五次”做强调。为什么作家要写“五次”，翻译家要强调“五次”？其实，“五次”是对前文的勾连关照，作者希望读者在读到五次的时候，自然回望老人与鲨鱼激烈艰险的五次搏斗，五次绝境中的逃生，五次不能放弃不敢放松的坚毅，直到这一刻，尘埃落定时，老人才能补上五次彻底的放松、自由的喘息。作者没有用过多的修饰语，为

文至简至准，故能让读者调动自己的经验去想象，想象大海中搏斗的惊险，想象老人的悲壮艰辛，从而感受人物带来的精神启迪。这正是“冰山原则”的妙处，八分之一是读者看到的，八分之七虽然没有写出来，但是却能为读者感受到。

活动探究2：冰山露出水面的八分之一中许多鲜明的形象往往富有象征和隐喻的意义，故能让读者去探究挖掘藏在水下的“八分之七”。《老人与海》中的许多形象正是如此，比如大海、大马林鱼、鲨鱼，还有前文出现的狮子等。在课文中多次出现“男孩”这个形象，请结合文章内容，与你前后座的同学一起探究“男孩”形象背后作者寄寓的丰富情感和深刻思想。

任务阐释：在前面的讨论中，学生对大马林鱼、鲨鱼已有了解，容易理解它们的隐喻义，但是课文中两处出现了“男孩”的形象（整个出海捕鱼的过程中“我希望孩子在就好了”类似的言语重复了10次），如果没有引导并不容易理解，且其在老人的思想变化中发挥着重要作用。在第27自然段，当老人结束了和鲨鱼的第一个回合搏斗时，思想上产生“捕鱼能让我以此为生，也能要我的命”的惶恐时，萌发了“那男孩能让我活下去，他想”的信念感。在第66自然段当老人结束了与鲨鱼4个接连不断的搏斗回合疲惫异常时，加之天快黑了，不由产生了回家的渴望，“现在离陆地不会太远了，他想。但愿没人太为我担心。当然啦，只有那男孩会为我担心。不过，我相信他会对我有信心。好多上了岁数的渔夫也会为我担心，还有不少别的人也会的，他想。我住在一个人心善良的镇子里啊”。男孩的形象在课文中虽然叙述得很简洁，但为接踵而至的搏斗增加了温暖的色彩，意蕴很丰富。孩子代表着人类最纯真的情感品质，是老人的助手和忘年交，是他忠实的追随者、事业的继承者、尊严的守护者、信心的来源者，孩子对于老人而言是奋斗的意义，是绝境中精神的支柱和信仰的力量。无论是谁，即便强大的硬汉，当他面临绝境时，都需要精神的力量、信仰的力量、温暖的力量。小说结局中，男孩认为老人没有输，要和他一起出海，何尝不是作者对这种精神能够代代传承的期待，对当时青年的期望。

任务三：思辨“英雄”差异，叩问永恒意义

活动探究1：福克纳评价海明威的《老人与海》时指出，“那个老人——他一定要逮住那条鱼然后又失去它，那条鱼——它命定要被逮住然后又消失，那些鲨鱼——它们命定要把鱼从老人的手里夺走”。结合现实和课文内容，说说作者为什么一定要让老人“失去”，成为一个“失败的英雄”。

任务阐释：只有真正探究老人形象的本质，才能真正领会他的价值。为什么要失去，要失败？真正的硬汉不是一味地冒险、在充满暴力和死亡的现实中不惜代价、肯定能获得成功的人，而是具有勇气的人，即便他衰老、弱小、孤独，但当他被置于各种冷酷、残忍的环境中考验、锻炼、打击时，却不抱怨那个时代，直面苍凉的现实，直面自己的弱小与胆怯，直面可能甚至必然失败的结局。正如海明威所说，“一个人可以被毁灭，但不能被打败”。对当时的美国而言，小说的社会背景是美国青年生活遭受创伤，精神承受困惑，新旧之间孤独无依，悲观困顿的现实。海明威的“硬汉”精神给青年以方向，美国总统肯尼迪在给海明威的唁电上说，“几乎没有哪个美国人比欧内斯特·海明威对美国人民的感情和态度产生过更大的影响”。在我们的现实人生中，多有温情但更多的是困顿，面对挑战与困境，不是每一个人都能“躺平”甚至“躺赢”，不是每一

个人努力都会有相应的回报与成就，对于现实而言，奋斗过程的意义大于结局的成败。这是一种“永恒的精神”。

活动探究2：列举你所了解的中国文学作品中的英雄形象，探究中美英雄文化背后折射出的民族文化差异。

任务阐释： 通过比较阅读两个国家的文学作品，探究两国英雄文化的差异，更理性地认知英雄的精神，有助于当下青少年更好地传承英雄精神。每个国家都有自己独特的文化，每一种文化都有属于自己的英雄。传统中国文学和现实中的英雄形象如关羽、文天祥、邱少云等，更多的是基于民族大义、承担民族责任、胸怀天下、不怕牺牲、视死如归、舍生取义的民族英雄形象。美国以圣地亚哥为代表，更多的是直面死亡、永不言弃、勇于向命运抗争、为捍卫尊严而战的硬汉英雄形象。美国的英雄主义倾向于个人主义，强调在困境中的自我救赎，强调个体价值的实现，而中国的英雄主义则更强调面对集体困境时个体的承担与奉献，更倾向于集体主义。尽管文化有差异，但是都鼓舞着不同社会文化视域下的人们追求美好的生活、彰显不朽生命的价值，在当下对于学生思考人生与生活都有着积极的启示作用。

【课后任务】

1.阅读海明威的《桥边的老人》，回答以下问题。

（1）小说中老人反复念叨自己的小动物，作者这样写有何用意？

（2）小说中是如何体现海明威创作的“冰山原则”的？

2.清华大学给2021级新生每人送了一本《老人与海》，却引起网民争议，认为清华大学崇洋媚外，你怎么看？请你结合小说，写一则短评，300字左右。

参考答案：

1.（1）表现老人对动物的关爱及其对与之离别的不舍和痛苦；动物是老人唯一的温暖和精神寄托，但鲜活的生命、人间的温暖却被战争剥夺了，揭示了战争给人类及其他生命带来的苦难。

（2）截取一个横断面，以小人物的角度表现宏大主题，用一个老人的命运显示战争年代，表达人们对生命被尊重、对和平的渴望；用有限的视角叙述，让读者根据有限的对话，对老人的生活进行充分的想象；结局选择复活节这一充满隐喻意味的意象，用无声的结局，隐喻无限的可能和美好的期待。

2.侧重探讨《老人与海》的精神对当下青少年的借鉴意义。（具体略。）

杭州市余杭中学 侯小娟

16.《百年孤独（节选）》教学微设计

【课文提要】

《百年孤独》是哥伦比亚作家加西亚·马尔克斯的长篇小说，是拉丁美洲魔幻现实主义文学的代表作，被誉为“再现拉丁美洲历史社会图景的鸿篇巨著”。小说通过革命军总司令奥雷良诺·布恩迪亚上校一家七代人的兴衰、荣辱、爱恨、福祸，描绘了加勒比海沿岸某国小城镇马孔多从荒漠的沼泽地上兴起到最后被一阵旋风卷走，布恩地亚家族的最后一代被蚂蚁吃掉，以至完全消亡的100年历史演变过程，展现了文化与人性中根深蒂固的孤独，表现了作家对拉丁美洲近百年历史以及这块大陆上人民独特的生命力、生存状态的深刻认识，表现了作家对整个苦难的拉丁美洲被排斥在现代文明世界进程之外的愤懑、抗议与批判。小说融入神话传说、民间故事、宗教典故等神秘因素，将现实与虚幻糅合起来，展现出一个瑰丽的想象世界，既气势恢宏又奇幻诡谲，被公认为魔幻现实主义最具代表性的作品，被称为“20世纪用西班牙文写作的最杰出的长篇小说之一”。《纽约时报》称之为“继《创世记》之后，首部值得全人类阅读的文学巨著”。

课文叙写了马孔多镇历史上的一个转折点——这个偏远、闭塞而又宁静的小村庄，随着商道的开通，开始卷入外部世界的纷纷扰扰，马孔多镇从闭塞落后变得繁华热闹。阿拉伯人为马孔多带来了很多神奇的事物，也带来了女主人乌尔苏拉的远房表妹丽贝卡。丽贝卡有吃土的恶习，家里人帮她改掉了恶习。丽贝卡得了失眠症，并使布恩迪亚家族感染，还扩散到整个村子。人们受失眠症的困扰，采取措施积极应对。“失眠症”造成“失忆”这一如真似幻的情节具有象征意味，表现出了马孔多在文明洪流面前受到的巨大冲击。在小说中，真实与幻想之间的界限仿佛消失了，呈现在读者眼前的是一个离奇而又真切、不可思议而又颇具现实感的世界，体现了魔幻现实主义小说“变现实为幻想而不失其真”的特点。

【任务目标】

本文属于外国作家作品研习任务群单元。学习本文，既要领略马尔克斯笔下真实与幻想交织的拉丁美洲的社会历史风貌，又要鉴赏现代主义小说的独特艺术魅力。可以从人物故事入手，梳理小说故事情节，领会小说主要人物形象，感受小说反映的社会生活风貌；可以从“奇幻”情节入手，学习魔幻现实主义小说的艺术风格；可以从标题与内容的关系入手，探究小说的主题意蕴。

本课的学习任务目标如下：

（1）梳理小说人物故事，理解小说主要人物的鲜明个性，感受小说描绘的异域世界。

（2）梳理小说奇幻情节，理解“失眠”的象征意味，体会魔幻现实主义小说的手法。

（3）理解小说标题与内容的关系，体悟小说《百年孤独》的深刻内涵。

【预习任务】

1.阅读课文，概括故事情节。有条件的同学可以阅读整部小说。

［课文前情补充］

何塞·阿尔卡蒂奥·布恩迪亚与表妹乌尔苏拉结婚后，带领一群年轻人离开家乡，长途跋涉来到一个偏远的地区，建立了小村庄马孔多。马孔多交通闭塞，只有一群吉卜赛人偶尔来访，带来磁铁、望远镜、冰块等新鲜事物，却被村里人看作魔法。何塞·阿尔卡蒂奥·布恩迪亚与吉卜赛老人梅尔基亚德斯结为好友，埋头钻研炼金术，却一无所获。他想寻找通往外部世界的道路也以失败告终。反而是乌尔苏拉在寻找离家出走的大儿子何塞·阿尔卡蒂奥时，无意中发现了邻近的城镇。马孔多自此与繁华世界建立了联系，天翻地覆的变化即将到来。

示例：

序幕（第1—2自然段）：介绍马孔多镇的变化及主要的人物。

开端（第3—6自然段）：丽贝卡到来。

发展（第7自然段）：交代丽贝卡的恶习，以及家里人帮助她改掉恶习的经过。

高潮（第8—12自然段）：“失眠症”袭来，布恩迪亚家族感染，并扩散到整个村子。

结局（第13—14自然段）：应对“失眠症”的措施及影响。

2.查阅资料，了解作家马尔克斯创作小说的背景及其魔幻现实主义文学的特点。

3.从课文中找出“魔幻”的情节，并根据小说内容绘制张一幅图表达对小说“魔幻现实主义”的理解。

【任务设计】

任务一：整理人物小传，领略小说传奇世界

活动探究：人物小传，是记叙别人生平的文章，一个小传往往有一段故事。小说讲述了纷繁奇妙的故事，塑造了个性鲜明的人物，我们可以借用“人物小传”的形式梳理小说的情节内容，以单个人物为中心整理出每个人物单线的故事，从而在异彩纷呈的故事中感受拉丁美洲如真似幻的现实世界。

（1）浏览课文，列出文中出现的人物。

（2）小组内做好分工，每人领取一至两个人物，分别为每个人物整理人物小传。人物小传的格式：姓名＋身份＋事迹＋个性。

（3）小组讨论：用一个词语概括马孔多镇的生存状态与精神风貌。

要求：先在班级罗列小说涉及的人物，再在小组内分工完成人物小传撰写，并在小组内讨

论问题，最后在班级展示讨论成果。

任务阐述：设计本任务旨在让学生通过梳理情节内容和人物故事，感受小说展现的拉丁美洲的风土人情和精神风貌，含任务情境、活动任务与活动要求三部分。

任务情境，介绍了“人物小传”的特点，指明本任务主要借用“人物小传”的形式开展，并告诉学生本任务的目的是感受拉丁美洲的现实世界。

活动任务，核心是“整理人物小传”。要完成这个任务，首先应该细致地从文中梳理人物相关的情节内容，然后按照一定的格式整理成人物小传。将小说阅读与小传写作结合起来，不但能够使阅读更加精细深入，而且因为加入写作而增强了课堂语文实践的密度。

课文中出现的人物主要包括何塞·阿尔卡蒂奥·布恩迪亚、乌尔苏拉、奥雷里亚诺、丽贝卡、阿尔卡蒂奥、阿玛兰妲、比西塔西翁、卡塔乌雷等。要求按照“姓名＋身份＋事迹＋个性”的格式为人物立传，有些人物可以单独立传，有些人物可以几人合传。

示例：

何塞·阿尔卡蒂奥·布恩迪亚——马孔多镇的创建者。商道开通之后，他着迷于眼前的现实，变回了创业之初那个富于进取心的男子，忙于设计街道、规划新居和改革（音乐钟，巴旦杏树）；力排众议欢迎吉卜赛人到来；积极接受并实行儿子关于补救“失忆”的做法。他做事情执着而有魄力，极有责任心，热心接受新事物，执着于改变旧事物。

乌尔苏拉——何塞·阿尔卡蒂奥·布恩迪亚的妻子，布恩迪亚家的家庭主妇。她探得了与外界的通道，带来了马孔多的繁华；热心为丽贝卡治疗恶习且使之好转，并建立了亲密的关系；相信印第安人对失眠症的解释，隔离了丽贝卡；热心为患了失眠症的人们熬制各种草药服用。她是一个伟大的母亲，爱护家人，清醒而善于拯救，是布恩迪亚家族的灵魂人物，是整个家族的支撑者。

丽贝卡——何塞·阿尔卡蒂奥·布恩迪亚的养女，乌尔苏拉的远房表妹。她是父母双亡的孤儿，由几位皮草商带着从外地跋涉而来，托付给布恩迪亚家。她体弱多病，多年忍饥挨饿，有独自吮手指、吃湿土和石灰墙皮的习惯；初到时不吃不喝，不与人交流，恶习得到治疗后融入了新家庭；会讲西班牙语，手头活计干得出色，会哼唱舞曲、自编歌词；但又犯了“失眠症”，并传染给了全镇。她独处多于与人交流，时而外向时而孤僻。

阿尔卡蒂奥和阿玛兰妲——阿尔卡蒂奥是何塞·阿尔卡蒂奥·布恩迪亚的儿子，阿玛兰妲是何塞·阿尔卡蒂奥·布恩迪亚的小女儿。他们不讲西班牙语（外来语），只讲本地方言。他们具有怪癖，追求个性。

比西塔西翁和卡塔乌雷——印第安姐弟，印加王的后裔。由于疫病背井离乡，抛下了尊贵身份。失眠症暴发以后，弟弟失去了踪影，姐姐留下来认定了宿命，且解释失眠症会导致不可逆转地恶化到“遗忘”。他们善于观察和解说。

活动任务，其实是用一个词语总结归纳马孔多镇的生存状态与精神风貌。

我们了解了小说人物身上发生的奇奇怪怪的故事，认识了小说人物的不同个性，现要求我们整体感知小说描绘的那个现实世界的生存状态与精神面貌。允许有个性化的解读，但总的来说，小说中的众多人物，小说描绘的马孔多镇，无不透着闭塞落后，无不隐含“孤独”的味道。

在生活方式上他们是孤独的：布恩迪亚忙于整治市镇，乌尔苏拉忙于照看家庭，长子阿尔卡蒂奥离家出走，次子沉默寡言，沉浸于自己的研究中，丽贝卡自始至终有很多怪癖。在精神交流上他们是孤独的：在布恩迪亚家族中，夫妻之间、父子之间、母子之间、兄弟姐妹之间，始终没有推心置腹的切磋商讨，没有心心相印的感情沟通，彼此之间缺乏信任和了解，缺乏关怀和支持。不单单布恩迪亚家族是“孤独”的，马孔多镇的居民也是自闭孤独的，乃至整个马孔多镇都是封闭孤独的。

任务二：绘图探究魔幻，领会魔幻现实艺术

活动探究：《百年孤独》是“魔幻现实主义”的经典作品。魔幻现实主义是拉丁美洲特有的文学流派，运用荒诞、夸张、象征等手法，“变现实为幻想而不失其真”，将拉丁美洲的现实生活与神魔鬼怪等幻想的东西融为一体，呈现一个离奇而又真切、不可思议而且栩栩如生的世界。

阿根廷著名文学评论家安徒生·因贝特说：“在魔幻现实主义中，作者的根本目的是借助魔幻表现现实，而不是把魔幻当成现实来表现。”

（1）预习整理。

①共同梳理文中出现的“魔幻”情节。

②结合预习绘图，谈谈自己的设计意图以及对“魔幻现实主义”的认识与思考。

（2）小组探究。

①丽贝卡的行为非常怪诞，她有“吃土”的癖好，“喜欢吃院子里的湿土和用指甲刮下的石灰墙皮”。丽贝卡的怪诞有何特别寓意？

②布恩迪亚一家患上了失眠症，并且这种失眠症传遍了全镇。课文对马孔多人患失眠症进行夸张的描写，有何寓意？

要求：先检查预习任务完成情况，再开展小组合作探究。

任务阐述：设计本任务旨在探究魔幻现实主义的艺术特色。

任务情境，主要介绍拉丁美洲“魔幻现实主义”文学的艺术特点，引用阿根廷文学评论家的看法阐明“魔幻”与“现实”的关系。

活动任务，该任务基于预习任务开展，先进行预习检查整理，再小组合作探究问题。预习任务要求在初读课文的基础上梳理文中出现的“魔幻”情节，初步感知小说的“魔幻”特点，再发挥想象绘制图片，根据自己对“魔幻现实主义”的理解，用图片阐释自己的认识。整理预习要求在预习的基础上共同梳理小说“魔幻”的情节，进一步明确小说魔幻现实主义的艺术特点。小说中出现的“魔幻”情节是，外部文明对马孔多的侵入充满魔幻色彩；家族关于猪尾巴孩子的预言；奥雷里亚诺能看到未来发表预言；丽贝卡父母的骨殖会发出“咯啦咯啦”的声响；丽贝卡“吃土”的怪癖；失眠症和失忆症在马孔多的蔓延；失眠症患者能够醒着做梦，不仅能看到自己梦中的形象，还能看到别人梦中的景象。小说魔幻现实主义的艺术特色：“变现实为幻想而又不失其真”是基本原则，借鉴象征、极度夸张、荒诞等西方现代派文学的表现技巧，把神奇和荒诞的人物、情节以及各种超自然的现象融入反映现实的叙事和描写中，反映拉丁美洲的现实生活，如写外部文明对马孔多的侵入、阿拉伯人用玻璃珠链交换金刚鹦鹉、走江湖的吉卜赛人把

流动游艺会变成了大型赌场，都是现实的，但同时加入了很多魔幻荒诞的因素，如奥雷里亚诺能够看到未来发表预言、丽贝卡的“吃土”的怪癖、失眠症可以传染、丽贝卡让整个镇子的人都染上了失眠症、失眠症引起失忆症的蔓延等。既有现实的影子，也有魔幻虚构的成分。这些奇幻的因素与真实的描写交融在一起，使作品呈现出一个似真似幻、亦真亦幻的魔幻世界，营造了许多神秘气氛，增添了拉丁美洲独特的地域色彩。

小组探究要求通过小组合作探究典型的两个“魔幻”情节，探讨“魔幻”与“现实”的关系，明确魔幻现实主义借“魔幻”表现“现实”的意图。丽贝卡“吃土”的情节是虚构荒诞的，但“土”是丽贝卡孤独的象征。丽贝卡喜欢吃土，却不喜欢与人交流，“吃土”正是她孤独的表现，她通过这种行为来抗拒孤独。当她内心感到孤独时，苦涩的土的味道是唯一能够排解她痛苦的良方。小说极度夸张地描写马孔多居民的失眠症。失眠症蔓延之后不久，他们又患上了失忆症，连日常用品的名字都忘了，只好在每件物品上贴上标签，注明名称、用途等信息，而且会不可逆转地恶化到更严重的失忆，开始淡忘童年的记忆，继之以事物的名称和概念，最后是各人的身份，以至失去自我，沦为没有过往的白痴。夸张的情节是有象征意义的。这个历经沧桑变化的马孔多小镇，正是拉丁美洲大陆的象征，这个家族的兴衰象征着拉丁美洲的兴衰，阿拉伯人沿商道进入马孔多，意味着文明对此地的冲击，失忆症象征着人们对历史的遗忘，贴在物品上的标签则象征着自欺欺人的历史教育。作者在这里通过对马孔多居民患失眠症的描写，暗指拉丁美洲人民由于无法摆脱愚昧落后、孤独封闭和与世隔绝的生活，在外来文化的影响下，正在逐渐麻木地遗忘自己的历史和文化，遗忘想要摆脱命运控制的初衷。作者是要借助这种艺术表现形式，告诫世人不要忘记民族的历史，忘记过去就意味着背叛。摆脱孤独必须靠自救。要摆脱民族落后状况，只有靠自救，靠本民族主动地吸收外来的文明，而不能大开国门以外族文明的入侵来达到改良的目的。

任务三：探究封面标题，领悟作家创作意图

活动探究：按照接受美学的观点，文学作品因为读者的参与而变得有意义，文学鉴赏是多元丰富的。现代主义小说，因其采用荒诞派手法而使主题理解更加具有多义性。破解小说主题，方法也是因文而异，因人而异，个性多元，可以以课文内容为依据，可以从作家人生找依据，可以从创作背景入手，可以从标题入手，等等。理解《百年孤独》的主旨，可以从多角度入手，得出个性化的解读。

(1)《百年孤独》刚一面世即震惊拉丁美洲文坛及整个西班牙语世界，并很快被翻译为多种语言。根据你的理解，下列哪个封面更加契合这部小说的精神？如果让你自己进行设计，你会为小说设计怎样的封面？为什么？

(2) 你觉得课文是否能够体现小说标题《百年孤独》的含义？为什么？请从文中寻找依据。

(3) 有人说，标题《百年孤独》揭示了作家创作的主旨。你同意吗？你是如何理解“百年孤独”的含义的？

要求：进行小组合作探究，交流讨论形成共识，派代表在班级发言。

任务阐述：设计本任务旨在探究小说的主旨与作家的创作意图。

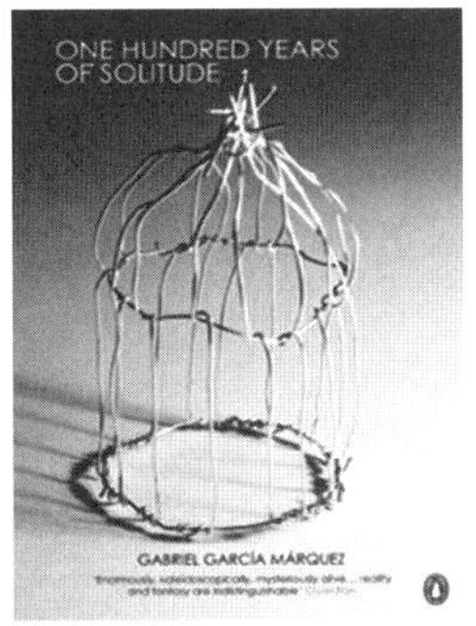

任务情境主要介绍现代主义小说主题的多义性特征和解读小说的方法，为探究《百年孤独》的主题提供必要知识背景。

活动任务含三个环节：一是选择设计封面，二是回归课文内容，三是探讨标题含义。

选择设计封面的目的是解读小说、理解多义性，并在选择封面中加深对小说主旨的理解，在设计封面中表达对小说主旨的理解。

回归课文内容的目的是从标题入手理解课文内容，建立标题与具体内容的联系。我们可以在进一步的课文梳理中找到这种密切关系。第1自然段：在吉卜赛人在马孔多扎营的问题上，何塞·阿尔卡蒂奥·布恩迪亚与镇上的人们见解不同。第2自然段：他种植巴旦杏树，但使树经久不衰的方法却秘不示人，多年后人们不知是谁人种植。第9自然段：他不相信印第安女人比西塔西翁对失眠症的解释，他的认识和见解经常与大家不同。第2自然段：奥雷里亚诺独自在实验室研究金银器工艺。第2自然段：阿尔卡蒂奥和阿玛兰妲只讲本地方言，与大家不同。第6—8自然段：丽贝卡的恶习主要是出现在独处之时；失眠症也是发生在独处之时。可见，这些人物之间很少交流，没有沟通，做事无人陪伴，想法不被理解，他们都是“孤独”的。

探究标题含义的目的是从标题入手理解小说主题及作家创作意图。小说写马孔多镇的“孤独”，更写拉丁美洲的“孤独”，“百年”代表漫长的岁月。这里的“孤独”包含着四层含义。第一，“孤独”是拉丁美洲的生态状态。人与人之间孤独自闭，缺乏信任沟通，缺乏关怀支持，整个马孔多镇乃至拉丁美洲愚昧落后、保守闭塞。布恩迪亚家族从第一代猪尾儿的出现，历经百年七代，没有改进，没有进步，直到最后一代猪尾儿的出现，这如同是一个圆圈，又回到了第一代的状态，就如同马孔多镇从荒漠的沼泽地上兴起到最后被一阵旋风卷走，布恩迪亚家族的最后一代也被蚂蚁吃掉，历史似乎是打了一个转，又回到原地，历史是没有进步的，是停滞不前的。第二，“孤独”是一种开拓与探索的精神。布恩迪亚家族都具有这种孤独的精神，很多人为打破孤独而进行种种艰苦的探索，但由于无法找到一种有效的办法把分散的力量统一起来，最后均以失败告终。布恩迪亚家族在新文明的冲击下，努力地走出去寻找新的世界，尽管有过畏惧和退缩，但他们还是抛弃了传统的外衣，希望融入这个文明世界。可是外来文明以一种侵略的态度来吞噬这个家族，于是他们就在这样一个开放的文明世界中持续着“百年孤独”。第三，“孤独”是一种反抗与批判。长期以来，拉丁美洲的国家和民族，经历了外来文化的洗礼和外来殖民者的入侵，在争取解放的斗争中付出了血的代价。拉丁美洲人民尽管努力进入文明世界，但依旧被排斥在现代文明世界的进程之外。作者用“孤独”表达对现实的愤懑与反抗，用“孤独”批判外来者对拉美大陆的一种精神层面的侵略，用“孤独”批判西方文明对拉丁美洲的歧视与排斥。第四，渴望摆脱“孤独”。作者写出“孤独”，是希望拉丁美洲民众团结起来，共同努力摆脱“孤独”，号召拉丁美洲人民团结起来反对专制独裁，反对帝国主义，反对愚昧、落后、野蛮，预示了拉丁美洲人民将告别愚昧、孤独，走向觉醒与文明。

【课后任务】

1.作者说：“何塞·阿尔卡蒂奥们使这个家族得以延续，而奥雷里亚诺们则否。”阅读《百年孤独》整部小说，从全书中挑出这些人名，看看他们属于家族中的哪一代，各有怎样的归宿，并围绕“百年孤独”的含义为布恩迪亚家族编写一个简要“族谱”，包括代别、姓名、身份及归宿。

2.假如把“马孔多”作为一个文化遗址，需要在入口处设立一块介绍牌，请给“马孔多”写一段150字左右的介绍文字。

参考答案：

1.①第一代：何塞·阿尔卡蒂奥·布恩迪亚，马孔多镇的创建者。由于他的精神世界与马孔多狭隘、落后、保守的现实格格不入，被视为精神失常，被家人绑在一棵大树上，几十年后才在那棵树上死去。②第二代：老大何塞·阿尔卡蒂奥，曾与人同居生子，与吉卜赛女子出走，最后不顾家人的反对，与丽贝卡结婚，但被赶出家门，最后在家中被枪杀；老二奥雷里亚诺，参加内战升为上校，年老归家，以做小金鱼度日，一直到死。③第三代：何塞·阿尔卡蒂奥的儿子阿尔卡蒂奥和奥雷里亚诺的儿子奥雷里亚诺·何塞。前者后来成为马孔多从未有过的暴君，贪赃枉法，最后被保守派军队枪毙。后者参军，热恋姑母，死于乱军之中。④第四代：阿尔卡蒂奥与妻子生下的一女两男，两个男孩阿尔卡蒂奥第二和奥雷里亚诺第二是孪生子。阿尔卡蒂奥第二，劳工领袖，因诉说亲眼所见的大屠杀而被认为神志不清，在研究吉卜赛人带来的羊皮卷手稿的房间里一直到死。⑤第五代：奥雷里亚诺第二的二女一男，长子何塞·阿尔卡蒂奥靠变卖家业为生，被抢劫金币的歹徒杀死。⑥第六代：梅梅的私生子奥雷里亚诺·布恩迪亚，爱上了姨妈阿玛兰妲·乌尔苏拉，在恋人产后死亡。他破译了羊皮卷文字。⑦第七代：乱伦关系生出的孩子，“他是百年里诞生的布恩迪亚当中唯一由于爱情而受胎的婴儿”，后被一群蚂蚁吃掉。

2.马孔多是由一个为了躲避厄运纠缠，经过两年多的跋涉落脚后的家庭创建起来的小镇。

创建之初，林茂鸟鸣，环境幽然；人际和谐，民生安泰。由于吉卜赛人带来了科技产品，特别是商道打开之后，迎来了各方客人，小镇逐渐扩展成繁华的城市，香蕉公司来了，火车来了，这座曾经的小镇发生了翻天覆地的变化。情欲、利益、战争、屠杀等混乱充斥于街巷，任何人已经无法拯救，最后在飓风中消失了。

【参考资料】

1.《番石榴飘香》

作者：加西亚·马尔克斯、P.A.门多萨

出处：2015年1月南海出版公司出版

简介：《番石榴飘香》是另一位哥伦比亚作家P.A.门多萨和马尔克斯的谈话录，内容主要涉及马尔克斯人生的各个方面，也穿插着门多萨介绍谈话背景的优美散文。本书能够让读者全面了解马尔克斯的创作思想与艺术追求，被读者誉为“打开马尔克斯世界的钥匙”。本书其中一章专门谈论《百年孤独》的创作初衷与创作历程，能帮助我们理解《百年孤独》的思想主题与艺术特色。

2.《百年孤独》金句摘抄

(1) 无论走到哪里，都应该记住，过去都是假的，回忆是一条没有尽头的路，一切以往的春天都不复存在，就连那最坚韧而又狂乱的爱情归根结底也不过是一种转瞬即逝的现实。

(2) 生命中真正重要的不是你遭遇了什么，而是你记住了哪些事，又是如何铭记的。

(3) 我们趋行在人生这个亘古的旅途，在坎坷中奔跑，在挫折里涅槃，忧愁缠满全身，痛苦飘洒一地。我们累，却无从止歇；我们苦，却无法回避。

(4) 生命从来不曾离开过孤独而独立存在。无论是我们出生、我们成长、我们相爱还是我们成功失败，直到最后的最后，孤独犹如影子一样存在于生命一隅。

(5) 一个幸福晚年的秘诀不是别的，而是与孤寂签订一个体面的协定。

(6) 正因为当初对未来做了太多的憧憬，所以对现在的自己尤其失望。生命中曾经有过的所有灿烂，终究都需要用寂寞来偿还。

(7) 孤独是一个陪伴人一生的伙伴，是一个既定事实，与其否认，与其抗争，与其无谓地逃避，不如接受它，拥挤的人群里让它保护你回家，周六的上午让它陪你吃早餐，整理阳光。

玉环市玉城中学　陈梁飞

17. “发现潜藏的逻辑错误”教学微设计

【课文提要】

逻辑，无论是在思维活动，还是在社会生活中，都具有不可替代的意义。

一般说来，人们把思维分为感性思维与理性思维两种形式。感性思维包括联想、想象、情感、灵感、直觉等，理性思维则包括概念与定义、判断与论证、因果考辨与推理等。理性思维强调思维的逻辑性、思辨性与批判性。

平时我们经常说要讲逻辑，所谓的讲逻辑其实就是揭示和阐释事物内在的因果关联，或者辨析和判断事物的是非得失。

做任何事，人常常要为自己找到理由。对理由的执着是人的本能。在古希腊悲剧《俄狄浦斯王》里，生存都是需要理由的，俄狄浦斯反复追问的，就是“我是谁？我从哪里来？我要到哪里去？”的答案及其理由。

然而在思维过程中，有很多逻辑陷阱妨碍了我们进行正确的思考。这些陷阱就是人们常说的“逻辑谬误”，这节课上我们会接触到一些常见的逻辑陷阱，帮助同学们开启大脑的“纠错意识”。大脑一旦打开主动纠错意识，就会帮助我们发现自己和他人思维中的逻辑缺陷，使我们做出相对正确的判断。

在信息社会，运用逻辑思维理性地甄别和筛选信息、审慎地接受和表达观点也极为重要。当下互联网已经成为逻辑混乱的“重灾区”，手机阅读的“碎片化”和网络表达的“情绪化”正在深刻地影响着人们的思维方式、行为模式，甚至心智的发展。不少人在转发破绽百出的谣言，遇到矛盾和分歧也不知道用说理的方式来解决……因此，生活、学习中不可没有逻辑。

【任务目标】

互联网时代，人们获取信息更加方便，但遭遇的谬误也更多。如果不具备识别谬误的能力，就有可能成为谬误的受害者甚至传播者。“发现潜藏的逻辑谬误”，正是甄别信息与辨析谬误的武器之一。

本课的学习任务目标如下：

（1）在具体的语境中认识逻辑的基本规律。

（2）梳理常见的逻辑谬误类型，学会识别和反击谬误。

（3）运用相关规则对生活中的逻辑谬误进行反击，养成“审问”“慎思”“明辨”的理性态度和信息传播观念。

【预习任务】

1.思考“即使世界上的每个人都认为你是错的，那也无所谓。只要你认为自己是正确的，这就够了”这句话是否有道理。

2.“不要被别人的思维局限，不要用自己的思维局限别人。”在生活中，你有没有发现自己思想上的局限和偏见呢？请把它们写下来。

【任务设计】

任务一：认识逻辑规律，滋养理性精神

活动探究1：小故事背后的大逻辑。

请和同学讨论下面的故事，想想怎么说才能让男孩实现愿望。

男孩对恶魔说：“我说一件关于你的事，如果对了，你就满足我一个愿望，可以吗？”恶魔答应了，并心想：反正不管他说什么，我都说是错的。但是男孩说出这句话后，恶魔绞尽脑汁也想不出拒绝的方法，只好满足了男孩提出的愿望。

男孩说的话应该是____________。

任务阐述：男孩说的话应该是“你不会满足我的愿望”。

学生讨论的热情很高，也很有可能猜对答案，但这个故事背后的逻辑，学生未必清楚。这个故事其实包含了四大基本的逻辑规律——排中律、不矛盾律、同一律、理由充足律。可以通过分析把恶魔思考的整个思维过程全面地展现出来，再一步步总结梳理出逻辑规律。

为什么恶魔听到这话后就只好满足了男孩的愿望呢？试着推理一下：恶魔要么满足，要么不满足。如果不满足，则男孩说的就是事实，那么按约定，恶魔就得满足他的愿望。也就是不满足男孩的愿望会导致矛盾。那么恶魔满足男孩的愿望会不会推出矛盾呢？不会。满足与不满足必居其一，而不说会导致矛盾，恶魔就只有满足他的愿望了。

逻辑规律1：要么满足愿望，要么拒绝，二者必居其一，这其实是逻辑的基本规律——排中律。

逻辑规律2：恶魔如果拒绝满足男孩的愿望，那就必须满足男孩的愿望，这是自相矛盾了。任何一种观点都不能和自身的否定并存，这是逻辑的另一条基本规律——不矛盾律。

逻辑规律3：相信恶魔满足的一定就是男孩想要实现的愿望，这体现了逻辑的另一条规律——同一律。

逻辑规律4：恶魔最终实现男孩愿望的决定，是建立在双方约定的规则以及男孩说出的话的基础之上，并经由严格的推理得出的。前提为真，推理合乎逻辑，这是逻辑的第四条规律——理由充足律。

活动探究2：和同学一起梳理下列语言现象，找出其中隐藏的逻辑谬误。

①李白的作品不是一天能读完的，《梦游天姥吟留别》是李白的作品，所以，《梦游天姥吟留别》不是一天能读完的。

②庄子曰：“请循其本。子曰‘汝安知鱼乐’云者，既已知吾知之而问我。我知之濠上也。”

(《庄子与惠子游于濠梁之上》)

③在法国某地，一个耍戏法的人招揽观众："快来快来，这里有拿破仑的头骨。"围观的一个人说："奇怪，听说拿破仑的脑袋是很大的，这个头骨怎么和普通人的没有区别啊？"耍戏法的解释道："没错，这是拿破仑小时候的头骨。"

④有人说《红楼梦》值得读，有人说不值得。两种意见我都不赞成。读，太花时间；不读，又有点儿可惜。

⑤《祝福》中，鲁四老爷知道祥林嫂的死讯后说："不早不迟，偏偏要在这时候，——这就可见是一个谬种！"

⑥你是否已经停止了对我的毁谤？请回答"是"或者"不是"！

任务阐述：在了解基本的逻辑规律的基础上，学生在真实的文本语境和生活情境中进一步强化和落实，在探究中发现和总结。

①第一个"作品"是李白"所有"作品的总称，第二个"作品"是"各个"作品的通称，字面上看起来一样，其实不是同一个概念，所以造成推理的错误。这样的情况就是"偷换概念"，违反了同一律。②"安"在问句中通常有两种用法，一种表示"怎么"，另一种表示"在哪里"。庄子和惠子一开始是围绕"人能不能以及怎么能知道鱼快乐"的话题进行的。但到最后，庄子突然偷换概念，变成了"你在哪里知道鱼快乐"，并以"知之濠上"作结，违反了同一律。③"拿破仑小时候的头骨"被保留下来则意味着拿破仑死于童年。而耍戏法的用拿破仑的名号来招揽观众，显然指的是成年后叱咤风云的拿破仑。"拿破仑死于童年"和"拿破仑死于成年之后"两者必有一假，耍戏法的违反了不矛盾律。④《红楼梦》值得读和不值得读是相互矛盾的，不能都否定；如果都否定就违反了排中律。⑤鲁迅的《祝福》中，鲁四老爷的这句话存在两个错误捆绑：一是把祥林嫂的死和祝福活动捆绑，二是把死和"谬种"捆绑。祥林嫂的死与年关的祝福活动，只是时间上接近的两件事，并无因果关系——不是祥林嫂自主选择或命中注定。明明没有因果关系的事件，因为发生的时间相近等表面联系，就把它们看成是因果事件，叫作强加因果，违反了理由充足律。⑥"你是否已经停止了对我的毁谤"这个问题，隐藏着一个前提：对方此前一直在毁谤说话的人。对方的回答无论肯定还是否定，都意味着承认这个前提。而这个前提很可能是虚假的。这种错误叫作"不当预设"。

任务二：反击逻辑谬误

活动探究1：四人一组，一人发问，三人回答。请思考你们的回答是否符合实际情况，如果不符合实际，你又会如何回应。问题如下：

（1）高二选考分科后，你的作业是否会继续像你在高一的时候一样多呢？

（2）你现在已经不和你的小学同学经常联系了吗？

（3）你是否已经停止打你的父亲了？

任务阐述：前两问有很强的迷惑性，因为有几率符合该问题设定的假设前提，而在回答第三个提问时，无论回答"是"或"否"都会出现不符合实际的情况，从而让回答的学生怀疑发问者的问题里隐藏了某些前提，这种亲身体验往往能让学生对逻辑谬误有更具体更深刻的理解，以后遇到类似的情境，也会触发他们调用理性思维。

以上三个问题都属于“假二择一”的谬误类型，如果要有效地反击第三个提问，就可以说“不存在你说的情况，因为无论过去还是现在，我都没有打过我的父亲。其他两问如和前提假设不符合，也可以采用类似的话来回答。

活动探究2：下面的真实案例，存在什么样的逻辑漏洞？请你再列举一些类似的情境，并总结当处于这些情境中时，应该如何有力地反击。

二战时，盟军请了一位科学家来研究该加强飞机哪块机身的防护。这位科学家统计了飞机的中弹区域分布图，发现机翼是中弹最多的部位，座舱和发动机则是中弹最少的。那么是不是该加强机翼的防护呢？

任务阐述：设计这个活动的目的是通过真实的案例，激活学生的生活体验和生命体验。

这个案例展现了因果倒置的逻辑错误，事实上，能统计到的样本都是中弹后能回来的飞机，而那些中弹后坠毁的没有在统计范围内。也就是说，机翼中枪只是轻伤，中弹最少的座舱和发动机才是致命部位，这里才是最需要加强防护的。

类似的情形有很多，例如：根据“平时题做得越多，考得越差”，得出不做题不复习更好的荒谬结论；“周末打游戏的人考得更好”，把打游戏和考试成绩扯在一起。

任务三：在生活中运用与实践

活动探究：生活中，有人说话总爱给人扣帽子，有人特别会“抬杠”；有些话从不喜欢的人口中说出来，你总不屑一顾，而同样的话从“自己人”口中说出来，却让你觉得无比正确；有些文章充斥着情绪化表达，却有数十万的点击量，而有的文章理性、客观，却无人问津……

上述现象在我们生活中很常见，为什么“不讲道理的人总有理”？请和同学辨析下列俗语、广告语、日常对话，并在日常表达中再找一些与之相应的例子，思考如何避免落入潜藏的逻辑陷阱。

（1）种瓜得瓜，种豆得豆。

（2）四季循环，昼夜更替。

（3）每次一下雨我就要倒霉。

（4）“大师，我许的愿为什么不灵？”“心诚则灵。”“怎样才能知道自己是否心诚呢？”“愿望实现了，就能证明你心诚了。”

（5）今年过节不收礼，收礼只收脑白金。

（6）可怜之人必有可恨之处，可恨之人必有可怜之处。

（7）女儿：“同学叫我现在出去玩会儿滑轮，我能去吗？”妈妈：“不可以，你得把作业完成才能下去玩。”女儿：“我就知道你不会让我下去！你每天都在限制我的自由！你不觉得这样很过分吗？”

任务阐述：这组活动是在前面学习的基础上，将考察情境转向更为复杂的日常生活。有的材料不止包含一种逻辑谬误，又要求“在日常表达中再找一些与之相应的例子”，体现了活动的应用性和复杂性。对学习开展评价时，学生只要能发现问题的实质，即为有学习成效，不追求名称术语准确。

(1) 种瓜得瓜，种豆得豆。是因果联系。

(2) 四季循环，昼夜更替。“循环”“更替”反映事物运动过程的必然联系，但不是因果联系。

(3) 每次一下雨我就要倒霉。“下雨”和“倒霉”之间没有因果联系，是强加因果。

(4)“心诚则灵”是循环论证的错误。一般的论证过程是从前提条件推导出结论。循环论证的特点是，前提就是结论，结论就是前提。

(5)“今年过节不收礼”是一个全称否定命题，即“任何礼都不要收”；“收礼只收脑白金”是一个特称命题，即“有的礼要收”。逻辑上这两个命题是不能同真、不能同假的矛盾关系。前者真，后者必假；后者真，前者必假。同时肯定二者，就必然导致逻辑矛盾！

(6) 可怜之人必有可恨之处，可恨之人必有可怜之处。这句话貌似得到很多人的首肯而被奉为规律，其实是偏激之语，犯了以偏概全的错误。本来应该是“有些人”如此，但在表达时，把“有些人”省略，再用“必”字，就把部分属性说成了全部属性。

(7) 这个对话犯了稻草人谬误。犯稻草人谬误的人会把不是对方的观点归于对方，同时通过攻击这个虚拟的观点，来说明对方是错误的。妈妈的观点是“写完作业就可以去玩”，她并没有限制女儿的自由，可女儿直接上纲上线到“你在限制我的自由”。

【课后任务】

运用本节课所学的逻辑规律和反击逻辑谬误的方法，完成以下任务。

1.观看一期《奇葩说》节目，指出其中潜藏的逻辑漏洞。

2.“广告打得少，价格更实惠”，请指出这则户外广告中潜藏的逻辑漏洞。

3.以下这则故意违反逻辑的语言艺术案例违反了什么逻辑规律？它为什么称得上是语言艺术？

一个德军军官指着毕加索描绘西班牙城市格尔尼卡遭德军轰炸后惨状的画作《格尔尼卡》，问毕加索：“这是您的杰作吗？”毕加索回答：“不，这是你们的杰作。”

参考答案：

1.略。

2.犯了简单归因的逻辑错误，商品价格除了和广告费用相关，还与商品质量、产地、运输等其他因素相关。

3.毕加索转移对方发起的话题，违反了同一律。他并非不知对方所说的“杰作”是作品本身，却故意把它换成作品所反映的事件，不失时机地表达了自己的愤怒和讽刺。这是一种以正义作后盾、机智为手段、谴责为目的的语言艺术。

温州市第八高级中学 谢 虎

18.“运用有效的推理形式”教学微设计

【课文提要】

“运用有效的推理形式”是逻辑单元的学习活动二，对应推理能力。语文课的推理有别于数理化，是要求学生从具体的语言材料中，深入挖掘、细心梳理，在纷繁复杂的文字中，概括推理过程、提炼推理形式。在认识逻辑基本规律的基础上，掌握基本的推理形式，自觉运用这些推理形式解读文本、解决问题，逐步从对语文生活的关注转移到对语文学习的聚焦，培养学生透过现象求本质的探究意识。

从前提和结论的关系来看，推理大致可分为演绎推理、归纳推理。推理形式，是将一个推理去除掉具体内容后保留下来的结构框架。而有效的推理形式是就演绎推理而言，如果前提是真的，按且仅按这种方式推理，那么结论一定是真的。因此，演绎推理又称作“必然性推理”。而归纳推理则不然，即使采取了正确的归纳形式，前提的真也不能保证结论的真。因为归纳得出的结论其范围超出了前提。同样的，还有类比推理，前提和结论分别属于不同的范畴，推理强度更弱，不能保真。因此，归纳推理和类比推理又称作“或然性推理”。只有真正认识了推理形式，才能处理语言中的逻辑问题，才能优化鲜活的语言实践。

【任务目标】

在具体的语言文字理解和运用的活动中，建构有效的推理形式，认真体会、反思这些形式的建构过程和规律，并将相关过程和规律运用到对其他语言文字现象的梳理和探究上。

本课的学习任务目标如下：

（1）以课文为本，概括推理过程，认识主要的推理形式。

（2）辨析归纳推理、类比推理的利弊，规避惯性误区。

（3）运用有效的推理形式解决问题，解读文本，升格习作。

【预习任务】

1.阅读文本，把文中各个案例的推理过程找出来。

2.提炼前提和结论，概括出推理形式，并尝试判断其正误。

3.查阅资料，了解常见的逻辑推理形式及相关知识。

【任务设计】

任务一：自主建构，认识必然

活动探究1：探案迷的心里都住着一个夏洛克·福尔摩斯。关于侦探工作，福尔摩斯说：“最重要的莫过于能从烦琐的事实中分清主次。”拨开冗杂的事实表象，探究其中蕴藏的推理奥秘，真相自然大白。

阅读教材中的《袁滋探案》和《十五贯》，袁滋与过于执掌握的线索都是准确的，为什么前者洞悉案情，后者却制造冤案？你能从中提炼出有效的推理形式么？

任务阐述：从有趣的“断案”故事入手，初步感知和体验推理。教材中已呈现了两案的推理过程，在结合具体案例的基础上，理解推理的定义、具体过程，提炼有效的推理形式。

推理的定义：从一个或几个前提推出新结论的过程。一般来说，推理中前提和结论都以判断的形式出现。推理的形式：将一个推理去掉具体内容后保留下来的结构框架。

故事	具体过程	推理形式	效果	原因
袁滋探案	前提：如果县官以土换金，那么不可能只有两个人用竹扁担抬送金子到他那里。 但事实上，运“金”的只有两人，且用的是竹扁担。 结论：所以县官不可能以土换金	如果p，那么q 并非q —————— 并非p	有效	充分条件推理：有这个条件，就一定有相应的结果或结论。 有效的原因：否定结果或结论，可推出条件的无效
十五贯	前提：杀死尤葫芦的罪犯有十五贯钱。 熊友兰有十五贯钱。 结论：熊友兰是杀死尤葫芦的罪犯	所有S都是M 所有P都是M —————— 所有S都是P	无效	三段论：由一个共同概念把两个简单性质的判断连接起来，得出新的简单判断。 无效的原因：中间项M在前提中至少周延一次，才能起到S和P的桥梁作用。否则，两个前提（S、P）可能存在交叉关系甚至全异关系

【补充】三段论的一种有效形式：

所有S都是M

所有M都是P

——————

所有S都是P

活动探究2：“只有逻辑思维才能使我们触摸到文学作品的灵魂所在。”推理不仅是断案的利刃，更是我们语文学习的智钥。请结合《晏子使楚》《河中石兽》和《红楼梦》第六十四回等文段，提炼有效的推理形式，并仿照举例。

任务阐述：

故事	具体过程	推理形式	举例
晏子使楚	前提：只有出使狗国，才能从狗门进。 我出使的不是狗国。 结论：我不从这个狗门进	只有p，才q 并非p 并非q （必要条件推理）	只有你又闻到它（熨帖的味道），你才能记起它的全部情感和意蕴 没有闻到它 难以记起它的全部情感和意蕴 （所以我常常要到那园子里去） （《我与地坛》）
河中石兽	前提：石兽要么在原地，要么在下游，要么在上游。 石兽不在原地，不在下游。 结论：石兽在上游	一件事共有n种可能 排除（n—1）种 最后一种 （排除法）	或者合作，或者是推翻这些敌人，或者是被这些敌人所屠杀和压迫 合作被破坏，被屠杀和压迫非所愿 推翻这些敌人 （《中国人民站起来了》）
《红楼梦》第六十四回	前提：如果我去劝，黛玉会烦恼郁结于心而致疾。 如果我不去劝，黛玉会过于伤感而致疾。 我劝或不劝。 结论：她都致疾	如果p，那么r 如果q，那么r p或者q 总之r （二难推理）	关不开，车驾不得出，违天子命，当死 关开，车驾得出，天下事不可知，万一有变，我与君亦死 关开或者不开 总之死 （宁坐不开关死，死且不朽） （《明史·张钦传》）

活动探究3：从前提和结论的关系来看，充分条件推理、三段论、必要条件推理、排除法、二难推理有什么共同特点？

任务阐述：均属于演绎推理，结论涉及的范围没有超出前提。演绎推理的有效形式具有前提到结论的保真性，又具有结论到前提的保假性。人们又将其称为“必然性推理”。

任务二：比较甄别，了解或然

运用了推理，就一定会获得准确的结论吗？不少同学经常把归纳和类比得出的结论当作是确定无疑的结论，事实是这样吗？请完成以下两个活动。

活动探究1：请以小组合作的方式，探究哪则材料的结论最准确，并说说理由。

材料一：晏子至，楚王赐晏子酒，酒酣，吏二缚一人诣王。王曰：“缚者曷为者也？”对曰：“齐人也，坐盗。”王视晏子曰：“齐人固善盗乎？”（《晏子使楚》）

材料二：一个旅行者走进了下野的有钱的大官的书斋，看见有许多很贵的砚石，便说中国是“文雅的国度”；一个观察者到上海来一下，买几种猥亵的书和图画，再去寻寻奇怪的观览物事，便说中国是“色情的国度”。连江苏和浙江方面，大吃竹笋的事，也算作色情心理的表现的一个证据。然而广东和北京等处，因为竹少，所以并不怎么吃竹笋。倘到穷文人的家里或者寓里去，不但无所谓书斋，连砚石也不过用着两角钱一块的家伙。一看见这样的事，先前的结论就通不过去了，所以观察者也就有些窘，不得不另外摘出什么适当的结论来。于是这一回，是说支那很难懂得，支那是“谜的国度”了。（鲁迅《内山完造作〈活中国的姿态〉序》）

材料三：三十辐共一毂，当其无，有车之用。埏埴以为器，当其无，有器之用；凿户牖以为室，当其无，有室之用。故有之以为利，无之以为用。(《〈老子〉四章》)

材料四：20世纪30年代，美国营养学家克莱夫·麦凯研究如何延缓大鼠的生长进而延长其寿命。他把两批大鼠养在同一个实验室的同样两个笼子里，在同样的时间喂同样的饲料；但食物总量上，一批鼠却限制在另一批鼠的50%左右。结果，没有喂饱的大鼠十分健康，精力充沛，不易患传染病，平均寿命和最高寿命增加50%和80%。麦凯以为，限制饮食量可以延长大鼠的寿命。

后来，许多研究者对麦凯的工作进行了跟踪观察，发现：寿命调节中最重要的单因子是每次进食时所摄入的总热量。他们把大鼠饮食中总热量的摄入，限制在饮食不受限制时热量摄入的40%—70%。结果，热量摄入受到限制的大鼠平均寿命几乎延长一倍。研究表明，在动物中进行热量限制，可以延长寿命。

任务阐述：这四则材料都采用了归纳推理，推理形式可概括为：

$\underline{S_1是P, S_2是P\cdots\cdots Sn是P}$

所有S是P

归纳推理结论涉及的范围超出了前提，称为“或然性推理”。

从结论准确性来看：

材料四的第二个结论最准确。它使用了科学归纳法，即不停留在对事物经验的重复，而是深入进行科学分析，在把握对象与属性之间因果联系的基础上得出结论。但我们也看到，随着科技的进步，新的结论更具可靠性，但不能否定前人的努力是无用的。人类新知识的增长，更多来自归纳。

其次，是材料三。老子重在“论道”，通过对车轮、陶器、房舍的观察和思考，强调“无”的用处。不能说这个结论是完全正确的，但是它提供了一条理解世界的途径。这也是老子推崇的世界观、人生观和价值观。

而材料一、二因枚举的数量不够多，范围不够广，显然犯了以偏概全的错误，结论完全失真。前三则材料属于简单枚举归纳，仅仅根据已观察到的部分对象推出对一类事物全体的断定。

在语文应用上，可能更多地用到简单枚举归纳。要提高其可靠性，必须注意以下两条要求：①枚举的数量要足够多，考察的范围要足够广。②考察有无反例。通常把不注意以上两条要求因而样本过少，结论明显为假的简单枚举归纳推理称为“以偏概全”或“轻率概括”。学生在写作中，运用归纳时要注意用词的严谨性、思辨性，不要任意扩大前提。

活动探究2：《拿来主义》中，“尼采”一例常常为类比推理的经典例子，鲁迅先生的结论是完全正确的吗？请大胆质疑，合理探究。

任务阐述：

尼采自诩他是太阳，光热无穷，只是给予，不想取得，最后发了疯。

(旧) 中国以为中国地大物博，只是送出去，不拿来。

最后 (旧) 中国会亡国灭种。

尼采和 (旧) 中国属于完全无关的两个事物，类比推理是由两个事物一个 (些) 方面相似而推出它们另一方面也相似的推理。但尼采“发了疯”和“太阳”有没有必然关系？这前提是否为真？太阳是“光热无穷”的，但是不是可以理解为“给予”呢？对于星球而言，它没有这一主动行为。因而，结论可商榷。

类比推理也是一种或然性推理，其推理的强度甚至比归纳推理更弱，但它在探究（人对物）和说理（人对人）活动中有着重要作用。

任务三：实践提升，体现有效

王力先生曾指出：“学生的文章写不好，并不是由于他写了几个错别字，也不是因为他不懂语法，主要是逻辑思维问题。”

活动探究1：再看习作，请找出以下片段的推理谬误。

沉稳从难而来，一个人若没有经历无数的挫折与磨难，身陷蜜水与襁褓之中，自然无法拥有沉稳的性格，一遇困境，便心浮气躁，岂能成所谓大事哉。君不见文王拘而演《周易》，仲尼厄而作《春秋》，左丘失明厥有《国语》，孙子膑脚《兵法》修列。没有经历磨难，便无法形成沉稳的性格，也就无法取得辉煌的成就。始皇建秦以来，不居安思危，身陷声色犬马，终心浮气躁，毫无沉稳。一夫作难而七庙隳，身死人灭，为天下笑。倘若秦王不念纷奢，经历磨难，以求沉稳，则可递三世乃至万世而为君。（《稳中求胜》）

任务阐述：学习有效的推理形式，让作文体现思辨性。

问题1：“一个人若没有经历无数的挫折与磨难，身陷蜜水与襁褓之中，自然无法拥有沉稳的性格。一遇困境，就心浮气躁”属于充分条件推理，违反了“否定前件”的错误。而要拥有沉稳性格，就要经历无数挫折与磨难，显然有误。

问题2：“文王拘而演《周易》，仲尼厄而作《春秋》，左丘失明、厥有《国语》，孙子膑脚《兵法》修列。没有经历磨难，便无法形成沉稳的性格”属于归纳推理，这不能得出“没有经历磨难，也就无法取得辉煌的成就”。

问题3：“倘若秦王不念纷奢，经历磨难，以求沉稳，则可递三世乃至万世而为君。”秦始皇是沉稳还是心浮气躁，我们不得而知，但秦始皇的失败在于他的暴政与酷烈。以那种屠夫般的心态宰割天下，秦始皇就是再“沉稳”，也难避免“身死人手”的结局。

这篇作文的根本问题在于对“沉稳”的内涵没有准确理解。

活动探究2：再读《廉颇蔺相如列传》，蔺相如为什么能完璧归赵？秦王（秦昭襄王）真如你想的那样荒淫愚笨么？

任务阐述：运用有效推理形式，让阅读走向深入。

（1）秦王或者图璧，或者窥赵。

若秦王图璧，璧已不可得，没必要再大动干戈。

若秦王窥赵，赵国有能人，秦王不敢贸然行动。

所以蔺相如能够完璧归赵。（蔺相如的高明之处是洞悉秦王这种心理）

（2）秦昭襄王这样做，纯粹是故意打击和羞辱赵惠文王。赵国到底给不给和氏璧？如果给了，这样的屈辱都受得了，表示赵国怕了；如果不给，那秦国就有借口向赵国开战，一直打到服为止。事实上也是如此，公元前283年，赵国没有给和氏璧，蔺相如完璧归赵。此后的三年时间，秦国三次攻打赵国，都取得了胜利，攻占了4座城池，斩首了2万人。公元前279年，秦赵两国渑池之会，双方化干戈为玉帛，签署了议和条款。公元前278年，因确定没有后顾之忧，秦国大举进攻楚国，白起攻陷楚国都城，虽然楚国没有就此灭亡，但从此元气大伤，再也不是秦国的对手。

【课后任务】

运用有效的推理形式，完成以下任务。

1.回头看文本。

(1)《世说新语》中有一个著名的故事。有一次，孔融在众人广坐之中有上佳表现，陈韪却说："小时了了（聪慧），大未必佳。"孔融反唇相讥："想君小时，必当了了。"

(2)《喜看稻菽千重浪——记首届国家最高科技奖获得者袁隆平》中有这样一段文字：从遗传学的分离律观点看，纯种水稻品种的第二代是不会有分离的，只有杂种第二代才会出现分离现象。今年它的后代既然发生分离，那么可以断定去年发现的性状优异稻株是一株"天然杂交稻"的杂种第一代。

2.热议话题：如何看待一男子捡到iPad后归还女失主，女失主非但不感激反而怀疑男子用硬物砸坏iPad摄像头？

参考答案：

1.(1)孔融的推理：如果小时聪慧，那么长大不一定优秀→（陈韪现在不优秀）想必小时很聪慧（肯定q）。"肯定后件"，属于充分条件推理的错误形式。

(2)推理过程如下，显出袁隆平院士的推理严谨：

只有杂种水稻的第二代，才会出现分离现象

它的后代发生分离

它的后代是杂种水稻第二代（它本身是杂种水稻第一代）

2.男子辩白：

捡到iPad，原物归还失主，不会砸坏摄像头

捡到iPad，私心留作己用，不会砸坏摄像头（砸了还要修，浪费钱）

还或不还

我都不会砸坏摄像头

浙江省象山中学 黄黎莲

19.“采用合理的论证方法”教学微设计

【课文提要】

论证，即用一定的论据以支持或反驳某个观点。论证要素和推理要素具有一一对应的关系。一个完整的推理，必须具备三个要素：前提、推理形式、结论（论点）。

同理，一个完整的论证，也必须具备三个要素：论点（结论）、论证形式、论据。论点，即作者在论证时要证明的观点，逻辑上，它对应推理的结论；论证形式，即论证使用的推理形式；论据，即论证者用来证明其论点的依据，逻辑上对应推理的前提。

我们可用导图的形式表示：

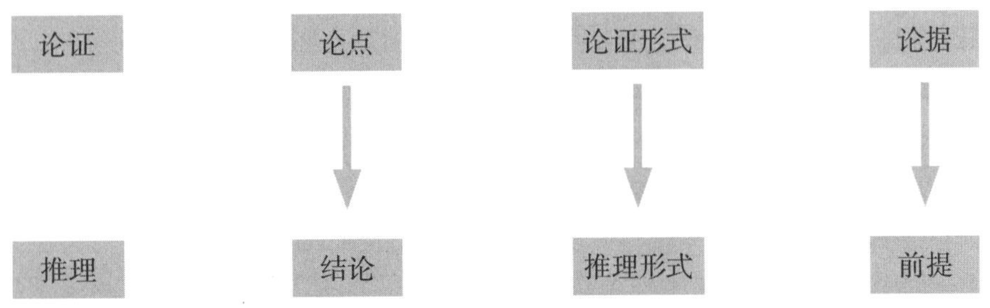

【任务目标】

学习本节内容，通过概念辨析，了解直接论证和间接论证的一些方法，在头脑中构建和完善关于论证的相关知识；学会理解和评估论证的合理性，提高论证的水平，提高自己在论证方面的思维水平；通过剖析一些文章（片段）的论证过程，体会论证的作用和论辩的魅力；还要学会借助所学的逻辑知识，采取恰当的论证方法进行实践论证，以增强说理的严密性和论辩性。

本课的学习任务目标如下：

（1）梳理论证的方式和方法及其内在特点，掌握论证的方法。

（2）学习严密论证，在写作运用中增强说理的严密性和论辩性。

【预习任务】

1.分析下列论断的论点、论据及其运用的论证方式、方法。

“脑子越用越灵，因为它和人身上的其他部位一样都是物质的。肩越挑越有力，腿越跑越有劲，脑子也越用越发达。反之，水不流则腐，刀不用则锈，脑子不用则迟钝。世界上任何事物都是在运动中求发展的。否则就会衰退消亡。”

示例：

论点：脑子越用越灵。论据：论点之后的内容都是。论证方式：三段论、简单枚举归纳推理。论证方法：直接证明、正反证明。

2.有个小姑娘到邮局去寄信，营业员告诉她：“小姑娘，这封信超重了，你必须要多加一枚邮票。”小姑娘不解地问：“信已经超重了，再加贴邮票，不是更重了吗？”

你觉得小姑娘的话有道理吗？请说说理由。如果你要反驳她，该怎么说？

示例：

没有道理。在这里，小姑娘将服务员说的“信超重”当成纯粹的信的重量，其实，服务员所说的“信超重”是指邮资所能承载的重量，不是单纯的重量。由于小姑娘不理解其中的含义，才会有让人发笑的发问。小姑娘违反了逻辑规律中的同一律。

反驳：我说的超重仅指你的信的重量，按规定，信的重量超了需要加贴邮票的。

【任务设计】

任务一：认识论证，辨析要素

活动探究1：论证方法有哪些？在学习小组内请畅所欲言你所知道的。

任务阐述：我们要想理解好论述型文章，进而写好议论文，就一定要采用合理的论证方法。主要的论证方法如下图所示：

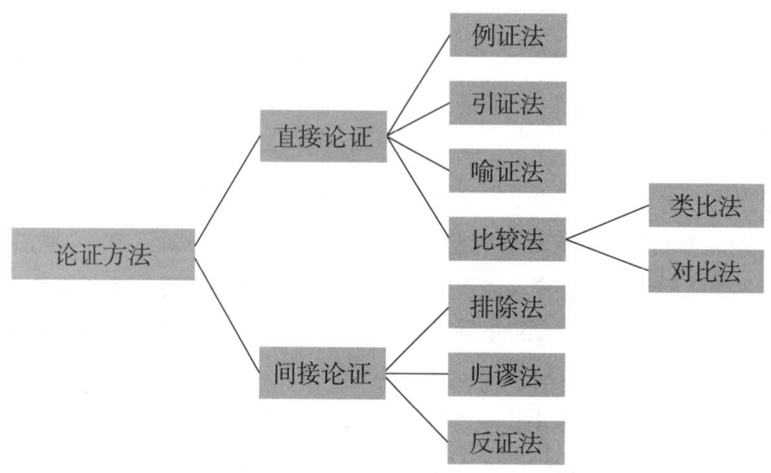

活动探究2：论述性文章注重运用论证方法来论证观点，以达到一定的论证效果。请以下面两个语段所运用的不同的论证方法为例加以说明。

语段一：在戏曲成熟之前脚色制就已经形成其雏形。学者延保全通过对大量宋金元文物的考证，指出“宋杂剧通常有五个脚色，其中包括末泥、引戏、副净、副末和装孤”。金院本的脚色体制亦与之相同。然而，直至南宋戏文出现，对后世影响深远的脚色体系才真正形成。始于北宋末年或两宋之交的南宋戏文有完备的生、旦、净、末、丑五大脚色的划分，这一脚色体系一直延续至今。从宋杂剧、金院本到标志着戏曲成熟形态的演戏和元杂剧，脚色体系的称谓有某些明显的变化。主要扮演女性角色的“旦”从“引戏”演化而来，而“引戏”的前身是“引舞”，主要扮演男性角色的“末”则从“末泥”转化而来，它的前身是戏头。歌舞的渊源，是负责歌唱的“舞头”在戏剧中的演变。

（节选自傅谨《脚色与行当》，《新华文摘》2020年第2期，有删改）

语段二：西方传统戏剧的表演理论认为演员创造角色的至高境界是“我就是”，即演员与角色合二为一。中国传统戏曲的表演艺术是多重的关系，它在扮演中不刻意追求合一。演员与角色时而交替、时而并存、时而自己都讲不清此时此刻我到底是角色还是我自己，经常还时不时地同观众一起审视、欣赏、评价、调节、控制自己的表演，这种中性的状态能使演员获得心理的、形体的、声音的解放，自自由由地与观众交流，时而进，时而出，叙述的、人物的、审视的、体验的无所不能。这才是表演的自由王国，是表演艺术成熟的标志。

（节选自林兆华《戏剧的生命力》）

任务阐述：两个语段都采用了直接论证的方法。不同的是，语段一采用了引用论证和举例论证。一方面，引用延保全的话佐证戏曲成熟前脚色制已具雏形，使论证更具说服力。另一方面，列举“旦”等的名称变化，佐证从雏形到完备的脚色制，脚色的称谓有明显的变化，来增强观点的可信度。语段二则以对比论证为主，将中国传统戏曲与西方戏剧进行对比，来论证中国戏曲表演的自由性。

语段一“学者延保全通过对大量宋金元文物的考证，指出‘宋杂剧通常有五个脚色，其中包括末泥、引戏、副净、副末和装孤’”是引用论证，借用权威学者的话，使论证更具有说服力；而“从宋杂剧、金院本到标志着戏曲成熟形态的演戏和元杂剧，脚色体系的称谓有某些明显的变化。主要扮演女性角色的‘旦’从‘引戏’演化而来，而‘引戏’的前身是‘引舞’，主要扮演男性角色的‘末’则从‘末泥’转化而来”，这是举例论证，列举“旦”“末”等名称变化，来论证从雏形到完备的脚色制，脚色的称谓有明显的变化，用事实举例能让观点更可信。

语段二主要把“西方传统戏剧的表演理论”“演员与角色合二为一”与“中国传统戏曲的表演是多重的关系，它在扮演中不刻意追求合一”的特点进行对比，指出“这才是表演的自由王国，是表演艺术成熟的标志”，对比论证，突出了中国传统戏曲表演艺术的自由性。

任务二：关注隐含论证，懂得完整论证

活动探究1：请你辨析下面这句话是否为真，并把你的思考分析说给同学们听一听。

“论证中总会出现逻辑推理的每一个环节。”

任务阐述：在直接论证中，往往不会巨细无遗地呈现逻辑推理过程中的每一个环节，而会出现部分前提的省略，这些省略的前提却往往又隐藏着理解论证的关键。

活动探究2：请你补充“子非鱼，安知鱼之乐”的隐含前提，并把你为什么要补充这个隐含条件的理由说给同学们听一听，再把你补充的理由和其他同学补充的比较一下，看哪个更好。

任务阐述：隐含前提——只有鱼才能知道鱼的快乐。从认知的规律上来说，人和鱼是两种

不同的生物，人不可能感受到鱼的喜怒哀乐，所以这句话告诉人们，无论对待人还是对待物、事，都不要用自己的主观意识形态去妄加揣测，你所认为的东西不一定就是事情的真相。也就是说，己所不欲，勿施于人。

任务三：学会间接论证，明白论证方法

一般情况下，我们会优先选择直接论证，只有在直接论证有困难或者效果不好的时候，我们才会采用间接论证，主要运用“排除法”“归谬法”和“反证法”等。

排除法：一个题有若干个选项，但只有某项正确。我们如何证明其正确呢？很简单，我们只要找出证据否定其他所有的选项即可，这就是“排除法”。排除法实际上就是运用不相容选言推理的规则。

归谬法：归谬法常用于驳论，其思维流程为从某一观点推出明显的错误或矛盾，以证明这一观点本身的错误。

反证法：反证法就是先假设与某个论点相矛盾的观点成立，然后排除明显的错误或矛盾，从而间接地证明最初的观点。其根据是逻辑规律中的排中律。

活动探究1：鲁迅在《拿来主义》中阐述为什么要提倡拿来主义的时候，就采用了排除法，请你与同学分析一下《拿来主义》是怎样运用排除法的。

任务阐述：将“闭关主义”“送去主义”“送来主义”进行一一排除，最后推出唯一的正确做法就是“拿来主义”，这样的论证让人无可辩驳。

活动探究2：《烛之武退秦师》中有一段话写的是烛之武在秦伯面前说退秦师的过程，请阅读这一段话，分析一下烛之武是怎样运用归谬法来说服秦伯的。

秦、晋围郑，郑既知亡矣。若亡郑而有益于君，敢以烦执事。越国以鄙远，君知其难也。焉用亡郑以陪邻？邻之厚，君之薄也。若舍郑以为东道主，行李之往来，共其乏困，君亦无所害。且君尝为晋君赐矣，许君焦、瑕，朝济而夕设版焉，君之所知也。夫晋，何厌之有？既东封郑，又欲肆其西封，若不阙秦，将焉取之？阙秦以利晋，唯君图之。

任务阐述：烛之武从“亡郑而有益于君，敢以烦执事”这个立场和观点出发，分别列举了“越国以鄙远，君知其难也”、“邻之厚，君之薄也”、“若舍郑以为东道主……君亦无所害”、晋国“东封郑”必西“阙秦”等证据，得出灭掉郑国实为“阙秦以利晋”的结论，证明了“亡郑而有益于君”观点的错误，最终让秦伯心悦诚服地打消助晋伐郑的想法并“与郑人盟”。

活动探究3：与你前后座的同学一起分析下面两则材料是怎样运用反证法的。

材料一：孟子说：“人之初，性本善。”荀子说：“人之初，性本恶。”那么，人性究竟是本善还是本恶？

有人回答：“性相近，习相远。本性是相近的，但后天习染之不同能够导致本性发生大的转变。你们两个都没说错。”

材料二：管仲镂簋朱纮，山楶藻棁，孔子鄙其小器。公叔文子享卫灵公，史鳝知其及祸，及戌，果以富得罪出亡。何曾日食万钱，至孙，以骄溢倾家。石崇以奢靡夸人，卒以此死东市。近世寇莱公豪侈冠一时，然以功业大，人莫之非。子孙习其家风，今多穷困。（司马光《训俭示康》）

任务阐述：材料一中这个解释没有正面回答人性的根本善恶问题，故判定为违反了排中律。材料二中司马光通过列举管仲、公叔文子、何曾、石崇、寇准等人“以侈自败”的反面例子对“生活奢侈”做出否定，从而间接论证了“俭朴”的重要性。

归谬法和反证法的区别：

①二者的目的不同。反证法用于论证，目的在于确定某一判断的真实；归谬法用于反驳，目的在于确定某一判断的虚假。

②二者的结构不同。反证法的结构比归谬法的结构复杂，反证法需要设与被论证论题的反论题（相矛盾的或相反对的论题）为真；归谬法不需要设反论题。

③二者的根据不同。反证法需要运用排中律，由确定反论题假进而间接地确定原论题真；归谬法则是根据充分条件假言推理的否定后件式直接推出被反驳的论题假。

任务四：学以致用，初晓辩论

活动探究：围绕教材中提供的“温饱是谈道德的必要条件”这一话题，在全班开展一场辩论赛，学习辩论的方式，掌握论证方法。每位同学先对教材中的事例进行分析，然后汇报。

任务阐述：“温饱是谈道德的必要条件”是必要条件假言推理，可以转化成“只有温饱，才谈道德”，推理的规则是“肯后必肯前”“否前必否后”，也就是“谈道德的人必温饱”“不温饱的人就不谈道德”为正方观点，这两个观点的负命题为反方观点，即“谈道德的人不一定温饱”“不温饱的人也谈道德”。

（1）观点分析。

正方：没有温饱免谈道德；谈道德的都是温饱之人。

反方：不温不饱依然谈道德。

无关的观点：有人处于温饱中，却不谈道德；温饱之人都谈道德。（这两个观点是充分条件假言推理的相关推理，要认真区分）

（2）概念界定。

对正方有利：温饱是人最基本的衣食需求；温饱就是既温又饱。

对反方有利：温饱就是社会上总体无衣食之困；温饱就是或温或饱。

（3）论证思路。

教材中是反方的论证思路。

“人存在是谈道德的必要条件”，言外之意是不论温饱与否都得谈道德，人们不可以因为不温或不饱就违背道德原则，而这一命题恰恰是个真命题。

“人有理性，理性是谈道德的必要条件”是对正方“温饱是谈道德的必要条件”的直接反驳，更进一步论证“丧失理性的人无法谈道德”，这一命题也是一个真命题，并且该命题认为温饱的人有理性，不温饱的人同样也会有理性，就对正方步步紧逼。

“在任何情况下都能够谈道德”反驳了“只有在温饱的前提下才能够谈道德”的条件限制。

“走向温饱的过程中尤其应该谈道德”强调了谈道德在“走向温饱的过程中”的重要性，提出不温饱（走向温饱的过程）不仅能够谈道德，而且“尤其应该谈道德”，看似让步，实则是对正方观点的进一步否定,设计十分巧妙。

（4）攻防策略。

正方：论证不能温饱就难以生存。对方举例时，指出例中的人物并未讲道德，或者指出其已处于温饱状态（当反方举例证明有的人并未处于温饱状态却依然讲道德时）。

反方：论证从生存到温饱存在过渡地带。谈道德的行为尽量宽泛。（“谈道德”的概念范围界定越小，不温不饱、不温或不饱情况下的某些行为将被排除在“谈道德”的概念范围之外，对正方越有利。）

推选出正反双方的两位主辩手，然后其他学生各自挑选阵营，犹豫不决的就由主辩手进行选择，保证双方的人数相当，开展一场辩论赛，老师充当裁判，让学生体会辩论的魅力。

【课后任务】

请你说出下列语段的论证过程并说出其运用的论证方法。

上问魏徵曰：“人主何为而明，何为而暗？”对曰：“兼听则明，偏信则暗。昔尧清问下民，故有苗之恶得以上闻。舜明四目，达四聪，故共、鲧、欢兜不能蔽也。秦二世偏信赵高，以成望夷之祸。梁武帝偏信朱异，以取台城之辱。隋炀帝偏信虞世基，以致彭城阁之变。是故人君兼听广纳，则贵臣不得拥蔽，而下情得以上通也。”上曰：“善。”

（《资治通鉴》）

参考答案：

正面：①尧，兼听则明；②舜，兼听则明；③所以，兼听则明。

反面：①秦二世，偏听则暗；②梁武帝，偏听则暗；③隋炀帝，偏听则暗；④所以，偏听则暗。

论证方法：归纳法。

绍兴鲁迅高级中学 陈爱娟

第二部分
选择性必修中册

20.《社会历史的决定性基础》教学微设计

【课文提要】

马克思曾指出，经济基础是决定性因素。但是，马克思逝世之后，一些资产阶级理论家歪曲了马克思的观点，篡改了历史唯物主义的基本原理，把马克思关于经济因素决定性作用的观点歪曲为“经济决定一切”、经济是制约历史发展的唯一因素，造成当时德国青年极大的思想混乱。他们当中有不少人写信向恩格斯请教，大学生瓦尔特·博尔吉乌斯就是其中一位。恩格斯针对他提出的问题，在1894年1月25日给他回信。

本文标题《社会历史的决定性基础》是一个偏正短语，“决定性基础”是中心语，“社会历史”是定语。标题开门见山，直接点明了文章的主要内容，即分析了社会历史的决定性基础是什么。

本文针对当时资产阶级理论家对马克思思想的歪曲，以丰富的历史知识和辩证的理论分析，论述了经济因素与历史发展、上层建筑的关系，并指明了正确理解、把握马克思主义唯物史观的方法，解答了当时德国青年学生的疑惑。

【任务目标】

学习本课时，要注意通过把握文章准确、鲜明的语言来领会恩格斯这篇理论文章的内涵，同时欣赏文章的论证艺术和语言艺术。

本课的学习任务目标如下：

（1）通过了解恩格斯所处的历史背景并理清文章思路，把握文章的核心观点。通过研读经典理论文章，获得思想启迪和思维提升。

（2）了解议论文的论证结构，掌握举例论证的论证方法。

（3）结合语境理解文中含意深刻、富有表现力的语段，体会语言运用准确、鲜明的特点。

【预习任务】

1.课前查阅资料，了解恩格斯的生平及本文的写作背景。

2.通读课文，筛选文章的主要内容和观点。

【任务设计】

任务一：概括文章的论述思路，把握文章的论证结构

活动探究1：通读课文，筛选文中的主要观点。思考恩格斯在回信中阐明了哪几个方面的内容。

任务阐述：此题意在筛选文中的主要观点。

恩格斯主要阐明了四个方面的内容：①经济关系是社会历史的决定性基础。②政治、法、哲学、宗教、文学等上层建筑的发展是以经济发展为基础的，而它们又都互相作用并对经济基础发生作用。③社会历史发展过程中必然性和偶然性的关系，以及伟大人物在历史上的作用。④要正确理解历史就必须重视经济史，要从马克思主义的原著中学习历史唯物主义。

活动探究2：与同学一起概括文章论证思路，梳理文章论证结构。

任务阐述：本文思路清晰，观点鲜明，通过梳理和筛选，在把握作者主要观点的同时弄清本文的论证结构，体味作者清晰的论证思路。

本文共分为三个部分：

第一部分（第1—3自然段）：开门见山，摆出观点——经济基础决定上层建筑，并以科学的发展为例阐述观点。

第二部分（第4—7自然段）：阐述上层建筑和经济基础的相互作用，阐述经济的必然性要通过各种偶然性为自己开辟道路。

第三部分（第8—12自然段）：指明德国青年不能正确理解马克思主义唯物史观的现实原因，并给青年学生提供了理解、把握唯物史观的资料和方法。

本文采用了“总—分”式结构：①引论部分，通过下定义和做诠释，引出经济关系是社会历史的决定性基础；②本论部分，论证了不应当忽视的两个问题——上层建筑以经济发展为基础，两个偶然性的基础是经济的必然性问题；③结论部分，再次点明经济的决定作用并给出阅读建议。

任务二：精读课文，理解课文内容和重要句子的含义

活动探究1：精读课文第二部分，说说恩格斯是如何解读上层建筑之间相互作用，并反作用于经济基础的。

任务阐述：此任务意在通过精读第二部分，进一步理解恩格斯对经济基础和上层建筑之间关系的解读。①政治、法、哲学、宗教、文学、艺术等等的发展是以经济发展为基础的。但是，它们又都互相作用并对经济基础产生作用。②人们自己创造自己的历史，但并不是按照共同的意志，根据一个共同的计划，甚至不是在一个有明确界限的既定社会内来创造自己的历史。在所有这样的社会里，都是那种以偶然性为其补充和表现形式的必然性占统治地位。通过各种偶然性来为自己开辟道路的必然性，归根到底仍然是经济的必然性。

活动探究2：精读课文第三部分，按照文中的唯物史观，社会发展中的必然性和偶然性具有

什么样的关系？其本质是什么？

任务阐述：此任务意在理解恩格斯笔下社会发展中的必然性和偶然性的关系。①必然性和偶然性是事物发展中两个相互联系的方面。必然性是事物的联系和发展中合乎规律的、确定不移的趋势，在事物发展中居支配地位，决定着事物的性质和发展方向。偶然性是事物的联系和发展中不确定的趋势，对事物的发展只起加速或延缓的作用，至多也只能决定事物的局部特征。②必然性和偶然性是相互依存的。没有脱离偶然性的纯粹的必然性，必然性只有通过偶然性才能表现出来；也没有脱离必然性的纯粹的偶然性，偶然性的背后隐藏着必然性。③在历史发展进程中，必然性指的是经济的必然性，主要指物质资料生产方式运行的客观必然性。它表现为经济是不以人的意志为转移的客观存在，有其固有的规律性。尽管在社会发展中，各种历史事件和历史人物出现，呈现出种种偶然因素，但这些偶然因素始终受着必然性的支配，不能随心所欲地创造历史，而是要符合经济发展客观规律的要求，这已为千百年来的历史论证。

活动探究3：恩格斯在信中，用“曲线的中轴线”来概括什么？我们应如何理解？同学间先讨论，然后选代表汇报。

任务阐述：此任务意在通过精读理解文中重要句子的含义，明确理论文章中通过联系上下文和理解修辞手法来解读句子含义的方法。

恩格斯用“曲线的中轴线”来概括历史发展中的经济必然性和偶然性的关系。他把偶然性比作曲线，把经济必然性比作曲线的中轴线，强调曲线始终围绕着中轴线上下摆动，偶然性总是表现着经济的必然性。

任务三：结合课文内容，体味举例论证

活动探究1：课文第一部分用什么方法论证了什么观点？

任务阐述：本文着重运用举例论证，这在文章的各个片段均有体现，通过精读第一部分，我们可以清晰地掌握这种论证方法。恩格斯举国家发生作用的例子论证了在经济必然性基础上，上层建筑各内容相互作用并对经济基础发生作用。

活动探究2：课文第二部分中作者是如何论证偶然性和必然性的？

任务阐述：此任务意在体味第二部分中作者对举例论证的使用。作者是用伟大人物出现的偶然与必然来论证的，使用了举例论证的方法。

活动探究3：什么是举例论证？它的作用是什么？举例论证有什么要求？运用举例论证的时候我们要注意什么？与同学讨论归纳，总结几条注意的事项。

任务阐述：本任务意在在前面感性认识的基础上，通过理解举例论证的概念，从而探究举例论证的作用。

例证法（举例论证）就是举出事例作论据来证明论点的方法，也就是常说的“摆事实”的方法。举例论证的好处是可以增强说服力。例如，恩格斯在伦敦写给德国青年大学生瓦尔特博尔吉乌斯的回信中，运用了大量的事例，对于论证自己的观点具有较强的说服力。如第4自然段在谈到上层建筑对经济基础的作用时，举出了国家通过保护关税、自由贸易、好的或者坏的财政制度来发挥作用的例子，增强了说服力。

举例论证的要求：首先，所选事例要真实、确凿、典型、新颖。其次，概述事例要简洁，突出事例中与要证明的论点关系密切的方面。最后，要注意揭示出论点与论据之间的内在联系，点明事例之所以证明论点的地方。

运用举例论证“四注意”：

①不能只把例子摆在论点后，而不去揭示论点与论据之间的内在联系。

②举例论证中所选的事例，一定要真实而有典型性，否则就无法说明问题。

③运用举例论证，一般是先分论后结论，即先开门见山提出论题，然后围绕论题逐层运用材料证明论点，最后归纳出结论。

④运用举例论证进行论证时，列举的事实可以有两种形式，即概括总体性事实和枚举个别事实。概括总体性事实的说服力在于事实所体现的普遍性。枚举个别事实，要求有一定的典型性，尽可能不要同类重复。

【课后任务】

请你根据课文内容，结合所学的知识，思考什么是“历史唯物主义”。

参考答案：

历史唯物主义是哲学中关于人类社会发展一般规律的理论，是马克思主义哲学的重要组成部分。历史唯物主义指出，社会历史的发展有其自身固有的客观规律。物质生活的生产方式决定社会生活、政治生活和精神生活的一般过程；社会存在决定社会意识，社会意识又可以塑造与改变社会存在；生产力和生产关系之间的矛盾、经济基础与上层建筑之间的矛盾，可以作为研究社会发展的出发点；如果以阶级的观点看待社会组织，在阶级社会中，社会的基本矛盾表现为不同阶层的人不同利益诉求的博弈，阶级斗争是阶级社会发展的直接动力；阶级斗争可能会引发社会革命。

马克思主义哲学是辩证唯物主义和历史唯物主义的统称，其前身是德国古典哲学。历史唯物主义的基本观点包括四点：生产力和生产关系的关系；经济基础和上层建筑的关系；社会存在和社会意识的关系；个人与社会的关系。

历史唯物主义指出，物质生活的生产方式决定社会生活、政治生活、精神生活的一般过程；社会存在决定社会意识，社会意识又可以塑造和改变社会存在；生产力和生产关系之间的矛盾、经济基础与上层建筑之间的矛盾，是推动一切社会发展的基本矛盾；在阶级社会中，社会基本矛盾表现为阶级斗争，阶级斗争是阶级社会发展的直接动力；人民群众是历史的创造者，但是人民群众创造历史的活动和作用总是受到一定历史阶段的经济、政治和思想文化条件的制约。

浙江工业大学附属德清高级中学　方香椿

21.《改造我们的学习》教学微设计

【课文提要】

《改造我们的学习》是毛泽东在1941年延安整风运动时期撰写的政论文。在这篇文章中，毛泽东尖锐地批评了党内存在的主观主义、教条主义等不良学风，阐述了马克思列宁主义理论联系实际的学习思想，号召全党在学习问题上进行一次根本的改造，树立以“研究中国革命实际问题”为中心的实事求是的学习风气。因此，这篇文章既是当时党的工作开展的具体指导，又是精辟的理论著作。

全文从提出主张到阐述理由再到提出建议，论证结构清晰。文章高屋建瓴，论述酣畅淋漓，运用了举例论证、引用论证、对比论证等多种论证方法。作者善于创造性地使用鲜活灵动的口语，富有表现力的成语、俗语、对联和文言词语，善于运用修辞手法，使语言生动活泼，使文章说理深透而又通俗明白。

文章观点明确，思想深刻，思路周密，逻辑严谨，展现出毛泽东思想的强大力量。学习这篇文章，有助于我们提高马克思主义的思想认识，把握党的实事求是的思想路线，增强分辨是非的思维能力。

【任务目标】

本文理论性、思想性强。阅读课文时，要理解主要观点，梳理论述思路，分析各部分的逻辑关系。在此基础上，联系写作背景，理解文章的针对性和现实性，学习和体会理论联系实际的思想作风，进行深入的自我反思。本文语言富有创造性和表现力，阅读时，结合一些实例，具体分析其写作特点和表达效果。

本课的学习任务目标如下：

（1）联系背景，正确理解文章的主要观点，梳理文章的论述思路。

（2）明确论证方法，比较正确地体会语言的创造性。

（3）学习和领会理论联系实际的思想作风，进行深入的自我反思。

【预习任务】

1.上图书馆或利用网络，查找相关资料，了解本文的写作背景。

2.阅读课文，圈画并理解文章的主要观点，梳理文章的论述思路。

3.结合阅读课文的体会，联系自己所在班级的班风情况，从班主任的角度去思考如何改造班风，营造更好的学习氛围，准备上课时交流分享。

【任务设计】

任务一：在追问中梳理论述思路

本文观点鲜明，论述透彻，结构严密。学生需要深入文本思考、理解与体会。

活动探究 1：本文的观点是什么？为什么要改造我们的学习？怎样改造我们的学习？请结合你课前预习时的圈画，与同学一起梳理、交流，理清作者思路。

任务阐述：本任务以追问的方式让学生快速梳理论述思路，简明扼要地列出提纲。这三个问题，可以让学生快速梳理文章思路，整体把握文章内容，形成以下提纲。

1.提出主张（是什么）。

改造我们全党的学习方法和学习制度。

2.阐述理由（为什么）。

（1）指出马克思列宁主义的普遍真理和中国革命的具体实践日益结合。

（2）有很大的缺点。

①极坏的作风：不注重研究现状；不注重研究历史；不注重马克思列宁主义的应用。②极坏的典型：根据一知半解、"想当然"发号施令；对自己的历史一点都不懂，忘记责任；理论与实际背离，谬种流传，误人不浅。

（3）有两种对立态度。①主观主义的态度：表现、特点、危害、实质。②马克思列宁主义态度：表现、特点、实质。

3.提出建议，即具体的"改造我们的学习"的方法（怎么办）。

（1）研究周围的环境。

（2）研究中国的历史。

（3）理论联系实际。

活动探究 2：作者提出的"学习改造"的核心是什么？文章四个部分之间是什么关系？作者运用了哪些论证方法？请你在独立思考的基础上，与本小组同学交流，争取在课堂上分享。

任务阐述：本任务要求学生在了解写作背景的基础上，进一步思考探究，理解文中主要思想观点及之间的关系，明确作者所用的论证方法。本任务的目的就是引导学生体会和把握科学与文化论著表达的特点，运用概括、归纳等思维方法，提高阅读、理解科学与文化论著的能力。

教师可以对本文的写作背景做适当补充。整风运动的内容主要是"整顿三风"，即反对主观主义以整顿学风，反对宗派主义以整顿党风，反对党八股以整顿文风。当时，毛泽东同志做了三个动员报告：整顿学风——《改造我们的学习》；整顿党风——《整顿党的作风》；整顿文风——《反对党八股》。其中影响最大的是《改造我们的学习》。

教师可以采取分小组合作学习的形式，让学生深入文本，通过对上述问题的思考讨论，逐个达成共识。

"学习改造"的核心是"马克思列宁主义的普遍真理和中国革命的具体实践相结合"，这构成了全文的逻辑脉络，本文正是围绕这一核心，从不同的角度谈“学习改造”的。

文章四个部分之间的关系。第一部分是回顾过去的好现象，从正面指出马克思列宁主义普遍真理和中国革命具体实践日益结合；第二部分是反思现在存在的缺点及危害，从反面指出不注重研究现状与历史、不注重马克思列宁主义的应用的极坏作风，以及理论与实际分离的极坏典型；第三部分是阐述主观主义和马克思列宁主义的不同态度，分析坏作风、坏典型的根源，倡导研究要有的放矢、实事求是，理论与实际相统一；第四部分是提出具体的“改造我们的学习”的方法，即研究周围的环境，研究中国的历史，理论联系实际。四部分之间的关系非常清晰——第一、二部分是正反对照关系；第一、二部分与第三部分是层进关系；前三部分是从“为什么”的角度阐述“改造学习”的理由；第四部分是从“怎么办”的角度解决“如何改造学习”这一问题。

论证方法。第二部分的主要论证方法是举例论证，列举了研究现状、研究历史、学习经验和真理三个方面“极坏作风”的具体表现。第三部分的主要论证方法包括对比论证，将主观主义态度与马克思列宁主义态度进行对照；引用论证，引用了马克思、恩格斯、列宁、斯大林的教导；比喻论证，用芦苇、竹笋的比喻来阐述自己的观点。第四部分的主要论证方法是举例论证，列举了宣传工作与《苏联共产党历史简要读本》。

任务二：在比较中理解思想内涵

活动探究：文章第二部分从三个方面反思了我党在学习中存在的缺点及其具体表现、产生的危害，请你根据这部分内容，先独立填写下表，然后与同桌交流，看看所填信息是否正确、完整。

三个方面	存在的缺点	具体表现	产生的危害
研究现状			
研究历史			
学习国际革命经验			

任务阐述：本任务引导学生研读第二部分，要求学生深入文本，抓住关键词，提取主要信息，在完成表格的同时，理解文本内容，体会思想内涵。本任务可以有效培养学生筛选并概括信息的能力。

三个方面	存在的缺点	具体表现	产生的危害
研究现状	不系统、不周密；缺乏浓厚的研究氛围	粗枝大叶，夸夸其谈，满足于一知半解	想当然发号施令
研究历史	没能有组织地进行；研究氛围不浓厚	对自己的历史漆黑一团；不以为耻，反以为荣	忘记了认识和创造新鲜事物的责任
学习国际革命经验	不是为革命实践而学习，而是为了单纯的学习	消化不了；只会片面引用，不会运用；理论和实践分离	谬种流传，误人不浅

任务三：在品读中体会语言特点

活动探究：文章语言有哪些特点？有怎样的表达效果？你在品读的过程中一定有自己的

独特体会，请你找出其中一处与同学分享。

任务阐述：本任务让学生思考分析语言的特点及其效果，以此来培养学生丰富语言积累、梳理语言现象的习惯，在分析、体会、探究典型语言现象及其效果的过程中，使学生真切感受语言文字的魅力。

（1）准确。如“中国共产党的二十年，就是马克思列宁主义的普遍真理和中国革命的具体实践日益结合的二十年”一句中，“日益”二字客观地写出了马克思列宁主义与中国革命实践逐步结合的过程。

（2）生动。①善用口语，多用成语。用口语“言必称希腊”“对于自己的祖宗，则对不住，忘记了”来说明主观主义者不注重研究历史；用成语“粗枝大叶、夸夸其谈、生吞活剥”来形容主观主义者不细心调查，空谈理论，只会生搬硬套。使用口语和成语来说明问题，更容易被人接受，而且使文章显得生动、活泼。②多用修辞。比喻，如用“留声机”比喻留学生一切照搬外国；借代，如借“言必称希腊”指代有些研究革命理论的人生搬硬套外来的东西；引用，如引用“墙上芦苇”的对子，为没有科学态度与真才实学的人画像，十分恰当，给人留下十分深刻的印象；排比，如“这种作风，拿了律己，则害了自己；拿了教人，则害了别人；拿了指导革命，则害了革命……是共产党的大敌，是民族的大敌，是党性不纯的一种表现”，这一排比使议论语气迅速强化，议论的范围由小到大，意思一层递进一层，由浅入深，揭示主观主义的严重危害，增强了语势，强化了论证效果。

任务四：在活动中挖掘现实意义

活动探究：班级举行以“改造班风，让我们更优秀”为主题的班会，结合文中思想观点给你带来的启发，联系自己所在班级班风的实际情况，请你试着当一回班主任，围绕主题，谈谈自己的想法。

任务阐述：本任务聚焦理性表达，要求学生学以致用，理论与实践相统一，既加深学生对文中思想观点的理解，又促使其联系身边实际，体现了新课程标准“加强实践性，促进学生语文学习方式的转变”的基本理念。教师应要求每个小组选派代表在课堂上交流分享。本任务在引导学生留意观察、深入反思的同时，提高学生有理有据、有逻辑地表达自己观点的能力。本任务贴近学生实际，应该人人有话说。在一场头脑风暴中，学生的思想认识将进一步提高，对班级管理带来积极的影响。

【课后任务】

1. 如何改造自己的学习，争取更大进步？请你结合学习本文的体会及下面的阅读材料，联系自己目前的学习情况，模仿本文结构，运用理性思维，深入反思，写一篇论述文，有理有据地阐述自己的见解，要求观点鲜明，思路清晰，逻辑严密，语言准确，不少于800字。

阅读材料：我们党历来重视领导干部的学习，我讲过中国要永远做一个学习大国。当今时代，知识更新不断加快，各种新知识、新情况、新事物层出不穷。世界在前进，社会在进步，生活在变化，我们必须跟上历史步伐。在当前瞬息万变的形势下，不前进就是后退，不超前就会落后。

今天，全党要正确认识和妥善处理我国发展起来后不断出现的新情况新问题，不断增强我们自己的本领，既把学到的知识运用于实践，又在实践中增长解决问题的新本领。首先要认真学习马克思主义，这是我们做好一切工作的看家本领。要通过学习掌握马克思主义立场、观点、方法，提高战略思维能力、综合决策能力、驾驭全局能力，做到知行合一，增强工作的科学性、预见性、主动性，避免陷入少知而迷、不知而盲、无知而乱的困境。全党同志特别是各级领导干部都要有加强学习的紧迫感，要结合自己的工作，学习党的路线方针政策和国家法律法规，学习经济、政治、历史、文化、社会、科技、军事、外交等各方面的知识。我们依靠学习走到今天，也必然要依靠学习走向未来。

（习近平总书记2016年11月29日在纪念朱德同志诞辰130周年座谈会上的讲话）

2.课外推荐阅读美国珍妮特·沃斯和新西兰戈登·德莱顿的《学习的革命——通向21世纪的个人护照》。班级读书分享会期待你一展风采。

参考答案：

略。

江山市清湖高级中学 姜建华

22.《人的正确思想是从哪里来的？》教学微设计

【课文提要】

《人的正确思想是从哪里来的？》是1963年5月毛泽东在审阅《中共中央关于目前农村工作中若干问题的决定（草案）》（即“前十条”）时，在10个问题前面写下的具有前言性质的一段文字，后来单独作为一篇文章发表。这篇1000余字的短文是毛泽东晚年为数不多的哲学著作，是指导当时党的工作开展的政论文，体现了“理论联系实际”的马克思主义学风。毛泽东在文章中批驳了认识论根源上的唯心主义观点，阐述了辩证唯物主义认识论的基本原理和学习辩证唯物主义认识论的重要意义。

文章以生动通俗的语言精辟论述了四个问题。第一，批判了在认识论问题上的客观唯心主义和主观唯心主义错误，论述了只有社会实践（即社会的生产斗争、阶级斗争和科学实验）才是正确认识的来源。第二，具体分析了人的认识过程的两个阶段：第一个阶段是由感性认识到理性认识阶段，即由客观物质到主观精神的阶段，由存在到思想的阶段；第二阶段是由精神到物质的阶段，由思想到存在的阶段。前一阶段是认识过程的第一次飞跃，后一阶段是认识过程的第二次飞跃。第三，论述了认识过程的第二次能动飞跃，即由精神到物质、由思想到存在的必要性和重要性。第四，论述了认识过程的无限性，指出一个正确的认识，往往需要经过由物质到精神、由精神到物质，即由实践到认识、由认识到实践的多次反复才能完成。

【任务目标】

学习本文，不仅在于重温党的思想建设历史，记诵其中的原理、警句，更重要的是让学生从中学习其立场、观念和方法。立场是中国主体立场，观念是实践真理论，方法是对一切问题具体分析。这一方法不但是新时期立国之本，也是青少年立命立魂之本。在面临西方纷至沓来的思想浪潮时，我们也当以此为准则，开放、批判地吸收各种思想，从这个意义上说，这篇文章具有重新启蒙的划时代意义。

本课的学习任务目标如下：

（1）梳理文章的论述思路，分析文章各部分的逻辑关系，增强思维的逻辑性。

（2）联系写作背景和课文内容，理解文章的针对性和实践指导意义。

（3）理解辩证唯物主义的科学方法，发展科学思维，获得思想启迪，并运用于当下生活实际。

【预习任务】

1.阅读课文，梳理论述思路，分析文章各部分的逻辑关系，体会文章严密、准确的语言表达。

2.查阅资料，了解文章写作的时代背景，理解文章的针对性、现实性和批判性，思考其理论价值和实践指导意义。

3.尝试运用辩证唯物主义的科学方法解决当下的一个思想问题，深化对所学理论和社会生活的认识，增强理性思维能力。

【任务设计】

任务一：梳理文章思路，把握逻辑关系

活动探究1：文章只有一段，但结构完整，逻辑严密，分析作者是按什么思路来组织文章内容的。

任务阐述：第一部分（从开头到“改造世界的物质力量”）提出三个问题并简单给出答案。“人的正确思想是从哪里来的？是从天上掉下来的吗？不是。是自己头脑里固有的吗？不是。”第一个问题统摄全篇，同时包含后两个问题；后两个问题针对马克思主义认识论的对立面——唯心主义认识论，并肯定地回答说“不是”，包含着对客观唯心主义和主观唯心主义的否定。作者认为“人的正确思想，只能从社会实践中来，只能从社会的生产斗争、阶级斗争和科学实验这三项实践中来”。并紧接着指出，“人们的社会存在，决定人们的思想。而代表先进阶级的正确思想，一旦被群众掌握，就会变成改造社会、改造世界的物质力量”，由此从存在决定思想到思想变为物质力量，引出下文关于两个飞跃的论述。

第二部分（从“人们在社会实践中从事各项斗争”到“这就是马克思主义的认识论，就是辩证唯物主义的认识论”）讲认识的两个飞跃，是对第一部分的具体阐述。要进入由精神到物质的阶段，由思想到存在的阶段，这就是把第一个阶段得到的认识放到社会实践中去检验，证明是否正确。经过论证，得出观点：一个正确的认识往往需要经过由物质到精神，由精神到物质，即由实践到认识，由认识到实践这样多次的反复，才能够完成。这是马克思主义的认识论，是辩证唯物论的认识论，以此与唯心主义的认识论相区别。

第三部分（从“现在我们的同志中，有很多人还不懂这个认识论的道理”到结尾）点明对“我们的同志”进行辩证唯物论的认识论的教育的意义。

活动探究2：结合选择性必修上册第四单元“逻辑的力量”所学知识，说一说作者在论述过程中遵循了怎样的逻辑形式和规律。

任务阐述：遵循了同一律，对同一个“物质可以变精神，精神可以变成物质”，从不同层次、不同角度，用不同的语言来表述，在议论中保持其思维的同一性和确定性；遵循了矛盾律，对同一个“人的正确思想，只能从社会实践中来”，从不同层次、不同角度，对不同方面做出不同判断，并符合对立统一规律或矛盾法则，确保其思维的首尾一贯；遵循了排中律，在对同一个“认

识论”的议论中，以辩证唯物论的认识论，否定唯心主义的认识论，爱憎分明，保持其思维的明确性；遵循了充足理由律，以其充分的理由，高屋建瓴，使其思维的论辩有一泻千里之势。四层之间环环相扣，层层深入，推理严密，具有大河奔流不可抗辩的逻辑力量。

任务二：了解写作背景，思考现实意义

活动探究：本文仅1000余字，却被誉为毛泽东哲学理论的集大成之作。查阅资料，了解毛主席为什么要在1963年这样一个时间节点创作这样一篇哲学短论，思考这篇文章在“认识—实践—再认识”的马克思主义中国化进程中具有怎样的重要意义。

任务阐述：1956年我国社会主义改造基本完成，中国共产党人开启了社会主义建设的探索之路。在这个历史节点，迫切需要对过渡时期的建设经验进行提炼总结，将中华人民共和国成立以来开展社会主义建设的感性经验上升为理性认识。《中国共产党第八次全国代表大会关于政治报告的决议》（以下简称《决议》）就是这一理性认识的重要体现之一，这份《决议》也因此成为中国共产党在社会主义建设过程中第一次认识飞跃的象征。但是，《决议》中的某些具体表述是否完全符合毛泽东的本意，仍然存在很大争议。其中，“我国的无产阶级同资产阶级之间的矛盾已经基本上解决”“这一矛盾的实质，在我国社会主义制度已经建立的情况下，也就是先进的社会主义制度同落后的社会生产力之间的矛盾”两个重大论断更是长期争论的焦点所在。

中共八大闭幕不久，大约是在1956年9月27日通过《决议》之后两个星期，毛泽东表示这个提法恐怕不妥当，而陈伯达讲列宁的文章中有这样一个说法。毛泽东说：“你们讲列宁的文章和我们讲中国的情况不是一回事。俄国同西欧来比，生产关系先进，生产力落后，这是个实际情况。你们按照这个说法来说我们国内的矛盾是先进的生产关系和落后的生产力之间的矛盾，同列宁的原意就不一致了嘛。”这表明，毛泽东对《决议》中有关主要矛盾的提法表示了不同意见，但他并没有急于推翻这一判断。这是因为，作为中国共产党认识飞跃的重大成果，对主要矛盾的判断需要在实践中加以检验，才能够对其进行修正或完善。这一点，本身也是符合毛泽东所提出的“认识—实践—再认识”的认识论规律的。

到1958年，全国上下掀起了高速度建设社会主义的浪潮。但旋即从1959年开始，我国持续遭受三年自然灾害，社会主义经济建设遭遇重大挫折。实际上，在三年自然灾害最困难的时期，毛泽东着力最大的理论工作，恰恰是如何摆脱苏联模式的影响，寻找一条适合中国国情的经济建设道路。1959年12月到1960年2月，毛泽东与胡绳、邓力群、田家英、陈伯达等组成一个读书小组，先后在杭州、上海和广州读苏联《政治经济学（教科书）》。毛泽东采取边读边议的方法，分析了教科书反映的苏联经验，肯定了应该肯定的，批判了需要批判的。同时，结合我国实际，对怎样搞社会主义建设，发表了很多颇具创造性的具体意见。

后来，经过1961年以来的“调整、巩固、充实、提高”政策，国民经济态势明显好转，社会主义建设重新纳入快速增长轨道。也正是在这样的背景下，毛泽东再次总结中华人民共和国成立以来正反两方面建设经验，在1963年写下了这篇著名的《人的正确思想是从哪里来的？》。

1956年以来社会主义建设的各方面经验教训表明，仅仅将社会主要矛盾定位在“人民对于建立先进的工业国的要求同落后的农业国的现实之间的矛盾”“人民对于经济文化迅速发展的

需要同当前经济文化不能满足人民需要的状况之间的矛盾”这个一般性的层面上，还不能全面准确地理解和把握生产力与生产关系、经济基础与上层建筑之间的关系。1958年以来经济运行的剧烈波动，如果仅仅将其归咎于没有掌握生产力发展规律这些技术层面的问题，也是不可能真正理解“社会主义革命”的真实含义的。《人的正确思想是从哪里来的？》一文站在方法论的高度，直指《决议》中有关社会主要矛盾的重大判断，阐述了人类认识过程的全貌，强调了社会的生产斗争、阶级斗争和科学实验是正确思想的来源，而这种正确思想，必须经过在实践过程中的多次反复才能够最终达成。重温这一经典著作，要求我们不仅学习课文中的论证思路和方法，感悟作者坚持真理的精神，更重要的是学以致用，能够独立思考，发展科学思维，提高理论素养。

任务三：结合实际问题，得出理性结论

活动探究：在认识事物时，我们的判断常常会受到一些因素的影响，如笃信古人、权威和书本，听信大多数人的意见，等等。“自古以来”“著名专家标识”“书上说”等常见说法，就体现了这些影响。围绕这些话题，延伸思考，充实依据，选取合适的角度，谈谈体会和感悟。

任务阐述：这个任务针对的是当下人们面对专家、权威、惯例等事物总是容易迷失自我，缺乏独立见解与判断，将权威声音奉为圭臬的现象。这也导致具有创新思维、独立看法的人越来越少，随波逐流的人越来越多。正确的思想真的是掌握在大多数人的手中？权威的说法是否应该被视为金科玉律？正确的思想应该从科学实践中来，再通过事实与实践进行检验，青年要在“坚守真理”和“敢于质疑”的精神中获得正确的思想。

【课后任务】

拓展阅读其他论述马克思列宁主义思想或人文社科理论的文章，尝试联系历史发展与当下时事，发挥实践检验理论的作用，进行论证或驳斥。展示的形式可以多样化，如书面形式（写书信、演讲稿、读后感等）、口头形式（举办辩论赛、讨论会等），鼓励独立思考，自由表达。

参考答案：

略。

浙江省舟山中学 张 颖

23.《实践是检验真理的唯一标准》教学微设计

【课文提要】

1976年，中共中央一举粉碎“四人帮”，开始了面向各领域的全面拨乱反正任务，中华人民共和国开始迎来一场华丽的蜕变，而此时，“两个凡是”的片面机械思想严重阻碍党和国家的工作进程。

针对这一情况，老一辈无产阶级革命家多次提出要恢复和发扬我党实事求是的优良作风，正确认识和把握理论和实践的关系。1978年《实践是检验真理的唯一标准》一文在《光明日报》发表，迅速引起一场全国范围内真理标准问题的大讨论，成为改革开放的破晓之光，对当时的国家发展、社会进步有着里程碑式的影响。

文章的主题是树立真理的实践标准，否定“两个凡是”。文章指出，检验真理的标准只能是社会实践，任何理论都要不断接受实践的检验。文章所论述的，是马克思主义认识论的一个基本原理，在政治、哲学理论上具有一定的深度，也具有一定的阅读难度。全文引经据典，通过小标题从四个不同的角度展开论述，以清晰的思路、严密的逻辑，还马克思主义以真实面目，又通过确凿有力的论证，让我们在事实的验证下领会科学理论原理。

【任务目标】

学习本文要树立实事求是的思想，把握理论和实践的关系。注意体会文章富于思辨性，善于利用经典理论文献和典型事例，立论和驳论相结合，在演绎推理中展开论述的特点。同时要注意联系历史事实和亲身经历印证文章的观点，在此基础上学习运用相关理论对现实问题进行辩证分析。

本课的学习任务目标如下：

（1）了解本文写作的历史背景，全面理解“实践是检验真理的唯一标准”的深刻内涵及重大现实意义。

（2）了解时政评论类文体的特点，通过梳理文章的论证逻辑，学习本文事理论证和驳立结合的论证方法。

(3) 梳理本文小标题之间的内在联系，仔细揣摩文章的论证语言，体会文章严谨、准确的语言特色。

【预习任务】

1.查阅相关资料，了解《实践是检验真理的唯一标准》一文发表的时代背景和社会影响。

2.自读课文，把握文章的基本观点，并结合观点和文中的四个小标题梳理本文的论证思路。

3.仔细阅读课文，画出文中作者所采用的理论论据和事实论据，并思考这些论据对论证观点的作用。

【任务设计】

任务一：梳理脉络，把握论证

活动探究1：班级小组分工合作，快速阅读全文，梳理文章的逻辑结构。各组在小组讨论的基础上形成完整、准确的文章论证思维导图，并在全班进行展示、互评、修正。

任务阐述：本文篇幅较长，每一部分相对独立，讨论的话题又具有相当的理论性和哲学性，对学生而言有一定的阅读难度。学生需要找出文章内在的逻辑链，理清各部分之间的关系。同时，每一部分内部论证绵密严谨，学生在学习时要能够抽丝剥茧地结合每个部分的论证指向，分析文章的论证思路，把握本文的论证艺术。

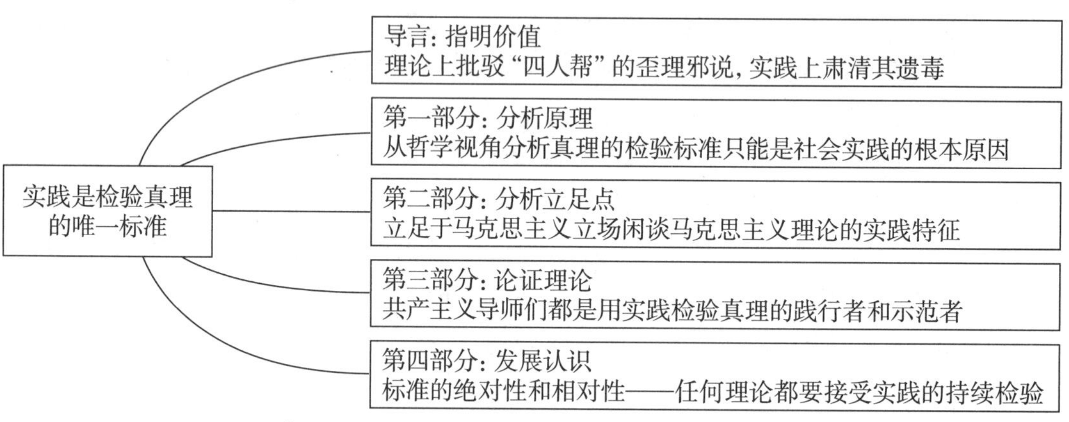

《实践是检验真理的唯一标准》的论证思路1

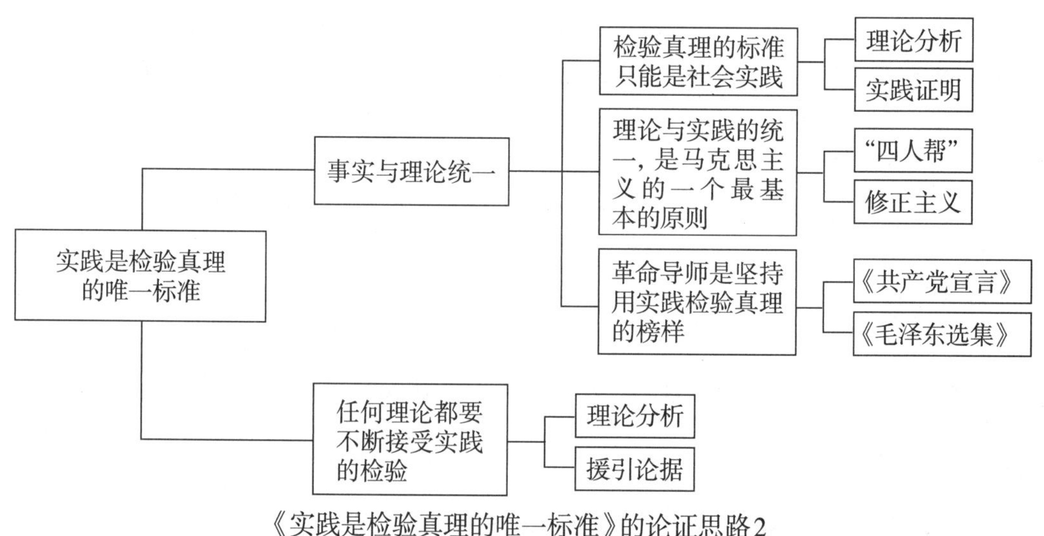

《实践是检验真理的唯一标准》的论证思路2

活动探究2：这篇文章采用了驳立结合的论证结构，综合运用了多种论证方法。再读课文，从文中找出哪些内容是驳论，哪些内容是立论，然后与同学讨论文章是如何将驳立与各种论证方法相结合，达到论证观点的目的的。

任务阐述： 作为经典的论述类文章，本文理据充分，论证有力，善于运用经典理论文献和典型社会事实，富于思辨性，是学习论述类文章写作的优秀范本。我们在对文章论证方法进行梳理的同时，也是对论述类文章特征的一次深入把握。

文章边立边驳，行文婉曲又指向清晰。首先正面直接否认“坚持实践是检验真理的唯一标准，会削弱理论的意义”。然后反面论证“‘四人帮’出于篡党夺权的反革命需要，鼓吹种种唯心论的先验论，反对实践是检验真理的标准”的错误性，从而立起靶子，进行批判，证明其错误性。最后重申“坚持实践是检验真理的唯一标准，就是坚持马克思主义，坚持辩证唯物主义”的鲜明观点。

文章驳立结合论证方式结构图

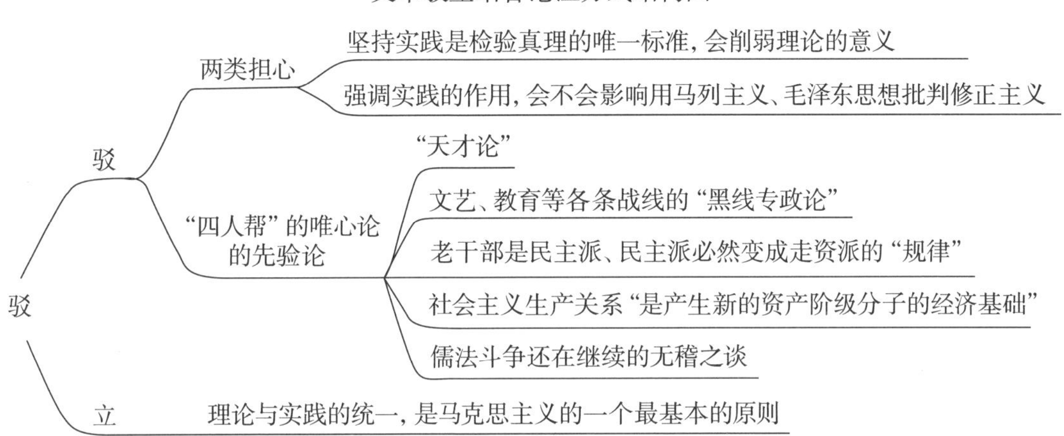

立论与驳论相结合，道理与现实相结合，既有理论深度又有现实针对性，分析透彻，论证充分。在分析过程中，通过批驳错误做法来表达自己的观点，正反对比，使观点越来越清晰，越来越深刻。

任务二：立足文体，揣摩语言

活动探究1：作为一篇社科类的理论文章，本文的论述语言精准而又颇具特色。仔细阅读课文，从文中任选三个句子进行赏析，在小组内进行分享，相互点评、修正，每小组选择4条优秀批注，誊抄端正，在班内分享，全班互评、打分。

任务阐述： 论述文的语言严谨而准确，表达充满理性的同时又追求雄辩的力量，本文很好地体现了这一特色。让学生任选语句进行赏析，可以更好地调动学生的积极性，相互点评则可以让学生在更加深入地了解文章语言特色的同时，更广泛地感受文章的内涵并互相取长补短。

本文的论述语言摇曳多姿，发人深省的设问开头，辅以“早”“但”“由于”达到多次语意的突进；提出观点时，连用三个否定句，通过四个“不能”，营造出不容置疑的力量，充分突出观点的准确性；穿插如“肥皂泡”“常青树”这些颇具生活色彩的修辞，为文章增添了生动的色彩……

赏析文章的论述语言，与文章进行新一轮的对话，也是对自己语言文字运用能力的一次提升。

活动探究2：论述文的语言有自己的特征，通过赏析，在初步把握本文的这一特征后，可以选择文中一些典型段落进行仿写，学习本文通过论述逻辑的延展将思维推向纵深的写作方法。

任务阐述：学生的思辨性阅读与表达是高中阶段语文素养的一个重要内容，也是学生课堂学习的一个难点。学生通过模仿一些典型段落，可以帮助自己把握常见思维推进方式，逐渐学会如何在论述中让思维不在一个平面上滑步，让观点走向纵深。

本文这样的典型段落很多，如“理论与实践统一”的第3段，“之所以—是由于—正是—并—因为—引用—所以—在于—又—而—也”这样的论证逻辑骨架，有因果，有并列，有转折，有递进，整段文字从不同维度对观点进行了多方位论证探索，读来便极具思辨性，富有严密的逻辑力量。这也正是学生们需要不断加强的重要论述素养。

任务三：时代脉搏，与我共振

活动探究：实践是检验真理的唯一标准本身就是一条颠扑不破的真理。文中说：“今天实践回答不了的问题，以后的实践终究会回答它。”如今，历史的车轮已经滚过了40余载，请你结合这40余年的实践，谈谈我们一代代中国人回答了哪些历史问题。

任务阐述：作为改革开放、解放思想的第一把火焰，本文一直对指导我们前行具有重要的作用。今天，我们学习经典，便是要从中汲取思想的养分，发现它们之于今天的我们、今天的中国的重要意义。用这一观点回望改革的历程，是让新一代人不忘革命传统、继承优良思想，也是在对历史进行反思，更是在为未来坚定信念。

【课后任务】

以下是《实践是检验真理的唯一标准》的创作过程及相关评价。请结合历史事实和自己的亲身经历，探究《实践是检验真理的唯一标准》这篇文章的社会意义，并谈谈从中获得了怎样的启示。

材料一：1977年，《光明日报》《哲学》专刊组组长王强华出差去南京开会。会上，请南京大学哲学系副主任胡福明为《哲学》专刊撰稿。胡福明翻阅了大量资料，大约在1977年秋季，完成了两篇稿子，其中一篇，便是《实践是检验真理的标准》。定稿后，《光明日报》的总编辑杨西光、《哲学》专刊组组长王强华、中央党校副教务长吴江等多人参加了对这篇文章的修改，杨西光在题目上加上“唯一”二字，以增强理论力度。

由该文章引起的大讨论，推动了全国性的马克思主义思想解放运动，为党的十一届三中全会的召开做了重要的思想准备，是党的十一届三中全会实现中华人民共和国成立以来党的历史上具有深远意义的伟大转折的思想先导。

1978年12月22日，中共十一届三中全会公报说：“会议高度评价了关于实践是检验真理的唯一标准问题的讨论，认为这对于全党同志和全国人民解放思想，端正思想路线，具有深远的历史意义。一个党，一个国家，一个民族，如果一切从本本出发，思想僵化，那它就不能前进，它的生机就停止了，就要亡党亡国。”

（共产党员网《真理标准讨论40年：重温改革宣言》，有删改）

材料二：“关于真理标准问题，《光明日报》登了一篇文章，一下子引起那么大的反应，说是‘砍旗’，这倒进一步引起我的兴趣和注意……不要小看实践是检验真理的唯一标准的争论。这场争议的意义太大了，它的实质就在于是不是坚持马列主义、毛泽东思想。”

（《邓小平文选 第二卷》）

参考答案：

在人类历史的特定时期，往往出现教条主义盛行、社会陷入认识误区的情形。在这种情况下，以敢为天下先的精神匡正时弊，呼吁重视人类认识的基本特点和规律，重温人类思想成果，就更为重要。《实践是检验真理的唯一标准》一文，为党重新确立马克思主义的思想路线、政治路线和组织路线奠定了思想基础，推动了历史进程。

思想的力量不在于如何艰深和高远，而在于脚踏实地，思考现实，破解难题。我们要勇于研究生动的实际生活，实事求是，理性思考，成为敢于质疑权威，有独立理性思考能力的新青年。

浙江省诸暨市海亮高级中学　姜志超

24.《修辞立其诚》教学微设计

【课文提要】

本文是张岱年写于1992年4月的一篇文化随笔，深刻阐述了他的治学为人宗旨：修辞立其诚。作为现代哲学家、哲学史家，张岱年治学贯彻一个“诚”字。20世纪30年代，他提出哲学家须有寻求客观真理之诚心。20世纪40年代，他把“求真之诚”作为哲学修养之基础，他晚年自号“渠山拙叟”，并以“直道而行”，示其一生立身之则。

《修辞立其诚》一文，首先基于“诚”这个核心概念，阐述了“立其诚”包括的三层含义：名实一致，言行一致，表里一致。作为一位唯物主义者，他辨析了追求真理时如何处理客观性和主体性的问题，认为学说、言论、文章都应该遵循唯物主义方法的基本原则，要力求避免主观干扰，正确认识客观世界的本来面目，提出“修辞立其诚”在今天社会主义的学术语境下，应该是端正学风要遵循的首要原则。最后总结：“修辞立其诚”是一个唯物主义的原则，而“唯物主义是科学研究的真实基础”，再次强调要敢于说真话、讲实话。

全文论述紧扣“诚”字，由修辞到为人，展开了深入的思考和阐述，强调为学做人要“说真话、讲实话”，对引导学生学会做人具有深刻的现实意义。

【任务目标】

学习本文，应从理解核心概念“立其诚”入手，通过圈画统领性或总结性的语句，梳理文章论证思路，把握文章观点，进而思考其对我们立身处世的启发意义。

本课的学习任务目标如下：

（1）感知文章内容，通过辨析各家解释，准确把握文章的核心观点。

（2）圈画出统领性或总结性的语句，梳理文章的行文脉络，体会文章的论述特点。

（3）观点碰撞，思考“立其诚”对立身处世的现实意义。

【预习任务】

1.了解张岱年的生平及本文的写作背景。

2.积累并掌握曲学阿世、哗众取宠、顺风转舵、错综纷繁等词语的含义。学习注释中对引文的解释。

3.朗读全文，筛选每段的观点句，梳理文章的行文脉络，以思维导图的形式，呈现课文的逻辑结构，能比较正确地理解各部分之间的逻辑关联。

【任务设计】

任务一：辨析概念，把握文章观点

活动探究：张岱年先生是我国著名的哲学家。冯友兰先生曾经这样评价他：“中国传统中的读书人，即所谓‘士’者，生平所事，有二大端：一曰治学；二曰立身。张先生治学之道为‘修辞立其诚’，立身之道为‘直道而行’，此其大略也。”那么，“修辞立其诚”是什么意思呢？请在初读课文的基础上，结合下面的材料，说说你的理解。

《易经·文言》中说：“修辞立其诚，所以居业也”。

(修饰言语文辞建立他的诚信，用来营守功业。)

孔颖达疏：“内外相成，则有功业可居。”

程颢说：“言能修省言辞，便是要立诚。若只是修辞言辞为心，只是为伪也。若修其言辞，正为立己之诚意，乃是体当自家敬以直内，义以方外之实事。”

(要修养自己的语言，就一定要树立诚心。如果只是把修养语言当作一种想法，那么这只是一种虚伪的做法。如果修养语言，正是为了树立自己的诚心，这才是实践自己的内心谦逊正直、外表方正仁义的实在的事情。)

朱熹说：“修省言辞，诚所以立也；修饰言辞，伪所以增也。”

任务阐述：“修辞立其诚”作为传统儒家文化中的一个重要观点，其内涵本身尚无定论，而哲学家张岱年先生，又从唯物主义角度加以阐述，对于高中生来说，理解难度相当大。因此，首先应该引导学生辨析这一概念，帮助学生准确理解核心概念，明白张岱年与众儒观点的不同之处，体会其作为哲学家思维的严密性：界定概念，才能使论述立住脚。儒者认为，“修辞”原指修饰言语文辞，“立其诚”则指“建立他的诚信”，修饰言语文辞建立他的诚信最终目的是“居业”。两者内外结合，相辅相成，构成“居业”的前提和基础。换言之，心中建立了诚信，“修辞”便有了基础。而对言语文辞修饰与营构，也会影响内心诚信的养成和提升，二者互相促成。如果一味修饰言语，就会走向虚伪。“立其诚”是“修辞”的基础，而“修辞”是“立其诚”的一种手段和方式，“修辞立其诚”体现了儒家治学立身内外统一的重要原则。然后引导学生关注文中作者对这句话的解释，诚者，实也，真也，“修辞立其诚”即发言著论写文章要坚持真实性原则。学说、言论、文章都有一个诚伪问题，把自己的真实见解表达出来，应是其基本要求。张岱年对“修辞立其诚”的理解，既吸收儒家关于“修辞”和“立其诚”内外相成的关系，阐释了“立其诚”包含的三层含义（一是名实一致，二是言行一致，三是表里一致），又扩大了“修辞”的范围，将“立诚”转为“求真”，并基于“诚”这个核心概念从为文到为人逐层深入，强调“说真话、讲实话”，具有深刻的现实意义。

任务二：筛选信息，梳理文章脉络

活动探究：关键语句指文中的观点句、概念阐释句、过渡句、反复句等。一般位于句首或句尾，或有“因此、但是、然而”等关联词提示。请快速阅读全文，圈画出每段的关键语句。梳理文章的行文脉络，以思维导图形式在班内展示，说说各部分之间的关联。

任务阐述： 学会筛选关键句子，梳理文章的行文思路和脉络，是阅读理解学术类文章的重要方法。通过画思维导图的活动，让学生更好地把握段落之间的论证关系，体会作者写作的意图：避免曲学阿世，"修辞立其诚"是端正学风的首要原则，而敢于说真话，讲实话应是"修辞立其诚"的起码要求；作为以追求真理为宗旨的唯物主义者，要无所畏惧，敢于把自己的思想见解亮出来。

文章关键语句：①"修辞立其诚"，这是发言著论写文章的一个原则。②"立其诚"可以说包括三层含义：一是名实一致，二是言行一致，三是表里一致。③学说、言论、文章都有一个诚伪问题。④追求真理，力求避免主观的干扰。⑤发挥主体性，应以认识的客观性为前提。⑥"修辞立其诚"应是端正学风的首要准则。⑦把自己的真实见解表达出来，这是"修辞立其诚"的起码要求。⑧"修辞立其诚"是一个唯物主义的原则。唯物主义是科学研究的真实基础。

思维导图示例：

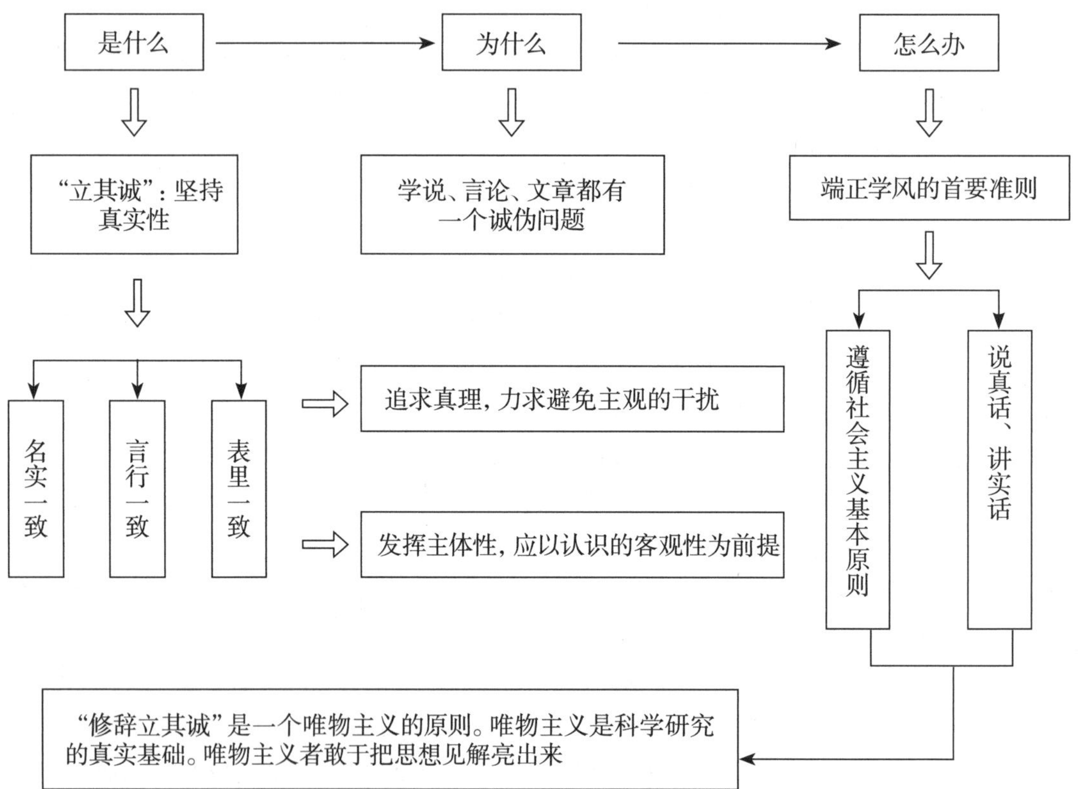

任务三：观点碰撞，辩证分析观点

活动探究：阅读下面几则材料，围绕"修辞立其诚"，小组讨论，谈谈你的看法。

材料一：整理父亲的遗物，里面有几本包着封皮的书。拉开看，全是一些中医药书，大多数是二十年前出版的，有的更早。这些书不知被翻了多少回，书中有各种颜色的笔画的圈和记的数字，更多的是注明哪些地方出产中药原材料、哪个中药店能购买等。这些中草药最大的特点都是和那个特殊的病症——CA有关。再仔细想想，我们家好像没有出过医生，不论中西医。再看那些笔迹，就是父亲的。

我们一直认为父亲这个病他自己不知道，我们自以为是地认为隐瞒了他二十年，其实他从一开始就已经知道了。

现在想想，在我们家父亲学历最高，他怎么会不知道自己得了什么病?！很多时候他到医院去看病，明明挂的是西医号，可我们找到他时往往是在中医科；外出时常常一转身就看不到他，最后也常常在中药店看到他正和药店的营业员聊天……二十年前医生已经发出病危通知，可父亲没让死神轻易地带走他。看着摊在面前的这些中药书籍，回想这二十年来父亲的承受——那肉体和精神的折磨都是难以名状的，而他就是这样，一个人在那里战斗。

父亲一定很想好好活下去，他不甘心就这样离开我们，他还有许多没有做的事，他留恋这个给他带来快乐人生的世界，他要再多看几年那些一个个从婴儿长大成人的孩子，还有孩子的孩子……书中各种颜色的笔迹历历在目，我真不知道父亲按照那些书中的药方做了多少次的尝试。为了活下去，他尝了太多不为我们所知的痛苦。二十年中，他多次与死神擦肩而过，每一次动手术我总是陪伴在他的身边。一直记得他第一次动手术的前一天，让我看到了什么叫一夜间黑发变白发。怪不得动手术前他坚持要理一个平头——就像他把那些书的封面包起来一样，他不想让我们知道他脆弱的那一面。

我们以为瞒住了他，其实，是他成功地瞒住了我们……

（郑树林《几本包着封皮的书》，有删改）

材料二：在西方思想史上，两个事件标志着哲学与政治之间的复杂勾连。一个是古希腊城邦时代苏格拉底之死，一个是二十世纪三四十年代德国哲学家海德格尔与纳粹政权的暧昧合作。苏格拉底在雅典的广场或集市上与青年人交谈，讽刺那些宣称拥有知识的人，又不时批评暴政，以不断追问的方式对秩序的根基进行反思。最后，他在七十多岁时被雅典的公民大会投票以不敬神、毒害青年的罪名判处死刑。海德格尔在1933年加入纳粹党，担任纳粹统治时期的学术要职，为民族社会主义与帝国元首希特勒唱赞歌，并以其学术为纳粹意识形态提供哲学基础，给坏政权披上思想与学术的外衣。等到“二战”结束德国战败，则不免受到世人的嘲讽。

（陈伟《海德格尔危机的象征意义》，有删改）

材料三：在“人人都有麦克风”的时代，一些个性十足的表达方式在网络上层出不穷，折射出年轻网民活跃多样的思想观念，与他们求新求变的特点互为表里。但近来，所谓“跪求体”“哭晕体”在一些网络媒体的标题、正文中频频出现，其浮夸荒诞的文风，却令不少读者感到不适。

有网友说：“跪求体”“哭晕体”横空出世，配合“惊天一响”“全球震惊”等词语，感觉假得不能再假了。

部分媒体行文浮夸，背后是“眼球情结”在作祟。修饰文辞，创新表达无可厚非，但裁剪素材、哗众取宠，则少了一份真诚，也容易助推谣言肆虐。当网络流量与广告收益挂钩，“眼球情结”就与“营销心态”结成了同盟，于是，一些新闻信息产品变成了待价而沽的商品，唯“买家”需求马首是瞻。长此以往，忽视了多方求证、核查事实的基本功，难免出现漏洞；而一旦为了抓眼球不择手段，记录历史、传播价值等媒体责任更无从谈起。

（石羚《表达当守正，修辞立其诚》，有删改）

任务阐述：（1）对于材料一，学生可以从为文的角度入手，谈“修辞立其诚”的必要性，为其真实，才感人至深；也可以从为人的角度去分析，虽然为人要讲诚实、求真，但要看交际的具体情境。文中子女向患绝症的老人隐瞒病情，已知真相的老人佯装上当；他们彼此隐瞒，却让人体会到彼此的深情。正如季羡林在《漫谈撒谎》里所说，不撒谎应该是一种美德，我们应该提倡，但不能顽固不化。

（2）材料二中，苏格拉底求真，为捍卫内心的诚实而宁愿赴死；海德格尔在政治现实面前却迷失方向，为纳粹唱赞歌。虽然把自己的真实见解表达出来，这应是“修辞立其诚”的起码要求，但通过这两个例子，意在让学生思考：坚持自己认为正义的事并不是易事，能将“修辞立其诚”作为自己立身处世的准则，不为外在环境、时代动摇，争取让自己说实话、讲真话，且让说的心里话、真心话有真知灼见，是真理，本身需要极大的勇气、智慧和强烈的使命感。

（3）材料三意在引导学生思辨看待自媒体时代的文风问题。不管在什么时代，持中守正、推陈出新，都是最重要的文风。媒体人一方面应转换“声道”，掌握互联网语言，强化互联网思维。另一方面，也不要把制造噱头当成传播规律，盲目跟风。用各种招式吸引受众固然重要，但能真正赢得读者的，是权威的信息、理性的观点、真诚的写作。“修辞立其诚”，内容真实、情感真切、态度真诚，才是不可移易的竞争力。

【课后任务】

1. 本文逻辑严密，语言严谨、准确，请赏析下列语句。

（1）多年以来，人们强调主体性的重要，这是正确的。但是，发挥主体性，应以认识的客观性为前提。

（2）揭示客观真理确非容易，但是表达自己的真实思想应该并非难事。然而，千百年来，由于世事的错综纷繁，说真话、讲实话，却不是容易做到的。人们常常把真实的思想感情隐藏起来。这是复杂的不正常的社会关系所造成的人心的扭曲。

2.《修辞立其诚》强调为文为人要“真”，请结合课文内容，联系生活经验和《礼记 · 中庸》中“唯天下至诚，为能经纶天下之大经，立天下之大本，知天下之化育”这句话，仿照课文第9自然段，运用引用论证，谈谈做人应当遵循“真诚”原则的必要性。

参考答案：

1.（1）议论文语言最忌片面性、绝对化，作者首先肯定了“强调主体性的重要”是正确的，接着用“但是”一转，提出了“发挥主体性，应以认识的客观性为前提”的观点，周全严谨，无懈可击。（2）此段在句式上采用转折句推进论述，层层递进、仿若剥笋，论述了表达自己的真实思想不容易做到的事实和原因。但下论断时则运用否定句，“确非”“并非”“却不是”，使表述委婉而精准。

2. 真诚是我们应当遵循的基本原则。《礼记 · 中庸》中说：“唯天下至诚，为能经纶天下之大经，立天下之大本，知天下之化育。”意思是说，只有对天下百姓真诚，才能成为治理天下的崇高典范，才能树立天下的根本法则，掌握天地化育万物的深刻道理。它强调了“至诚”对治理天下、化育万物的重要作用，也点出了“至诚”是修养自身，“成圣”的重要途径。今天，或许“成圣”对我们来说太过遥远，或许我们真诚付出未必有回报，但“你们愿意人怎么待你，你们也要怎样待人”，依然是古今不易的法则。

温岭市新河中学　颜佩文

25.《怜悯是人的天性》教学微设计

【课文提要】

《怜悯是人的天性》是一篇比较抽象的哲理性强的经典理论文章，节选自18世纪法国著名思想家、哲学家、教育家卢梭的重要论著《论人与人之间不平等的起因和基础》。在精神道德层面上，卢梭从最纯粹的心灵出发，认为怜悯心是先于人类理性的原驱动力，是人的心灵最真实、最朴实的活动，是一种天然的对其他生命遭受痛苦产生的同情之心。文中，卢梭批评了霍布斯“人天生是恶人”的观点。在此基础上，卢梭用事实指出，善是人的本性，怜悯心作为一种善，是人类最普通和最有用的一种美德。怜悯心对于人类生活，对于调节人与人的关系具有重要意义。卢梭把怜悯心视为先于理性思考而存在的一种纯自然的人类天性和情感，体现了民主、平等、博爱的人文主义思想。

本文的主体部分以批驳为主，先驳后立，边驳边立，逻辑严密，环环相扣，具有浓厚的思辨色彩，以第2自然段和第4自然段最为典型。在论证方法上，文章综合运用举例论证、对比论证、类比论证等多种论证方法。文章蕴含着理性的探索精神和深刻的人生智慧，体现出深挚的人文关怀，富有理趣，阅读时注意体会。

【任务目标】

本文段落长，长句多，关联词语多，逻辑严密，思想性强，给阅读理解带来一定难度。阅读时，首先要理解“自然状态的人”“怜悯心”“自爱心”等关键概念，同时圈画出关联词语，理解句子之间的关系，了解作者的立场与历史背景，仔细梳理作品的论述思路，整体把握和领会文章的思想内涵及其秉持的价值观念。

本课的学习任务目标如下：

（1）细读课文，以列提纲的方式梳理论述思路，体会逻辑思维的严密性。

（2）阅读时，理解“怜悯心”“野蛮人”“自爱心”等关键概念，找出文中自己认为难理解的句子并分析其含义。

（3）在活动探究的过程中，领会文章的思想内涵，探究“怜悯心”的人文价值。

【预习任务】

1.查阅资料，了解卢梭及其作品，了解本文写作的历史背景。

2.细读课文，概括每段内容，梳理论述思路，整体把握文义。

3.查阅资料，了解战国时期哲学家、思想家孟子提出的性善论。

【任务设计】

任务一：梳理论述思路，整体把握文义

活动探究1：研读经典理论文章，理清论述思路，有助于更好地理解文义，领会作者的思想观点。请你用列提纲的方式，利用多媒体投影功能将本文的论述思路向同学展示出来。

任务阐述：本任务要求学生在预习的基础上，概括段落要点，梳理要点之间的逻辑关系。这就要求学生在深入理解文章内容的基础上，学习体验概括、归纳、推理、实证等科学思维方法，把握科学与文化论著观点明确、逻辑严密、语言准确精练等特点，以列提纲的方式归纳全文的结构层次。

第一部分（第1自然段）：作者对自然状态中人的特点做了说明，并由此引导人们思考自然状态的人与社会状态的人（文明人）哪个更幸福。

第二部分（第2—4自然段）：作者批驳霍布斯的错误观点，然后从正面提出“怜悯心出于天性”的观点，指出种种美德由怜悯心派生，进一步论证怜悯心的自然性。

第三部分（第5自然段）：指出怜悯心对人类社会的作用。

活动探究2：本文的主体部分以批驳为主，先驳后立，逻辑严密，具有浓厚的思辨色彩。请你认真阅读第2自然段，具体分析作者是如何一步一步对霍布斯的观点进行批驳的。

任务阐述：本任务让学生在分析作者论述思路的过程中，学习批驳的方法，体会文中蕴含着作者理性的探索精神和深刻的人生智慧。

①作者首先批驳霍布斯“人天生是恶人”的观点→②指出霍布斯解释的着眼点是错误的→③揭示霍布斯观点的错误本质（将因欲望而产生的需要与野蛮人为保护自己的生存而产生的需要混为一谈）→④用类比、追问法指明霍布斯认识的错误性→⑤直接点明霍布斯没有看到问题的本质→⑥指出霍布斯忽略了一个事实→⑦得出自己的结论：怜悯心是人的天性。

任务二：理解关键概念，分析重点句子

活动探究1：文中有“自然状态的人”“怜悯心”“自爱心”等关键概念，请你依据课文内容，提取主要信息，与小组同学讨论后，明确上述概念的内涵。

任务阐述：本任务要求学生弄清关键概念。从概念解读入手，有助于理解文章，准确把握作者的观点。解读概念时，要引导学生以课文为本，搜集文中有关语句、信息，然后进行提取、归纳。

①“自然状态的人”：不能被看作是好人，也不能被看作是恶人；无邪恶之心，也无为善的美德。下文的“野蛮人”就属于这一类人。

②“怜悯心”，可以通过列表的形式，明确概念内涵。

角度	内涵	文中内容
定义	美德、禀性、感情	我认为这是人类唯一具有的天然的美德。 我认为怜悯心是我们这样柔弱和最容易遭受苦难折磨的人最应具备的禀性，是最普遍的和最有用的美德。 怜悯心真的只不过是使我们设身处地地为受苦的人着想的一种感情。 怜悯心是一种自然的感情
本质	先于思维，合乎自然；天然	人类在开始运用头脑思考以前就有怜悯心了；它是那样地合乎自然，甚至动物有时候也有明显的怜悯之心的表现。 这是纯粹的天性的运动，是先于思维的心灵的活动；这种天然的怜悯心的力量，即使是最败坏的风俗也是难以摧毁的
作用	缓和自爱心；帮助他人；代替法律、风俗和道德；让野蛮人到别处寻找食物，不抢夺别人的东西	它能缓和每一个人只知道顾自己的自爱心。 它使我们在看见别人受难时毫不犹豫地去帮助他。 它不仅可以代替法律、良风美俗和道德，而且还有这样一个优点：它能让每一个人都不可能对它温柔的声音充耳不闻。 它能使每一个身强力壮的野蛮人宁可到别处寻找食物，也不去抢夺身体柔弱的孩子或老人费了许多辛苦才获得的东西

③“自爱心”：人只关心自己生存的一种情感。在自然社会中，每个人都自由地追求着各自的利益，每个人对同一事物都拥有平等的权利，每个人都竭力保护着自己的利益和生命。

活动探究2：本文长句多，关联词语多，否定句多，给文义的理解带来一定的困难。请你从文中找出自己认为难理解的一句话，在小组内进行探讨。如果经小组讨论后还不理解的，在课堂上提出来共同探讨，以加深理解。

任务阐述：本任务的目的是让学生在理解文义的基础上，领会文章的思想内涵。“奇文共欣赏，疑义相与析”。本文除语言上长句多、关联词语多外，理论性、思想性、逻辑性也比较强，学生初读时，对文义的理解会产生一些困惑。“真理越辩越明”，学生提出感到难理解的句子，通过小组合作讨论，可以拓展思路，产生茅塞顿开的效果。略举几例。

①“从总的方面来衡量，让我们评判一下：是处在既不担心别人对自己作恶，也不希望别人对自己为善的境地更幸福，还是处于全面依附的地位，全盘接受那些对他们不负有任何义务的人的指挥更幸福。”这句话的含义是什么？

明确：在自然状态中，人们和谐相处，并在与自然的相互关系中形成了良好纯朴的品性。而文明的发展摧毁了这些原始的品性，人变得越来越聪明，产生了大量无益的需求，使得人与人之间产生了戒备甚至敌视的心理。

②如何理解“它能让每一个人都不可能对它温柔的声音充耳不闻”这句话的含义？

明确：这句话写出了怜悯心对人们潜移默化的影响。作者以“温柔的声音”来指代怜悯心对人们产生影响的美好方式，如春风化雨，润物无声。

③“你们愿意人怎样待你们，你们也要怎样待人。”“在谋求你的利益时，要尽可能不损害他人。”这两句话分别强调了什么？

明确：第一句强调的是，人们怎么对待我，我就怎样对待别人。这是自爱心的体现，体现的是人们的自私心。第二句话强调的是，在谋求自己的利益时，不要损害他人的利益。这是怜悯心的体现，是人善良的天性。

④“哲学使人孤独，使他在看见一个受难的人时，竟暗自在心中说：你想死就死吧，只要我平安无事就行了。”这句话表明什么？

明确：这句话表明了哲学是理智的产物，而人们在理智的驱使下，往往会变得自私、冷漠。

任务三：深入思考探究，亮出自己观点

活动探究1：人作为“一切社会关系的总和”，其天性究竟是“自然本性”还是社会实践活动的产物？请你在学习中认真探究“人的怜悯心从何而来”这一论题。

任务阐述：本任务要求学生在熟悉课文、独立思考的基础上，深入理解“怜悯心”的含义，与本组成员展开讨论，形成共识，然后选派代表进行阐述。可以形成以下几个观点。

①在人类的原始时代，每个人都没有任何社会性，一无所有，愚昧无知，自由自在，但又纯洁、善良、快乐，没有欺压，一切听其自然、顺其天性。

②怜悯心是柔弱和最容易遭受苦难折磨的我们最应具备的禀性，在我们人类开始运用头脑思考之前就存在了。

③人天生就有一种不愿意看见自己同类受苦的厌恶心理，使他不至于为了谋求自己的幸福而过于损害他人，就连动物有时候也有明显的怜悯之心。

④我们在看到同类遭受苦难时感同身受，产生强烈的怜悯心。这种怜悯心在自然状态下比在理智状态下更真切，把打斗双方拉开的往往是市井小民和菜市场的妇女，而不是哲学家。

⑤怜悯心让人们看到同类受难就出手帮助，即使自己处境再苦也不会去危害比自己弱的人。在自然状态下的人，即使没有受过教育的熏陶，也不愿意做坏事。

活动探究2：结合课文内容，联系自己的生活经验，谈谈你对人性的理解，或谈谈做人应当遵循的基本原则。

任务阐述：本任务要求学生联系文中观点，结合实际生活谈谈对于人性或为人处世的看法。这一任务对学生有很好的提示教育作用。随着学生年龄的增长、阅读量的增加、阅历的丰富，应该逐步提高其思想境界，提高其对知识的迁移运用能力，培育语文核心素养。教师可以引导学生在西方哲学启迪的基础上，结合儒家的观点，联系社会主义核心价值观来全面认识人性。这是对学生思维的发展与提升。这是一个开放性的探究，答案可以丰富多彩。

【课后任务】

人之初，性本善。两千多年前，我国战国时期的哲学家、思想家孟子就提出“性善论”的观点。请你在了解“性善论”的基础上，试将其与本文卢梭的观点进行比较。

参考答案：

共同点：①孟子和卢梭都强调怜悯之心的普遍性与原发性，并进行了深刻的阐发，甚至他们用以述说这种情感的故事都极为相似。“恻隐之心，人皆有之。”孟子认为人的善性是与生俱来的，是先天的。卢梭也认为怜悯心是“人类唯一具有的天然的美德”。②两人在对怜悯之心

进行描述的基础上都推崇其重要的道德意义。孟子认为人性有“四端”，恻隐之心重仁，羞恶之心重义，辞让之心重礼，是非之心重智。孟子将怜悯心视为人性的重要善端以及人的本质特征。卢梭也认为“怜悯心是我们这样柔弱和最容易遭受苦难折磨的人最应具备的禀性，是最普遍的和最有用的美德”“这种天然的怜悯心的力量，即使是最败坏的风俗也是难以摧毁的”。

不同点：怜悯之心对于理想政治意义的走向不同。孟子将恻隐之心作为善端，主张从“不忍人之心”发展出理想政治体制的“仁政”。卢梭认为政治体制必然建立在对自然情感优越性的克服之上，与理想政治相称的不是怜悯心，而是以政治共同体为边界的公民情感，即爱国心。

江山市清湖高级中学　姜建华

26.《人应当坚持正义》教学微设计

【课文提要】

《人应当坚持正义》节选自古希腊哲学家柏拉图的主要著作《柏拉图对话集·格黎东篇》，主要记录的是苏格拉底在狱中与格黎东就自己应不应该越狱这一问题所展开的讨论。公元前399年，雅典法庭以“不敬神明”的罪名判处哲学家苏格拉底死刑。判决执行前夕，苏格拉底的朋友格黎东潜入监狱，试图劝说他越狱逃跑。苏格拉底不赞同逃跑，他针对格黎东的建议，抛出了“正道”“道义”“道理”“正当”等一系列他所坚守的“正义”理念，层层铺垫，步步设问，深入浅出地阐述了自己唯正义是从的道德信念，说服格黎东放弃劝说自己越狱的努力。

苏格拉底将“正当”“道义”视为绝对的原则，舍生取义，令人感动。但是永恒的“正义”真的存在吗？它有没有时代性？它是不是一定社会历史条件下的产物？不妨像苏格拉底一样追问这些问题，与先贤展开思想的对话，丰富自己的精神世界。

【任务目标】

《人应当坚持正义》对“正义”这一理念进行了阐述，体现了高超的劝说艺术和严密的逻辑思维，彰显了坚守正义的道德信念。学习本文时，要从对苏格拉底一系列“正义”理念的把握入手，理解苏格拉底提出的观点，进而探讨他的论辩逻辑和劝说艺术。

本课的学习任务目标如下：

（1）研读课文，从苏格拉底与格黎东的对话中，找出并理解苏格拉底提出的观点，把握其“正义”的思想内涵。

（2）领会苏格拉底层层深入的提问方式和论辩逻辑，学习其既以理服人又生动活泼的“劝说”艺术。

（3）探讨苏格拉底坚守正义的价值理念，学习其“追求真理、舍生取义的精神”。

【预习任务】

1.查阅资料，了解古希腊“三哲”苏格拉底、柏拉图、亚里士多德的主要哲学思想。

2.初读课文，从文中找出苏格拉底的观点，并加以理解。

3.本文节选了苏格拉底长篇论述的序幕和铺垫部分，更多精彩的论辩还在后面。课外阅读全篇内容，更完整地把握苏格拉底的论辩逻辑。

【任务设计】

任务一：了解人物背景，明确“正义”观点

活动探究1：文中的苏格拉底是古希腊著名的哲学家，你对他有哪些了解呢？请你把自己所了解到的情况，向同学们做个介绍。

任务阐述：本任务要求学生展示预习情况，目的就是引导学生查找相关历史资料，让学生对文中人物的经历、思想、成就等情况有个基本的了解。教师自己也可以准备一些相关资料，作为补充。

苏格拉底出生于雅典一个普通公民家庭。他早年继承父业，从事雕刻石像的工作，后来研究哲学。他在雅典和当时的许多智者辩论哲学、伦理道德以及教育政治方面的问题，被认为是当时最有智慧的人。在雅典恢复奴隶主民主制后，苏格拉底被雅典法庭以“不敬神明”的罪名判处死刑。他拒绝了朋友和学生要他乞求赦免和逃跑的建议，饮毒而死。在欧洲文化史上，他一直被看作是为追求真理而死的圣人，几乎与孔子在中国历史上的地位相同。

苏格拉底终生从事教育工作，在教学的方法上，苏格拉形成了自己一套独特的教学法，人们称之为“苏格拉底方法”，他本人则称之为“产婆术”。他母亲是产婆，他借此比喻其教学方法。他母亲的产婆术是为婴儿接生，而他的“产婆术”教学法则是为思想接生，是要引导人们产生正确的思想。“产婆术”自始至终是以师生问答的形式进行的，所以又叫“问答法”。苏格拉底在教学生获得某种概念时，不是把这种概念直接告诉学生，而是先向学生提出问题，让学生回答，如果学生回答错了，他也不直接纠正，而是提出另外的问题引导学生思考，从而一步一步得出正确的结论。苏格拉底倡导的问答法对后世影响很大，直到今天，问答法仍然是一种重要的教学方法。

活动探究2：本文记录了苏格拉底与格黎东的24次对话。他们对话的核心问题是什么？苏格拉底先后提出了哪些观点？其结论是什么？请你在自主研读课文的基础上，与本小组同学讨论交流之后弄清上述问题，然后推出一名代表展示学习成果。

任务阐述：本任务要求学生既要从整体上把握文义，又要研读文本，通过概括、归纳等思维方法，明确人物对话的核心问题，找出人物表达的主要观点，清楚最后得出的结论。

核心问题：越狱逃跑的行为是否正当？

观点：①我们不必尊重人们的一切意见，有些意见要重视，有些就没有必要，也不必听从所有的人的意见，有些人的要听，有些人的不必听。②好的意见就是明白人的意见，坏的意见就是糊涂人的意见。③我们应当认为最重要的并不是活着，而是活得好。④我们必须承受一些比死刑更加重或者比较轻的刑罚。做不正当的事在任何情况下对于做此事的人都不可避免地是邪恶的、可耻的。⑤既不能以坏报坏，也不能对人做不正当的事，不管人家对我们做的什么事。

结论：越狱逃跑的行为是不正当的，苏格拉底宁可被处死，也不能做违背正义的事情。

任务二：分析“正义”对话，思考提问特点

活动探究1：格黎东劝说苏格拉底越狱逃跑有三个理由，苏格拉底是如何一步一步进行驳斥的？请你与本小组同学讨论他们之间的对话内容，把下面表格中的内容填写完整。

格黎东的三个建议	苏格拉底的辩驳步骤	结论
劝说苏格拉底听从众人的建议逃狱（否则，在不知情的外人看来，大多数人都会认为他的朋友未尽心尽力解救他）	第一步（设问） 苏：有些意见我们应该注意，也有些意见我们应该不考虑。 格：说得很对。 第二步（设问） 苏：___①___（明白人的意见），___②___（糊涂人的意见）。 格：当然是。 第三步（设问，反问，以从事体育锻炼的人为例） 苏：听从内行人的意见而不是外行人意见。 格：就是	___③___
逃狱是对亲朋好友的负责，具有可行性	第一步（设问） 苏：___④___。 格：还是这样主张。 第二步（设问） 苏：活得好就是活得体面、正派。 格：是的。 第三步 苏：___⑤___。 格：你说得对	逃狱是不正当的，不应当逃狱
你看我们该怎么办——对当前的困境深感疑惑与焦虑，内心还是希望苏格拉底逃狱	第一步（追问） 苏：___⑥___。 格：当然不能。 第二步（设问） 苏：以不正当报不正当，对人做坏事行不行。 格：当然不行。 第三步（设问） 苏：___⑦___。 格：当然不正当	___⑧___

任务阐述：本任务要求学生认真分析文中人物的对话内容，理清苏格拉底辩驳的逻辑思路。①重视好的意见 ②不管那些坏的意见 ③人不能听从众人的说法，应该听从深知道义者的说法，听从真理本身 ④最重要的并不是活着，而是活得好 ⑤慎重考虑我们行事是否正当 ⑥在任何情况下都不容许故意做不正当的事，做不正当的事都是既不好又不美的，做不正当事的人是邪恶、可耻的；无论如何不能做不正当的事 ⑦以坏报坏，正当还是不正当 ⑧在任何情况下不能做不正当的事，不能逃狱

活动探究2：苏格拉底通过层层铺垫，进行设问与反问，深入浅出，具有无可辩驳的说服力。苏格拉底提问的方法有哪些特点？请你与本组同学一起分析归纳，然后推选代表回答。

任务阐述：本任务要求学生在理清苏格拉底辩驳逻辑思路的基础上，进一步思考探讨其提问方法的特点，更深刻地体会苏格拉底的“产婆术”。

①偏重设问与反问，而不轻易让对方提出问题；②只要求对方回答他所提出的问题，然后继续以谦和的态度发问；③所有问题环环相扣，层层推进，使对方进入自己的逻辑轨道，最后使对方放弃自己原来的观点。

任务三：探究“正义”理念，理解“正义”选择

活动探究1：文中“正道”“道义”“道理”“正当”等一系列理念都体现了苏格拉底所坚守的“正义”的内涵。苏格拉底是如何理解“正义”的？请你根据对话内容，结合课文所涉及事件的背景，做简要分析。

任务阐述：本任务要求学生根据所了解的事件背景，深入课文，仔细体会苏格拉底的思想观点，然后进行辩证地分析。本任务旨在提升学生在人物历史背景下理解、分析文章的能力。

苏格拉底被判处死刑，他本人和他的很多朋友都认为这是一个不公正的判决。在行刑前，他的朋友格黎东潜入狱中，告诉他其他人已经做好了准备，可以帮他逃跑。面对格黎东让他逃跑的劝说，他首先考虑的，不是生或死的结果，而是正义与否的理性判断。苏格拉底唯一做的，就是坚持自己的原则，坚定执行判决，接受死刑。他要听从道义而不是其他，“既不能以坏报坏，也不能对人做不正当的事，不管人家对我们做的什么事”。如果接受格黎东等人的建议逃跑，免于死刑，就违背了自己的原则，损害了法律，就是对国家的不正义。苏格拉底直到生命最后一刻，脑袋里都只有正义原则指导下的正义或不正义的抉择，至于世人看重的生与死，则显得那么的无足轻重，这就是一代哲人超脱生死，始终遵守法律、追求正义的至高精神。

活动探究2：苏格拉底拒绝越狱逃跑的态度及其所体现的精神历来广受赞赏，但也有人认为雅典法庭判处苏格拉底死刑的罪名是“不敬神明”，这种判决是不正义的，苏格拉底欣然接受不正义的判决，这种态度不值得赞赏。对此，你怎么看？理由是什么？请根据不同观点组成两个小组展开辩论。

任务阐述：本任务指向言语实践活动，以辩论的方式，引导学生广泛搜集相关资料，深入了解文中观点，以辩证的眼光看待历史人物的行为，领略思辨性表达的魅力，要求学生在实践活动中增强语言运用能力，学会在辩证分析与合理推断的基础上进行理性判断与评价，提高按一定逻辑表述自己认知的能力。

正方：我们赞赏苏格拉底拒绝越狱逃跑的态度及其所体现的舍生取义的精神。苏格拉底坚定地认为法律是至上的、正义的、公平的，有良知的人首先便是遵守法律的人，服从法律是公民的天职和责任，更是公民对于城邦的一种义务。在他的心中，人民对于他的裁判是集体智慧和理性的产物，具有权威性，即使他自己明白这种裁决是不公正的，他依然不会选择逃避惩罚。从文中我们可以看到，苏格拉底认为活得正当、正义远比活着更为重要。因此，苏格拉底做出了智慧的选择，使个人正义服从于制度正义。他通过承受不义的判决来坚持自己的

正义，为后世树立了一个良好的守法的榜样，使遵守法律成为一种美德并得以传承和认可。苏格拉底对正义的坚守，说明他是一个讲求德行的贤哲，又是一个极具社会责任感的公民。为正义而死，坚决不做不义之事，苏格拉底用自己的实践证明了他的哲学理论。

反方：我们认为，苏格拉底欣然接受雅典法庭对他的指控和死刑判决是不值得人们赞赏的。这里的关键是，雅典法庭对苏格拉底的判决是非正义的。从苏格拉底的辩解来看，他确认这一点。既如此，按照苏格拉底的原则——人应当坚持正义，他就应该坚持他的“正义”，不屈不挠，誓与敌人斗争到底，永不妥协。这种做法，才是维护正义的举动。而屈服，是向“非正义”低头，恰是非正义的表现。苏格拉底从自身的原则出发，遵从自己内心的召唤，似乎是舍生取义的“大义”之举，殊不知，他没有看到雅典法庭的“不义”，不懂得对抗“不义”，慷慨赴死，死得无意义无价值，死不得其所，岂不悲哉！如果他越狱之后，就能更好地影响更多的人，使更多的人接受他的观点，进而能更好地改变社会，改变世界。

【课后任务】

1.搜集苏格拉底的名言，从中选出你感受最深的一句作为你的观点，写一篇随笔。

2.坚持正义、舍生取义的例子在中外历史上还有很多，试举例。

参考答案：

1.名言：①不要靠馈赠去获得朋友。你须贡献你诚挚的爱，学会怎样用正当的方法来赢得一个人的心。②世界上最快乐的事，就是为真理而奋斗。③每个人身上都有太阳，主要是如何让它发光。④教育不是灌输，而是点燃火焰。⑤最有效的教育方法不是告诉人们答案，而是向他们提问。⑥要想向我学知识，你必须先有强烈的求知欲望，就像你有强烈的求生欲望一样。⑦公民不能享受了国家的权利（受抚养、教育、国家安全、自由），而不履行公民的义务（服从法律）。⑧美德、正义、风气、法律高于一切，是人伦之本，高于生命和人伦。

随笔略。

2.（1）戊戌变法六君子之一的谭嗣同。

清末，戊戌变法失败后，谭嗣同在被捕之前有过几次逃生的机会，可是他都拒绝了。

梁启超劝他一起去日本时，他说：“不有行者，无以图将来；不有死者，无以酬圣主。”之后又有人劝他逃走，他又说：“各国变法，无不从流血而成，今中国未闻有因变法而流血者，此国之所以不昌也。有之，请自嗣同始！”他下定死的决心，以期唤醒之后有志图强的人。不幸被捕后，他在狱中大义凛然，神情自若，并在狱壁上写了一首诗：“望门投止思张俭，忍死须臾待杜根。我自横刀向天笑，去留肝胆两昆仑。”

1898年9月28日，他和其他五君子一齐被押赴刑场，行刑前，谭嗣同高声朗诵道：“有心杀贼，无力回天，死得其所，快哉快哉！”大声呼罢，哈哈大笑。上万围观的人，无不潸然泪下。虽然戊戌变法最终失败了，可是他为国富民强甘愿献身的精神将彪炳史册。

（2）李大钊。

1927年4月6日，奉系军阀张作霖勾结帝国主义。在北京逮捕李大钊等80余人。在狱中，李大钊备受酷刑，但始终严守党的秘密，大义凛然，坚贞不屈。1927年4月28日，北洋军阀政府不顾社会舆论的强烈反对和谴责，将李大钊等20位革命者绞杀在西交民巷京师看守所内。

临刑前，李大钊慷慨激昂："不能因为反动派今天绞死了我，就绞死了伟大的共产主义，共产主义在中国必然得到光辉的胜利。"他高呼"共产党万岁！"英勇就义，时年38岁。

江山市清湖高级中学 姜建华

27.《记念刘和珍君》教学微设计

【课文提要】

《记念刘和珍君》是鲁迅先生写人记事的纪念性散文，写于鲁迅从革命民主主义向共产主义者跃进的路途中，是为悼念在“三一八”惨案中遭段祺瑞执政府卫队杀害的刘和珍等青年学生而写。对于“三一八”惨案，鲁迅写了不少文章，都收录在《华盖集续编》里，而这一篇写得最为感人。

散文在叙写作者经历或体验时往往带有较强的主观抒情色彩。《记念刘和珍君》一共七节，前后勾连，构成整体。第一、二节说明写作这篇文章的缘起；第三至五节则是“记念”的主体，叙述刘和珍的生平事迹和遇害经过；第六、七节思考此次请愿运动对于将来的意义和作用。在爱与恨交织的情感脉络中，呈现出生动的记叙、精辟的议论和真挚的抒情水乳交融的艺术风格。文章的立场、观点和态度鲜明，控诉段祺瑞执政府虐杀爱国青年的残暴行径，痛斥无耻文人造谣污蔑的卑劣言论，赞颂刘和珍等青年学生的英勇爱国精神，总结了“三一八”惨案的教训。这不仅是一篇沉痛的悼文，更是一篇战斗的檄文，吹响了“真的猛士”奋然前行的号角，激励人们在革命道路上继续前行。

【任务目标】

学习本课时，注意从简洁的叙述、精辟的议论、尖锐的讽刺等方面把握鲁迅特有的文字表达风格；理解作者的情感和思想，从内容、主题、结构、语言表达、写法等角度，品析文中的典型人物形象，获得审美体验；从艺术想象中获得熏陶和感染，汲取人生营养，激发奋发向上的精神力量，坚定继承和发扬革命传统的志向，形成正确的世界观、人生观和价值观。

本课的学习任务目标如下：

1.熟读课文，在读懂课文的基础上，能概括文章内容，整体把握文章的思路和结构。

2.了解刘和珍的生平及死难经过，分析刘和珍的思想性格，深入体会作者的悲愤之情，领会作者感情发展的脉络。

3.研读课文，品味文中一些富含深意的语句，分析其表现手法，欣赏作家塑造和表现艺术形象的深厚功力和富有个性的创作风格。

【预习任务】

1.收集、阅读其他文化名人就“三一八”惨案所写的文章，与课文做比较阅读，为文章的章节加小标题，小组内分享交流，并说明理由。

2.查阅资料，了解女师大风潮和“三一八”惨案的背景、过程、影响等，并了解刘和珍等学生的情况及鲁迅写作本文的时代背景。

3.细读全文，梳理写作思路，圈画出文中精彩的议论和抒情的语句，针对文中的写作手法和语言表达，在书的空白处以批注的形式评点，写下自己的阅读感受。

【任务设计】

任务一：分析人物，解读情感

活动探究1：“她不是‘苟活到现在的我’的学生，是为了中国而死的中国的青年”，鲁迅先生如是说。作者用了非常多的笔墨和言语去记录刘和珍的事迹，阅读课文，你能找出《记念刘和珍君》中记录了哪些有关刘和珍的事情吗？与你的同桌交流一下，并试着分析刘和珍是怎样的一位“中国青年”。

任务阐述：作者主要写了她的三件事。一是她虽然生活比较困难，但是她思想要求进步，追求真理，崇敬鲁迅，喜欢读鲁迅的文章，所以她毅然预订了全年的由鲁迅编辑的《莽原》。这正说明了刘和珍自觉、坚定地支持鲁迅，她是鲁迅的学生，也是战友和同志。二是写刘和珍是位有群众威信的学生干部，她曾因带领同学们同反动校长进行斗争而被开除，然而她依然“微笑着，态度很温和”，不但具有乐观主义精神，而且既勇猛顽强又温和善良。“待到学校恢复旧观”时，她一反常态，“虑及母校前途，黯然至于泣下”，说明她关心母校的命运，关心国家的前途，是个有正义感和责任感的优秀青年，表现了她思想的深远、感情的深沉、胸怀的博大。三是写刘和珍“欣然前往”参加段祺瑞执政府门前的请愿，说明她是个勇敢坚强、有着一腔爱国热情的热血青年。

刘和珍是一位敢于反抗、乐观温和的进步学生，是站在时代前列的新女性。文章对刘和珍的描写不多，但可以看出她热心政治运动，追求进步；有组织能力，在同学中有威信；本性善良，为人谦和；勇赴国难，不惜殒命。

活动探究2：这样一个美好年轻的生命就这样死掉了，作者一方面说“我也早觉得有写一点东西的必要了”，另一方面又说“可是我实在无话可说”，类似的话文中还有一些，请你找出来认真理解体会，说说作者的感情脉络是怎样发展的。

任务阐述：“我也早觉得有写一点东西的必要了”——开篇提及程君劝鲁迅为刘和珍写文章，接着提及刘和珍爱读鲁迅的文章，并订阅《莽原》杂志，因此说了这话，表现出作者对刘和珍这样的进步青年的爱护。“可是我实在无话可说”——第3自然段以这话为引子，述说反动派制造流血惨案、流言家在惨案后制造“阴险的论调”，给作者带来的哀痛和愤怒，已经难以用语言来表达心意了。

“我也早觉得有写一点东西的必要了”——在“庸人”世界里，时间会冲淡烈士流血的印迹，而作者觉得有必要撰文纪念烈士，以抗拒遗忘，警醒“庸人”世界保持记性，这话表达了作者的痛苦感和责任感。“我正有写一点东西的必要了”——这话重复上一句“必要”的话，同义反复，表达同样的心情，感情似乎更加重了。

“我还有什么话可说呢？”——这一部分描述了惨案发生的经过，面对惨案过后沉默无声的社会现实，作者发出这样的感慨，表达作者的愤懑之情。“但是，我还有要说的话”——紧接着上面“我还有什么话可说呢”，作者还是忍不住说话了，接下来是揭露事实真相。由不说到说，是欲扬先抑的写法，这话表达了作者揭露黑暗、记录历史的勇气和责任感。“呜呼，我说不出话，但以此记念刘和珍君！”——文章结尾，哀痛到了极点。

简言之，作者对学生有爱，对段祺瑞执政府有恨，对流言家也有恨，对大众庸人有失望，这些感情混杂在一起，也就是哀痛的、悲愤的、激昂的、仇恨的、失望的复杂感情，但表达时处于要说又说不出话来之间。他说不出话来，也许是因为太痛苦、太愤怒，有太多的话，不知从何说起，说出来的话只能表达这种心情的千分之一、万分之一；但最终还是要说的，责任感、正义感和复仇意识充塞于作者心胸，情不自禁要张口说出。所以“不说”是假，“说”是真。

任务二：聚焦问题，探究讨论

活动探究1：“一个兵在她头部及胸部猛击两棍”杀其致死，非常残忍。一个个鲜活的生命，就这样被反动政府残忍地杀害了。作者听到噩耗后的心情，课文是怎么表达出来的？作者初闻噩耗，惊诧怀疑。请结合课文回答，作者为什么怀疑。

任务阐述：筛选出描写刘和珍遇害时的动词，分析段祺瑞执政府的残忍，可知作者感到悲痛和愤怒。再结合听到噩耗后的最初心情剖析：“卫队居然开枪，死伤至数百人，而刘和珍即在遇害者之列。但我对于这些传说竟至于颇为怀疑”，这里用“居然”一词表达听到噩耗后的惊诧，用“而”“即”把种种惊诧之情又推进了一步，下面用“但”字一转表示怀疑，用“颇”表示怀疑之深，因为这种残暴的屠杀“不但在禽兽中所未曾见，便是在人类中也极少有的”。可以说是，初闻噩耗，惊诧怀疑。

重点分析句子中的关键虚词。“我向来是不惮以最坏的恶意来推测中国人的”一句中的“中国人”是指所有的中国人。他并不是认为敌人不坏，鲁迅一向把敌人看得很坏，认为“以最坏的恶意”来推测他们都不会错。“向来”一词强调了这种认识的深刻和一贯。但他“不料”和“不信竟会下劣凶残到这地步”。这说明现实的黑暗远远超出了作者的想象，突出了段祺瑞执政府杀害爱国青年的凶残下劣比作者想象的更甚，因此鲁迅先生惊诧了，怀疑了。作者把1926年3月18日称为“民国以来最黑暗的一天”也是这个意思。下面再用“况且”“更何至于无端”等词把怀疑之情再推进一步。这样从正反两方面把怀疑的理由写得十分充分，句末的反问表示了极端愤慨的心情。

活动探究2：鲁迅在《空谈》中说：“请愿的事，我一向就不以为然的，但并非因为怕有三月十八日那样的惨杀。那样的惨杀，我实在没有梦想到，虽然我向来常以‘刀笔吏’的意思来窥测我们中国人。我只知道他们麻木，没有良知，不足与言，而况是请愿，而况又是徒手。”请结合文章内容，谈谈鲁迅在本文中对徒手请愿做何评价。你如何看待鲁迅先生对“请愿”的看法？请把你的评价和看法在学习小组内向同学说一说。

任务阐述：“人类的血战前行的历史，正如煤的形成，当时用大量的木材，结果却只是一小块，但请愿是不在其中的，更何况是徒手。”这里用比喻的方法，表明不赞成徒手请愿，应改变斗争方式——“大量的木材”喻指代价巨大的流血斗争；“其中”指流血斗争。作者用煤的形成来比喻牺牲巨大才换来了社会的一点进步，深刻阐明“人类的血战前行的历史”往往要付出极大的代价，才能前进一小步，而且“请愿是不在其中的，更何况是徒手”。由此，沉痛地指出这次惨案的经验教训，意在告诉国民认清反动统治者“吃人”的本性，吸取血的教训，改变战斗方法。

观点一：鲁迅先生并非不以请愿为然。鲁迅先生对于一切爱国运动都无限关心并且积极支持和参加。虽然他认为向反动政府请愿特别是“徒手的请愿”有极少的效果，但是他说：“苟活者在淡红的血色中，会依稀看见微茫的希望；真的猛士，将更奋然而前行。”“请愿”提高了群众的认识，能鼓舞群众进一步走向彻底的爱国道路和革命道路。

观点二：鲁迅先生不以请愿为然。这在原则精神上是和马克思列宁主义者的态度完全一致的。像1926年3月18日那样的爱国请愿毫无疑义，是群众的一种爱国运动；向政府去请愿提出人民的要求毫无疑义，也是群众的斗争方式之一。但请愿毕竟不是彻底的革命斗争，也不是彻底的爱国斗争，尤其是向当时那样的反动政府去请愿，除表示出了群众的意向和力量外，实际的效果是绝不会有的。

任务三：品味语言，体悟风格

活动探究1：鲁迅的语言简练、深刻有力，具有强烈的战斗性，感情色彩浓烈，悲、愤、赞、斥，字字鲜明，试举例说明，并谈谈你的理解。

任务阐述：文中有很多警策性语句，不仅大大增强了文章的力量和艺术感染力，恰到好处地表达了作者的思想感情，而且发人深省、启人深思。例如，“真的猛士，敢于直面惨淡的人生。敢于正视淋漓的鲜血，这是怎样的哀痛者和幸福者？”它仿佛为我们树立了一座丰碑，昭示我们奋力前行。“沉默啊，沉默啊！不在沉默中爆发，就在沉默中灭亡。”作者发自肺腑的呐喊恰如晨钟暮鼓撞击我们的心灵。此外，文章成功地运用反语、反复、对偶、排比等多种修辞方法，也极大地增强了语言的表现力。

活动探究2：作为写人记事的《记念刘和珍君》在写法上最大的特点是把记叙、议论和抒情交错起来，融于一体，使文章具有强烈的感染力和高度的说服力。简练的记述、精辟的议论、浓烈的抒情完美结合，形成了鲁迅特有的文字表达风格，给人以独特的审美体验。请小组讨论文中表达方式的特点，并派代表发言。

任务阐述：对刘和珍生平和死难时的情况，作者都做了简要的叙述，描绘了刘和珍坚毅英勇、和蔼可亲的形象；对烈士的悲哀与尊敬，对反动派及其走狗文人的凶残下劣，则抒发了非常悲痛、愤怒的感情；对斗争的方法和烈士死难的意义，也有深刻的议论和分析。这三者，在文章的各个部分，虽有所侧重，但基本上是交错运用的。作者讴歌“真的猛士，敢于直面惨淡的人生，敢于正视淋漓的鲜血”，集中笔墨描写了刘和珍在女师大学潮中的高大形象，让刘和珍这座“猛士”的丰碑矗立在读者眼前。

文中先记叙了刘和珍等遇难的情景，描绘了爱国青年英勇斗争的形象，揭露了反动派的凶残。接着反复抒写“始终微笑的和蔼的刘和珍君确是死掉了，这是真的，有她自己的尸骸为证；

沉勇而友爱的杨德群也死掉了，有她自己的尸骸为证；只有一样沉勇而友爱的张静淑君还在医院里呻吟。”这是在记叙之后，作者悲极愤极的感情的总的抒发，强有力地表达了作者对反动派的憎恨，对死难烈士的悲痛。“当三个女子从容地转辗于文明人所发明的枪弹的攒射中的时候，这是怎样的一个惊心动魄的伟大啊！中国军人的屠戮妇婴的伟绩，八国联军的惩创学生的武功，不幸全被这几缕血痕抹杀了。”这又是与记叙和抒情相交错的议论，增强了揭露的深刻性。

文章题目为“记念刘和珍君”，当然离不开对逝者事迹的记叙，但本文没有详细介绍刘和珍的生平，也没有详写惨案本身，而只是抓住“始终微笑”“欣然前往”等特征，突出她在女师大风潮和“三一八”惨案中的战斗英姿。在简要记叙的基础上，常用精辟的语言抒写感慨，观点鲜明，思想深刻。如对徒手请愿的分析，对殉难意义的评价。无论是记叙还是议论，都凝聚着作者强烈深沉的感情，事中寓情，理中融情。事、理、情交融，具有浓郁的抒情气氛。

因此，记叙可给抒情和议论作基础；而在记叙基础上的抒情，可引起读者共鸣，增强文章的感染力；以事实作根据的议论，则把记叙的内容加以深化和升华，从而把读者的认识提高到一个新的阶段。

【课后任务】

将周作人的《关于三月十八日的死者》和《记念刘和珍君》做对比阅读，从写作心得、观察问题的立足点和思路、语言表达等角度来看，你认为两者有何不同？

参考答案：

就思想倾向的主要方面而言，两篇文章毋宁说是“同”大于“异”的，无论是对爱国学生的同情与赞颂，对北洋军阀政府的谴责和抗争，对所谓“学界名流”“诬陷”的义愤与揭露，以及对“人的生命价值”的强调，对“请愿”之举的保留等都是惊人的相似。从语言上来说，周作人的《关于三月十八日的死者》更多地采用口语，文风趋于平实，而鲁迅的《记念刘和珍君》则于口语之中多杂以文言成分，并多用对偶、排比，混合着散文的朴实与骈文的华美与气势。《关于三月十八日的死者》在客观叙述中自然含有主观评价与情感倾向，却有意“引而不发”，在隐晦之中追求含蓄味与简单味；《记念刘和珍君》既是情感火山般的喷发，又着意将散文与骈文、长句与短句、陈述句与反问句互相交错，取得了“声情并茂”的效果。而瞿秋白认为：“鲁迅的语言，往往使人在寥寥数语中，体察到他的政治立场，他的深刻的对于社会的观察，他的热烈的对于民众的同情。”

北京师范大学台州附属高级中学　周　刚

28.《为了忘却的纪念》教学微设计

【课文提要】

《为了忘却的记念》是鲁迅在1933年2月7日至8日为纪念白莽、柔石等五烈士遇难两周年而作的写人记事散文，他感叹白莽和柔石等人的牺牲使“中国失掉了很好的青年”。鲁迅深情缅怀了烈士的光辉业绩，愤怒控诉了国民党反动势力的法西斯暴行，选取一些看似零碎却很能表现人物性格的小事，勾勒出烈士的崇高形象，也表明了鲁迅无比愤慨、英勇抗争的精神。

《为了忘却的记念》由五节组成。第一节，鲁迅先以沉痛的语句表明写作的目的，再按照时间线索展开记叙，回忆烈士们遇难的时间及当时无法公开发表纪念文章的事实，重点写与白莽的三次会面，叙述同白莽交往的往事和两人的革命友谊。第二节主要写柔石，用“硬”“迂”二字揭示其忠诚耿直的性格；略写了对冯铿的印象。第三节简叙白莽和柔石是“左联”成员，提及两人的被捕。第四节是重点，叙述柔石等青年作家被捕后的情况。有两条线索，一条是革命者被捕的经过、在狱中的情况和最后的牺牲；一条是作者的境遇和悲愤之情。这一节揭露了反动势力的残酷卑鄙，表达了对烈士们的沉痛哀悼和对反动势力的极端愤慨。第五节呼应开头，进一步抒发对烈士的尊敬与怀念，表达坚定的信念。

【任务目标】

本文语言洗练、朴实，含义深刻，有着浓郁的抒情意味，学习本课时，需要反复诵读，深入体会文中议论和抒情的表达效果。分析文章的语言，体会其中蕴含的深刻的情感，梳理情感脉络。体会白莽、柔石等人的性格特征，把握其人物形象。感受五烈士为理想而献身的执着精神，理解鲁迅的悲愤之情，以及为理想坚韧斗争的精神。

本课的学习任务目标如下：

（1）通读全文，了解文中涉及的典故，厘清文章的思路和结构，整体把握文章内容，理解文章主旨。

（2）通过分析关键词句，感受柔石、白莽的形象，梳理“忘却”与“记念”的关系，体悟作者悲愤交加的感情。

（3）研读重点语段，学习主次勾连的行文结构和记叙、描写、抒情相结合的表达方式，领悟爱国青年为追求真理而舍生忘死、勇于献身的优秀品质。

【预习任务】

1.与《记念刘和珍君》做比较阅读，给每节拟写小标题，并在小组内分享交流，阐述原因。

2.查阅资料，了解“中国左翼作家联盟”“左联五烈士”，并梳理鲁迅写作本文的时代背景。

3.细读全文，圈画出文中运用记叙、描写、议论、抒情等表达方式的相关语句，在书的空白处以批注的形式评点，写下自己的阅读感受。

【任务设计】

任务一：聚焦人物，解读情感

活动探究1：鲁迅叙述了同白莽的三次会见，阅读课文，请你找出具体生动的相关材料，说说白莽是一个怎样的青年。鲁迅为何反复提及彼得斐？

任务阐述：鲁迅与白莽初次见面是白莽给鲁迅送《彼得斐传》原文；第二次是白莽给鲁迅送自己译的几首诗，谈的比第一次多；第三次是白莽被捕获释，大热天穿棉袍与鲁迅相见。第一次见面后，白莽给鲁迅先生写信，说好像受了一种威压似的，说明他是极敏感而又率直的人，他先是直言谈论鲁迅，经过回信解释，便不存芥蒂了，乐意接受赠书，再译诗，并亲送一诗给鲁迅先生，与鲁迅坦诚相见。第三次会面，是白莽出狱，大热天，白莽穿着一件棉袍，见面后，彼此不禁失笑。作者运用白描的手法，使革命者的困顿、执着、爱憎分明与乐观跃然纸上。

这三个具体生动的材料，表现了白莽勤奋坦诚、爱憎分明、坚强乐观的品质。

反复提及彼得斐主要原因：①彼得斐是鲁迅与白莽来往的一个重要原因，彼得斐是鲁迅回忆白莽的一条重要线索。②鲁迅反复提及彼得斐，是借彼得斐来歌颂赞美白莽追求真理和自由、大胆反抗的品质。

活动探究2：“迂”本义指“迂腐”，有一定的贬义色彩。然而，作者写柔石的“迂”既有与本义一致的地方，又有较大的差别。你是怎样理解柔石的“迂”的？为什么在纪念文章里鲁迅要说他“迂”？为何说他“无论从旧道德，从新道德，只要是损己利人的，他就挑选上，自己背起来”？

任务阐述：柔石的“迂”，主要体现在：①“硬气”。自己认准的路，明知吃亏也要走到底。革命文学的道路上，柔石的“硬气”表现为知难而进的奋斗精神，比如：他没有钱借钱也要做印本；一旦决定改变作品的内容和形式，他就不惜放弃熟悉的一套，不怕从头学起，不知困难为何物。②善良、单纯。对社会的黑暗、人心的险恶，还缺乏清醒而深刻的认识。他很单纯，“相信人们是好的”，对鲁迅“人心惟危”的一些说法，他“惊疑地圆睁了近视的眼睛，抗议道，‘会这样的么？’”（神态、语言）；在跟鲁迅一起走路的时候，“简直是扶住我”（细节）。③跟女性一同走路，过分拘谨。与女性一同走路，就是敢了，还要拉开距离。思想性格有拘泥保守的一面。

鲁迅写柔石的“迂”的原因：一面饱含着浓浓的喜爱之情，写出了柔石的可爱；一面又毫不留情地指向反动政府残害这样单纯、质朴、善良、忠厚的青年，这样的政府该是多么黑暗、残暴的政府啊！

旧道德，指封建伦理道德；新道德，指新文化运动所提倡的民主与自由等新的道德观。“只要是损己利人的，他就挑选上”，可见其“迂”，不计个人得失，天真而又善良，执着而又坚定；“他就挑选上，自己背起来”，可见其“硬气”，敢于承担，勇往直前，不畏牺牲。“迂”与“硬气”交织在一起，是鲁迅对柔石本人的高度评价。由此可见鲁迅对柔石之欣赏与赞佩之情。

任务二：分析问题，探究讨论

活动探究1：《为了忘却的记念》中“忘却”与“记念”是两个意义相反的词，作者却把它们放在一个标题里，寄寓着极其深刻的含义，请谈谈你是如何理解这个标题的深意的。

任务阐述：鲁迅“失掉了很好的朋友”，“中国失掉了很好的青年”，这种郁结心中的不可压抑的悲愤和长期积聚的精神重负，使他感到十分窒息。为了“将悲哀摆脱，给自己轻松一下”，所以他“倒要将他们忘却了”。这是从主观方面强调“忘却”。同时，鲁迅又从客观方面强调“忘却”之必要：“夜正长，路也正长，我不如忘却，不说的好罢。”当时的中国，正是“大夜弥天”，鲁迅作为一个清醒的现实主义者，通过30年血的经验教训的总结，意识到需要节制自己的感情，过于沉浸在悲痛之中是不利于战斗的。革命的道路漫长而曲折，需要发扬坚韧不拔的精神去战斗。

从以上两方面我们不难看出，所谓的“忘却”，实际上是“摆脱”“搁置”的同义语；所谓“为了忘却的记念”，实际上是“为了战斗的记念”。事实上，对反动派杀害烈士的这笔血债，对战友为革命而献身的光辉业绩，鲁迅是不会忘却的，他要将那无比的悲痛暂时搁置一边，克服始终支配着自己的悲痛情绪，化悲痛为力量，以更有效的战斗来纪念死者。所以他坚信，只要生者努力奋斗，“将来总会有记起他们，再说他们的时候的”。

可见，与其说“记念”是“为了忘却”，倒不如说是“为了战斗”，而唯有战斗，才是对烈士最有价值的纪念。“为了忘却的记念”这个标题，反映了作者深切的感情、坚强的斗志和必胜的信念。

活动探究2：“惯于长夜过春时，挈妇将雏鬓有丝。梦里依稀慈母泪，城头变幻大王旗。忍看朋辈成新鬼，怒向刀丛觅小诗。吟罢低眉无写处，月光如水照缁衣”概写了作者长期辗转的战斗生涯和人民的深重苦难，表达了作者积郁在胸的愤慨之情与对死难者的深切哀思。该诗中的许多内容在文中多处地方有所表述，请你试举出有关语句加以印证理解。

任务阐述：①首联“惯于长夜过春时，挈妇将雏鬓有丝”中“挈妇将雏”指文中“这一夜，我烧掉了朋友们的旧信札，就和女人抱着孩子走在一个客栈里”，写“我”保存实力的“逃走”。②颔联“梦里依稀慈母泪，城头变幻大王旗”中“慈母泪”指文中“不几天，即听得外面纷纷传我被捕，或是被杀了”“连母亲在北京也急得生病了”，写母子情。③颈联“忍看朋辈成新鬼，怒向刀丛觅小诗”中的“朋辈成新鬼”指文中“柔石和其他二十三人，已于二月七日夜或八日晨，在龙华警备司令部被枪毙了”，写烈士遭难。④尾联“吟罢低眉无写处，月光如水照缁衣”中的“无写处”指文中“在中国，那时是确无写处的，禁锢得比罐头还严密”，写黑暗统治。

任务三：品味表达，体悟风格

活动探究1：《为了忘却的纪念》一文运用了记叙、议论、抒情等多种表达方式，依据课文，举例说明并分别谈谈它们有哪些作用。

任务阐述：①记叙。记叙与白莽、柔石等人的交往过程。通过记叙手法，生动地展现了白莽、柔石等人正气、善良、勇敢、率直的性格特点，树立了革命青年充满朝气的正面形象，表达了他对青年们的喜爱、器重与怀念，也让我们感受到他们这些难能可贵的品质。同时，通过极力描写青年们的好，反衬出杀害他们的国民党反动派的罪恶，含蓄抒发了他对国民党反动派的黑暗统治的厌恶与鄙弃。②议论。通过对逃脱被捕一事发表议论，展现了作者宁可逃走也不愿与国民党反动派做无谓的辩解，表现了他对国民党的厌恶，以及想要将革命进行到底的坚定决心。③抒情。文中运用排比与对比，表现了时间流逝，抒发了对青年们的怀念与哀悼之情，写出了国民党反动派统治下社会的黑暗与革命道路之长。而作者在心情沉重之余并未消沉，写下这篇文章作为情绪的宣泄。在为牺牲的青年们哀悼的同时，他呼吁余下的人们忘却对逝者的哀悼，谨记逝者的付出，化悲痛为力量，继续坚持不懈地进行革命斗争。

简言之，记叙、议论、抒情等表达手法在文中是综合运用的。在记叙中有议论，在记叙、议论中有抒情。整体是以记叙为主，而记叙的目的却是议论和抒情。

活动探究2：《为了忘却的纪念》涉及的人物多、材料也多，但鲁迅却收放自如，使文章结构严谨，试举例说明，谈谈作者是怎样组织材料的。

任务阐述：①从整体上看，作者抒写对烈士的纪念，主要是以自己的悲愤感情为线索串联有关材料的。②从作者思路看，在对人物的安排上处理得详略得当，主次有序，花大笔墨详写柔石与白莽二人，又用简笔勾勒冯铿，对胡也频和李伟森两位烈士则略略提及，这是从有关人物与其关系的密切程度着笔的，符合记叙对材料的取舍要求。③在顺序安排上，作者又采用由此及彼的方式，由一个自然引出另一个。比如由《文艺新闻》的一篇文章引出与白莽的交往，由与白莽的交往自然引出对柔石的刻画，又由对柔石的刻画简单叙及冯铿，再由五人的被难顺带一笔提及李伟森、胡也频二人。写法上有分有合，有主有次，有详有略，显得从容不迫，运用得当，穿插自如。④从表达上看，在对相关事件进行叙述的基础上，作者又加以适当的抒情、议论，使叙述进一步深化，给读者留下深刻印象。

活动探究3：在行文中，鲁迅用了哪三个典故？其目的和作用分别是什么？请小组讨论，并派代表加以说明。

任务阐述：①作者在叙述柔石的"硬气"和"迂"的特点时运用了明代方孝孺的典故。作者用这一典故是为了更鲜明地突出柔石性格中的"硬气"与"迂"。方孝孺坚决不肯为朱棣起草即位诏书，不仅丢掉了自己的性命，还连累了宗族亲友，实在是"迂"，但他威武不屈、舍生取义的刚烈精神，几百年来一直被后人敬仰和称颂。作者将其与柔石相比，突出了柔石的"硬气"与"迂"，同时也用朱棣惨无人道、滥杀无辜的暴行，来暗示国民党反动派杀害革命青年的罪行，是对国民党反动派暴行的深刻揭露与控诉。

②作者在写柔石被捕、自己逃走时运用了《说岳全传》中高僧"坐化"的故事。作者用这个典故暗示国民党反动派的滥杀无辜与秦桧用"莫须有"的罪名杀害岳飞没什么两样，更为深刻的是，作者对道悦是持批判态度的，他并不像道悦那样束手待毙，而是"逃走"，保存实力，继续战斗。

③作者由自己纪念战友"没有写处"而想到向子期的《思旧赋》只有寥寥几行的逸事。作

者用这一典故，将自己当时的处境与心情和向子期相比，以揭露国民党反动统治与司马氏以杀夺手段建立晋朝一样，政治都是极端黑暗腐朽的，人们偶有不慎，都可能引来杀身之祸，因此，正直的人是没有言论自由的，在“禁锢得比罐头还严密”的统治下，确实是“没有写处”的。

【课后任务】

随着教材的调整，有不少课文篇目更新，其中，多篇鲁迅作品被删去。你是如何看待这一现象的？请表达自己的观点，并说说你的理由。

参考答案：

观点一：反对这种改变。鲁迅是超前的，也是说不尽的。鲁迅不仅属于20世纪，属于过去，更属于21世纪，属于未来。回眸百年中小学教科书，真正称得上经典的作家作品，似乎未必能列出一份很长的名单。然而，无论这份名单或长或短，鲁迅作品永远是其中不可或缺的。只有教科书的启蒙使我们在不同的年龄阶段感受到经典的不同魅力，才会让我们获得心灵和精神的慰藉，让我们在品读语言文字时，将经典中的形象留下、情感留下，更为重要的是将对生活、对语文的兴趣留下。

观点二：支持这种改变。教材中鲁迅的作品减少，并不令人意外。一方面，关于鲁迅文章与时代脱节、晦涩难懂的诟病一直以来不绝于耳，在教改的时代背景下，尝试减少鲁迅作品比重的做法也无可厚非。另一方面，随着社会文化价值观的多元和教材编写主体的多元，鲁迅作品在教材中的数量有所减少并为“新作品”所更替，实属情理之中，没什么好争议的。语文课终归不是鲁迅课，更不是思想教育课，语文教材容纳更多、更广的知识，是教育发展的必然。

北京师范大学台州附属高级中学 周 刚

29.《包身工》教学微设计

【课文提要】

随着日本帝国主义侵略战争的发展，“一·二八”事变后，日本在中国的纱厂迅速膨大，越来越需要大量的廉价劳工，于是许多农村女孩因家庭生活困难，被迫卖身给带工老板，被带到上海的日本纱厂工作。她们受到日本资本家和带工老板的双重剥削，悲惨的生活一直不为人知。为揭露帝国主义和黑暗势力相互勾结、压榨中国人民血汗的罪行，唤醒工人阶级起来反抗，夏衍亲自深入东洋纱厂采访调查。他为了看到包身工们上班的情景，得到一位女工的帮助，混进包身工中两次，足足做了两个多月的“夜工”，在获得大量的第一手材料后，写成了这篇报告文学《包身工》，发表于1936年6月上海《光明》月刊创刊号上。

课文按照从清晨到夜晚的时间顺序记述了包身工一天的活动，其间穿插有关包身工制度的起因、发展和趋向的说明和议论，二者有机地结合起来表现主题。作者以铁的事实、精确的数据、精辟的评析，把劳动强度最重、地位最低、待遇最差、痛苦最深的像奴隶一样做工的女孩子们的遭遇公之于世，指出了帝国主义及其帮凶野蛮压榨和残酷迫害中国工人的罪行，坚信中国工人必将起来反抗，粉碎自己身上的枷锁。标题《包身工》表现了作者对这种罪恶制度的愤怒控诉和对那些青少年奴隶的深切同情。

【任务目标】

这篇报告文学用文学的语言和手法报道社会生活中的典型事件，真实再现了包身工晨起与做工时的悲惨状况，字里行间饱含同情，阅读时要多留意其新闻性与文学性是如何做到有机统一的。文中有大量的细节描写，阅读时要注意分析和体会。另外，还要结合文中交代的一些背景材料，把“包身工”现象放在当时的社会历史背景下去思考，理解造成底层人民苦难的根本原因，体会作者“灵魂的震动”。

本课的学习任务目标如下：

（1）结合具体内容，正确理解新闻性与文学性的有机统一。

（2）分析细节描写，感受人物形象和环境气氛。

（3）结合现实背景，能比较深刻地体会作者的情感。

【预习任务】

1.概括情节，用图表梳理包身工一天的活动以及有关包身工制度的内容。

2.聚焦精彩语言，选择一处典型的对人物或环境的细节描写进行赏析。

3.概括文中作者所要表达的情感，并结合具体内容进行分析。

【任务设计】

任务一：明断结构，理解选材

报告文学是文学体裁的一种，可以写人、写事、写问题，是一种在真人真事的基础上塑造艺术形象，以文学手段及时反映现实生活的文学体裁。其特征是写真纪实，兼具“报告”的真实性和“文学”的艺术性。

活动探究1：阅读全文，你能说出文章是用什么方式从哪几个方面来介绍包身工一天的活动的吗？请结合具体内容进行分析。

任务阐述：因是“文学”，文章所反映出来的真人真事须具有典型性，允许一定的艺术加工。可以从典型化这个角度分析。作者从上海杨树浦福临路东洋纱厂工房区域内两千个左右的包身工中，选择了典型人物“芦柴棒”做重点刻画，并贯穿全文；用典型细节描述包身工们起床、吃早餐和上工等典型场景。

还有一个角度是点面结合。所谓“面”，就是一般的、概括性的材料；所谓“点”，就是一些典型人物、典型事例和典型细节。本文既有对包身工悲惨遭遇的概括介绍，对包身工群体形象的简略描写，如作者在记叙中集中写了包身工的起床、吃早餐和上工三个场景，概括了包身工一天的生活和劳动状况，又有对“芦柴棒”“小福子”等典型人物的生动描写，如作者以“芦柴棒”为例，通过“生病被打”“被泼冷水”“抄身”等细节描写，写出了包身工奴隶般地被榨完残留在皮骨里的最后一滴血汗为止的悲惨命运。“小福子”遭到“拿莫温”和“东洋婆”毒打惩罚的描写，也反映了包身工的不幸遭遇。

活动探究2：作者在大量的原始材料中，只集中选用了部分材料。请你和学习小组的同学一起梳理一下：这其中有哪些真人真事？作者在课文中选择了哪些背景材料？这些材料有什么作用？

任务阐述：因是“报告”，要求所反映的是真人真事。通过概括归纳，用图表来梳理包身工一天的活动以及有关包身工制度的内容，可以发现文章在每一部分新闻事实之后，总会穿插一些背景材料。如第二个场景中对于社会背景的介绍以及东洋厂对包身工需求量增大的原因的分析。这样的穿插，使得文章既描述了生活现象，又揭示了社会本质，也增强了文章的批判力度。

作者还将新闻事实和背景材料有机地融合在一起。可以从文中找到穿插在两者之间的转折性词句，例如：在写完四点一刻被骂作“猪猡”的包身工起身的情景之后，就以“但是，她们正式的名称却是‘包身工’”一句作为过渡，写这些乡下姑娘是如何被带工老板骗到城里来的；在介绍了四点半钟包身工们吃粥的情景后，就用“特殊的廉价‘机器’”来衔接，引出了日本厂家特别愿意雇用包身工的原因，对包身工受剥削、受压榨的情况做了具体、详细的介绍。材料如此运用和衔接，显得自然流畅。

任务二：聚焦细节，身临其境

报告文学的文学性是在忠实于真实的前提下，采用记叙、描写、议论、抒情等手法，塑造人物形象、刻画细节、营造氛围等，以此增强文章的可读性。文中大量的细节描写，在人物形象的塑造和环境的渲染上特别具有感染力。

活动探究1：文中多次提到“芦柴棒”这个人物，请选择一处关于她的片段描写，根据细节特点改编成一个视频拍摄脚本，命制一个镜头名称，并说明命制理由。完成后，在同学间交流，推荐优秀作品在班上展示。

任务阐述：视频拍摄脚本是将文字内容转换成视频内容的中间媒介，主要通过切割和细分文字所表达的内容，设计相应的镜头，配置背景音乐音效，把握时长、节奏和风格等，将文字图案化、视频化。文中三次提到“芦柴棒”这个人物。第一次是由老板喊她的名字而写出她那“手脚瘦得像芦棒梗一样”的外貌。第二次写她得了急性的重伤风。第三次写她身体瘦得像骷髅，连“抄身婆”都不愿意用手去接触她的身体。可选择其中一次进行改编，来再现“芦柴棒”遭毒打、受折磨、被虐待的情景。通过“芦柴棒”的悲惨遭遇的展示，感受包身工被压榨、被摧残的悲惨命运。

活动探究2：通过包身工们一天中起床、吃早餐和上工三个场景，我们了解了她们的苦难遭遇和悲惨命运。她们就是在恶劣的居住条件、恶劣的饮食条件以及恶劣的工作环境下日复一日年复一年地重复着这种非人的生活。请选择一处场景，结合具体内容，分析作者是经由哪些角度或方式进行描写的。形成大致的认识后，与你的同桌讨论一下，使分析更加完善。

任务阐述：每个场景的呈现，大致采用先概括后具体的方式。如清早起床的场景，开场便是一个凶恶男人破口大骂，在这叫骂声中，包身工们出场了，穿衣、提鞋、小便，胡乱地踏在别人身上，半裸体地起来开门，拎着裤子争夺马桶……这是速写式地描绘人物群像，属于概括性描写。又如关于居住条件——每间工房“七尺阔、十二尺深”，却要容纳“十六七个‘猪猡’”吃喝拉撒睡，这里用精确的数字进行具体描写，真实可感。

任务三：深入语言，体会情感

朱光潜先生曾说：“一篇文学作品到了手，我第一步就留心它的语文。……我所要求的是语文的精确妥帖，心里所要说的与手里所写出来的完全一致，不含糊，也不夸张，最适当的字句安排在最适当的位置。那一句话只有那一个说法，稍加增减更动，便不是那么一回事。”朱先生所说的“语文”表面上指语言文字，实际上指的是语言文字的运用及其效果，“稍加增减更动”“字句”其实是更动了作品的内容和情感。

活动探究1：通过对关键词语不同表述的比较，来体悟作者蕴含其间的感情。你能从“褒词贬用”“修辞”“句式”中的任一角度选择某个具体句子进行比较赏析吗？请将你的赏析用批注的方法在文旁呈现出来。

任务阐述：从词语色彩的变化读出作者的情感态度。如吃早餐场景中将“慈祥”“佳肴”等褒词贬用，讽刺了老板的苛刻和残忍。运用大量的比喻、对比、排比等修辞手法塑造包身工这一饱受摧残、深受剥削压迫的人物群像。如文中对“包身工”的称呼，用“猪猡”“懒虫”“机器”等借喻包身工，以此揭示其非人境遇。又如文末部分用6个“没有”与1个“有”，长短句结合的排比与对比，以排山倒海的气势控诉了包身工制度的罪恶。

活动探究2：上述途径是经由言语表层形式探究言语深处情感，在文中，作者另有用象征、联想和直抒胸臆等手法来形象表达或直接抒发，请你举个例子做一下分析，并将你的分析与同学交流分享。

任务阐述：全篇文字渗透着作者对包身工及其家庭的深切同情，对资本家、带工老板及其帮凶的憎恨，还有一种深深的悲哀之情。在叙述和描写的内容之外，可以圈画寻找抒情、议论的句子。如由包身工的制度联想到船户养墨鸭捕鱼，强烈地揭示了包身工受压迫的惨重和人不如禽的命运。又如文末用“黑夜”象征旧社会，“黎明”象征光明的新世界，直抒胸臆“警告某些人，当心呻吟着的那些锭子上的冤魂”，表达了对中国工人必将起来反抗，粉碎自己身上的枷锁的信心。

【课后任务】

在下面的横线上填写恰当的句子，使上下文意思连贯。

报告文学的力量来自哪里？不同的人可能有不同的答案。但谁都不能否认，____①____，来自它对发生的时代事件和时代人物的真实反映。“真实性”是报告文学的生命，是报告文学的根本力量所在，也是报告文学的首要美学特征。____②____？围绕这一问题，以夏衍为代表的文学大师们达成了一个共识，即对素材进行取舍、整理和剪裁必须遵循不回避、不夸大、不矫饰的原则，要杜绝无中生有和张冠李戴式的“艺术加工”，更不能信马由缰地发挥“主观创造性”。也就是说，____③____，哪怕这“虚构”仅仅是“略微”的。

参考答案：

①它的力量来自“真实性” ②报告文学如何达到“真实” ③报告文学不允许“虚构”

绍兴市高级中学 胡奇良

30.《荷花淀》教学微设计

【课文提要】

《荷花淀》写于1945年春，当时抗日战争已经进入最后阶段，党领导的抗日武装力量正在不断发展壮大。在这场伟大的民族解放战争中，根据地的广大群众在党的领导和教育下，同仇敌忾，奋起抗敌，表现了艰苦卓绝的斗争精神和大无畏的英雄气概，为保卫祖国，维护民族的独立与尊严，建立了不可磨灭的功绩。《荷花淀》就是在这样的背景下，以冀中抗日根据地人民的斗争生活为题材，经过精心构思谱写出的一曲爱国主义精神和革命乐观主义精神的赞歌。

本文以白洋淀为背景，展现了以水生夫妻为核心的一群普通战士和劳动人民的斗争精神。人物形象接地气、有活力。作者在表现战争场面时有别于一般战争题材的小说，把充满血腥的场面描写得充满诗情画意。这种小说被称为“白洋淀派”，又称“荷花淀派”。该派作品，一般都充满浪漫主义气息和乐观主义精神，情节生动，语言清新、朴素、富有节奏感，描写逼真，心理刻画细腻，抒情味浓，富有诗情画意，有“诗化小说”之称。高中语文必修上册中的《百合花》一文也体现了这样的风格特点。

【任务目标】

学习本文要通过分析小说对人物的刻画，了解人物的性格特点，感受人物的革命斗争主义精神，从而体会作品的深刻主题。同时，品味和欣赏“诗化小说”的创作风格。

本课的学习任务目标如下：

（1）梳理小说情节，分析人物的性格特点和形象特征。

（2）分析作品内容，感受革命文学作品的精神内涵和精神力量。

（3）了解“荷花淀派”的创作风格。

【预习任务】

1.阅读《荷花淀》全文，概括故事情节，画出情节发展脉络图。

2.查阅资料，了解“荷花淀派”的创作风格。

3.观看一部有关战争题材的电影，感受战斗场面。

【任务设计】

任务一：读故事，梳理情节

活动探究：孙犁在《关于〈荷花淀〉的写作》中说道，抗日战争时期，我主要是在平汉路西的山里工作。从冀中平原来的同志，曾向我讲了两个战斗故事：一个是关于地道的，一个是关于水淀的。前者，我写成一篇《第一个洞》，后者就是《荷花淀》。请你用第三人称复述这个故事，并梳理情节，完成下面这个表格。

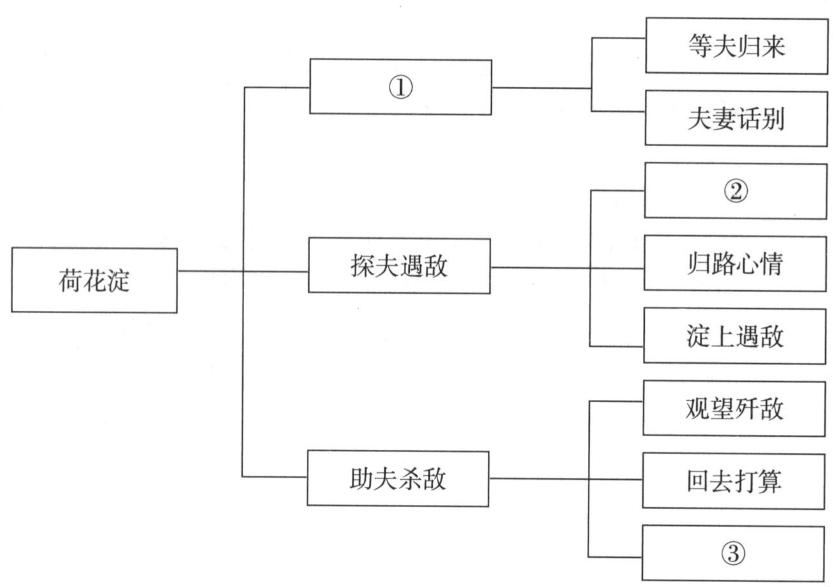

任务阐述：情节发展是小说展开叙述的基本模式，作者通过对社会生活的细致描写，表现复杂的矛盾冲突，叙述故事的发生、发展、高潮和结局，在情节的发展中展现人物性格的变化。《荷花淀》的叙述线索简单明了，可以引导学生寻找出文中表示时间的词语，如月亮升起来—很晚—鸡叫的时候—第二天—过了两天—快到晌午—正午—这一年秋季—冬天，快速地梳理出故事情节，为下面人物的分析和主题的提炼做好准备。

①送夫参军　②马庄探夫　③迅速成长。

任务二：明人物，感知主题

活动探究1：人物是小说的核心，小说所要表现的主题是通过人物的塑造表现出来的。小说中出现的人物有水生、水生嫂、女人们、战士们。你认为主人公是谁？

任务阐述：从文中着墨多少和主题表现来看，主人公应该是水生嫂。

活动探究2：文中塑造了怎样的一个水生嫂？结合小说情节，与同学一起概括出人物的性格特征。

任务阐述：本任务要求根据小说情节概括人物的性格特征，可列表来明确。

情节	人物特征
送夫参军	勤劳能干、温柔体贴、机敏稳重、任劳任怨、深明大义
探夫遇敌	乐观、遇事镇定、勇敢、机智
助夫杀敌	不甘落后，追求进步

活动探究3：文中运用了哪些描写方法来表现水生嫂的性格特征？请结合课文内容进行分析。

任务阐述：本任务要求学生根据课文内容分析文中主要运用了哪些描写方法来表现人物的性格特征。

（1）"这女人编着席。不久在她的身子下面，就编成了一大片。""'今天怎么回来得这么晚？'站起来要去端饭。""水生笑了一下。女人看出他笑得不像平常。'怎么了，你？'""'你走，我不拦你。家里怎么办？'"女人鼻子里有些酸，但她并没有哭。只说：'你明白家里的难处就好了。'"等。语段运用动作描写和语言描写，表现了水生嫂勤劳能干、温柔体贴、机敏稳重、任劳任怨、深明大义的性格特点。

（2）第35—39自然段运用几个女人们之间的对话描写，表现了她们既有共性又有个性的差别。同样地关心自己的丈夫，同样地深明大义。可是个性又有差异：有人委婉含蓄，聪明伶俐；有人快人快语，爽朗直率；有人性急冒失，不顾一切；有人羞涩扭捏，欲盖弥彰；而水生嫂稳重谨慎，考虑周密。

（3）在水生说第二天要去大部队时，"女人的手指震动了一下，想是叫苇眉子划破了手。她把一个手指放在嘴里吮了一下"。女人虽然一个字没有说，但背后有着波澜起伏的心情，从震惊到镇定。"震动""吮"等细节写出了丈夫"明天"就要参军到大部队上去，的确出乎水生嫂的意料之外，心里受到震动，手指不由自主地震动了一下。但水生嫂毕竟是一个识大体、明大义的人，很快地把一个手指放在嘴里"吮"了一下，她用这个动作迅速平复了自己的情绪，她不能让丈夫看出自己有软弱的表现，并做出了支持丈夫参军的决定，显示了她的坚强性格。

活动探究4：文学作品中的人物具有典型性。恩格斯在《致玛哈科纳斯的信》中说道："据我看来，现实主义的意思是，除细节的真实外，还要真实地再现典型环境中的典型人物。"文中出现的女性不止一位，她们没有名字，只有一个代号"女人"，水生嫂是她们当中的一个代表人物，应该说她身上体现出来的许多优点和美好品质也是这群"女人"所具有的。正如《百合花》中的人物均没有姓名，而其中的小战士和新媳妇也是军民的典型代表，他们之间关系的进一步融洽也代表了军民的鱼水情。《荷花淀》里的水生嫂应该也是泛称，小说看似淡化人物，其实体现了特定时代中人物特质的普遍性，让读者更能体会到革命斗争岁月中人民群众所具有的革命精神和美好品质。

孙犁在《关于〈荷花淀〉的写作》中说："至于那些青年妇女，我已经屡次声言，她们在抗日战争年代，所表现的识大体、乐观主义以及献身精神，使我衷心敬佩到五体投地的程度。"这应该是作者所要表现的人物的典型性吧。那么，本文作者是如何来刻画典型的人物形象的？

任务阐述：阅读一篇小说，要从三要素出发，情节、人物、环境，而这三者又是相互交织在一起的，彼此都有关联。小说之所以具有独特的艺术魅力是由于它塑造了具体可感的典型人物形象。典型人物形象是指极具有独特而鲜明的个性，又能反映一定社会的某些本质、具有某种共性的人物形象。人物塑造的手段是多种多样的，一般有正面描写和侧面描写之分，正面描写又可以有多个角度，可以进行语言描写、动作描写、心理描写等。《荷花淀》对人物的描写多为正面，作者通过对人物的语言、动作等角度的描写来塑造人物形象，树立起了革命根据地劳动妇女和普通战士的典型形象。

任务三：做比较，鉴赏文体

提起战争，我们自然会联想到枪、炸弹、炮火、伤亡等相关的词语。但不同的作家有他们不同的语言表述风格。请对比阅读下面两个片段。

片段一：李云龙有他的人生信条，那就是：面对强大的敌人，明知不敌也要毅然亮剑；即使倒下，也要成为一座山，一道岭！

李云龙已经接近了敌人，他一声不吭就开了火，敌人倒下一片，他身后的警卫连一拥而上，猛烈的火力在抵近射击中显出巨大威力，扫到哪里，哪里就有成片的敌人被扫倒。李云龙得了便宜就不让人，哪里敌人密就往哪里打。与此同时，那颗被几乎垂直的炮管发射出来的迫击炮弹从五六十米的高空带着尖利的呼啸声，落在李云龙身旁，在爆炸的一瞬间，他觉得自己仿佛变成一片轻飘飘的羽毛升了起来，无边的黑暗像潮水般地涌上来……

——《亮剑》

片段二：枪声清脆，三五排枪过后，他们投出了手榴弹，冲出了荷花淀。

手榴弹把敌人那只大船击沉，一切都沉下去了。水面上只剩下一团烟硝火药气味。战士们就在那里大声欢笑着，打捞战利品。

——《荷花淀》

活动探究1：试比较这两个片段，感受不同语言的语言风格。

任务阐述： 这一课三篇小说的作者用不同方式抒写了革命故事和革命者的情怀，阅读时体会他们各自不同的创作风格也是本课一个重要的学习任务。《荷花淀》以清新的笔触刻画了善良勇敢的军民形象，充满有别于一般战争小说的诗情画意。通过比较分析，让学生能更清楚地了解这一篇“诗化小说”的特点。

两个文段相比，《荷花淀》关于战争的描写没有《亮剑》那么紧张、急促，少了一些战争的残酷感，节奏也舒缓了些。这是《荷花淀》有别于其他战争题材小说的鲜明特点。

活动探究2：请与你的同学一起，再从《荷花淀》中找出一些具有诗化特点的语言加以赏析，从中归纳出“诗化小说”的一些特征。

任务阐述： 本任务要求学生从文中再找一些具有诗化特点的语言，并通过赏析归纳出“诗化小说”的一些特征。

小说开篇就营造了一种诗意的氛围：“月亮升起来，院子里凉爽得很，干净得很。白天破好的苇眉子潮润润的，正好编席。女人坐在小院中，手指上缠绞着柔滑修长的苇眉子。”高升的月亮、干净凉爽的院子、柔滑修长的苇眉子、像雪地和云彩一样洁白的苇席、一片银白的荷花淀、水面的薄雾、徐徐的清风、清新的荷香，这一切营造出了一幅充满诗情画意的意境。孙犁认为，人性美的、善的力量应该比战争中仇恨的、罪恶的走得更远，他还曾说，“善良的东西和美好的东西”曾深深地感动着他，“看到真善美的极致”，他写了一些作品。因此，他虽然写的是关于战争题材的作品，但更想表达的是人性的美和精神的魅力，所以在具体的叙述过程中，淡化战争的残酷，进行隽永、抒情、柔和、唯美的诗意言说。之所以将作品取名为《荷花淀》而非《白洋淀》，也是因为荷花的意象更能突出像水生嫂一样的抗日根据地的劳动妇女如荷花一样的高洁的品质。作者意图通过环境衬托人性之美。

在文中，类似的“诗化语言”还有很多，如“几个女人羞红着脸告辞出来，摇开靠在岸边上的小船。现在已经快到晌午了，万里无云，可是因为在水上，还有些凉风。这风从南面吹过来，从稻秧上苇尖吹过来。水面没有一只船，水像无边的跳荡的水银”“她们轻轻划着船，船两边的水哗，哗，哗。顺手从水里捞上一棵菱角来，菱角还很嫩很小，乳白色。顺手又丢到水里去。那棵菱角就又安安稳稳浮在水面上生长去了”“她们奔着那不知道有几亩大小的荷花淀去，那一望无边际的密密层层的大荷叶，迎着阳光舒展开，就像铜墙铁壁一样。粉色荷花箭高高地挺出来，是监视白洋淀的哨兵吧”“一人摘了一片大荷叶顶在头上，抵挡正午的太阳。几个青年妇女把掉在水里又捞出来的小包裹，丢给了他们，战士们的三只小船就奔着东南方向，箭一样飞去了。不久就消失在中午水面上的烟波里”等。

通过比较分析，可知“诗化小说”的主要特征为重意象，重象征，淡化情节，利用环境描写、场景描写、细节描写等手段营造充满诗情画意的情感氛围，进而凸显小说主题。而因为《荷花淀》突出体现了这种特征，所以具有相同特征的小说被称为“荷花淀派”。

【课后任务】

阅读孙犁在同一时期创作的另一篇诗体小说《芦花荡》，分析老头子的形象特点，并鉴赏这篇小说是如何体现“诗化小说”这一特点的。

参考答案：

（1）形象特点：①智勇双全；②爱憎分明，他对同胞姐妹充满了爱，对日本鬼子满怀仇恨；③精明干练，老头子年纪虽老，但老当益壮，显示了他干练、精明的内在气质；④自信自尊。（答出三点即可）

（2）“诗化小说”这一特点的主要表现：①诗意美。小说故事情节虽简单，但故事所表现的主题却具有浓郁的诗意美，赞扬了中华民族抵抗外侮、争取民族解放和民族独立的不屈不挠的斗争精神，歌颂了抗日根据地人民强烈的爱国主义思想和大无畏的英雄气概。②清新的语言。该文语言凝练、含蓄、优美、生动、富于色彩美和音响效果。③如画的环境。该文中的自然景物描写，构成了鲜明生动的意境，充分体现了诗的情调、诗的感情。④至善的人物，小说中的老头子虽老，却充满了人情之美。⑤舒缓的情节。孙犁的小说一般不具有紧张曲折的故事情节，他着力展示的是人情美，而不力图以情节取胜。全文几乎没有明显的情节高潮，一切都在柔美的芦花荡里缓缓地进行，就像那脉脉的流水一样。

乐清市知临中学　吴　敏

31.《小二黑结婚（节选）》教学微设计

【课文提要】

赵树理的创作代表了20世纪40年代解放区文学创作的最高成就，《小二黑结婚》是赵树理写于1943年的短篇小说。他所持有的“文艺大众化”的主张和20世纪40年代的主流政治不谋而合，被解释为一种新型文学方向的代表，是最能体现毛泽东的《讲话》中所提出的文艺路线的典范，其流风余韵直接影响了整个五六十年代的文学创作，并以其为首开创了“山药蛋”一派，为中国现代文学的民族化和大众化做出了重要贡献。

小说描写了抗战时期解放区一对青年男女为追求婚姻自由，冲破封建传统和守旧家长的阻挠，最终结为夫妻的故事。小说塑造了二诸葛、三仙姑两个落后农民和小二黑、小芹两个年轻进步农民的形象，通过这两对思想观念截然相反的农民的对照，揭示了当时农村中旧习俗的封建残余势力对人们思想行为的束缚，以及新老两代人的意识冲突与变迁，说明了实行民主改革、移风易俗的重要性，同时歌颂了民主政权的力量，反映了解放区的重大变化。

《小二黑结婚》以解放区仍然存在包办婚姻的行为作突破口，通过人们司空见惯的生活现象，揭示出反封建思想斗争的重要性和长期性问题，具有极其重要的现实意义。小说结构完整，情节跌宕，语言通俗，富于地方色彩，开创了中国评书体的现代小说形式。

【任务目标】

本课的学习任务目标如下：

（1）概括小说主要情节，分析个性鲜明的人物形象，把握小说主题思想。

（2）通过比较了解“山药蛋派”与“荷花淀派”不同的风格特点。

（3）鉴赏小说“新评书体”式通俗化、大众化的语言风格。

【预习任务】

1.阅读《小二黑结婚》全文，概括故事情节，画出人物关系图。

2.查阅资料，了解“山药蛋派”的创作背景和风格特点。

【任务设计】

任务一：列表格，明关系

活动探究：《小二黑结婚》的突出成就之一就在于描写了解放区的新天地和新人群，反映了新的生活和主题。作品通过陕甘宁边区农村青年小二黑和小芹争取婚姻自主的故事，描写了农村中新生的进步力量同落后愚昧的迷信思想及封建反动势力之间的尖锐斗争，以主人公在新政权的支持下突破阻碍获得幸福婚姻显示出民主政权的力量和新思想的胜利。

请你在疏通全文内容的基础上，与同学一起填写如下表格，明确新旧两大阵营的人物关系和矛盾冲突。

阵营	人物	主要事件	矛盾起因	斗争结果
新	小二黑、小芹			
旧	兴旺、金旺			
	二诸葛			
	三仙姑			

任务阐述： 小说吸取了民间“讲故事”的叙事模式，注重情节的连贯性与完整性，全书由12个相对独立的故事单元共同组合而成，每个独立的故事又冠以小标题，在故事情节的进展中刻画人物，又借助人物性格的发展来推动故事情节的发展。但是人物描写是平面化的，这种重“事”轻“人”的艺术风格可以说是对评书艺人的学习，在人物的塑造上继承了我国古典小说的传统写法，不关注人物的心理描写，更多的是把人物放置在矛盾冲突和故事情节中，试图通过人物自身的语言和行动来展现人物的性格特征。通过设计“新”和“旧”两大阵营，让学生快速地捕捉到矛盾冲突的对立面，从而理清情节，把握人物形象，明确主题思想。

阵营	人物	主要事件	矛盾起因	斗争结果
新	小二黑、小芹	自由恋爱， 登记结婚	被指责违法， 家长反对， 情况属实	胜利结婚
旧	兴旺 金旺	已婚偷情，要求军法处置	被指认诬陷 公报私仇	被法办
	二诸葛	承认童养媳，反对小二黑和小芹结婚	小二黑不承认童养媳， 二诸葛迷信阴阳八卦	不再算卦问卜
	三仙姑	承认和吴家的亲事，反对小芹和小二黑结婚	小芹反对和吴家的亲事， 三仙姑被女儿抢风头	改头换面， 重新做人

任务二：析语言，识手法

活动探究1：《小二黑结婚》是赵树理确立自己创作风格的代表作、成名作，也是体现他在实际工作中发现问题，形成主题创作思想的代表作，完成于1943年5月，发表后一举打破了新文学和农民之间存在的隔膜，引起了解放区和国统区广大读者的浓厚兴趣，具有浓厚的山西地域色彩。小说以晋东南农村作为写作背景，其人物语言、社会风俗习惯都具有浓厚的山西味道，如正月里扮故事、请神算卦等，课文主要塑造了几组人物，请给他们分类，并概括出他们的特点。

任务阐述： 课文主要塑造了三组人物。

(1) 新型农民的典型：小二黑和小芹。他们是解放区新一代农民的典型。他们敢于斗争，主要表现为敢于掌握自己的命运，反对封建迷信，反对黑暗势力。

（2）落后农民的典型：二诸葛、三仙姑。他们由于深受封建思想的毒害，既不明白自己受苦的根源，又无力改变自己的生活地位，便养成了落后、守旧、自私、迷信的性格。

（3）封建恶势力的代表：金旺、兴旺。金旺兄弟利用农村新政权的稚嫩和农民的保守思想攫取了基层政权的职位，为非作歹兴风作浪，调戏小芹，非法捆绑小二黑和小芹，把持乡村政权。但他们最终还是逃不出人民政权的惩罚。

小说通过抓住人物极具个性化的语言，结合山西方言，塑造了一个个活生生的农民形象。

活动探究2：赵树理说："我的语言是被我的出身决定的。"他强调"从群众丰富的话海里吸收丰富的养料"，因此他在作品中大量使用活态的农民语言，传神地勾勒出人物形象。请试着分析下面几段话分别是谁说的。

（一）

"唉！我知道这几天要出事啦！前天早上我上地去，才上到岭上，碰上个骑驴媳妇，穿了一身孝，我就知道坏了。我今年是罗睺星照运，要谨防戴孝的冲了运气，因此哪里也不敢去，谁知躲也躲不过。昨天晚上二黑他娘梦见庙里唱戏。今天早上一个老鸦落在东房上叫了十几声……唉！反正是时运，躲也躲不过。"

他说："了不得呀了不得！丑土的父母动出午火的官鬼，火旺于夏，恐怕有些危险了。唉！人家把他选成青年队长，我就说过不叫他当，小杂种硬要充人物头！人家说要按军法处理，要不当队长哪里犯得了军法？"

他就指着小二黑骂道："闯祸东西！放了你你还不快回去？你把老子吓死了！不要脸！"……（　　　）道："那也可以，不过还得请区长恩典恩典，不能叫他跟于福这闺女订婚！"区长说："这你就管不着了！"（　　　）发急道："千万请区长恩典恩典，命相不对，这是一辈子的事！"

（　　　）一夜没有睡，一遍一遍念："大黑怎么还不回来，大黑怎么还不回来。"……他远远就喊叫道："大黑！怎么样？要紧不要紧？"

（一）

"刘修德！还我闺女！你的孩子把我的闺女勾引到哪里了？还我……"……（　　　）去寻二诸葛，一来为的是逞逞闹气的本领，二来为的是遮遮外人的耳目，其实小芹吃一吃亏她很高兴……

（三）

区长问（　　　）道："（　　　），你愿意不愿意！"（　　　）说："不愿意！"

区长说："你不问我替你问！（　　　），你娘给你找的婆家你愿意跟人家结婚不愿意？"（　　　）说："不愿意！我知道人家是谁？"

（　　　）和（　　　）各回各家，见老人们的脾气都有些改变，托邻居们趁势和说和说，两位神仙也就顺水推舟同意他们结婚……（　　　）好学三仙姑下神时候唱"前世姻缘由天定"，（　）好学二诸葛说"区长恩典，命相不对"。

任务阐述：语言描写是小说塑造人物形象的方法之一，抓住文中人物的语言描写进行分析，可以洞悉人物形象的个性特征和内心世界，探知人物的社会地位与特殊身份，可以了解故事情节的发展与作品的主题以及时代特点，同时还可以明了故事的来龙去脉，理清故事的发展脉络。

这篇小说的语言极具地方特色，听音识人物，明特色。

上述语段中诸如“罗睺星照运”“丑土的父母动出午火的官鬼”“恩典恩典”“逞逞闹气的本领”“不愿意”等词语和短语都尽显人物的身份、性格特点。除此之外，故事中其他叙述性的语言也充分体现了赵树理的语言风格：“院里的人们忽然转了话头，都说‘那是人家的闺女’‘闺女不如娘会打扮’，也有人说‘听说还会下神’，偏又有个知道底细的断断续续讲‘米烂了’的故事……这些语言都充分体现了地方特色、农民心态特点。

任务三：做比较，识风格

活动探究：《小二黑结婚》是赵树理的代表作之一，以赵树理为代表的一个当代文学流派被称作“山药蛋派”。“山药蛋派”继承和发展了我国古典小说和说唱文学的传统，小说以叙述故事为主，将人物情节的描写融化在故事叙述之中，结构顺当，层次分明，主要通过语言和行动来展示人物性格，善于选择和运用内涵丰富的细节描写，语言朴素，有地方色彩，形成一种“新评书体”，作品通俗易懂，具有浓厚的民族风格和地方色彩。与前文《荷花淀》进行比较，你发现两篇小说有哪些方面不同？请完成下列表格，并在完成后与同学交流完善一下。

篇名	风格派别	主要描写手法	环境描写	语言特点	主题倾向
《荷花淀》					
《小二黑结婚》					

任务阐述：这一课三篇小说作者用不同方式抒写了革命故事和革命者的情怀，阅读时体会他们各自不同的创作风格也是本课的一个重要的学习任务。《荷花淀》以清新的笔触刻画了善良勇敢的军民形象，充满有别于一般战争小说的诗情画意。而《小二黑结婚》以十分接地气的充满山西方言特点的写实的叙述笔法，展现了20世纪四五十年代另一种比较受大众喜爱的文学样式。通过前后文的比较，能让学生清楚地认识两个文学派别的不同之处，学会欣赏作家塑造艺术形象的深刻功力和富有个性的创作风格。

篇名	风格派别	主要描写手法	环境描写	语言特点	主题倾向
荷花淀	白洋淀派	心理、语言、动作描写	描写充满诗情画意	语言清新，朴素，富有节奏感	强调赞美新时期的人性美、精神美
小二黑结婚	山药蛋派	语言描写、白描手法	重叙述、轻描写，重在写实	山西方言、土味、幽默、乡土气息浓厚	重在批判旧时代的陋习，揭示农村充满尖锐复杂矛盾的现实生活

【课后任务】

阅读《小二黑结婚》全文，选取一个角度分析“山药蛋派”和“荷花淀派”的不同点。

参考答案：

提示：可从语言特色、人物塑造的主要手法、主题的异同点等角度分析。

乐清市知临中学 吴 敏

32.《党费》教学微设计

【课文提要】

王愿坚（1929—1991），山东诸城人，中国电影编剧、作家。1944年到抗日根据地参加革命工作，1945年参加八路军。解放战争时，在华东野战军第三纵队的报社任编辑和记者。其主要作品有《党费》《粮食的故事》《普通劳动者》《足迹》《路标》《妈妈》《灯光》等，1974年与陆柱国创作了著名的电影文学剧本《闪闪的红星》。本文属于“十七年”（1949—1966）时期的革命历史题材小说，这类小说在叙写时会将时间、事件、人物、环境交代得很清楚，故事情节完整，具有很强的纪实性，被人们称为“纪实体小说”。

故事发生在1934年10月，中央红军北上长征，国民党调遣重兵进攻“围剿”闽粤赣苏区。军事上，采用“驻剿”和分进合击的战术；政治上，实行移民并村，断绝群众资助红军的粮食来源，欲置红军于死地。在敌人的残酷“围剿”下，我党在苏区的革命工作遇到极大困难。《党费》描绘的就是在那年秋天，游击队开展敌后战争时，一位女共产党员缴党费的故事。

【任务目标】

小说采用第一人称回忆讲述式写法，紧紧围绕缴党费这一典型事件，截取生活和人物性格发展的一个横截面，着重描写“我”和黄新的两次会面。全篇结构严谨，人物和事件有着严密的内在联系，情节发展变化曲折，主题突出。

本课的学习任务目标如下：

（1）概括这篇小说的主要故事情节，品鉴结构上的巧妙安排。

（2）分析人物细节描写，把握个性鲜明的人物形象特点，体悟小说的主题思想。

（3）通过比较了解纪实体小说与“山药蛋派”“荷花淀派”不同的风格特点。

【预习任务】

1.查阅资料，了解故事发生的时代背景。

2.阅读全文，概括故事情节。

3.查阅资料，了解纪实体小说的风格特点。

【任务设计】

任务一：读故事，梳理情节

活动探究1：小说叙写的是1934年秋天，我党在敌人的残酷“围剿”下，游击队开展敌后战争时，一位女共产党员缴党费的故事。小说采用第一人称回忆讲述的写法，紧紧围绕缴党费这一典型事件，截取生活和人物性格发展的横截面，着重描写了“我”和主人公黄新的两次会面。“党费”既是本文的线索，也是表现主题的一个载体。请用表格的形式梳理全文的故事情节。

任务阐述：故事情节一般包括开端、发展、高潮、结局，让学生顺着这个思路进行梳理即可。

情节	具体内容	
开端	被逼上山	
发展	初到八角坳	唱红歌、择菜叶、与我接头、想缴党费
高潮	再到八角坳	为红军腌咸菜、阻女儿吃咸菜、为掩护我被敌人带走
结局	带着党费回到山里	

活动探究2：小说以《党费》为题，党费在文中起到了什么作用？

任务阐述：小说始于党费，结于党费，党费是贯穿全文的一个线索，也是充分体现主人公精神品质的一个载体。“我”第一次与她见面告别时，她想到有几个月没有缴党费了，便拿出鲜红的党证和丈夫留给她的仅有的两块银洋缴党费。这是她第一次缴党费，这一举动反映出她在特定情境之下，作为一个党员的自觉主动和倾其所有，作品在此是将缴党费作为揭示和刻画人物的典型行为来描写的。第二次缴党费则是小说叙述的重点，这部分叙述极有层次感，通过作为一个母亲的她为了缴党费不让女儿吃咸菜，我们看到了一个感人至深的共产党员形象。小说在结尾处写道：“一筐咸菜是可以用数字来计算的，一个共产党员爱党的心怎么能够计算呢？一个党员献身的精神怎么能够计算呢？”主人公缴党费的行动本身透视出一个党员对党的无限忠贞，揭示出中国共产党领导的革命之所以取得胜利的根本缘由。循着这个情节的发展，“我”对党费的认识也发生了变化：

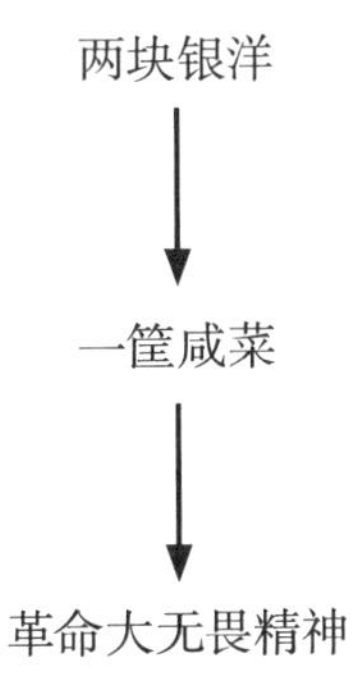

王愿坚曾说：“我们的革命先烈和前辈，不但用生命和鲜血为我们今天的幸福生活铺平了道路，而且给我们留下了取之不尽用之不竭的精神财富。歌颂英雄的前辈，努力开掘、搜求和理解革命的精神财产，这就是我学习写作过程中，给自己定的艺术探求的目标，也是这些作品

的共同主题。”通过梳理故事情节和对党费的认识，了解那个年代地下党员行为背后的精神力量——他们对党的忠诚与热爱，对信仰的坚定追求，对革命的赤诚奉献，大无畏的英雄情怀，从而加深对作品主题的理解。

任务二：析细节，认识人物

活动探究：作者从1954年开始发表第一篇短篇小说《党费》，他的作品取材独特、主题鲜明、构思巧妙，善于抓住和捕捉典型人物在特定环境中的突出特征和英雄行为，来表现主人公的非凡品格和崇高精神，写得细腻真切、生动感人，富有故事性和文学性，大多成为脍炙人口、魅力长存的作品。《党费》成功地塑造了共产党员黄新的形象。小说一开始借魏政委的介绍交代了黄新作为农村骨干、“扩红”时的新媳妇、长征后的军属这段生活史、成长史；“我”作为联络员潜入村子时听到的《送郎当红军》传出的是她的心声；接上头之后她对摘菜人员的疏散，对窝棚破洞的交代，显示出她干练的组织才能和高度的警惕性；给我窝头咸菜开饭，表现出她女性的细心和关怀；领受任务，表明她坚持地下斗争的坚定态度；临别时拿出两块银洋缴党费的细节，袒露了她对党的拳拳忠心 。小说之所以打动人，就在于其对人物细节的挖掘非常到位，使人物“立”了起来。

小组合作，找出“我”与黄新的两次会面中，让你印象深刻的细节。

任务阐述：“十七年”文学呈现的特点是非常鲜明的，因为是中华人民共和国成立之初，全国人民对中国共产党非常崇拜，国人都非常积极向上，思想非常单纯，所以这一阶段的作品题材集中在三个方面：歌颂、回忆、斗争。对小说这种文学体裁来说，突出体现在对革命时期人物形象的塑造和刻画上，而小说又是以在特定的环境中依靠完整的故事情节来塑造典型的人物形象为己任，因此在阅读小说的过程中，通过分析描写人物的细节，就能够准确把握人物的性格特点和精神特征，从而能更准确地把握小说的主题思想和这类小说的时代意义和价值。

（1）前后呼应，推动情节发展。

	印象深刻的细节	我的感受
第一次会面	“盐，等以后搞到了再分！”	有些疑惑
第二次会面	“这年头盐比金子还贵……”	革命环境艰苦，斗争精神执着

（2）细节对比，突显人物形象。

	印象深刻的细节	我的感受
第一次会面	“你们可受了苦了；好的没有，凑合着吃点儿吧！”	感动于革命同志的真挚情谊
第二次会面	“乖妞子，咱不要……”“只要有咱的党，有咱的红军，说不定能保住多少孩子哩！”	辛酸、敬佩

令人感动的细节还有很多，比如：再次会面时，她对女儿的哄词，表现出她同志情胜于母女情的革命理智；与“我”接头时关于将咸菜作党费的陈述，发生异常时的应变措施和对“我”的叮咛，都闪射出她的智慧和机敏。在“我”可能暴露被抓的关键时刻，她当机立断，施出“调虎离山计”，用宝贵的生命掩护“我”，保住了山上的“中心县委”。“孩子，好好地听妈妈的话”的

双关语，是她性格中最光彩的语词，浓缩了她全部行为的思想内核和心声。一个在残酷的阶级斗争年代义无反顾、献身革命的女烈士的光辉形象巍然屹立。作者把主人公放置在敌与我、血与火的尖锐矛盾和生死对立中加以刻画，从阶级情与母女情的理智抉择中凸显她对党对革命的一颗红心。人物性格发展貌似平面单线条，而实际上已呈现出丰满厚实的立体状。

任务三：明特点，赏析风格

活动探究：被人称为“故事篓子”的王愿坚是“十七年”文学时期纪实类小说的代表作家，为了让自己的小说写得更真实，他深入革命根据地，几次重走长征路，访问当地群众和红军老战士、老赤卫队员；他采访了100多位第一次授衔的老将军和9位元帅，并在其中的几位元帅身边生活了一段时间；他每到一处，凡有革命历史博物馆，必去参观，并把他认为有用的资料仔细地记录下来；只要是有关红军题材的资料，他都要借来抄写成册，那时没有复印机，他都是在业余时间、工作间隙用钢笔抄写。“他认为这些含血带泪的故事对于在中华人民共和国出生的年轻一代太有教育意义了。人民生活肯定是越来越好，对在优越的环境中长大的年轻人来说，太需要让他们知道老一辈革命者的英勇奋斗、不怕牺牲的精神，他们前赴后继创造了中华人民共和国和现在的幸福生活，我们年轻人应该不忘初心，继续踏着革命先辈的足迹奋勇向前。因此，愿坚认为作为一个党的宣传员，他有责任把这些故事写出来。”（王愿坚夫人翁亚尼语）作者说自己是一名党的宣传员，他希望自己写出来的故事和人物让读者感觉是真实的，因此，有别于本课前两篇小说的第三人称叙述角度，这篇小说运用了第一人称作为故事的讲述人。那么故事的讲述人是谁？这样设计有什么好处？请将本文的叙述视角等与《荷花淀》和《小二黑结婚》进行比较。

任务阐述：王愿坚没有亲身经历过第二次国内革命战争时期的斗争，但部队战斗生活的实际使他对战争有着非常直接的感受、体验和积累，加之其对红军和革命根据地人民史诗般的斗争生活进行的采访，占有了这方面丰富的生活素材，使他对这段历史有了十分深刻的了解，为了让事件和人物更加真实可信，采用第一人称来讲述就比较有信服力。这一课共有三篇反映不同时期革命历史题材的小说，《荷花淀》和《小二黑结婚》都是用第三人称来叙述，而《党费》用的是第一人称，这正体现了作为纪实类小说的一大特征。

故事的讲述人是作者自己。用第一人称，以有限视角给读者亲历的感受，让人感到亲切真实，从作者方面来说，这样设计更便于直接表达自己的思想感情，同时有更多剪裁故事、突出重点的空间。而前两篇小说用第三人称来讲故事，能够比较自由灵活地反映故事内容，人物有比较广阔的活动范围，作者还可以比较自由地发表自己的观点，做出评论。

小说	叙述视角	叙述人称	效果、作用
《荷花淀》	全知视角	第三人称	便于抒情议论
《小二黑结婚》	全知视角	第三人称	更加客观也交代事件
《党费》	有限视角	第一人称	真实、亲切

【课后任务】

王愿坚和峻青堪称战争题材短篇圣手，两人又是“十七年”文学的代表作家，但两人的写作风格却迥然不同，峻青重于抒情，而王愿坚重于写实。读王愿坚的小说，会被一件件写实的小事震撼，读峻青的小说，即便描述残酷的事件，也能感受到浓郁的浪漫主义气息。请阅读峻青的《黎明的河边》，感受不同的作品风格。

参考答案：

略。

乐清市知临中学 吴 敏

33.《屈原列传》教学微设计

【课文提要】

课文节选自《史记·屈原贾生列传》。《史记》记载了我国从远古直到汉武帝时的历史，是我国第一部纪传体通史。后来，我国封建社会的“正史”，大多数沿用《史记》开创的这种体例。《史记》不但是一部史学名著，而且是一部文学名著。它善于塑造人物形象，语言简洁生动；同时富于抒情性。它在叙述史实时，饱含着作者强烈的爱憎感情，大概是因为这个原因，鲁迅誉之为“史家之绝唱，无韵之《离骚》”。

司马迁大约是因为屈原、贾谊都是文学家，又都怀才不遇，贾谊还作过《吊屈原赋》，所以就把他们合写一传。课文选的是屈原的传文部分（有删节）。秦朝以前，古书中都不记载屈原的生平事迹。《史记》中的这篇传记，是记载屈原生平事迹最早、最完整的文献。

本文是一篇极为优秀的传记文学。文章以记叙屈原生平事迹为主，用记叙和议论相结合的方式热烈歌颂了屈原的爱国精神、政治才能和高尚品德，严厉地谴责了楚怀王的昏庸和上官大夫、令尹子兰的阴险。本文所记叙的屈原的生平事迹，特别是政治上的悲惨遭遇，表现了屈原的一生和楚国的兴衰存亡息息相关，他确实是竭忠尽智了。屈原留给后人的财富甚丰，他的高尚品德、爱国精神乃至文学成就，至今具有深远的影响。

【任务目标】

学习本单元，要“回到历史现场”，鉴赏作品精湛的叙事艺术和说理艺术，领会其中体现的历史观念、家国情怀和担当精神；理解史家对笔下人物的认识和评价，把握论证的观点和叙事、说理融合的论述方式，学习和借鉴他们思考社会现实问题的态度和方法。

本课的学习任务目标如下：

（1）了解《史记》和相关知识，把握史传类文学作品的基本特点。

（2）掌握文中涉及的重点文言知识，重点是“伐”“见”等实词和被动句。

（3）学习课文，进一步理解屈原的伟大人格和始终不渝的爱国精神。

（4）学习本文选取的典型事例并学习运用“传”“评”结合的方式凸显人物品格和精神的写作方法。

【预习任务】

1.重点预习课文第三小节、屈原与渔父对话部分和最后一小节。大致了解并概括文章其他部分的内容。

2.回顾《离骚》(节选),写下你的“屈原印象”。

【任务设计】

任务一:梳理结构,把握人物

活动探究1:在预习的基础上,请学生向同桌复述故事情节,并和同桌一起试着把课文分为四个部分。

任务阐述: 文言文阅读不仅要关注一字一词一句,还要关注文章的整体,看文章整体写了什么内容,哪些人、哪些事、什么性格品质,这些是先要把握住的。要弄清文章整体的内容及行文特点,这是整体阅读的核心内容之一。

这篇传记主要就是为人才的身世遭遇鸣不平,抒发一种忠心耿耿、才干卓绝,却受打击、遭压迫,报国无门,以致穷困潦倒、抑郁而死的终天愤慨。

本文的结构划分如下:

第一部分(第1—3自然段):屈原由“王甚任之”到“王怒而疏”。

第一层(第1—2自然段):因才而被“任”,因“谗”而被“疏”。(记叙)

第二层(第3自然段):创作《离骚》的缘由,对屈原志向和人格的评价。(议论抒情,详写)

第二部分(第4—9自然段):屈原由见“绌”到见“迁”。

第一层(第4—7自然段):屈原被“绌”后,楚怀王三次被骗,最终客死于秦。(记叙)

第二层(第8自然段):批评楚怀王“不知人之祸”。(议论抒情)

第三层(第9自然段):顷襄王昏庸,对屈原“怒而迁之”。(记叙)

第三部分(第10—11自然段):屈原以身殉国的经过以及他对后世的影响。(叙议结合)

第四部分(第12自然段):司马迁的评价。(议论抒情)

活动探究2:太史公在评价里说,“适长沙,过屈原所自沉渊,未尝不垂涕,想见其为人”。“想见其为人”,屈原到底是一个什么样的人呢?请你根据课文内容,联系你对屈原的了解,概括几条与同学们交流。

任务阐述: 文中从多个方面来记叙了屈原的生平事迹,给我们展示了人物的品格特征。一是直接叙说屈原才能出众。二是通过对《离骚》的高度评价赞美了他志洁行廉、出淤泥而不染的精神气节。三是通过写楚国的外交失败,显现了屈原对楚国的眷顾和怀念。四是借批评楚怀王不识忠奸,衬托屈原的正直和忠诚。五是借与渔父的对话表现了屈原高洁的人格追求。六是通过写宋玉之徒来反衬屈原敢于直谏的品行。

屈原正道直行、志洁行廉、正直忠诚、直谏从容,这些品格体现在他的整个生平当中。但无论哪个人生阶段都可以用“悲”字来呈现司马迁的情怀,即为他的政治才能不被重用、志洁行廉的不被赏识、正直忠诚的不解、直谏从容的不听而痛惜。

总的来说,屈原是一个忠诚不阿、忠君爱国、远见卓识、才华出众的杰出人物。

活动探究3:太史公在评价里说,“及见贾生吊之,又怪屈原以彼其材,游诸侯,何国不容,而自令若是！”。结合课文相关段落，说说屈原一生的主要遭遇。以屈原的活动时间为序，我们可以用课文中的五个字概括屈原的一生。司马迁用区区66个字写屈原的人生得志（任），却用大量的笔墨详写屈原的人生失意（疏—绌—迁—沉），这是为什么？

任务阐述：以屈原的活动时间为序，我们可以用“任”“疏”“绌（黜）”“迁”“沉”五个字概括其一生。

司马迁用区区66个字写屈原的人生得志（任），却用大量的笔墨详写屈原的人生失意（疏—绌—迁—沉），旨在告诉我们，屈原具有“存君兴国”的爱国主义精神，他不仅在楚国强大时爱国，个人施展理想时爱国，更在自己遭受屈辱时爱国，在国君危难时爱国。

任务二：围绕评价，解读其志

活动探究1：太史公在评价里说，“余读《离骚》《天问》《招魂》《哀郢》，悲其志”。请结合文章第3自然段，与学习小组内的同学一起来分析——你是通过《离骚》中的哪句话认识屈原的？屈原的“志”是什么？司马迁“悲其志”又是为什么？

任务阐述：回顾《离骚》的学习内容，联系屈原的《离骚》，结合本文的学习内容进行整合思考。

第3自然段的关键句有“故忧愁幽思而作《离骚》。‘离骚’者，犹离忧也”“屈平之作《离骚》，盖自怨生也”“其志洁，故其称物芳；其行廉，故死而不容。自疏濯淖污泥之中，蝉蜕于浊秽，以浮游尘埃之外，不获世之滋垢，皭然泥而不滓者也。推此志也，虽与日月争光可也”。

《离骚》是屈原忧愁幽思时所作的，体现了他洁身自好、志洁行廉的品质。

屈原之志既是一种政治抱负、治国宏图，更是一种理想主义激情，一种特立独行的精神。既然司马迁是“悲其志”，而不是悲其人，他的泣涕就不仅仅是针对屈原一个人，而是为天下所有怀有远大志向而难以实现的人而哭泣。

活动探究2：太史公在评价里说，“适长沙，过屈原所自沉渊，未尝不垂涕，想见其为人。”结合文章第10自然段，谈谈屈原投江前的情形，听听屈原与渔父的对话。从屈原与渔父的对话中，我们可以看出他们的思想有怎样的差异？能够认识到屈原有着怎样的品质？对话中包含了司马迁怎样的感情？学习小组讨论，然后推举一名同学向全班同学汇报。

任务阐述：找到相关语段认真阅读，进行比照分析，在比较中认识屈原与渔父的思想差异，进而总结出屈原的品质。

第10自然段的关键句主要就是屈原与渔父的对话。

两人的对话，代表着两种不同的人生哲学、两种不同的品格操守、两种不同的政治取向。一种是随波逐流，人云亦云；一种是矢志不渝，以死明志。

两相比照，突出了屈原高洁的品格和坚定的操守，表现了他矢志不渝、以死明志的品质。对话中表达了作者司马迁对屈原人格的赞扬和景仰以及对屈原的同情、惋惜之情，也表现出其对黑暗势力的强烈愤慨。

任务三：寻幽探微，作传之法

活动探究1：司马迁在为屈原作传时的依据是什么？司马迁获取的直接资料非常有限，他是如何充分利用这些资料的呢？

任务阐述：在文章中找出相关语句，包括司马迁的寻访与阅读、对于《离骚》的点评、对于《渔父》的引用等。

司马迁书写《屈原列传》获取资料的方式主要有两种：一为直接资料，即阅读屈原所写相关文章并实地踏访屈原沉江之地；二为间接资料，即贾谊所写相关文章。从写作人物传记角度来说，直接资料的权威性要高于间接资料。

司马迁读屈原作品之后"悲其志"；"过屈原所自沉渊"后"垂涕"，"想见其为人"；见"贾生吊之"后"怪"屈原，"爽然自失"。司马迁获取的直接资料有限，因而融入了自己的情感，加入了大量的议论。

活动探究2：孔子的"述而不作"曾被奉为写作历史著作的圭臬。《史记》体例的一大特点是在每篇之后都有一段"太史公曰"，代表司马迁对传主的态度。作为一位史学家，司马迁为何在《史记》中加入大量议论？先自己思考完成，然后与同桌交流，形成小组认识。

任务阐述：从司马迁作传的依据和屈原的身份两个方面去思考分析。

原因有两个：一是司马迁所能见到的关于屈原生平的资料有限，在写作的过程中需要"填白"；二是司马迁写作所依据的是屈原的作品，而文学作品有其"隐晦性"，要揭开这层面纱必然要加入作者的议论，这样隐藏在其作品中的屈原的形象方可显现。所以司马迁在写《屈原列传》时采用的是"以议论行叙事"的"变调"写法，即以粗笔写"形"，以工笔写"心"。

【课后任务】

前人评价说："史公与屈子，实有同心。"与《史记》中其他许多传记不同，《屈原列传》在叙述中融入大量议论，论中有情，直抒胸臆。试着分析一下"传""评"结合的特点。

参考答案：

①寓评于叙，如第10自然段中屈原与渔父的对话，取材于屈原的《渔父》，且几乎是照搬，既是屈原自述其志，又是太史公借转述以表达赞美和礼敬。②夹叙夹评，如第3自然段和第7自然段。③篇末总评，如第12自然段中的赞语。

浙江省衢州第二中学 徐成辉

34.《苏武传》教学微设计

【课文提要】

《苏武传》是汉代史学家、文学家班固创作的史传文。文章按苏武一生的经历，记叙了苏武出使匈奴、因变被扣、不惧威逼、不受利诱、苦守北海、持节不失的事迹，生动刻画了苏武这位爱国者的形象。文章语言千锤百炼，俭省精净，将史家笔法与文学语言较好地结合起来，刻画人物入骨三分。

“苏武牧羊”的故事我们耳熟能详，但苏武出使前后的遭际、在匈奴经历的艰辛，其中种种细节我们未必清楚。阅读《苏武传》，可使我们进一步了解这些细节，更加深入地认识苏武其人。感受苏武的人格魅力，探寻他备尝艰辛却矢志不渝的精神力量源泉。

【任务目标】

本课的学习任务目标如下：

（1）了解班固《汉书》“包举一代”的断代史特点，从书中了解西汉广阔的社会生活和各种人物的精神风貌。

（2）掌握文中涉及的文言文知识，尤其是一些词类活用现象，如意动用法、使动用法等。

（3）分析文中的对话描写、细节描写、对照映衬的艺术手法，提高翻译能力。

（4）认识苏武的忠贞守节精神的意义和价值，学习苏武威武不屈、贫贱不移的高尚品格。

【预习任务】

1.疏通文义，理清脉络。将课文分为三个部分，并概括各部分的主要内容。

2.结合课文去感受作者善于以典型环境和细节描写表现人物的写作手法。

3.文章里个性鲜明的各种人物对苏武也起了对比映衬的作用，请同学们把文章里各种人物的性格和苏武做一个对比，看看他们的映衬分别凸显了苏武怎样的性格特征。

【任务设计】

任务一：与主人公对质——“我”问苏武

活动探究：“‘我’问苏武”，即与主人公对质的过程。

设置基于生活经验的对质语境，在真实生活的体验与感知中，拉近和主人公之间的时空距离，还原文本信息，增强感性体验，发展联想与想象的思维能力。

任务阐述：苏武距离我们很远，那是一个离我们两千多年的灵魂。苏武距离我们很近，那样一份苦寒之地坚守的气节无时无刻不在参与着我们的精神生活。请同学们想象一下，假如你是一名记者，正置身于两千多年前的大汉帝国的都城，在欢迎队伍中，一位白发苍苍的老者，身影单薄，手持汉节，表情凝重，你最想问他什么问题呢？请同学们把第三人称"苏武"置换成第二人称"你"来问答。

拟提出的问题：

①你前后的生死选择中起初选择的是拔剑自刎，而在北海牧羊时为什么又选择坚持活下来呢？

②你在匈奴待了19年，妻子已经改嫁了，母亲也去世了，如果给你一次重新来过的机会，你又见到了自己的亲人，你最想对他们说什么？

③在漫长的19年里，哪些困难是最难克服的？

④在匈奴生活的岁月里，故乡让你最怀念的是什么？

⑤如今回到大汉的你再去回想这19年的生活经历，和之前相比有什么改变？

在采访情境的创设中，可以直接以记者的身份向主人公苏武提问，感受到文中时代久远的人物与现实生活的关联，与苏武打破时空阻隔进行亲密接触，为发展联想和想象思维创造可能性。面对苏武提问需要具备两个条件：一是把苏武从文中的"他者"想象为穿越时空的"对话者"。二是对苏武的外貌、衣着、神态特征进行想象。因而，这一对质情境的创设，把对现实生活经验的感知与对文本人物的想象充分融合，提升了联想与想象的思维能力，丰富了情感体验，情感牵动了思考，开启了思维的闸门。

任务二：与自我对质——"我"是苏武

活动探究："'我'是苏武"，即与自我对质的过程。

对质对象从他者引向自我，这种情境的创设是以寻求完整的自我认同为基础的，在追问"我是谁""我经历了什么""我有怎样的感受"等问题的过程中，发展内省分析的思维能力。

任务阐述：如果"'我'是苏武"，面对满怀期待的记者，面对过去19年的苦难岁月，面对即将迎来的新生活，"我"应该如何回答呢？"我"的内心应该是怎样的感受呢？是历尽艰辛的释怀，是忠于国家的欣慰，是物是人非的伤感，还是大彻大悟的平静？请同学们认真揣摩后用第一人称"我"来陈述。

可以用描述的方式表达苏武对那段异域生活的回忆，可以用抒情的方式展示苏武对人生的深刻感悟，也可以用理性的方式表达苏武性格中的平和。

在对质情境创设中，学生转换角色，不再是一个探询苏武内心世界的"旁观者"，而转换成经历了19年坚守和苦难人生的"亲历者"。反客为主的身份改变的过程，也是对苏武人物形象的不断感知、理解和寻找共鸣的过程。

"'我'是苏武"需要经历三个环节：一是对苏武形象的情感认知，了解他的苦难和艰辛；二是对苏武形象的情感认同，理解他的原则和坚守，同情他的遭遇和境地；三是对苏武形象的情感共鸣，悲他所悲，乐他所乐，设身处地从他的经历出发。

这种角色的转化是从外部走向苏武内心世界的过程，我们所面对的是苏武经历的一切，苏武所遭遇的情感波折也是我们自身的一切。角色转化的过程，也是自身与苏武形象亲密融合的过程，努力寻找与苏武之间的情感共鸣，学会共情，在以亲历者身份对苏武形象的分析和判断中，思维由“想象联想”走向“内省分析”。

任务三：与其他学习者对质——“我”看苏武

活动探究：“‘我’看苏武”，即与其他学习者对质的过程。

置身于自身观点与他人观点的冲突情境中，在两派交锋中进行权衡和比较，需要努力寻找并提出论据支持自己的观点并且能够对抗别人的观点，发展了对比论证的思维能力。

任务阐述：在前面的采访环节，我们穿越时光与苏武融为一体，现在我们回望历史回看苏武。始元六年（前81），苏武替汉帝召李陵归汉，《答苏武书》相传就是李陵收到苏武信后写的一封回信。李陵除了表达自己不想归汉的心迹以外，还提到了苏武回到汉朝赏金微薄、官职低微的遭遇，与此相比奸佞之臣获封赏无数。看完上述故事，请同学们讨论：苏武的选择是否值得？

示例一：苏武的选择是值得的，因为他的身份是汉朝的使节，无论何时他都应该始终把国家的利益放在第一位。

示例二：苏武的选择不值得，皇帝的知遇之恩固然应该感激，但也要先擦亮眼睛看看效忠的是怎样的君主。

辩证总结：真正的生活并不能用简单的爱和恨去衡量，而正是这样一个充满矛盾和痛苦的人物形象，才是人性和文学的魅力所在。

这种对质情境的创设为阐明多种观点提供了可能性，我们从苏武的内心世界走出，在外部世界的观念冲突中寻找到自己支持的观点，并提供证据论证自己观点的正确性。这一观点产生的同时，其他学习者的另一观点也在产生并不断进行论证。我们需要利用这种交锋，不断通过增强自身观点的说服力，或者寻找他人论证时的缺陷，对抗别人的观点并支持自己的观点。当然，在与其他学习者论辩的过程中，我们也会发现自身与其他学习者的不同之处，丰富自身的观点。这种你来我往的太极般对质的过程，可以打破固有思维定势，证明自己的同时，也在努力理解他人，在多元选择中权衡和比较，发展对比论证的思维能力。

任务四：与现实对质——“我”写苏武

活动探究：“‘我’写苏武”，即与现实对质的过程。

当课堂呈现的资料与大家对于世界的经验有相反的结果时，教师通过创设情境凸显局限或矛盾，使学生在与现实冲突中提升批判性思维能力。

任务阐述：出示《左传》里的一段材料——齐庄公跟崔杼的太太通奸，崔杼在家里当场把齐庄公杀了。皇帝被杀，别人不敢去看，但晏子要去吊唁，他站到了崔家门口，于是就有了下面的对话。

晏子立于崔氏之门外。其人曰："死乎？"曰："独吾君也乎哉？吾死也？"曰："行乎？"曰："吾罪也乎哉？吾亡也？"曰："归乎？"曰："君死，安归？君民者，岂以陵民？社稷是主。臣君者，岂为其口实？社稷是养。故君为社稷死，则死之；为社稷亡，则亡之。若为己死，而为己亡，非其私昵，谁敢任之？且人有君而弑之，吾焉得死之？而焉得亡之？将庸何归？"（《春秋左传·襄公二十五年》）

这段文字提出了一个问题：什么是真正值得提倡的忠诚？晏子用不死、不逃、不归的态度回答了这个问题。那么再看本课的主人公苏武，他一味地服从君主的命令，这种忠诚与晏子的忠诚相比，哪个才是我们这个时代真正需要的忠诚？请大家结合今天的学习体验，把你的观点写出来。

这个环节叫作知识迁移的过程。在从对质到迁移的过程中，构建了一种阅读传记类文学作品可能的途径，可以帮助我们阅读更多的文学作品。

在固有经验中苏武是忠诚的化身，在与晏子完全不同价值观的冲突中，会产生一种匮乏之感，引发进一步追问和探究的兴趣。反思自己原有的经验，搜集新的信息来审视现实，矫正甚至推翻固有的对于"忠诚"的观念，在迁移表达中重新生成自己的观点。

对常识问题的批判和重估，推进了质疑、反思、评价的探究过程；抛开固有思维定势，学会了尊重多元、保持开放、追求合理的思考方式，思维不断走向批判和创新。

课堂围绕四次对质情境不断生成和解决问题，这种从感性体验入手，最终发展理性思维的探究过程，是思维不断自主化、个性化、深入化和思辨化的过程；打破隔膜体验感知，面对喧嚣冷静思考，看待常识质疑批判，这样的语文课堂是思维生发与提升的家园，也是精神气质不断成长的重要依托。

【课后任务】

1. 议论文片段：请以"拒绝诱惑""选择"或"信念"为话题，以苏武的事迹为素材写一段议论。（100字左右）

2. 描写性文段：以"苏武北海牧羊"故事展开想象和描写，再现苏武的心情（心理）。（100字左右）

参考答案：

1.苏武面对"拥众数万，马畜弥山，富贵如此"的诱惑，他心志不乱；面对"绝不饮食"的苦难的磨砺，他十九年如一日地"杖汉节牧羊，卧起操持，节旄尽落"。这是一种选择，选择了忘却富贵，选择了铭记忠心。

2.略。

浙江省衢州第二中学 徐成辉

35.《过秦论》教学微设计

【课文提要】

《过秦论》一文综览秦朝历史发展的轨迹，分析秦统一前后的成败得失，指出秦朝的致命过失在于“仁义不施”，因此纵有强将利兵，金城千里，仍不免自取灭亡。作者希望汉文帝戒秦之失，并能以仁义治天下。贾谊英雄少年，年轻时即位居要津，对于西汉的国家社会有一番期待，因此上陈良策，亟欲建立一套完善的典章制度。这样的心意在《过秦论》一文中，从字里行间之循循善诱，得以窥见。《过秦论》一文原来题为《过秦》，题目的意思是论“秦朝之过”。依内容分上、中、下三部分，“上”篇讨论秦始皇，“中”篇讨论秦二世胡亥，“下”篇则论述秦三世孺子婴。一般所说的《过秦论》主要是指记载秦始皇的这一部分。

【任务目标】

史论意在劝诫，总结历史经验教训，为当时的社会政治服务。学习过程中要把握论者的观点和论述方式，学习和借鉴他们思考社会现实问题的态度和方法。

本课的学习任务目标如下：

(1) 注意文中名词作状语的现象，如“天下云集响应，赢粮而景从”中的“云”“响”“景”等，并体会这种用法的特点。

(2) 通过分析文章中的具体字词，理解课文中对偶、排比等修辞手法，体会本文叙事时极力铺张渲染的写作特点，感受本文的语言魅力。

(3) 对“仁义不施而攻守之势异也”进行正确的翻译，了解贾谊民本思想的进步性，学习贾谊以史为鉴、古为今用的思想方法。

【预习任务】

1.课外收集怀才不遇或壮志难酬的古代文人。

2.阅读刘长卿《长沙过贾谊宅》、李商隐《贾生》、王安石《贾生》、毛泽东《七绝·贾谊》等诗作，理解其思想意蕴。

3.积累文言字词及特殊句式，概括各段内容，理清文章结构层次。

【任务设计】

两汉除散文、史传以外，最重要的成就在于政论、史论。贾谊的政论文章更是其中的佼佼者。由于汉朝的建立是接续在春秋战国纷扰、秦朝起落跌宕等乱世之后，政论、史论的文章交相出现，其目的在于给汉政权的确立与久安提供一个明确的指南与借鉴，所谓“前事不忘，后事之师”，是也！理解一篇文章，可以从三大层面入手加以分析：其一是“立意取材”，其二是“结构组织”，其三是“写作手法”。此处的写作手法是指遣词造句、语法修辞等技巧。

任务一：明确立意取材

活动探究：贾谊写《过秦论》之主要目的在借古讽今，通过辩证秦之灭亡原因，明确论断秦之过在于“仁义不施”，以此来讽喻汉朝施政。并且，贾谊企图凭借“叙事”以“说理”，若要“叙事”，在取用材料上，势必得精心挑选适合的素材。作者是如何取舍的？

任务阐述：记叙多于议论是《过秦论》一文的特点。文章以五分之四的篇幅，依照时间顺序记载了秦由弱到强，再到鼎盛，直至灭亡的历程。一面叙述秦国逐步强盛的史实，也铺陈六国精锐尽出，合纵攻秦却失败一途，于此，从侧面显示了秦的蓬勃发展之势。

在描述秦朝历代君王勠力耕耘的丰功伟业时，作者于秦始皇之前则另外书写了六位秦朝君王，分别是孝公、惠文王、武王、昭襄王、孝文王、庄襄王等六人，但这六人的戏分有轻有重，对秦孝公与商鞅合作的盛世，独设一段进行详写，其余五位国君则合为一段以略写完成。这是作者拣择适合的材料以照应主题的判断。通过这些历程铺垫出秦始皇一统天下时不可一世的声威与霸势。

接着，作者又极写陈涉及其领导的义军，才能中庸、武器拙劣、人少势孤，看似一群乌合之众，却以摧枯拉朽之态迅速推翻秦王朝。如此反差强烈的取材方式，仿若将当时场景以电影画面般呈现在读者眼前，通过强与弱、胜与衰、大与小、官与民的强烈对照，反衬出如此“大秦”最终是亡于“小小陈涉”之手，极其讽刺，究其根源乃是“仁义不施”的结果。贾谊善于取材事物突出的方面，善于勾勒整体历史发展的轮廓，对史实的叙述是为议论做准备的。议论要能说服读者，最重要的是“论点”的合理、“论据”的充分，而非作者一味地主观陈述及高呼即可。因此，透过适切材料以“叙事”，善于概括事实以成“论据”，结论的道理便自明，而作者的主要“论点”更能彰显。

任务二：明确结构组织

活动探究：对于如此众多的史料，作者是如何进行结构安排的？同学间讨论分析。

任务阐述：结构组织的安排与文章素材及作者立意息息相关。材料如何安置，会影响文意的流动。

《过秦论》全文的“结构”是“先记叙后议论”（前4段为叙述，最后一段为议论）的样貌，前3段写秦之兴，将头绪纷繁的历史进程巧妙剪裁，用步步递进的手法蓄势，由秦孝公富强国力，到惠文王等壮大国势，及至始皇定天下，将盛秦的气势渲染到顶点。材料的组织是以时间为序，从秦孝公写起，历经惠文王、武王、昭襄王，延及孝文王、庄襄王，及至始皇，具体记述了秦国由弱变强的历史。

然后文意骤转，第4自然段写秦之亡，以“然而”一词转折，先极力铺写陈涉之卑之微，揭竿而起，一呼百应，竟将昔日九国之师无法对抗的强秦瓦解，秦帝国迅速崩溃。相较于写兴起的铺陈丰赡，写灭亡的文字转为紧凑简劲。这4段主要是以顺叙手法写秦之兴亡史，其中穿插一段写诸侯恐慌，铺叙六国合纵缔交，勠力攻秦，将双方剑拔弩张的态势，刻画得张力饱满。

第5自然段则分析比较秦之兴亡得失，并以“仁义不施，而攻守之势异也”点“过秦”主题，结语铿锵有力。

全文对于秦国采取先扬后抑的写法，秦之前历代君王为国家建立起强国的根基，到了始皇终于一统天下，看来是能够开创盛世之业，但是乍起后在二三世便灭亡了，贾谊试图为秦之亡找出破败之因。

任务三：明确写作手法

活动探究：《过秦论》一文的重要性，历来为学者所称赞。例如，唐朝诗人张九龄在《和黄门卢监望秦始皇陵》中说：“上宰议扬贤，中阿感桓速。一闻过秦论，载怀空杼轴。”张九龄诗中除了讲述秦朝国祚的暴起暴落之得失外，也提及贾谊《过秦论》一文的创见。另外，清朝才子金圣叹在《才子古文读本·过秦论》的批语中说：“过秦论者，论秦之过也；秦过只是末句‘仁义不施’一语便断尽。此通篇文字，只看得中间‘然而’二字一转。未转以前，重叠只是论秦如此之强；既转以后，重叠只是论陈涉如此之微。通篇只得二句文字，一句只是以秦如此之强，一句只是以陈涉如此之微。至于前半有说六国时，此只是反衬秦；后半有说秦时，此只是反衬陈涉，最是疏奇之笔。”对于历代的评论你是怎么看的？把你的看法说给你的同学听一听。

任务阐述：主要是分析遣词造句、语法修辞等技巧。

本文中使用得最精彩的修辞手法是对比，作者在文义安排、情节流动上大量使用对比，以凸显主题，如秦国本身先强后弱、先盛后衰的对比，秦的从容迎敌与六国的仓皇惨败对比，秦历代诸王的雄才大略与陈涉的卑微平凡对比，陈涉亡秦之速胜与九国联军抗秦之难对比。这几种对比交融互鉴，文章的磅礴气势与跌宕风格，都从这样的铺排中显现出来。

为了突出秦国的强大，文章渲染了东方六国的强大，“当此之时，齐有孟尝，赵有平原，楚有春申，魏有信陵。此四君者，皆明智而忠信，宽厚而爱人，尊贤而重士”。这样的势力在秦国面前竟不堪一击，“秦人开关而延敌，九国之师逡巡而不敢进，秦无亡矢遗镞之费，而天下诸侯已困矣”。如此对比之下，秦国之盛显现得巨大无法逼视了。文章在写陈涉的时候，极力贬抑，极写他的平庸不足，“瓮牖绳枢之子，氓隶之人，而迁徙之徒也。才能不及中人，非有仲尼、墨翟之贤，陶朱、猗顿之富”，而强盛的秦国却灭亡了！陈涉以卵击石之举何以成功？作者行笔至此，他的论点也呼之欲出了，实在是因为秦国“义不施”“攻守之势异也”。

作者还善于使用大量的类迭、排比的修辞手法以达到渲染夸张之目的。“于是六国之士，有宁越、徐尚、苏秦、杜赫之属为之谋；齐明、周最、陈轸、召滑、楼缓、翟景、苏厉、乐毅之徒通其意；吴起、孙膑、带佗、倪良、王廖、田忌、廉颇、赵奢之伦制其兵。”六国文官武将之盛，气势何其壮观！此外，用排比、对偶的手法来铺陈秦国国势之强盛也于文中可见，“秦孝公据崤函之固，拥雍州之地，君臣固守，以窥周室。有席卷天下，包举宇内，囊括四海之意，并吞八荒之心”。“及至始皇，奋六世之余烈，振长策而御宇内，吞二周而亡诸侯，履至尊而制六合，执敲扑而鞭笞天下，威振四海。”“错综”修辞技巧的使用也使全文辞采显得瑰丽而富厚，如“席卷天下”“包举宇内”“囊括四海”“并吞八荒”等四句，其意思都一样，其中“席卷”“包举”“囊括”“并吞”等属于同义词，而“天下”“宇内”“四海”“八荒”亦为同义词。以不同词语表达同一个概念，这是属于“错综”修辞里的“抽换词面”。这样的语言使用技巧在文章中大量出现，透过多重堆叠，产生节奏感。

而“夸饰”也是本文文字使用上的特色之一，如：“伏尸百万，流血漂橹”，写六国兵败如山倒之惨况；“振长策”“执敲扑”“鞭笞天下”写始皇一统天下后之暴烈，对照外族敌国的卑弱“俯首系颈”“胡人不敢南下而牧马，士不敢弯弓而报怨”等。再如写陈涉“瓮牖绳枢之子，氓隶之人，而迁徙之徒也”，以三句话来强调他的出身卑微，这样的人揭竿而起，竟然能“天下云集响应，赢粮而景从”，以此凸显秦帝国土崩瓦解之迅速，令人触目惊心。

由上述之论述可以看出贾谊创作本文是以类似写赋的手法来写说理散文。赋是需要铺张和夸大的，所谓“铺张扬厉”之汉赋风格便近于此了。气势充沛、笔锋锐利、言之凿凿、咄咄逼人，让读者有被说服之可能，也达到作者议论的目的。

【课后任务】

归有光《文章指南》中云：“凡作骂题文字，须于结束垂规戒意，方有余味。”本文符合归有光对文章的要求吗？

参考答案：

符合，全文前4段对历史的回溯，完全是为结束戒意“仁义不施，攻守之势异也”服务的。

浙江省衢州第二中学 徐成辉

36.《五代史伶官传序》教学微设计

【课文提要】

《五代史伶官传序》是欧阳修为《新五代史·伶官传》所作的序言。《伶官传》是一篇合传，写了敬新磨、景进、史彦琼、郭从谦四个伶人。后唐庄宗李存勖宠幸伶人，封许多伶人做了官，这些伶官出入朝廷擅权乱政，使后唐朝廷上下离心，互相猜忌，祸乱不息。伶官郭从谦带人围困庄宗并将他乱箭射死，最终李克用嫡亲子孙全被诛杀。

《五代史伶官传序》一共4段。首段提出“盛衰之理，虽曰天命，岂非人事哉”的论点，并列举后唐庄宗得天下而又失天下的事例作为立论根据。第2自然段叙述庄宗接受并执行其父遗命的经过。作者寓论点于叙述之中，与首段的“盛”和“得天下”相照应。第3自然段从庄宗极盛和极衰两种情形的对比中，得出“忧劳可以兴国，逸豫可以亡身”的结论。对“盛衰之理，虽曰天命，岂非人事哉”进行论证，揭示了所谓“人事”的内涵。末段进一步议论，总结出“夫祸患常积于忽微，而智勇多困于所溺”的历史教训，深化了人们对中心论点的理解。这篇史论，借古讽今，告诫当时北宋王朝执政者要吸取历史教训，居安思危，防微杜渐，力戒骄奢纵欲。

【任务目标】

学习本课时，注意体会纵说盛衰之理，从细微角度切入的特点。鉴赏以散体写史论时文字平易晓畅、简洁生动，感慨遥深的特点。明人茅坤称赞本文为“千古绝调”，我们须以体悟深邃思想之妙为目的，反复吟咏咀嚼，你会发现文中除却平正精妙的说理外，还有一股真挚恳切的情感始终贯穿其间。抓住“情”“理”二字，由情入理，体会清朝沈德潜对本文的赞誉：“抑扬顿挫，得《史记》神髓，《五代史》中第一篇文字。”

本课的学习任务目标如下：

(1) 尊重历史，以史为鉴，了解作者及文章创作的时代背景，把握文章的主要观点及意图。

(2) 研习全文，从选材、论证方法等角度，分析文章精妙的构思，体会文章的论证力度。

(3) 诵读全文，丰富文言文的语言积累，学习文章以散体写史论的方法，以及作者积极关注社会现实的人生态度。

【预习任务】

1.查阅资料，了解伶人与后唐庄宗李存勖的关系，分析五代后唐盛衰的历史，并尝试点评庄宗李存勖得失天下的原因。

2.《六国论》中苏洵警告当权者“为国者无使为积威之所劫哉”,《过秦论》中贾谊以秦警醒,“仁义不施,而攻守之势异也”,《五代史伶官传序》中欧阳修的观点有何深意?请在小组内分享交流,并说明你的理解。

3.疏通文章大意,理解作者“盛衰之理,虽曰天命,岂非人事哉”的史学观点,针对以史鉴今的手法,讨论作者运用对比手法总结历史兴衰成败教训的妙处,在小组内交流你的观点。

【任务设计】

任务一:梳理文本,理清思路

活动探究1:苏轼曾在《祭欧阳文忠及夫人文》中记载过欧阳修对他的教诲,“我所谓文,必与道俱”,其中的“道”即思想、主张。阅读全文,你认为欧阳修究竟要在本文中“言何道”,即他要阐述怎样的思想和主张?

任务阐述:为了更好地完成这一学习任务,我们需要为学生提供三个梯度的子任务:①画出文中集中体现欧阳修观点的句子;② 根据前后文,思考欧阳修得出这些观点的依据;③思考这些观点之间有何联系。

(1)明确本文中4个集中体现观点的句子,即“盛衰之理,虽曰天命,岂非人事哉”“抑本其成败之迹,而皆自于人欤”“忧劳可以兴国,逸豫可以亡身,自然之理也”“夫祸患常积于忽微,而智勇多困于所溺,岂独伶人也哉”。可以概括成“盛衰乃人事”“成败由人”“忧劳兴国,逸豫亡身”“祸患积于忽微,智勇困于所溺”4个观点。

(2)通过梳理欧阳修得出这4个观点的依据,理解文章内容,理清文章结构。首先,作者依据庄宗兴亡的史实,以史作论,得出“盛衰乃人事”的观点。其次,具体分析庄宗“所以得天下”和“所以失天下”,秉志图强则“可谓壮”,耽于享乐则“何其衰”,援史证论,得出“成败由人”的史实判断。再次,作者引用《尚书》,在史实的基础上加以古训佐证,将具体史实判断抽象为一般性规律判断,据史为理,得出“忧劳兴国,逸豫亡身”的结论。最后,将“人事”具体指向“忽微”“所溺”,明确“忧劳”和“逸豫”的内涵,发出反问,曲笔申诫,完成观照时势、劝诫当朝的写作目的。

(3)明确“庄宗兴亡”是“盛衰乃人事”的依据,“成败由人”是“盛衰乃人事”的印证,“忧劳兴国,逸豫亡身”是“盛衰乃人事”的深化,“祸患积于忽微,智勇困于所溺”是“盛衰乃人事”的题旨之所在。

活动探究2:文章开头在直接发出议论“盛衰之理,虽曰天命,岂非人事哉”之前,先劈空而下了一个感叹词语“呜呼”。“呜呼”发出的是对历史沉痛追问的呼喊,也奠定了全文的叹惋基调。后文中的哪些语句可以与此处的“呜呼”形成回环呼应?通过研讨,请填写以下表格内容。

句子	句式特点	情境功能	表达效果
可谓壮哉	感叹句	得天下的情状，以及让读者思考这个情状完成过程中体现出的辛劳之处	感叹句表现了当后唐庄宗李存勖完成父亲遗恨时壮盛的意气
	感叹句		感叹句以及其后的两处反问“岂得之难而失之易欤”“抑本其成败之迹，而皆自于人欤”共同构成了抒情的强烈语势，为之后的“忧劳兴国，逸豫亡身”张本
	反问句	借古鉴今，从伶人身上引渡至今日现状，与题目《五代史伶官传序》形成呼应	

任务阐述：

句子	句式特点	情境功能	表达效果
可谓壮哉	感叹句	得天下的情状，以及让读者思考这个情状完成过程中体现出的辛劳之处	感叹句表现了当后唐庄宗李存勖完成父亲遗恨时壮盛的意气
何其衰也	感叹句	失天下的情状，以及让读者思考这个情状完成过程中的衰飒之景	感叹句以及其后的两处反问“岂得之难而失之易欤”“抑本其成败之迹，而皆自于人欤”共同构成了抒情的强烈语势，为之后的“忧劳兴国，逸豫亡身”张本
岂独伶人也哉	反问句	借古鉴今，从伶人身上引渡至今日现状，与题目《五代史伶官传序》形成呼应	作者并不直言，却用一个问题收束全文，让情感更加强烈

通过这三个关键句子打通文章的情脉后，引导学生对文章的具体内容进行细读，尤其是“得天下”与“失天下”的两个主体段落。学生咀嚼文章，完成文本细读、细品之后，可形成如下思维导图：

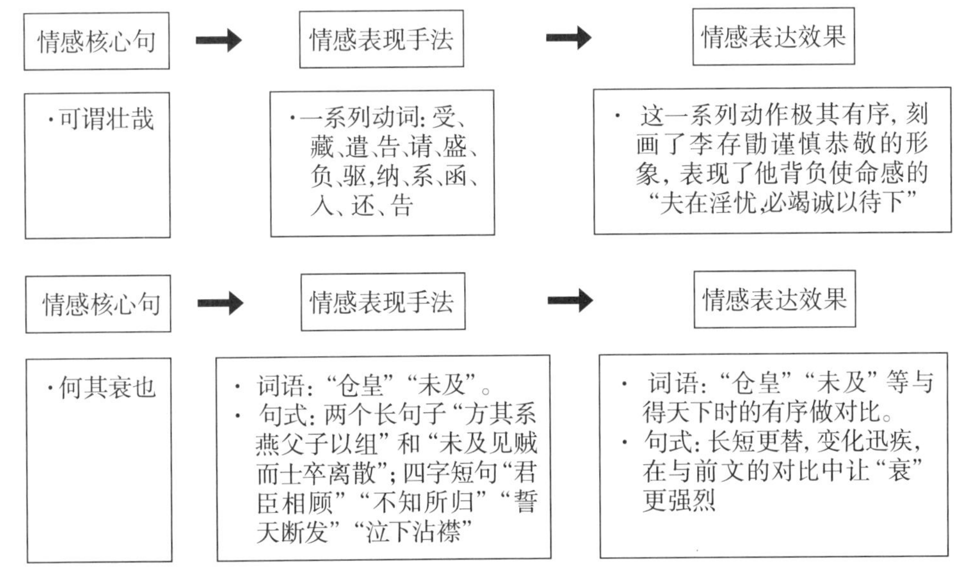

在细读的过程中，引导学生讨论。如在研读到李存勖得天下的一系列动词时，"负而前驱"中的"前"字应该解释为"在前方"还是"向前方"呢？从语法结构上来说都可以，但是如果联系李存勖此刻的人物形象，将"前"解释成"在前方"更好，他背着锦囊在军前开路的形象更能体现他的身先士卒，从而也更好地阐释了"忧劳可以兴国"的深刻意义。通过讨论，可以看到其中的人物形象，跌宕转承，更好地理解作者的匠心。

任务二：聚焦"观点"，探究讨论

活动探究1：欧阳修从庄宗的成败中得出了什么历史教训？请你阅读下面三句话，其中哪一句才是全文的中心论点？请结合课文说明理由。

①呜呼！盛衰之理，虽曰天命，岂非人事哉！

②忧劳可以兴国，逸豫可以亡身。

③夫祸患常积于忽微，而智勇多困于所溺。

任务阐述：①"盛衰之理，虽曰天命，岂非人事哉"说的是国家盛衰的道理，非关天命，实由人事；②"忧劳可以兴国，逸豫可以亡身"说的是忧虑勤劳能够使国家兴盛，安逸享乐会使自身丧命，作者认为后唐的兴盛就在于统治者的"忧劳"，而它破灭的原因就在于统治者的"逸豫"。③"夫祸患常积于忽微，而智勇多困于所溺"说的是祸患在极小的事物中积累，智勇的人往往因自己所溺爱的人和物陷入困境。这三句议论性语句的结构关系如下：

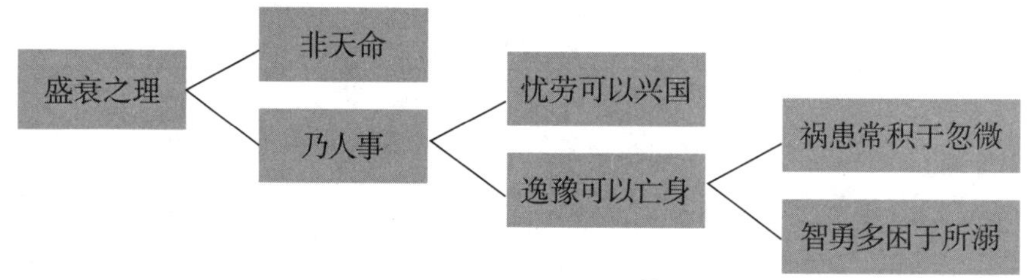

由此可见，本文中并未提及后唐庄宗李存勖是如何通过"逸豫"来亡身的。而这点在《伶官传》中有很多例证加以说明。本文的主要篇幅是铺陈李存勖得天下的艰难与失天下的迅疾状态。而欧阳修写这篇文章也是要借古鉴今，使当朝的统治者引以为戒。可以补充适当的阅读材料，例如：

欧阳修于宋仁宗天圣八年（1030）以进士及第，历仕仁宗、英宗、神宗三朝。之前的宋真宗于997年即位，在位共25 年。宋真宗前期颇为勤勉，但军事上却无所作为，他不顾寇准等人的反对，与辽国议和，签订"澶渊之盟"，每年向辽国进贡；后期他任用王钦若大兴祥瑞，东封泰山，西祀汾阳，又广建佛寺道观，劳民伤财。之后的宋仁宗于1022 年即位，在位共41 年。他在军事、政治等方面均无大作为，后与西夏交战失败，被迫进贡；起用范仲淹进行变法，最终也遭遇失败。

透过这些材料，我们可以发现，欧阳修生活的年代，真宗、仁宗两位皇帝在政治上有相似的弱点，"澶渊之盟"后，宋真宗每年要向辽国进贡白银10万两，丝绸20万匹；宋仁宗每年向西夏进贡白银15万两，丝绸15万匹，茶叶3万斤。带着这样的时代背景再来看"岂独伶人也哉"，似乎深意便不言自明：为政要靠治国者尽人事，后唐庄宗李存勖未尽人事，一味宠溺伶人；当朝统治者是否能再尽人事，不再用“天命”掩盖其政治上的黑暗与腐朽、荒淫与无能，不再一味地妥协靠进贡来守护国家？因此，论点可以在“忧劳可以兴国，逸豫可以亡身“与“祸患常积于忽微，而智勇多困于所溺”之间选择。但是如若考虑到欧阳修的写作目的，那么“盛衰之理，虽曰天命，岂非人事哉”或许更有意味和价值。

活动探究2：课文题目是《五代史伶官传序》，但文中很少直接提到伶官的事情，这是不是文不对题？请结合课文内容说说你的理由。

任务阐述：观点一：没有文不对题。欧阳修写作《五代史伶官传序》的主要目的是，总结庄宗李存勖得天下而又失天下的历史教训，阐明国家盛衰取决于“人事”，讽谏北宋统治者。而有关伶官的事情在《伶官传》中已经有了详细的叙述，本文不需要重复。

观点二：有点文不对题。庄宗的衰败是由伶官引起的，作者以史为鉴，就伶官乱政误国来评述国家兴盛衰败的道理，虽然《伶官传》中详细地叙述了有关伶官的内容，但在这篇文章中，也应该简要地叙述一些有关伶官的事情，让读者更明确地把握文章主旨。

任务三：品味语言，体悟风格

活动探究1：《五代史伶官传序》依据史实，娓娓道来，仿佛与预想中的读者谈古论今，辞气委婉，言语恳切。试举例说明，谈谈你对欧阳修语言特色的理解。

任务阐述：（1）语言委婉，气势恢宏。本文作为一篇总结历史教训、为在世和后世君主提供借鉴的史论，毫无生硬的说教，而是娓娓道来，婉转动人。即使是在慨叹庄宗败亡时，也只有惋惜之意而无责难之词，可谓义正词婉。全文从“呜呼”起笔，到“岂独伶人也哉”收尾，一叹再叹，以叹贯穿始终。于反复咏叹中显示出委婉的韵致。在句式上，本文多用反问句、疑问句，使说理委婉而引人深思；多采用对仗工整的骈句，形成鲜明的对比，富有节奏感；适当运用长句，调节语势，有张有弛。骈散结合，错落有致，读起来抑扬顿挫，感情饱满，气势恢宏。

（2）文笔酣畅，波澜起伏。文章开篇发出嗟叹，提出论点，语势突兀而起，随后落到立论根据上，再缓缓进入“晋王三矢”的故事。接下来语势又猛然一升，“方其系燕父子以组，函梁君臣之首，入于太庙，还矢先王，而告以成功，其意气之盛，可谓壮哉！”，作者发出对庄宗之“盛”的赞叹，而后语势陡然一降，“至于誓天断发，泣下沾襟，何其衰也！”，借这几句发出对庄宗之“衰”的悲叹，继而设疑问、引古语而得出“自然之理”。最后，再次评论庄宗的盛衰，语势再升再降，在大起大落之中引出发人深省的教训，“夫祸患常积于忽微，而智勇多困于所溺，岂独伶人也哉”，文章于此突然结束。

（3）平易自然，简约凝练。文章没有佶屈聱牙的措辞，也不堆砌辞藻，而用平实的语言生动地叙说事例，深入地说明道理，平易近人，自然晓畅。叙事不蔓不枝，议论简明扼要。其中一些格言式的对称语句，如“忧劳可以兴国，逸豫可以亡身”“夫祸患常积于忽微，而智勇多困于所溺”，句式整齐，言简义丰，发人深省。

活动探究2：庄宗得天下，用了15年，作者写得很详细，可见其得天下之不易和付出的艰辛。而庄宗失天下只用了3年！小组内讨论，说说为什么在短短3年间庄宗就身死国灭。历史总惊人地相似。请同学们在古今历史上寻找一些事例来加以补充说明，并推选代表发言。

任务阐述：后唐庄宗获得成功之后，没有了奋斗的方向，于是贪图安逸，亲近伶官，导致身死国灭。用原文的话来说就是“逸豫可以亡身”。

商纣王“好酒淫乐，嬖于妇人”，荒淫残暴，最终落得个葬身火海的下场。夫差纵情于声色犬马、酒池肉林中，不思国事，最后只能是自刎而死。楚怀王贪婪成性，闭目塞听，弃屈子的诤言于不顾，最后落得个客死他乡的结果。南唐后主沉迷于诗画歌舞中，不理朝政，最后落得个身亡国灭的悲惨命运。唐玄宗“重色思倾国”，将三千宠爱施于杨贵妃一身，“从此君王不早朝”，最后天宝危机，酿成安史之乱。

一个个王朝如四季般不断轮回，一幕幕悲剧如连续剧般不断上演，让人唏嘘！历史就像一位老者，时时警醒着我们！所以，不能让历史的悲剧重演！齐威王广泛采纳各方面的批评意见，兴利除弊，换来了诸侯“皆朝于齐”的盛世局面。越王勾践卧薪尝胆，激励自己的斗志，以图复国，终于天不负苦心人，三千越甲竟吞吴，报仇雪恨。而唐太宗吸取前人教训，虚心纳谏，励精图治，迎来“贞观之治”，名垂青史。

所以，兴衰成败，不在天命，而在人事。

【课后任务】

《过秦论》评述秦的过失，揭示其顷刻覆亡的原因。《五代史伶官传序》论说后唐的错谬，指出其迅速败灭的根由，俨然是一篇“过唐论”。两文在思想内容和表现手法上均有相似之处，试做简要论述。

参考答案：

①思想内容：《过秦论》总结、推究秦代灭亡的历史原因，秦推行暴政，不施仁义。表面上是论述秦的兴亡，实际上是提醒汉朝统治者应以秦为戒，推行仁政，争取民心，以免重蹈秦朝的覆辙。《五代史伶官传序》总结后唐灭亡的历史因由，说明忧虑勤劳能使国家兴盛，安逸享乐会使自身丧命的道理。名义上是写后唐的盛衰之迹，实际上，作者托古讽今，通过后唐兴亡史，提醒和勉励北宋统治者要努力做到“忧劳兴国”，防止和避免“逸豫亡身”，勿步后唐覆亡的后尘。

②表现手法：《过秦论》运用衬托和对比的手法，极力渲染秦的强大，反衬秦的易亡；虚张六国合纵的声威，反衬秦人的善攻；备言陈涉的卑微弱小，与六国的煊赫强盛构成鲜明对比，凸显了秦朝灭亡的基本原因。《五代史伶官传序》运用对比的手法，将后唐的盛与衰进行对比，先叙庄宗极盛的史实，再写其极衰的场面，后面总言兴亡。一盛一衰，既扬又抑，交错成文。通过盛衰之比，作者意在昭示忧劳兴国，逸豫亡身这样一个发人深思的历史教训。

北京师范大学台州附属高级中学 周 刚

37.《玩偶之家（节选）》教学微设计

【课文提要】

《玩偶之家》是19世纪挪威戏剧家亨利克·易卜生创作的经典作品。正如现代著名学者萧乾所言，“五四以来介绍到中国的众多西方剧作家中，名气属莎士比亚的最大，而影响最为深远的，无疑则是挪威的易卜生。所有旁的剧作家主要都在舞台技巧和表现方法上给我们以启迪，而易卜生则除了戏剧艺术之外，更重要的是教我们通过戏剧来剖析人生，直面人生”。易卜生最先进入中国的作品是《玩偶之家》这一类社会问题剧，迎合了五四时期新文化的需求，深受中国读者的欢迎。

《玩偶之家》是一出三幕剧，结构严谨，冲突尖锐，扣人心弦。《玩偶之家》的戏剧结构高度集中，时间集中、场景集中、人物集中、情节紧凑。故事就发生在圣诞节前后的三天，在海尔茂家那间温馨的客厅。剧中的主要人物只有5个人，剧情集中在娜拉与海尔茂两人身上，贯穿全剧的线索是娜拉对以海尔茂为代表的男权社会的抗争过程。该剧探讨了资产阶级的婚姻问题，暴露了男权社会与妇女解放之间的矛盾冲突，进而向资产阶级社会的宗教、法律、道德提出挑战，激励人们尤其是妇女为挣脱传统观念的束缚，为争取自由平等而斗争。课文节选的第三幕是全剧的高潮，也是结局部分。

【任务目标】

学习本课时，注意抓住人物言行前后的变化，分析娜拉和海尔茂这两个人物的性格，理解他们之间矛盾冲突的本质，从而把握作品的思想意蕴，理解这部“社会问题剧”所反映的社会重要问题，注意分析作品中的“戏剧性事件”以及“突转”手法的运用，领略剧作家独特的艺术创造。

本课的学习任务目标如下：

（1）把握人物性格，分析矛盾冲突。

（2）分析“讨论”技巧，探讨作品思想。

（3）理解作者立场，探究社会影响。

【预习任务】

1.阅读课文，概括情节。有条件的同学阅读整部作品。

2.查阅资料，了解欧洲戏剧的发展历史以及易卜生创作本文的时代背景。

3.收集相关文献，了解“社会问题剧”的概念及代表剧作，思考《玩偶之家》中所反映的社会问题。

【任务设计】

任务一：把握人物，解读“冲突”

活动探究1：已故的戏剧家顾仲彝先生曾说过，“没有冲突，没有悬念，没有危机的剧，也就没有戏味”。戏剧是通过表现生活中的各种矛盾和冲突来反映现实、表现人物的艺术。戏剧冲突的表现形式主要有人物之间的冲突、人物自身的内心冲突以及人物与社会之间的冲突。

阅读课文，你能找出文中的戏剧冲突有哪些表现形式吗？请结合作品中人物的性格进行分析。

任务阐述：文中最常见的冲突是人物之间的冲突，即不同人物之间思想、性格的矛盾冲突。文中出场的人物有11个，除了保姆、女佣人、脚夫及3个孩子外，主要人物有5个，即娜拉、海尔茂、林丹太太、柯洛克斯泰、阮克大夫，他们之间关系错综复杂，矛盾重重。他们中有夫妻之间的冲突、恋人之间的冲突、朋友之间的冲突、同事之间的冲突、债权之间的冲突。其中娜拉是多重戏剧冲突的交汇，娜拉与海尔茂之间的冲突是戏剧的主要冲突，是男权思想和女权思想的交锋。

作品中人物的内心冲突细腻生动，是揭示人物性格的重要手段。如娜拉在受到柯洛克斯泰的要挟后，既害怕海尔茂知道，又期待奇迹会发生；林丹太太既希望得到银行的职位，又担心柯洛克斯泰失业后生活困窘；阮克大夫既想向娜拉表达爱意，又担心失去娜拉的友情；这些内心冲突都令人物陷入了左右为难的境地，使人物形象丰满立体，剧情跌宕起伏。

作品中把社会环境“人化”，即把其中典型的人物，即海尔茂作为社会环境的代表，呈现人与社会环境的冲突。娜拉面对的是男权思想盛行的时代，而海尔茂就是这个社会环境的代表，所以娜拉对海尔茂的抗争就是对整个男权社会的抗争，娜拉与海尔茂的冲突就是女权思想与男权思想的冲突。

活动探究2：“在一部好剧中，那心跳声该像雷鸣一般轰响。而冲突正是一部戏剧作品的心跳”，对于戏剧艺术来说，冲突是全剧的一个重要纽带。你能说说《玩偶之家（节选）》中的戏剧冲突有什么作用吗？

任务阐述：《玩偶之家》中的戏剧冲突，不仅展示人物之间关系，立体地表现剧中人物的性格，还能推动情节的发展，表现主题，反映生活。这些冲突并不仅仅发生在家庭成员之间，而是交织在多重人际关系中，全面地展示了人性的美丑善恶，挖掘出深刻主题。其中，娜拉与海尔茂之间的冲突是戏剧的主要冲突，直接为揭示作品的主题服务。

任务二：探讨“问题”，剖析“讨论”

活动探究1：19世纪丹麦批评家格奥尔格·勃兰克斯的《十九世纪文学主流》，被称为欧洲知识分子的圣经。该书中指出，“文学一定要与人生直接有关，而解释人生的问题；文学必须大胆无畏地表现出社会的实际问题”。易卜生的《玩偶之家》深受此观点影响。

你认为《玩偶之家》从戏剧冲突中表现出了哪些“社会的实际问题”？请结合课文内容回答。

任务阐述：概括戏剧中所表现出的多方面社会问题，可以引用胡适的观点加以佐证。胡适认为《玩偶之家》反映了家庭有“四大恶德”：一是自私自利；二是依赖性、奴隶性；三是假道德、装腔作戏；四是懦怯没有胆子。社会有“三种大势力”：一是法律；二是宗教；三是道德。“法律是死板板的条文，不通人情世故”，宗教“久已失了那种可以感化人的能力，久已变成毫无生气的仪节、信条”，“社会上所谓‘道德’不过是许多陈腐的旧习惯。合于社会习惯的，便是道德，不合于社会习惯的，便是不道德”。

重点分析女性解放、个性解放的社会问题。如女性解放问题，娜拉认识到自己在家庭中没有地位，只是一个“玩偶”，毅然决然地离开家庭，反映了当时社会中男权与妇女解放之间的矛盾。如个性自由问题，娜拉发出了“首先我是一个人，跟你一样的一个人——至少我要学做一个人”的呐喊，因此，娜拉成了我国“民国初年进步男女共同向往的典范”。当然，也可以根据学情，分析其他社会问题。

活动探究2：“我主要是个诗人，而不是社会哲学家。”这是易卜生对自己的评价。他通过高超的艺术手法特别是“讨论的技巧”来表现社会问题。如萧伯纳所说，“他在戏剧中所引进讨论的技巧正是新旧戏剧的分水岭”。传统戏剧也有对话，有争论，但《玩偶之家》中的讨论则与之不同。请问剧中“讨论的技巧”有什么特点？请结合课文内容回答。

任务阐述：《玩偶之家》中的“讨论的技巧”主要有三个特点。一是讨论的平等性。海尔茂和娜拉双方都有发言的机会，从各自立场出发，提出理由和目的，进行合理、实际的表达。讨论是平等的，因此，两人的讨论没有绝对的答案。二是讨论的公开性。传统戏剧人物往往通过独白告知过去，或是旁白对剧情进行补充，而《玩偶之家》的结构是从对话追溯，到情节冲突，再到人物讨论，这也是易卜生戏剧的主要结构。讨论的公开，使得隐藏的秘密一层层揭开，也使讨论成为戏剧高潮的重要部分。三是讨论中观众的参与。观看传统戏剧，观众往往是被动地接受；而《玩偶之家》的观众需要跟着剧中人物的讨论进行思考，做出判断，特别是结尾“娜拉出走”的悬置和不确定的结局，更激发观众的参与热情。戏剧舞台和观众之间的距离通过讨论连接在一起。

任务三：永恒“问题”，叩问意义

活动探究1：娜拉出走之后何去何从，成为一个伟大的问号。1923年，鲁迅在北京女子高等师范学校做了著名的“娜拉走后怎样”的讲演，他认为娜拉出走以后“或者也实在只有两条路：不是堕落，就是回来”。你赞同他的观点吗？请谈谈你的理解。

任务阐述：20世纪二三十年代中国的绝大多数女性在经济上不独立，只有依附男人才能生存，精神自由是一种奢谈。而要获得真正意义上的独立，正如鲁迅所言，“她还必须更富有，提包里有准备，直白地说，就是要有钱”，所以鲁迅的观点有其代表性。但也并不是所有女性都只有这两条路可走，当时有不少女性走出了第三条路——自力更生，自强不息，闯出属于自己的天空。如徐志摩的第一任妻子张幼仪等。

活动探究2：在21世纪的今天，个性自由、男女平等的观念已深入人心，但“宁可坐在宝马车里哭，也不坐在自行车后笑”“干得好不如嫁得好”“女人最好的年龄是二十几岁”“读那么多书，拼命工作有什么用，将来都是要回家生孩子”的声音仍不绝于耳。你认为娜拉的出走在当今社会有何意义？请小组讨论，并派代表发言。

任务阐述： 娜拉出走之后何去何从这个无法解答的问题，其穿透性延续至今，仍有现实意义，值得人们警醒。活动中这些世俗的声音来自社会的偏见和女性自我定位的偏差，正如居里夫人所言，“路要靠自己去走，才能越走越宽”。只有女性自我真正觉醒以及社会思想意识的彻底转变，才能真正实现女性解放、个性解放、社会解放。

【课后任务】

《社会支柱》是易卜生四大社会问题剧之一。阅读《社会支柱》，并回答以下问题：

（1）该剧主要折射了哪些社会问题？

（2）易卜生认为什么是真正的社会支柱？请根据结尾概括回答。

（3）你认为在21世纪的今天，什么才是中国社会的社会支柱？

参考答案：

（1）这部剧反映了个人欲望与社会良心的冲突、不正当的财富观、不健全的法律制度等社会问题。

（2）易卜生在结尾指出，真理和自由的精神才是社会的支柱。

（3）可从多个角度回答，言之成理即可。如《中国大趋势：新社会的八大支柱》中提到的社会支柱：解放思想、“自上而下”与“自下而上”的结合、规划“森林”让“树木”自由生长、摸着石头过河、艺术与学术的萌动、融入世界、自由与公平等。

杭州市余杭第二高级中学 应 健

38.《迷娘（之一）》教学微设计

【课文提要】

《迷娘（之一）》的作者是18世纪中叶到19世纪初欧洲最重要的剧作家、诗人、思想家歌德。这首诗创作于1783年之前，后收入歌德长篇小说《威廉·麦斯特尔的学习时代》，作为小说人物迷娘的唱词。《迷娘（之一）》是歌德《迷娘》组诗中最脍炙人口的一首。

《迷娘》中的迷娘是马戏团里一个走钢丝的演员，后来被主人公威廉·麦斯特尔赎买，收留在身边。她是一位性格内向的少女，却有着迷人的魅力。她出生于意大利，小时候被人诱拐到德国，过着饥寒交迫、颠沛流离的生活。她的父亲后来流落街头，以弹琴卖艺为生，也被威廉·麦斯特尔收留。迷娘自从遇到威廉，便过上了幸福美好的日子，并爱上了威廉。可不久由于生病，她就去世了。在这首《迷娘（之一）》中，歌德通过迷娘对意大利的思念与赞美，抒发了诗人自己对意大利的向往之情，从而表现了诗人对现实的不满和对光明未来的热烈追求。

这首《迷娘（之一）》以对话的形式，通过迷娘向威廉述说的口吻来赞美祖国，运用多种意象，构建了一个美丽而迷人的境界。诗歌每节的结构形式相同，开头都采用设问的手法，回环往复，和谐动人，突出主题，强调了迷娘对祖国怀念的热烈与急切之情。

【任务目标】

歌德的诗运用众多意象，构建起一个迷离而优美，令人神往的境界。分析意象和隐喻，把握诗歌语言和情感的内在节奏，体味诗歌意蕴。诗歌反复出现的“前往”，犹如一声声急切的呼唤，拨动着读者的心弦。反复诵读，感受诗歌回环往复的声韵之美，体会其浓郁的抒情氛围。著名作曲家贝多芬、舒伯特、舒曼、柴可夫斯基等都曾经为这首诗谱过曲，可以找来欣赏。

本课的学习任务目标如下：

（1）有感情地朗诵诗歌，感受诗歌回环往复的声韵之美。

（2）理解诗中的意象和隐喻，把握诗歌语言和情感的内在节奏。

（3）领悟诗歌的强烈情感，体味诗歌的意蕴。

【预习任务】

1.阅读《迷娘（之一）》，概括每节的内容。有兴趣的同学可以阅读《迷娘（之二）》和《迷娘（之三）》。

2.贝多芬、舒伯特、舒曼、柴可夫斯基等著名作曲家都曾为《迷娘》谱曲，试着欣赏其中一两位作曲家的音乐作品，写下你的感想。

【任务设计】

任务一：诵读诗歌，初解意象

活动探究1："立象以尽意"，诗歌通过意象来表达诗人的思想感情，由"意"选"象"，且选"象"的目的是表"意"。意象一般以两种形态出现于诗歌中，即单个意象和整体意象。单个意象是诗歌中最基本的艺术形象，整体意象则是一组意象构成有机整体的画面。播放舒伯特的《迷娘》作配乐，朗诵诗歌，并找出《迷娘（之一）》选取了哪些意象？

任务阐述：《迷娘（之一）》有三个诗节，第一节的意象有柠檬花、橙子、桃金娘、月桂等，第二节的意象有圆柱、厅堂、大理石立像等，第三节的意象有山冈云径、使驴子迷途的大雾、岩穴龙种、危崖瀑布等。

活动探究2：整体意象是诗人精心选择一组意象并按情感逻辑、想象逻辑巧妙地搭配在一起，就像英美意象派理论家赫尔姆所说的，"两个视觉意象构成一个视觉和弦，它们结合而暗示一个崭新面貌的意象"。《迷娘（之一）》中的这些意象有什么共同特点？表达了诗人怎样的情感？

任务阐释：第一节的这些意象是具有意大利特征的景物，勾勒出意大利美丽的自然风光；第二节的诸多意象具有意大利建筑的特色，描绘出意大利璀璨的建筑文化；第三节中的意象则渲染归国途中的艰险。整首诗通过这三组意象融入了迷娘对故国深深的思念之情，被海涅称为"一支写出了整个意大利的诗歌"。

任务二：译本联读，把握意蕴

活动探究1：请同学分组朗读诗歌，并说说这首诗在表现手法上的特点，以及这样写的作用。诗歌中迷娘的倾诉对象只有一个人，即她爱慕的威廉，为什么要对其用"爱人""恩人""父亲"这三种不同的人物称呼？

任务阐释：诗歌主要采用了反复的手法。每节的开头、中间反复出现"你可知道""你知道吗"等句式，加强询问的力量，增加思念的程度；每节诗的末尾都用"前往，前往""我愿跟随你……"这种基本相同的句式，情感表达更热切，使诗歌具有一唱三叹的旋律美，增强了抒情性和艺术感染力。

"爱人""恩人""父亲"这三种不同的人物称呼表现出迷娘内心情感的深挚热烈和复杂纠结。"爱人"出现在第一节，传达出迷娘对威廉的爱恋之情；转而称呼他为"恩人""父亲"则表现了迷娘对他的感激之情，以及爱恋难有结果的哀愁，而且"父亲"和思乡之情融为一体。称呼的转换使爱情、恩情、亲情和思乡之情得到了升华，从而获得深沉含蓄、伤感动人的审美效果。这三种称呼的转换，表达了迷娘对威廉复杂而真挚的情感，以及对故乡深深的思念之情，美好又哀婉。

活动探究2：《迷娘》作为歌德最出色的诗篇之一，迄今已被译为多种语言，仅中文翻译就有数种，其中马君武和杨武能的译本可谓其中的代表作。请欣赏马君武翻译的《迷娘》，并说说和课文采用的杨武能译本相比，你更喜欢哪一种译本。请和同桌交流，并积极发言。

迷 娘

歌 德

君识此，是何乡？园亭暗黑橙橘黄。
碧天无翳风微凉，没药沉静丛桂香。
君其识此乡！归欤！归欤！愿与君，称此乡。

君识此，是何家？下撑楹柱上檐牙。
石像识人如欲语，楼阁交错光影斜，
君其识此家！归欤！归欤！愿与君，归此家。

君识此，是何山？归马失途雾迷漫，
空穴中有毒龙蟠，岩石奔摧水飞还。
君其识此山！归欤！归欤！愿与君，归此山。

任务阐释：学生自由发言，言之成理即可。马君武和杨武能的译作都遵循了原诗形式对称、内容反复的特征，具有一咏三叹之美。马君武的译诗采用旧诗的格式，格律规整，平仄讲究，语言简洁，读来朗朗上口，节奏上与原诗更相仿。杨武能的译诗则采用了现代诗的形式，虽然尽量采用尾韵，但毕竟不如古诗工整。其用词更浅显和现代化，更符合今人的品位。

对于《迷娘》中意象的翻译，两人的译本有明显差别。杨武能使用了异化翻译方法，对细节的把握准确，基本重现了原诗的全部意象，使读者感受到了浓浓的意大利风情。而马君武则使用了翻译中归化处理的方法，对原诗意象进行了修改，且采取了增删、改变句序等翻译技巧。比如，把“桃金娘”“月桂”这两种欧洲植物分别译为本地的“没药”和“丛桂”，把原诗中表达迷娘深刻而复杂情感的“爱人”“恩人”“父亲”则统一译为中国化的称呼——“君”。两者在形式、韵律、内容方面差别明显、各有千秋，但在意境方面，两篇译作都完美地传递了迷娘对意大利的渴慕和向往。

任务三：中外勾连，再解意象

活动探究1：意象是文化在诗歌中的投影。由于文化差异，中西方在对诗歌意象的理解和运用上既有相同之处，也有所不同。联系你学过的中国古典诗歌，谈谈中西方诗歌在意象的选择上有什么不同之处。请小组讨论，并派代表发言。

任务阐释：中国诗歌中意象的“意”相对具有确定性，也就是通过某个事物所表达的情感比较固定，许多意象已经凝结成人们世世代代共同的情思。如月亮寄托思念之情，杨柳蕴含惜别之意，梧桐细雨、杜鹃啼血表达愁苦之感。外国诗歌中意象的“意”比较不确定，诗人重视主观表达，因时代、个人情感的不同，选用的意象及含义皆有所差别。如《迷娘（之一）》的“使驴子迷途的大雾”“岩穴龙种”“危崖瀑布”是歌德创造出的特定意象，表现阿尔卑斯山的险峻之美和神秘色彩，突出路途艰险，在其他诗歌中较少出现。

活动探究2：《天净沙·秋思》和《迷娘（之一）》这两首中外经典的诗歌，都选取了多个意象组成整体意象，请说说它们在意象的运用上有什么异同之处。

天净沙·秋思

马致远

枯藤老树昏鸦，
小桥流水人家，
古道西风瘦马。
夕阳西下，
断肠人在天涯。

任务阐释：《天净沙·秋思》《迷娘》都选取了多个意象组成了整体意象。两者的相同之处在于它们选取的这些意象在空间、时间等方面有所联系，能寄托相似或相近的情感，各自从不同角度烘托气氛，营造意境。两者的不同之处在于《天净沙·秋思》选择了“枯藤”“老树”“昏鸦”等多个意象，这些意象既是游子羁旅生活的描绘，又是内心悲凉情绪的载体，以空间的顺序加以叠加，营造凄凉的意境，抒发飘零天涯的游子愁苦之情，意蕴深远。《迷娘（之一）》选取了“柠檬花”“橙子”“桃金娘”“月桂”“圆柱”等具有意大利特色的意象，将浓郁而热烈的情感融入这些饱蘸深情的意象中，表达出迷娘对回归故乡，追求美好生活的迫切心情。

【课后任务】

1.阅读中国版的“迷娘”——《梅娘曲》。《梅娘曲》是话剧《回春之曲》的插曲，作于1935年，由田汉作词，聂耳作曲。歌中主人公梅娘的恋人从南洋归国投身于抗日战争，不幸因负伤而失去了记忆。专程回国探望的梅娘为唤起他的回忆，在病床前唱起了这首凄婉动人的歌。话剧《回春之曲》公演后，《梅娘曲》在国内和海外侨胞中广为传唱。请比较这两首诗歌的异同点。

梅娘曲

哥哥，你别忘了我呀！
我是你亲爱的梅娘。
你曾坐在我们家的窗上，
嚼着那鲜红的槟榔，
我曾轻弹着吉他，
伴你慢声儿歌唱，
当我们在遥远的南洋。

哥哥，你别忘了我呀！
我是你亲爱的梅娘！
我曾在红河的岸旁。
我们祖宗流血的地方，
送我们的勇士还乡，
我不能和你同来，
我是那样的惆怅。

哥哥，你别忘了我呀！
我是你亲爱的梅娘，
我为你违背了爹娘，
离开那遥远的南洋，
我预备用我的眼泪，
搽好你的创伤，
但是，但是，
你已经不认得我了，
你的可怜的梅娘！

参考答案：

可以从主题、意象、表达方式等多方面比较两首诗的异同。例如：从主题来说，两者的相同之处是都表达了主人公对祖国的思念和对爱人的爱慕，不同在于迷娘对威廉的感情更复杂，梅娘的情感更悲伤；从意象上来说，两者的相同之处是都采用了多个意象形成整体意象，不同在于前者的意象具有意大利特色，后者具有中国南方的特色；从手法上来说，两者的相同之处是都采用了回环往复的手法、富有音韵美等。

杭州市余杭第二高级中学　应　健

39.《致大海》教学微设计

【课文提要】

《致大海》的作者是19世纪俄国批判现实主义文学的奠基者人普希金（1799—1837）。普希金是一位追求自由、反对专制的进步诗人，被称为“俄罗斯诗歌的太阳”。别林斯基这样赞誉他的诗：“所表现的音调的美和语言的力量到了令人惊异的地步：它像海波一样柔和、优美，像松脂一样鲜明，像水晶一样透明、洁净，像春天一样芬芳，像勇士击剑一样坚强有力。”

《致大海》创作于1824年。1820年，普希金因创作了大量的政治诗而被沙皇政府放逐到南高加索，由于他热爱自由，不愿阿谀逢迎敖德萨的总督，于1824年又被革职遣送回乡（第二次流放）。临别前夕，诗人登上高加索海边的岩石，面对波涛汹涌的大海，想起自己坎坷的经历，想起历史上的英雄，激情澎湃，写下了这首著名的诗篇。

《致大海》是一首政治抒情诗，表达了诗人反抗暴政，反对独裁，追求光明，讴歌自由的情感。诗人以大海为知音，以自由为旨归，以倾诉为形式，描绘自己追求自由的心路历程。“大海”既是诗人借景抒情的对象，也是自由精神的象征。作者通过对大海热情洋溢的赞美，表达诗人对自由的渴望和追求，表现诗人决不向专制统治屈服的顽强精神。

【任务目标】

普希金笔下的大海辽阔而又自由，深沉而又有力，骄傲而又倔强，是诗人反抗意志的象征。分析大海的意象，把握诗歌语言和情感的内在节奏，体味诗歌意蕴。体会这首诗歌内在情绪的起伏跌宕，理解其中对现实和自我的思考，感受诗人在重重束缚下迸发的斗争激情。

本课的学习任务目标如下：

（1）有感情地朗诵诗歌，体味诗歌形象生动的语言。

（2）理解大海的象征意义，把握西方诗歌运用意象的技巧。

（3）感受诗歌强烈的抒情气氛，领悟诗人渴望自由的情感。

【预习任务】

1.阅读《致大海》，概括每节的内容。有兴趣的同学可以阅读《假如生活欺骗了你》《自由颂》等诗人其他的诗歌作品。

2.找出适合这首诗的音乐作品，进行配乐朗诵。

【任务设计】

任务一：配乐诵读，解读大海意象

活动探究1：刘勰的《文心雕龙·神思》篇云："独照之匠，窥意象而运斤。"这是文学史上第一次提出"意象"一词。意象是诗歌用来寄托主观情感的客观物象，是诗歌的基本特征。播放《海之诗》(*Poetry of the Sea*)作配乐，朗诵诗歌，梳理诗歌的结构，找出描写大海意象的句子并概括大海的特征。

任务阐述：全诗共15小节，可分为三部分。第1—2节，诗人向大海告别；第3—14节，写诗人由大海引起的回忆和联想；第15节，诗人再一次向大海深情地告别，述说自己的整个心灵被大海所充斥，永不忘怀。

描写大海的句子有"你的蓝色的浪头""你的骄傲的美"等，写出了大海的美丽、深远、阴沉、自由、寂静、反复无常等特点。

活动探究2：大海具有怎样的象征意义？

任务阐释：大海有广阔的胸怀、惊人的威力、壮丽的景色，大海是自由精神的象征。

任务二：自由诵读，把握诗人情感

活动探究1：普希金在被流放敖德萨地区时，生活孤寂凄清，正如其爱情诗《致凯恩》中所咏叹的："在穷乡僻壤，在囚禁的阴暗生活中，/我的岁月就那样静静地消逝，/没有神往，没有灵感，/没有眼泪，没有生命，也没有爱情。"唯一能够给予诗人精神慰藉的就是波涛汹涌的大海。如今要别离了，诗人"最后一次"来到大海的面前依依惜别。普希金笔下的大海多变而迷人，表达了诗人怎样的情感？

任务阐释：作品歌颂大自然的优美和崇高，反对世俗生活的丑恶与平庸，突出人与自然在感情上的共鸣。诗人把自然景物拟人化，作为一种精神象征寄托自己理想，表达了对自由解放的热烈追求，对暴力统治的憎恶、反抗。

活动探究2：作者借大海表达了对自由的赞美及憧憬。诗歌中的作者得到自由了吗？请结合全诗说说理由。小组讨论，并派代表发言。

任务阐释：诗人最终并没有得到他所向往的自由。诗歌以"再见吧，自由的元素！"开篇，以"忧郁""沉郁"来描写大海，也是形容自己的心情。第3节，诗人写自己"全心渴望"自由，且"苦思着我那珍爱的愿望"，表明诗人追求自由不得之苦恼。第6节，"我还没有热烈地拥抱你"说明诗人尚未"拥抱"自由。接着抒写了拿破仑、拜伦追求自由而失败的悲剧结局。最后两节，诗人再次和大海告别，述说自己虽未得到自由，仍要把大海的精神带向远方，以此勉励自己继续为自由而奋斗。

活动探究3：诗歌以诗人与大海告别开篇，又以与大海告别结尾，两次告别中，诗人的感情有何变化？请有感情地诵读这两部分，并说说诵读时如何把握情感。

任务阐释：诗歌的开篇，大海展示出自由奔放的美，呼唤诗人，而诗人渴望像大海那般自由，即不能随心所欲地应和大海，所以他听到“忧郁的絮语”“沉郁的吐诉”。“忧郁”“沉郁”正是诗人的情感。诵读时，节奏要稍微舒缓、低沉。诗歌的结尾，诗人虽然没有得到自由，但并没有绝望，他将永不忘记大海的“壮观的美色”和“轰响”，决心把大海的精神带走，勉励自己为自由而斗争。诗人意志坚定，情绪高涨。诵读时，声音要激昂高亢、有力坚定。

任务三：多篇联读，深解意象

活动探究：“一个著者的想象只有一部分是来自他的阅读。意象来自他从童年开始的整个感性生活。我和所有人在一生的所见、所闻、所感之中，某些意象（而不是另外一些）屡屡重现，充满着感情，情况不就是这样吗？”这是艾略特关于意象的理论。这个单元的四首外国诗歌，都运用意象表达情感，你能说说它们在意象选用上的异同点吗？请小组合作讨论，并在班内交流。

任务阐释：这四首诗歌在意象的选择上有所不同。《致大海》《迷娘（之一）》中意象所寄托的意义为人们所熟知，具有较多的社会性、客观性，有较稳定的含义。如《致大海》中用大海壮美奔腾的特征表达自由精神，《迷娘（之一）》中用柠檬花、月桂、圆柱、厅堂等具有意大利特征的景物或建筑表达对故乡的思念。但《自己之歌（节选）》《树和天空》用客观对应物，赋予“象”富有个性化的“意”，将主观情感具象化、客观化，这两首诗的意象具有较多的自我性和主观性。如《自己之歌（节选）》中的“草叶”是神圣而伟大的，它和“一只蚂蚁”“一粒沙”“一个鷦鷯”“雨蛙”等都是平等的，享有属于自己的尊严，值得尊敬。惠特曼通过这些富有特性的意象，表达出对生命的珍视、对自由平等的礼赞。

这四首诗在意象的运用上也有所不同。《致大海》《迷娘（之一）》《自己之歌（节选）》这三首运用的意象比较常规。但《树和天空》却把那些没有关联甚至“貌似矛盾冲突的东西”，以拟人、动态化等奇妙的方式嵌合在一起，创造了迷人神秘的意象世界，让读者获得了陌生化的感观，留下丰富的想象空间和巨大的冲击力。

【课后任务】

中国当代诗人舒婷也写过一首《致大海》，请朗诵这首诗歌，比较其和普希金的《致大海》在主题思想、表达方式上有何不同。

致大海

舒　婷

大海的日出
引起多少英雄由衷的赞叹；
大海的夕阳
招惹多少诗人温柔的怀想。
多少支在峭壁上唱出的歌曲，
还由海风日夜
日夜地呢喃；

多少行在沙滩上留下的足迹，
多少次向天边扬起的风帆，
都被海涛秘密
秘密地埋葬。

有过咒骂，有过悲伤，
有过赞美，有过荣光。
大海——变幻的生活，
生活——汹涌的海洋。

哪儿是儿时挖掘的穴？
哪里有初恋并肩的踪影？
呵，大海，
就算你的波涛
能把记忆涤平，
还有些贝壳，
撒在山坡上，
如夏夜的星。

也许漩涡眨着危险的眼，
也许暴风张开贪婪的口，
呵，生活，
固然你已断送
无数纯洁的梦，
也还有些勇敢的人，
如暴风雨中
疾飞的海燕。

傍晚的海岸夜一样冷静，
冷夜的山岩死一般严峻。
从海岸的山岩，
多么寂寞我的影；
从黄昏到夜阑，
多么骄傲我的心。

“自由的元素”呵，

任你是佯装的咆哮,
任你是虚伪的平静,
任你掠走过去的一切
一切的过去——
这个世界
有沉沦的痛苦,
也有苏醒的欢欣。

参考答案:

普希金的《致大海》通过对大海热情洋溢的赞美,表达了诗人对自由的渴望和追求,表现了诗人决不向专制统治屈服的顽强精神。舒婷在《致大海》中描绘出了大海的涨落起伏,犹如生活有悲有喜,包罗万象。诗人把大海作为镜子表达对社会人生的理解,对生活充满了自信,表达了积极向上的精神。

两首诗都把大海拟人化,运用反复、比喻等手法抒发情感。普希金的诗更多地采用直抒胸臆,表达对自由的歌颂和向往;舒婷的诗较多运用借景抒情,将对生活的诠释融入对大海的描写中。

杭州市余杭第二高级中学 应 健

40.《自己之歌（节选）》教学微设计

【课文提要】

《自己之歌》是美国诗人惠特曼《草叶集》中最长的一首诗，也是最有代表性的一首诗。惠特曼对其一生的心血《草叶集》做了如下评价：“这不是一本书，谁接触它便是接触一个人。”作为其代表作的《自己之歌》正是通过一个人（即诗中的“我”）来表现一个时代、一个国家的生命律动。全诗共52节，象征一年的52个星期。本文节选的是诗歌的第31节。有批评家认为，“融合”是这首《自己之歌》最根本的母题。在诗歌的第1小节，诗人罗列了一系列日常生活中不显眼的意象，草叶、蚂蚁、沙、鹪鹩的卵、雨蛙、黑莓、关节、母牛、小鼠，在诗人充满深情的赞美中，他们的生命之美被展现得淋漓尽致又摇曳生姿。诗歌的第2小节作为融合者的“我”出现了，“我”并没有高高在上，或者说生命本就是平等的，“我”作为一个人，与世间的各种生命形态都有着亲缘关系，而“我”的身体上也不可分离地拥有着许许多多在亿万年演变历程中获得的与其他各种生命形态相同的特征。应该说，诗人用诗歌诠释着进化论的真谛，诗歌也充分表现了他坚定的民主主义和自由平等的思想。诗歌的第3小节诗人再次罗列了一系列的意象，火成岩、爬虫、海洋、大的怪物、鹰雕、蝮蛇、麋鹿、海燕，旨在说明无论想要威胁“我”，还是疏远“我”都是徒劳的，根本损害不了“我”的存在，也就是说“我”与世界的融合是必然的事实。

惠特曼的诗歌汪洋恣肆、磅礴大气，他的诗歌不受传统格律的限制，而是情随意动，自由驰骋，形式上采取了一种无拘无束、天马行空的自由体。

【任务目标】

《自己之歌（节选）》意境开阔、气魄宏大，有一种质朴而明朗的力量。朗读本诗时，要注意感受其中涌动的旺盛的生命力和诗歌中凸显出来的那个宏大的“我”。诗歌中出现了大量的自然事物，这些意象在惠特曼之前很少会在诗歌中出现，而惠特曼赋予了它们诗意，这是在诗歌学习中要重点关注的地方。

本课的学习任务目标如下：

（1）通过查阅资料，了解惠特曼的创作成就及其在世界文学史上的地位，并对《自己之歌》的创作背景有初步认知。

（2）有感情地朗读诗歌，圈画诗歌中的意象，通过分析意象中所寄寓的诗意来鉴赏诗歌的意境美、情感美。

（3）关注诗行的长短在诗歌节奏和情感表达上所起的作用，通过反复吟诵，感受诗歌自由的形式中涌动着的旺盛的生命力。

【预习任务】

1.查阅资料，对惠特曼以及《草叶集》有所了解，将资料整理好，在课堂上与同学分享。

2.有感情地朗读诗歌，并将诗歌中出现的意象圈画出来，并比较诗歌第1小节和第3小节出现的意象的区别。

3.本文节选自《自己之歌》，《自己之歌》共52节，可整篇阅读，加深对惠特曼诗风的了解和认知。

【任务设计】

任务一：资料整合，初识诗人

活动探究：将查阅到的有关作家作品的资料进行小的汇总，并通过有效的整合，在班级展示预习成果。

活动阐述：《自己之歌》是一首外国诗歌，《草叶集》和惠特曼虽然盛名在外，但是因为国籍和文化的差异，绝大多数中国读者对其还是知之甚少，高二学生也不例外。通过设计这个活动，可以让学生汇总收集到的资料，这有助于解读这首诗歌情感和主旨。比如惠特曼在诗歌形式上，摒弃了西方诗歌的传统诗体，不讲究韵脚和轻重音的安排，接近口语和散文的节奏。

19世纪上半叶，美国虽然在经济上发展很快，但仍基本上处于欧洲殖民地的地位。文学方面，主要从属于英国，还没有建立起本民族的与合众国相适应的民主主义文学。以爱默生为首的美国超经验主义者提倡个性解放，鼓吹打破神学和外国教条主义的束缚，在美国来一次文艺复兴，解放个性，就是要发现自己，确立本民族自己的独立人格。在这样的历史要求下，惠特曼树立自己的雄心，要通过他自己来表现他的"特殊时代和环境、美国"，于是他的"我自己"便与他们民族的"我自己"合而为一了。

了解了诗人及创作背景之后，将有助于我们更好地理解诗歌。

任务二：吟哦诗歌，感受诗风

活动探究：有感情地吟哦诗歌，朗读时重点关注诗行长短、诗节外形对诗歌节奏和情感的影响。学生自由组织小组展示之后进行班级大展示。

知识介绍：诗行的长短，也是诗人呼吸的长短、情感的节律；而诗节的外形往往呈现诗人情感的变化。

任务阐述：吟诵诗歌是学习诗歌的基础，只有通过反复吟诵，学生才能生成对诗歌的个人体验和情感认知，所以本节课教学的重点之一就是有感情地吟诵诗歌。而这首诗歌基本上没有押韵，形式上也不受格律的束缚，和我们高一所学的新诗《立在地球边上放号》有类似之处。学生通过朗读会发现，诗歌整体诗行较长，便于抒发一种豪迈的、无法遏制的情感，也有几句相对较短，诗行的变化就是诗人情感的变化，初读诗歌之后学生对这种特点能够有所体会。正是因为诗人认识到自我与世界之间本质的同一性，没有一种力量可以遏制，所以诗歌的节奏是昂扬的、一泻千里的，情感是豪迈的、冲垮一切的，要通过朗读感受到这种特点。

任务三：梳理意象，探究诗情

活动探究1：诗歌使用了大量的意象，请将这些意象进行归类，分析其不同特点及象征意义。

知识介绍：所谓意象，就是客观物象经过创作主体独特的情感活动而创造出来的一种艺术形象。简单地说，意象就是寓"意"之"象"，就是用来寄托主观情思的客观物象。当我们对生活中的事物属性熟悉后，就容易感受事物可能具有的一种象征性的特点。

任务阐述：这首诗一个典型的特点就是诗人选择了一系列独特的意象来表达情感。通过梳理比较的方式可以更直观地理解诗人的匠心。

在诗歌的第1小节和第2小节，诗人罗列了一系列日常生活中不显眼的意象，草叶、蚂蚁、沙、鹪鹩的卵、雨蛙、黑莓、关节、母牛、小鼠，这些渺小的不起眼的意象构成了"我"，"我"和片麻石、煤、藓苔、水果、谷粒和菜根融合在一起，全身装饰着飞鸟与走兽。诗人选用这些日常中最普通的意象来探讨人与自然、自我与自然之间的关系，他以泛神论来认知世界和自我，并且由此以一种强大的吸附力来融合万物，又回馈万物。这是一种辩证地看待自我的方式。

在诗歌第3小节诗人再次罗列了一系列的意象，火成岩、爬虫、海洋、大的怪物、鹰雕、蝮蛇、麋鹿、海燕，相较于前面两节中意象渺小的特点，这些意象更宏大，更具有破坏力。火成岩、海洋、大的怪物象征着可能破坏生命的巨大自然力，麋鹿、海燕象征暂时还与"我"相异的生命存在。但是无论是威胁"我"还是疏远"我"的，都根本损害不了"我"的存在——"逃跑或畏怯是徒然的"。

惠特曼对自然万物情有独钟，他认为自然蕴含了自我追求的人类价值。自然界无所不在的自由、活力和创造力都令他身心振奋。即使是一片草叶也具有那种茂盛强壮、渴盼扩张的生命精神和灵魂升腾。因此，他尽力歌唱大地、歌唱自然、歌唱这些为人的灵魂输送生命灵性和活力的精神源泉。

活动探究2：惠特曼是歌颂自我的诗人，《草叶集》是歌颂自我的诗集，而《自己之歌》又是《草叶集》的核心部分，是诗人"自我"的独立宣言。结合全诗，联系时代背景，同学间讨论思考诗中的"自我"是不是作者本人，以及你认为这里的"自我"有哪些内涵。讨论结束后，小组选定代表交流。（讨论时请指定一名同学做好讨论笔记，并在讨论结束后根据讨论意见进行整理，然后选定代表参与全班交流）

任务阐述：诗歌中的"我"，表面上似乎是诗人自己，实际上是诗人在借用"自己"二字表现一个大"我"，即改造大自然、开拓新大陆、建设新大陆的美国广大的劳动群众。诗中的"我"具有两重含义，一是具体的"我"，二是象征群体的"我"，是一个综合形象。诗人置身于劳动者之中，诗中的"我"也是美国式新人的形象。

通过这一活动，从诗歌本身出发，学生将对诗歌的主旨有更深刻的认知。

【课后任务】

《草叶集》问世后，评论家们议论纷纷，毁誉参半，争论的焦点就是其中的《自己之歌》。虽然当时美国文坛的领袖爱默生独具慧眼，读完诗集以后赞赏有加，并写信给惠特曼，称赞“它是美国出版过的最出色的，富有才智和智慧的诗篇”，但是，它的独特风格还是受到了绝大多数作家和批评家的猛烈抨击。学罢诗歌，请写一段文字阐述自己的观点。

参考答案：

观点一：《自己之歌》过于强调自我。《自己之歌》体现了诗人强烈的自信，惠特曼一方面决心要代表他的民族，另一方面又希望自己能被平等地对待，惠特曼的自信洋溢在诗歌的字里行间。在诗中，歌唱一个人的自我，强调自己的无所不能，包罗万象，这是一种对于自我的极端表现，注定从一开始就不能被当时的人们接受。

观点二：《自己之歌》打破了当时的诗歌形式。当时美国的文学主要跟随欧洲的文学潮流。然而，惠特曼是19世纪美国的激进派民主主义者，在艺术上表现出积极的追求和革新精神，在《自己之歌》里，惠特曼在借鉴欧洲传统诗史的基础上，进行了更多的创新，打破了传统诗歌的形式，开创了“自由体”的诗歌形式。新事物的出现，必会在开始时遭到一些人的批判，这也属于正常现象。

安吉县高级中学 王 惠

41.《树和天空》教学微设计

【课文提要】

《树和天空》是瑞典诗人特朗斯特罗姆的诗歌作品。这首诗意象新鲜，表现手法奇特，是典型的现代诗歌。与传统诗歌相比，现代诗歌在语言表达上更自由，更重视发掘意象内在的多重意蕴，常常通过隐喻、转喻等手法将看似疏远甚至对立的意象组织在一起，让诗歌在某个看似奇异但却富于暗示性的情境中发生和展开，借以表现比传统诗境更开阔也更复杂的人生体验。

这首诗的主体意象是一棵“在雨中走动”的树，这种意象本身就突破了现实的限制，需要我们通过想象去进入诗歌的独特意境。在这首诗歌中，诗人其实创造了这棵树的四种状态，第一种状态是“走动”，第二种状态是“汲取”，第三种状态是“静闪”，第四种状态是“等待”。这四种状态各自有什么样的意蕴，合在一起又有什么样的内涵呢？现代诗歌原本就是朦胧多义的，仁者智者，所见不同，比如我们可以从自然的生生不息、人与自然的关系、生命的奇迹等多方面加以思考。在阅读时，我们不要逐字逐句推敲索解，也不用追求标准答案，关键是要通过想象去感受现代诗歌带给我们的这种冲击。

【任务目标】

《树和天空》想象奇特，意境朦胧，朗读本诗时，要跳脱开固有经验，而是通过想象和联想的方式重现诗歌中出现的场景，对诗歌主旨的解读也不追求固定的解读答案。特朗斯特罗姆在诗歌创作中往往喜欢选择一些日常生活中随处可见的意象，但是却会赋予这些普通的意象以特别的韵味，当这些被赋予新意的意象被精心组合之后，诗人便很自然地通过这些意象组合来寄寓自己的情感，情随意动，达到起伏流转的效果。

本课的学习任务目标如下：

（1）有感情地朗读诗歌，划分诗歌朗读节奏，并通过整合梳理意象，感受诗歌第1小节和第2小节“动”“静”不同的画面感。

（2）通过分析诗歌前后两节动静不同的画面感，体会诗人情感的流动、变化和发展。

（3）以本首诗歌为范例，学会通过想象和联想的方式还原诗歌意境，习得独特审美体验的诗歌阅读方法。

【预习任务】

1.阅读王文的作品《特朗斯特罗姆：一年只写三首诗》，初步了解特朗斯特罗姆在诗坛的地位及其诗歌风格。

2.划分诗歌节奏，根据节奏有感情地朗读诗歌，并将诗歌中出现的意象圈画出来，并比较诗歌第1小节和第2小节不同的画面特点。

3.课外阅读特朗斯特罗姆的诗歌，积累诗人的名句。

【任务设计】

任务一：划分节奏，吟读诗歌

活动探究：根据自己课前划分的节奏，同学间互相朗读诗歌，读出语调抑扬、语速快慢，并想想为什么要这样读。停顿划分相互间有争论的部分，先讨论，如果有不能确定的，提交班内讨论。教师根据节奏划分原则（结构原则和意义原则）进行引导。学生以小组合作的方式进行朗读展示，尽可能让更多的学生参与到诗歌的吟读中，通过吟读，初步感受现代诗歌的独特魅力。

任务阐述：整首诗歌分成两节，比较短小精悍，在朗读上难度不大。但是因为这首诗歌具有多义性，句子上下衔接过渡不按常理安排，所以有的节奏在朗读上有一定的难度。如果不能很好地理解诗歌可能就不能准确地读出节奏。比如在诗歌第2节最后，“和我们一样它在等待那瞬息/当雪花在空中绽开”，上下两句虽然指向的对象不同，上句讲的是“树”，下句讲的是“雪花”，但是两句诗歌间联系紧密，所以节奏应该再紧凑一些。又如，第1节和第2节两幅画面有动有静：第1节诗人运用一系列动词，使得整节具有一种动态的美感，所以节奏上要更轻快些；第2节相对舒缓，所以在朗读节奏的处理上也要轻柔和缓一些。这些都是在基于读懂诗歌的基础上才能做到的细微的处理。

任务二：想象意境，品味情感

活动探究1：析“动”态——认真研读诗歌第1节，用诗歌中的词语将“一棵________的树”补充完整，并通过想象来阐述诗人借由这样一棵树究竟想要表达什么。

任务阐述：第1节的动感主要来自几个“奇怪”的动词，“走动”“走过”“有急事”“汲取”，在诗人笔下，树成了一个具有思想意识的人，它在雨中走动，汲取雨中的生命来壮大自己、发展自己，它不停地走，走得很快，一边走一边成长，这种动态感让读者很容易感受生命的律动和张力。诗人在这一节的最后说，“就像果园里的黑鹂”，黑鹂在果园里自由快乐地啁啾，果园是黑鹂天然的食物储存所，在这里它们可以吃果子吃虫子，自由自在地觅食、飞翔，这和这棵在天地间展开枝干和根脉的大树何其相似！

活动探究2：品“静”景——第2节的画面静谧安详，在这种环境中，这棵树的形象与第1节中的有什么不同？

任务阐述：不同于第1节“在雨中走动”的树，第2节中的树是停下来的树，诗人用“挺拔的静闪”来形容这棵树，意在表达，当走过春天和夏天之后，树终于来到了秋天，秋天是沉静的、成熟的，这棵树经过时间的淬炼，已然更具有永恒的模样，但还不够，所以诗人又写道，“和我们一样它在等待那瞬息”，树在等待“那瞬息”，那个瞬息正是“雪花”到来的时刻：也许是在迎接最后的考验，实现人生最后一次试炼，从而找到真正的自我；也许是想要经历更丰富的过程，感受生命的种种状态，达到人生的大圆满；也许是在讲一种轮回和融合，世间万物将在一片雪花中融为一体，白茫茫大地，不分彼此，形成一种最完美的和谐。总之，这棵树静下来了，停下来了，它和我们一样，在等待生命中很短暂却异常美好的一个瞬间。

本任务需要采用同伴互助的形式，通过讨论来丰富学生的阅读体验。可能对于部分学生而言，这个环节具有一定难度，不用求全责备，能够在合作和探究中有所启发有所思考，就算是有学习的收获了。

任务三：以画解诗，体悟主旨

活动探究：根据诗歌内容和你的理解，从树和天空、树和我们、树和雪花三个主题中任选其一，绘制一幅同题漫画。

任务阐述：这一任务的设置旨在解读诗歌的主旨。这首诗歌运用了一系列看似毫无关系的意象串联起一个动静相谐共生的诗歌世界，诗人借由这样一首诗歌究竟想要表达什么？自然的生生不息、人与自然的关系、生命的奇迹等似乎都能讲得通。有时候，对诗歌的理解可能无法用准确的语言加以表达，不如以绘画的方式进行描述，当读者能够对主题有一定的思考之后，便能创作出一幅带着个体阅读烙印的漫画作品。

正如之前所读，树从春天或夏天的雨中走来，走向秋天的暖阳，等待冬天的那朵雪花。无论是阳光雨露还是风暴雪花，都能给予这棵树丰富的滋养，甚至于“灰色”中，这棵树仍然可以“汲取生命”。正是在宇宙的这种无私的滋养下，大树勇敢地向天空中舒展了枝干。真正健全的生命懂得享受自然的每一种赐予，于是在“晴朗的夜晚”才有了它们更为“挺拔”的身姿。这可以作为“树和天空”主旨解读参考。

“我们”是谁？是诗人？是行人？是宇宙间和树一样的芸芸众生？恐怕都能说得通。“我们”是旁观者，冷静地注视着树和大自然，等待着雪花。在“我们”的视角下，树如同无言的智者，把诗人丰富的感受表达了出来。诗人感受到了人生的匆忙，雨过天晴，树林静谧，这优美的情景，又让诗人的内心更加宁静，焕发出对美好生活的期待。因此，在绘制漫画时应该将这种复杂的内涵加以诠释。

“雪花”在这里有着丰富的含义，它出现在诗歌的最末，似乎意味着这棵树行进的目的就是这片“雪花”。“雪花”是自然界无情强大力量的象征，当这棵树静静地等待“雪花”时，也就展现了生命的无所畏惧，以及看似弱小实则强大的特点。当然，“雪花”更象征着一个洁白澄净的纯美境界，一种超越了世俗功利、摆脱了欲望和俗物的牵绊、万物融和无间、和谐共存的圆融化境。在这个世界里，人与物、人与人、物与物，一切存在之间的距离都将泯灭而消失殆尽，只剩下轻轻飘来的一阵宇宙间的清丽气息。如果以此作为绘画的主题，相信会创造出一幅很具深度的作品。

【课后任务】

有人说，特朗斯特罗姆“通过其凝练、透彻的意象，给予我们通往现实的崭新途径”。他的诗歌来源于现实生活，又指向现实生活，但同时，他的诗歌在解读上并非易事。以我们今天所学的这首《树和天空》为例，读了这首诗，能让你对生活和现实有了新的认识和了解吗？请简单地写一写你的思考和感悟。

参考答案：

提示：我们可以从以下三个方面展开思考。①世间万物皆平等。我们并不比一棵树更高贵，在树的眼里，我们也许才是一棵“树”。正如李白所说的“相看两不厌，唯有敬亭山”，又如辛弃疾所说的“我见青山多妩媚，料青山见我应如是”，这不仅是处世态度，更是人生哲学。②重新去思考人生、人类、世界和宇宙的关系，会得到一种新奇的感受，让自己的思想和灵魂更充盈。正如罗翔所说，我们要爱远处的人，也要爱具体的人。所以，我们热爱宇宙苍穹，也要试着去爱一棵树、一只黑鹂，还要爱我们自己。③这棵树在下雨的时候走动，拼命汲取雨中的生命，但是当雨停了，它也会停下脚步，去静闪，去等待，去发现天地间的美好、宇宙中的奥秘。生命，不是一直在拼搏努力才是美好的，人生应该有各种可能，我们要尽可能地去丰富它。

安吉县高级中学 王 惠

第三部分

选择性必修下册

42.《氓》教学微设计

【课文提要】

《氓》讲述了两千多年前一个普通女性婚恋的悲情故事，以弃妇的口吻，叙述了相识与允婚、相思与成婚、相爱与新婚、遭弃与离婚，以至忆苦自伤、情断义绝等内容，展现了女主人公曲折的人生经历。

这首叙事诗，塑造了鲜明生动的人物形象。作为弃妇的女主人公，她面对男子的追求，热烈回应，表现出对爱情的渴望；她遵守婚嫁礼法，表现出端庄；她好言劝慰男子，善良体贴；她涕泣言笑，沉醉爱情，颇具性情；她不乏警觉，自我反思，聪明伶俐。

比兴的手法是本文在表达上的突出特色。中间两章分别以“桑之未落，其叶沃若”和“桑之落矣，其黄而陨”开头，运用了“比兴”的手法。采桑养蚕，是女主人公的日常劳动生活，这样更显得自然真切。比兴的运用，表面上中断了叙述，舒缓了节奏，实则往往暗示了故事的走向，起到了过渡作用。

【任务目标】

学习本课时，要以“诗意的探寻”为核心，品味《诗经》语言之美，感受人物形象的哀乐悲欢，理解诗歌在表现手法、艺术风格等方面的特点，把握作品蕴藏的传统文化精神，认识古典诗歌的当代价值。

本课的学习任务目标如下：

（1）通过对桑树与淇水的分析，理解比兴的手法对叙事和抒情的作用。

（2）根据女主人公不同阶段的动作、神态、心理等细节描摹，理解诗经“怨而不怒，哀而不伤”的抒情特征。

（3）将对诗经的理解与鉴赏能力拓展运用到阅读其他古诗词作品中，能自主赏析、评价古诗词在语言、情感等方面的特色。

（4）结合当下的文化现象以及自身的学习体验，探究古诗词在当下社会生活中的价值，探寻古人的生活和情感与当今社会的联系。

【预习任务】

1.《氓》是一首叙事诗，叙事层次清晰，请用小标题的形式概括女主人公情感经历的几个阶段。

2.查阅资料，了解《诗经》兴观群怨的特点。

3.以《关雎》《蒹葭》为例，回顾梳理以往所学的《诗经》作品的语言和情感之美。

【任务设计】

任务一：歌咏吟诵——借语言之梯，品形象之丰

活动探究1：文中有多处细节描写，请结合对人物动作、语言、神态等方面的描摹，读出不同情感阶段女主人公的情感变化，在小组内进行诵读展示，完成“在______中，我读出了______”的任务，并思考“氓”对表现女主人公形象的作用。

任务阐述：设计这个活动的目的是让学生通过诵读及对细节描写的分析，体会人物形象的情感，通过对内容的分析，了解人物形象塑造的多种方法，理解正面、侧面描写对于主要人物塑造的作用。

从“送、涉、将、乘、望、泣、笑”等动作描写，读出了温婉、多情、天真、善良的女主人公形象；从“送子涉淇”中读出背后的情意绵绵，从“将子无怒”中读出其中的善意宽慰。诗中的男子形象，是通过女子的描述间接呈现的。他是一个“抱布贸丝”的小商贩，急于成婚，至于发怒，表现出急躁的性格特征；婚后的暴躁，“二三其德”，又表现出他品德的败坏；婚前的热烈与婚后的离弃两相对照，则揭示了他的虚伪。诗歌通过塑造这一性情狂暴、违背诺言、始乱终弃的这一负心汉形象，来凸显女主人公忠贞不渝、刚毅坚强、清醒理智的形象。

活动探究2：言为心声，不同的称谓往往暗示着情感亲疏的变化。牛运震在《诗志》中这样评价《氓》：“称之曰氓，鄙之也；曰子曰尔，亲之也。……曰士，欲深斥之而谬为贵之也。称谓变换，俱有用意处。”请和同学们讨论，称谓的变化与女子情感的跌宕之间的联系。

任务阐述：设计这个活动的目的是让学生根据女主人公对男主人公称谓的变化，来梳理她的情绪，从而理解诗歌的语言所传递出的细节之美。

“氓”，是对一个尚未熟悉的陌生人的称谓，初次见面，感情还较疏远，女子保持着应有的矜持。“子”是古代对男子的尊称、美称，表示有与对方进一步交往、发展感情的意愿。“尔”是谈婚论嫁时的称谓，这是女子甜蜜幸福的时刻，少了陌生和客套，多了熟悉和惯常，表明女子把对方看作是感情上的依靠。“士”是男子用情不专，行为不端时的称谓，极具疏离感，批判了男子始乱终弃、无底线原则的行为。

对男主人公称呼的转换，恋爱时称“子”，婚前称“尔”，婚后称“士”，既避免重复，产生错落之美，也符合人物的身份变化和情感发展。

任务二：兴观群怨——析比兴之妙，赏构思之巧

活动探究1：孔子谈及《诗经》时曾这样评价，“诗，可以兴，可以观，可以群，可以怨”。意思是《诗经》可以感发人的志气情感，可以观察天地万物及人世的盛衰得失，可以交往朋友、相互切磋，可以讽刺、抨击不平之事。本文多次描写桑树的变化，这与叙述的内容有何联系？请从“兴”的角度，和同学们讨论这种写法对于表现女主人公“怨”的作用。

任务阐述：设计这个活动的目的是让学生思考比兴对叙述和抒情的影响，通过自主探究来理解比兴的作用，从而体会诗歌的形式之美。

“兴”指“先言他物以引起所咏之词也”，即借助其他事物作为诗歌的发端，以引起所要歌咏的对象。“比”指“以彼物比此物也”，即打比方，对事物进行形象具体的比况。

桑未落，新鲜润泽，既比喻女子的年轻貌美，又比喻恋爱的甜美。桑之落，枯黄脱落，既比喻女子的年老色衰，又比喻爱情的失败。这里运用比兴的手法，能更好地表达情感，渲染气氛，激发读者的想象。在叙事中插入比兴句，使叙事暂时中断，这样就避免了叙事的平铺直叙，一览无余；所插入的比兴句在内容上又起了暗示作用，读者能从中意识到女子的婚后生活并不美满，因此叙事的线索似断实连；比兴的运用，表面上中断了叙述，舒缓了节奏，实则往往暗示了故事的走向，起到了过渡作用。

活动探究2：《氓》的情节相对简单，以女主人公的恋爱、结婚、离异为线索展开，通篇全是自述，但是又在文中设了多处伏笔与照应，请以“淇水”为例，谈谈其在表达情绪和叙事上的效果。

任务阐述：设计本任务的目的是让学生通过对淇水的分析，来理解伏笔与照应对叙事和抒情的作用。

淇水既是环境要素，也是女主人公人生经历的见证，暗示女主人公思绪的轨迹。作为弃妇，她的心情悲痛而又惘然，人处于这种心情之下，往往会睹物思情。“淇水汤汤，渐车帷裳”是弃妇归途中的实境，照应了“送子涉淇，至于顿丘”，正是渡过了淇水，他们才订下了“秋以为期”的誓约，也才有了以后的一切。淇水，是她那段以欢乐始，以悲伤终的生活的无声见证者。正因为这是欢乐与痛苦的交点，所以回忆至此，引发了女主人公“于嗟鸠兮，无食桑葚”的情感抒发。淇水也是她迷惘时的精神寄托，“淇则有岸”表明了自己看透了生活的真相，不会再迁就下去的决绝。淇水的插入，在现实中照应了过去，使得感情的发展合乎逻辑，同时使叙述上有所延迟，为内心情感的跌宕做了有力的铺垫。

任务三：继往开来——虑应变之道，思传统之用

活动探究1：2020年我国发生新冠肺炎疫情后，日本捐赠我国的物资外包装上，出现了“山川异域，风月同天”“岂曰无衣，与子同裳”“青山一道同云雨，明月何曾是两乡”等诗句。后日本疫情告急，中国也向日本捐赠了急需的防疫物资。请你为中国捐赠日本物资的外包装想出一副下联，要求格式对仗，并解释其含义。

任务阐述：设计这个活动的目的是让学生能结合当下的现实，探究古诗词在当下社会生活中的价值，寻觅千百年前古人的生活和情感与当今社会的联系。

“山川异域，风月同天”是唐玄宗在位期间，日本国长屋王送给中国的千件袈裟的边缘上绣的诗句，鉴真看到这样的诗句，于是决定东渡日本。这两句诗可以说是中日友好文化交流的见证。“岂曰无衣，与子同裳”出自《诗经·秦风·无衣》，表达了秦国将士克服困难、共御外敌之情。“青山一道同云雨，明月何曾是两乡”出自王昌龄的《送柴侍御》，是诗人被贬为龙标尉时所作，表达了对相隔遥远的友人的宽慰。

这些诗句在这一特殊时期出现在捐赠物资的外包装上，无疑被赋予了新的意义：我们的近邻愿与我们共克时艰。

为“山川异域，风月同天”编制的下联可以是“河海有别，波涛共挽”。上句“山川异域”表明地理位置不同，而“河海有别”是讲我们被大海分隔，既表明了空间的距离，又可以为下句铺垫。下句“风月同天”可以理解为美好的事物可以共同欣赏，“波涛共挽”则是表明风浪来临时，我们手挽手、肩并肩，共度患难。尽管诗句本身并不能杀死病毒，却可以给予与病毒战斗的日本人民别样的温暖和感动，让他们感受到防控病毒的“人类命运共同体”的力量，感受到人类互相理解与支持的力量，感受到唇齿相依、休戚相关的力量。

活动探究2:《采薇》是中国歌剧舞剧院编排的舞剧《孔子》中的选段,《孔子》展示了孔子周游列国的生命历程，有“仁”而不得的坎坷梦想。

选段《采薇》来源于《诗经・小雅・采薇》，本指因军中生活困苦，老兵借描述不同季节的景致抒发对战争的无奈和悲凉。在这段舞蹈中，只重复了其中的“昔我往矣，杨柳依依。今我来思，雨雪霏霏”，有人认为听起来过于隽永柔情，无法与战争联系起来，有人则认为如此轻快的选段不适合在孔子最悲凉的时刻穿插进来。请结合本文所学的比兴手法，谈谈你对此段舞蹈设置的理解。

任务阐述：设计这个活动的目的是让学生灵活运用本课所学的比兴，去解释真实情境中的真实问题，需要学生自主进行赏析和评价，具有较强的拓展性。

选段中这四句诗刚好折射了孔子悲于百姓之苦，失意、落魄之时，梦中回到家乡的情景。这是现实与梦境的差别：梦境的美反衬了现实的无奈，起到了对比衬托的作用。岁月如梭，孔子也不是曾经的少年，恍惚间有少女踏歌而来，结伴采薇菜。少女们的轻快和孔子的求志不得、颠沛流离形成强烈对比，更能体现出孔子知其不可而为之的气魄。

【课后任务】

1.请从“兴”和“怨”的角度，谈谈你对《蒹葭》的理解。

2.一首网络改编歌曲《自挂东南枝》中曾大量化用古典诗词，但不久后却纷纷被各音乐平台下架，下面节选了一部分，请你谈谈在网络时代，如何辨识伪传统，发扬真传承。

“空山新雨后，自挂东南枝；欲穷千里目，自挂东南枝；亲朋无一字，自挂东南枝；人生在世不称意，不如自挂东南枝。”

3.请结合所学《诗经》的主题，谈谈“木瓜琼琚，永以为好”这句出现在中国驻大阪总领事馆转赠和歌山县的物资箱上的赠言所蕴含的情谊。

参考答案：

1.《诗经》中的《蒹葭》篇，很好地呈现出了“兴观群怨”的艺术审美。这首诗就是以写景起兴，通过对蒹葭、白露两种自然景物的描写，渲染出了深秋时节浓浓的悲凉气氛。反观到现实生活中，则映射出对人的追求似乎永远不能实现的愤然、悲伤之情，既带一种反观人性的苦恼与无奈，也有一种对现实的“怨”的批评之意。

2.这首改编歌曲虽然化用了众多经典诗词，但是存在随意剪切，随心拼凑的问题，忽略了原出处的语境，剪辑拼接之后不仅破坏了原有优美的诗境，而且产生了不良的导向，是对传统经典诗词的戏谑和嘲弄，是不尊重传统文化的表现，我们要有辨识的眼光，自觉抵制。

3.“木瓜琼琚，永以为好”化用了《国风·卫风·木瓜》中的“投我以木瓜，报之以琼琚。匪报也，永以为好也”。在面对人类共同的敌人时，我们需要携手共进，投桃报李，相互协助。我们也要跟随古先贤的步伐，积极发扬团结互助、扶危济困的中华民族传统精神。

温州市第八高级中学 谢 虎

43.《离骚（节选）》教学微设计

【课文提要】

《离骚》是战国时期楚国著名爱国诗人屈原创作的诗篇，是中国古代最长的带有自叙性的政治抒情诗。《离骚》是《楚辞》中的典范，和《诗经》中的《国风》合称“风骚”。“风骚”是先秦诗歌的代表，且被认为是我国古典诗词的渊薮，足见其对中国文学的影响力。《离骚》整首诗基本上可以分成两个部分：从开头至“岂余心之可惩”为前半部分，诗人自述身世、遭遇、心志，反复倾诉对楚国命运和人民生活的关心，表达自己坚持理想的心志，其现实主义色彩更强；后半部分由现实境界转入虚拟的幻想境界，诗人陈述自己神游天界的经历、理想失败后欲以身殉国的情感，该部分呈现出极致的浪漫主义色彩。本课节选的是诗歌的第一部分。

《离骚》开启了中国文学的浪漫主义传统，其中运用大量的“美人”“香草”的意象、神话、传说，想象瑰丽，文采绚烂，结构宏伟，表现出内容、形式、语言上极致的浪漫主义，开创了中国文学史上的“骚体”诗歌形式，成为“辞赋之宗”。在作品中，诗人于现实与理想之间行走，在生与死之间矛盾挣扎，面对艰难绝境，表现出正道直行、忠君爱国、至死不悔的浪漫主义精神，这种精神品格亦成为中华民族的精神内核之一。

【任务目标】

王邦采曾说：“洋洋焉洒洒焉，其最难读者，莫如《离骚》一篇。”《离骚》是浪漫主义的代表，但其使用众多的“香草”“美人”意象，想象丰富，寓意委曲，给阅读带来一定的困难。阅读时，要通过诵读，感受语言形式上的浪漫主义，通过鉴赏“香草”“美人”，掌握内容上的浪漫主义，最重要的是探究其精神上的极致浪漫主义。

本课的学习任务目标如下：

（1）通过比较诵读，读懂“兮”字，感受《离骚》语言的浪漫主义之美。

（2）参照注释，根据课文语境，掌握“香草”“美人”的丰富内涵，并通过赏析《离骚》第二部分的内容，感受其内容的浪漫主义之美。

（3）依据课文，结合屈原的身世，探究《离骚》中诗人的形象，体悟诗人向死而生的浪漫主义伟大品格及其对当下的指导意义。

【预习任务】

1.诵读课文，感受《离骚》的音韵之美。

2.根据注释，初步了解诗歌的内容及其蕴含的情感。

3.阅读《离骚》全诗，对其浪漫主义有初步认识，并能发现诗人的情感变化。

【任务设计】

任务一：比较诵读，感受语言的浪漫主义之美

诵读是叩开诗歌鉴赏大门的一把金钥匙。比较诵读是最直观的语言感受方式。

活动探究1：比较诵读《离骚（节选）》第1自然段和《氓》第1自然段，与同学谈一谈《离骚（节选）》语言上的浪漫主义之美。

任务阐释：《离骚》作为楚辞的经典代表，其在音节音韵上与学生已有的诗词经验截然不同，通过比较诵读《离骚（节选）》第1自然段和《氓》第1自然段，学生可以最直接清晰地感受《离骚》的音韵之美。《氓》都是四字句，句式极为整齐，在形式上体现了《诗经》的现实主义风格。《离骚》则句子长短不一、参差错落，在形式上实现情感表达的自由。可课外阅读屈原的《湘夫人》，通过诵读，进一步感受楚辞在形式上和音节音韵上的浪漫主义之美。

活动探究2：比较诵读《离骚（节选）》第：1、2自然段“兮”字删除前后的版本，谈一谈“兮”字的表达效果。

任务阐释：《离骚》共373句，“兮”字出现了186次。从词源上看，“盖屈宋诸骚，皆书楚语，作楚声，纪楚地，名楚物，故可谓之‘楚辞’”（宋黄伯思《东观余论·校订楚辞序》），有专家认为，“兮”字是楚声的代表，是楚地方言口语，相当于现在的“啊”。从结构上看，“兮”字往往勾连上下两个句子，从而构成一个完整的意思。从节奏上看，“兮，语所稽也。从丂、八，象气越亏也”，就是说“语于此少驻也”，“兮”具有停顿的作用；而同时“兮”字声音绵长成为“歌唱的标志”，使全诗一直在回环往复的音乐旋律中进行，具有很强的节奏感、音乐感。从情感表达上看，“兮”有增加情感表达效果的作用，如“帝高阳之苗裔兮”中“兮”字增强了诗人身为高阳后裔的荣耀感；“汩余若将不及兮，恐年岁之不吾与”中“兮”字增加了诗人的忧思惶恐之情；“纷吾既有此内美兮，又重之以修能”中“兮”字增强了诗人对自己内在美好品德的肯定和加强修炼容态的迫切之情等。总而言之，“兮”字增加了《离骚》在音节音韵上的特殊余味，更增强了诗人情感表达的浓度。

任务二：香草幻境，感受内容的浪漫主义之美

活动探究1：找一找课文中与“香草”“美人”相关的诗句，结合上下文，读一读，品一品，探究“香草”“美人”的象征意义。

任务解析：屈原在《离骚》中开创了中国古典诗词“香草”“美人”的先河，只有读懂了“香草”“美人”丰富的象征意义，才能读懂《离骚》浪漫之美，读懂诗人的情志。文本虽提供了一

定的注释，但是只有基于诗句本身的分析才能让学生真正领会其中的奥义。在课文中出现“江离”“辟芷”“秋兰”“木兰”“宿莽”“蕙纕”“揽茝”“芰荷”“芙蓉”等一系列“香草”，作者从早到晚不停地采摘它们，佩戴它们，穿着它们，这事件本身就具备象征意义。“香草”是高洁品质的象征，作者日夜采撷香草，以此象征自己对美好品德能力的坚守与修炼，诚如司马迁在《史记·屈原贾生列传》中所说，“其志洁，故其称物芳”。众多的“香草”意象使诗歌的语言更加明丽，情感表达更加委婉丰富，有言有尽而意无穷之感。

“惟草木之零落兮，恐美人之迟暮”，结合上下文可知“美人”有两重含义：一是以“美人”喻贤能的君王，以男子得到美人的青睐来比喻臣子得到君王的赏识。南宋朱熹在《楚辞集注》中说，“《离骚》以灵修、美人目君，盖托为男女之辞而寓意于君，非以是直指而名之也”。所以，《离骚》一文中多次出现“求女”（求美人，喻求君王眷顾）而不得的悲伤，而苏轼的《赤壁赋》中“望美人兮天一方”这句“楚味”歌词就继承了该传统，诗人以“美人迟暮”比喻君王老去昏聩导致家国无望，这也是当时楚国的真实写照，表现了诗人对国家前途的深深担忧。二是以“美人”自喻。在文中，诗人采撷香草修饰自己，这和美人的形象是一致的，而“众女嫉余之蛾眉兮，谣诼谓余以善淫”，作者将自己比作“美人”，将其他奸佞之臣比作“众女”，将自己受到奸佞之臣的诽谤比作“众女”对“美人”的嫉妒。总之，“美人”无论是比喻对贤能君王的渴求，或隐喻自身的美好，都使诗歌的内容形象更具浪漫主义色彩。

活动探究2：阅读《离骚》的后半部分，感受诗人幻境中的神奇浪漫。

任务阐释：诗人在前半部分用接近于现实主义的手法展现了自己的艰难处境，而在后半部分则描写了一个无比广阔、神奇的幻境，缺少后半部分，《离骚》的浪漫主义将大打折扣。作者在后半部分里虚构了女媭詈原、陈辞于舜、上款帝阍、历访神妃、灵氛占卜、巫咸降神、神游西天等一系列幻境，这在中国诗歌中是极为罕见的。在学习本课时，做适当的补充阅读，以增强学生对其浪漫艺术的认知是非常必要的。在《离骚》后半部分，诗人驾凤凰、云霓“仙境”求女，作者将自己对理想的孜孜不倦的“求索”幻化成仙境“求女”，内容创意极其浪漫，对学生而言充满新奇的魅力，堪称来自先秦的“玄幻”大作。

任务三：向死而生，体悟精神的浪漫主义之美

活动探究1：小组合作，请从下面两幅图中选择一幅，作为选文部分诗人的人物形象插图，并结合文本，说说你的理由。

任务阐释: 无论是语言还是内容上的浪漫主义,都是浅层次的艺术技巧,真正促成《离骚》成为浪漫主义经典的是其内在的浪漫主义精神品质,这是文本要重点探究的内容,也是在当下学习《离骚》的根本要义。

图一是2018年中国邮政发行的特种邮票《屈原》,背景是波浪,人物高冠长袖,双手捧卷,面容坚定,昂首阔步。图二是明朝陈洪绶的木刻版画《屈子行吟图》,背景是湘江泽畔,人物是孤独悲吟、憔悴忧思的士大夫形象,也是课文原有的配图。两幅图在人物精神状态的表现上有所不同,以配图为抓手,激发学生的探究兴趣,从文本出发,探究人物内在的精神品质。

课文第1自然段,自叙"内美",血统高贵、生辰吉祥、姓名美好等,都是在表达自己血脉中与生俱来的高贵,以及对国家苍生必然的使命与担当。第2自然段,诗人重写"修能",用采撷香草之勤,写自己对美好品质能力的追求。现实中屈原"博闻强志,明于治乱,娴于辞令。入则与王图议国事,以出号令;出则接遇宾客,应对诸侯。王甚任之"。在第1、2自然段中,学生能感受到诗人对自己品德、从政才能的高度自信,把自己当作君主和国家的先导者的高度自觉,这种自信和自觉都是现实的真实写照,所以诗人情不自禁喊出"乘骐骥以驰骋兮,来吾道夫先路"。这是"生"的强烈自豪。

第3自然段,是诗人对人生之艰的述说,对政敌小人的批判,对楚王不信任自己的悲伤。"上官大夫与之同列,争宠而心害其能。怀王使屈原造为宪令,屈平属草稿未定。上官大夫见而欲夺之,屈平不与,因谗之曰:'王使屈平为令,众莫不知,每一令出,平伐其功,(曰)以为'非我莫能为'也。'王怒而疏屈平",忠而见疑,信而被谤,面对如此境地,屈原内心是"宁溘死以流亡兮,余不忍为此态也""屈心而抑志兮,忍尤而攘诟。伏清白以死直兮,固前圣之所厚",这是屈原的第一次流放,诗人绝不是因为流放而产生的去"死"想法,这里的"死"是诗人绝不迎合讨好他人,宁可为清白而献身的坚毅与勇绝的态度。

第4自然段,诗人在"悔相道""吾将反""回朕车以复路"中多次表达后悔、想返回原路、重返初心的想法,似乎是为"生"而退。什么是诗人的"生"?不是苟且偷"生",而是面对困境"高余冠""长余佩""芳菲菲其弥章",更高、更长、更芳香地"生","生"是对美好品德更加坚定的执守。"虽体解吾犹未变",是"余心"不惩,是奔赴死亡,也绝不改初心。屈原的初心是什么?回顾前文,这种"初心"是对家国使命的义不容辞的担当与责任。所以,在课文中,屈原再三申述的,不是因为困境而产生的个人的忧愁,而是面对艰难窘境的更加坚定的向"死"而"生"的信念,这才是浪漫主义精神的极致。

活动探究2:先秦和屈原都早已经远去,请结合现实生活谈一谈,今天我们学习《离骚》的意义是什么。

任务阐释: 今天我们学《离骚》,要学的不仅是我国先秦时期的诗歌经典、优秀的文学素养,不仅是学习"香草美人"、瑰丽想象的艺术手法,更是屈原伟大的浪漫主义精神品格。"屈平疾王听之不聪也,谗谄之蔽明也,邪曲之害公也,方正之不容也,故忧愁幽思而作《离骚》。离骚者,犹离忧也。"何谓"离骚"?班固在《离骚赞序》中释为"遭忧",王逸在《楚辞章句》中释为"别愁"。无论是遭遇忧愁还是诀别愁思,人生在世,"愁"总是不可避免的,最重要的是,像诗人那样,面对忧愁时,没有屈服,没有退却,直面困境,更加坚守初心和理想,这份初心理想正是有了"家国”这一核心才显得坚不可摧,这才是每一个平凡人在当下要学习的真正的浪漫主义精神精髓。

【课后任务】

学校将召开“文化名人邮票”推荐会。下图是澳门发行的一套以《离骚》为内容的屈原纪念邮票,请选择其中一张向同学推荐并说明推荐理由,100字左右。

参考答案:

示例:第一张邮票,屈原的形象是白衣、高冠、博带,一马当先,体现的是《离骚》中屈原“乘骐骥以驰骋兮,来吾道夫先路”的理想抱负。屈原的神情是回顾君王、自信昂扬,体现的是他对自己从政能力的高度自信和甘做君主、国家的先驱者的高度自觉,这也是我们青少年应该牢记的使命。

杭州市余杭中学　侯小娟

44.《孔雀东南飞》教学微设计

【课文提要】

《孔雀东南飞》选自南朝徐陵的《玉台新咏笺注》。它是中国文学史上第一部长篇叙事诗，是汉乐府民歌的代表作之一，也是乐府诗发展史上的高峰之作，与北朝的《木兰诗》并称为“乐府双璧”。

《孔雀东南飞》取材于东汉献帝年间发生在庐江郡（今安徽怀宁、潜山一带）的一桩婚姻悲剧。原题为《古诗为焦仲卿妻作》，因诗的首句为“孔雀东南飞，五里一徘徊”，故又有此名。主要讲述了焦仲卿、刘兰芝夫妇被迫分离并双双自杀的故事，控诉了封建礼教的残酷无情，歌颂了焦、刘夫妇的真挚感情和反抗精神；又以刘兰芝和焦仲卿死后双双化为鸳鸯的神话，来寄托人民群众追求恋爱自由和幸福生活的强烈愿望。

全诗“共一千七百八十五字，古今第一首长诗也。淋淋漓漓，反反复复，杂述十数人口中语，而各肖其声音面目，岂非化工之笔”。通过有个性的人物对话塑造了鲜明的人物形象，是《孔雀东南飞》最大的艺术成就，如塑造了焦仲卿、刘兰芝夫妇忠贞不渝的形象，也把焦母的顽固和刘兄的蛮横刻画得入木三分。

【任务目标】

学习本课时，要以故事的发展脉络为基础，通过人物语言来了解人物性格，把握人物形象和典型意义，尤其要注意刘兰芝和焦仲卿这两个人物形象的塑造方法，从而了解他们真挚的情感和反抗精神，领略人民群众对美好爱情和自由的向往。

本课的学习任务目标如下：

（1）感知文本，把握汉乐府叙事诗歌的结构特点。

（2）了解人物形象的塑造方法，分析诗歌中的人物形象及其典型意义。

（3）体会诗歌的语言风格，学习乐府诗歌常用的表现手法。

【预习任务】

1.诵读全文，梳理文中的重点字词，学习偏义复词等知识，能熟练翻译全文，同桌之间进行分角色诵读。

2.查阅资料，了解汉乐府的特点及文化常识等。

3.对比阅读中西方同类爱情主题的文学作品，如《罗密欧与朱丽叶》与《梁山泊与祝英台》

等，了解中西方文化心理的差异。

【任务设计】

任务一：把握结构，梳理“冲突”

活动探究1：一般情况下，叙事长诗易致平直，而被称为“长篇之圣”的本诗却写得曲折有致，扣人心弦，令人读来不觉其长。有人说其主要原因之一在于本诗采用了双线结构交替推进的方式，在诗歌结构艺术处理上达到了前所未有的高度。请结合诗歌谈谈你的看法。

任务阐述：本诗在叙事上采用双线交替推进的方式，缜密紧凑，矛盾迭出。第一条线索围绕刘兰芝、焦母、刘兄的冲突展开。焦仲卿求母，是焦母的专横和焦仲卿的软弱的第一次冲突；刘兰芝辞婆，是焦母的无情和刘兰芝的斗争的第二次冲突；刘兰芝拒婚，是刘兰芝的忠贞与其兄的虚荣的第三次冲突；焦仲卿别母，是焦母的顽固与焦仲卿的守约的第四次冲突。这四次冲突，实际是一场迫害与反迫害的斗争，且演绎得一次比一次激烈，直至双双殉情。第二条线索是围绕刘兰芝与焦仲卿矢志不渝的爱情铺展的。这条线索建立在上述矛盾冲突的基础上。第一次是焦仲卿求母失败后，与刘兰芝的临别，反映了两人浓厚深切的恋情；第二次是刘兰芝辞婆后，与焦仲卿的话别，抒写了他们真挚坚定的感情；第三次是刘兰芝拒婚后，与焦仲卿的诀别，刻画了他们生死相依的爱情。这两条线索，交替发展，完整紧凑地完成了故事的叙述及人物命运的交代。

活动探究2：清朝沈德潜在《古诗源》中说，“作诗贵剪裁。入手若叙两家家世，末段若叙两家如何悲恸，岂不冗慢拖沓？故竟以一二语了之，极长诗中具有剪裁也”。本诗详略处理别具一格，请结合文本加以分析。

任务阐述：本诗详写刘兰芝，从正面到侧面，从语言到行动，从外貌到内心世界，甚至通过写环境、景物以及巧妙地插入抒情议论来烘托，来表达作者对女主人公的同情和歌颂。如“新妇起严妆……精妙世无双”，整段地描写一个即将被遣送回家的弃女的盛装打扮，这里固然有对刘兰芝的美丽做必要的补叙，但更要突出的是刘兰芝坚忍刚毅、从容不迫的性格。又如太守家来迎亲，作者不厌其烦地写豪华的排场，一方面是为了从侧面衬托刘兰芝的美丽、贤淑，以证其无理被遣，更重要的是为了突出刘兰芝不为荣华富贵所动心的坚贞。

略写的人物有焦母和刘兄，他们作为封建礼教和家长制的代言人，作者用简单的几笔对其进行勾勒（主要以对话来表现），虽然简略，但却刻画得非常逼真、鲜活，使他们令人憎恶的面孔生动异常。

任务二：理解形象，凸显“主题”

活动探究1：沈德潜在《古诗源》中评价《孔雀东南飞》说，“淋淋漓漓，反反复复，杂述十数人口中语，而各肖其声音面目，岂非化工之笔”。诗歌以朴素生动的个性化语言，刻画了众多人物的不同身份和性格，请以一处人物对话为例来分析人物形象。

任务阐述：（1）刘兰芝人物形象分析。一出场，连用四个排比句自述“织素、裁衣、弹箜篌、诵诗书”等来表现她两三年间在焦家受到婆婆百般刁难的压抑和委屈。“便可白公姥，及时相遣归”让我们见识了兰芝不屈从、不退让的性格，这一段对话刻画了一个善良、勤劳、自尊而又坚毅的女性形象。与焦仲卿的对话“妾有绣腰襦……种种在其中”，表明了她持家有道、临乱不苟。写焦仲卿和刘兰芝二人的恋情和誓言时，“君当作磐石，妾当作蒲苇”的“别情之盟”，“府吏见丁宁，结誓不别离”的“抗婚之誓”，以及“黄泉下相见，勿违今日言”的“殉情之义”，都证明了刘兰芝对爱情的坚贞和对焦仲卿的情笃意深。另有“受母钱帛多，不堪母驱使。今日还家去，念母劳家里”，当与小姑子告别时，叮嘱其“勤心养公姥，好自相扶将”，尽管婆婆无礼刻薄，但她依然非常孝敬婆婆，希望小姑子能尽心侍奉好、照顾好母亲，好好服侍她老人家。而且，她与小姑子的关系显然也非常融洽，“初七及下九，嬉戏莫相忘”“却与小姑别，泪落连珠子”，由此可见她的明理和知性。

（2）焦仲卿人物形象分析。焦仲卿劝慰刘兰芝的话“我自不驱卿……还必相迎娶”既表现了他对刘兰芝的深情，又表现了其软弱驯良，对未来还带有幻想的性格。

（3）焦母人物形象分析。在焦仲卿与焦母的对话中，焦母是一边训斥“吾意久怀忿，汝岂得自由”，一边利诱“东家有贤女……阿母为汝求”；面对焦仲卿“今若遣此妇，终老不复娶”，焦母坚持以“会不相从许”应对，忽视儿子、儿媳的深情，展现了其蛮横无理的性格特点。

（4）刘兄人物形象分析。“先退得府吏……其往欲何云？”没有表现出对妹妹的关心，反而展现了趋炎附势、见利忘义、尖酸刻薄、冷酷无情的形象。“作计何不量”则展现了粗暴训斥、语气凌人的形象。

解读这一段段经典的对话，再现当时的场景，就能准确地把握人物的性格，体会到焦、刘二人的深情，体会到焦母的蛮横无理，体会到刘兄的势利，体会到刘兰芝的勇敢坚强和焦仲卿的无奈，人物形象也跃然纸上。

活动探究2：恩爱的夫妻，最终只能以死亡的形式来表达自己对爱情的维护，请问，是谁“杀死”了他们？

任务阐述：①焦母。她是封建家长的代表，不仅害死了刘兰芝，也害死了自己的儿子，如果没有焦母的逼迫就没有刘兰芝的还家，更没有后续的死亡发生。②刘兄。他也是封建家长的代表，性格暴躁、贪图钱财，他的行为直接把刘兰芝送上了死亡之路。刘兰芝面对兄长的逼迫，拒绝无效后只能选择死亡，刘兄的行为缩短了刘兰芝的死亡历程。③焦仲卿。他是隐形凶手。，虽然从表面上看，他最不可能是凶手，但正因生活在封建家庭，深受封建礼教影响，守礼尽孝、文雅懦弱是他的主要性格特点：在母亲与妻子的冲突中，他选择向母亲妥协；在刘兰芝被迫改嫁时不仅不能理解，反而说“卿当日胜贵，吾独向黄泉”，使刘兰芝在无法改变处境的情况下，还遭受爱人的误解，只有以死明志。④封建礼教。这是杀死刘兰芝的真正凶手。从表面上看，焦母、刘兄是杀死焦、刘的刽子手，事实上，是封建家长制和礼教制度赋予了他们摧残妇女的权利，使他们形成合力，充当了刽子手，活生生地折散、逼死了这对恩爱夫妻。他们本意并不想害死任何人，这从焦、刘二人死后两家求合葬可以看出。他们每个人主观上有利己的打算，但也有想把维护亲人与符合自己的利益结合起来的愿望。在这一出悲剧中，他们也都成了封建礼教的受害者。这出家庭悲剧，折射出封建礼教与封建家长制扼杀人性的凶残面目，揭示了封建宗法的统治与封建礼教的统治不是个别人的问题，而是一种制度，一种势力，它是无所不在、不可逃脱的，使这一悲剧的产生具有必然性和不可避免性，也使这首长诗具有了更加深刻的社会内容和意义。

任务三：解析语言，感受“魅力”

活动探究1：《孔雀东南飞》虽然只有1785字，但语言精警琢炼、古朴生动，给后世以巨大的影响，请结合具体的语句，分析其多样化的修辞手法。

任务阐述：①比喻。如“君当作磐石，妾当作蒲苇，蒲苇韧如丝，磐石无转移”中前两句为暗喻，由比喻词“作”起关联作用，表明“君”与“磐石”、“妾”与“蒲苇”之间的比喻关系，后两句为借喻，本体“妾”“君”和比喻词都不出现，而是借喻体“蒲苇”“磐石”来替代本体。“蒲苇韧如丝”又是借喻兼明喻。设喻恰切，语极简洁，形象地表达了相爱到底、坚贞不渝的感情。②夸张。如“交语速装束……郁郁登郡门”等句用夸张的手法，极写太守迎亲派势之大，铺张之盛。③排比、反复。如“十三能织素……心中常苦悲”等句运用排比，自述身世，勾画出刘兰芝聪明能干、知书达礼的形象，节奏鲜明，旋律优美。

活动探究2：教材中注释文题时说，“原题为《古诗为焦仲卿妻作》，又称《焦仲卿妻》，这里沿用后人常用的题目”。后人为何要以《孔雀东南飞》为题，而不用原题《古诗为焦仲卿妻作》?《孔雀东南飞》这个标题好在哪里？小组合作探究，并在班内交流。

任务阐述：第一，这个标题好在叙述了故事情节。“孔雀”点明了人物刘兰芝，“东南飞”表明了事件。据考证，刘家住在焦家的东南方向。由此可见，“孔雀东南飞”正好点明了刘兰芝被遣回家这件事。第二，这个标题好在题目点明了人物形象。“孔雀东南飞”运用了借喻的手法，借孔雀的美丽来赞美刘兰芝的美丽动人。第三，这个标题直指诗歌的主旨。“孔雀东南飞”直接呈现了故事事件，虽不着一个“情”字，但事件本身被情感充斥着，读者读到的是一个爱情悲剧。第四，这个标题好在诗歌的行文写法。诗歌一开头就借助了比兴的写作手法，由“孔雀东南飞，五里一徘徊”进行兴事比人。

【课后任务】

《孔雀东南飞》是我国古代最具代表性的长篇叙事诗之一，《罗密欧与朱丽叶》是莎士比亚最早的浪漫爱情悲剧，这两部著作都是东西方爱情悲剧的代表作，请分析其悲剧性有何不同。

参考答案：

两部作品在对爱情的追求、悲剧的结局以及将浪漫主义与现实主义相结合等方面有着极大的相似性，但是由于东西方文化存在的不同，两部作品也存在一定的差异性。

①抗争态度不同。虽然两部作品的主要内容都是为爱进行反抗。但二者却有些不同的呈现，一个是隐忍的屈从，一个是决绝的反抗。《孔雀东南飞》中刘兰芝把爱情作为生命的最高形式，她是一个稳重含蓄、温柔敦厚的中国传统女性，她自始至终都表现出一种温文尔雅的气质。同样，焦仲卿的反抗也很平静，他有太多无法割舍的东西，直到听到了刘兰芝的死讯他才决定

殉情。罗密欧和朱丽叶对爱情的追求则十分坚决。朱丽叶主动进攻，毫不妥协，为爱不顾一切。罗密欧为了爱情，愿意抛弃自己的姓氏。在《孔雀东南飞》中，焦、刘二人的殉情行为是在外力推动下产生的，而罗密欧与朱丽叶的殉情行为则是非常积极主动的。②主人公的性格不同。刘兰芝作为中国古代封建女子的典型，遵循“三从四德”，她和焦仲卿最后的结局就是封建道德约束的必然结果。而罗密欧与朱丽叶则不同，他们两个的反抗是自主的、积极的。③反映的社会背景不同。《孔雀东南飞》的故事取材于发生在东汉献帝年间的一桩婚姻悲剧。当时儒家的伦理纲常占据了统治地位，并发展到了相当完备严密的程度。刘兰芝、焦仲卿两人殉情而死的家庭悲剧，深刻揭露了封建礼教的吃人本质，热情歌颂了刘兰芝、焦仲卿夫妇忠于爱情、反抗压迫的叛逆精神，直接寄托了人民群众对爱情婚姻自由的热烈向往。《罗密欧与朱丽叶》的冲突不仅是两个家族之间的矛盾斗争，而且是两种社会力量之间的矛盾斗争。两个家族之间的矛盾也反映了当时那个时代的社会矛盾，这是造成罗密欧与朱丽叶爱情悲剧的社会根源。莎士比亚通过罗密欧和朱丽叶的爱情悲剧，把爱情题材和文艺复兴时期的社会矛盾联系起来，批判了封建道德观念，弘扬了人文主义的理想，表现了主人公追求爱情幸福和个人自由的理念。

苍南县三禾高级中学　黄小伟

45.《蜀道难》教学微设计

【课文提要】

李白（701—762），字太白，号青莲居士。《蜀道难》是李白的代表作品，属乐府古诗，为送友人入蜀而作。诗歌第一句提纲综述：山路既高且危，所以登蜀道比登上青天还难。然后从蜀道开辟神话说起，继而从蜀道的高、险等方面想象描述，发出“蜀道之难，难于上青天，使人听此凋朱颜！”的感叹。最后从战乱角度写蜀道之难，表达人生感慨，以“蜀道之难，难于上青天，侧身西望常咨嗟！”作结。全诗既表现了诗人对友人的关切，又反映了诗人对国家形势和人民命运的忧虑，抒发了他对人生道路坎坷不平的感慨。

李白诗歌风格豪迈奔放，清新飘逸，意境奇绝，语言奇妙。《蜀道难》写实与想象交织，写出了蜀道之“难”，形成了迷离惝恍、奇丽峭拔的诗歌境界。诗中常将想象、夸张、比喻、拟人等手法综合运用，从而造成神奇异彩、瑰丽动人的意境。语言上，《蜀道难》是杂言体古诗，格律不拘，句式灵活，韵脚多变。全诗想象奇特，笔意纵横，境界阔大，集中体现了李白诗歌豪放飘逸的创作特点。

【任务目标】

学习本诗，要围绕“诗意的探寻”展开研习，品味诗歌之美，感受诗人的哀乐悲欢，把握诗歌意蕴。了解我国古典诗歌的发展脉络，注意乐府古诗在用词句式、节奏韵律、表现手法等方面的特点，感受杂言古体诗的参差错落之美。探究诗人是如何运用虚实相生的艺术手法，写出蜀道的雄奇险峻的，体会李白诗歌的浪漫主义风格。

本课的学习任务目标如下：

（1）通过对意象的梳理，揣摩诗歌意境，把握诗歌的主旨，感受诗人炽热奔放、不可抑制的情感。

（2）找出诗歌中想象和夸张的内容，探究诗人是如何运用虚实相生的艺术手法的。

（3）感受诗歌自由奔放的语言风格。《蜀道难》是杂言体古诗，格律不拘，形式灵活，诵读时，要注意感受杂言古体诗的参差错落之美。

【预习任务】

1.结合注解，疏通文义，掌握“扪参”“巉岩”“砯崖”等字词的读音和意思。

2.查找相关资料，了解李白生平及本文写作背景，尝试解读诗歌的内涵。

3.诵读诗歌，把握意象，初步感受李白的奇特想象和灵活多变的诗歌语言。

【任务设计】

任务一：梳理诗歌内容，把握诗歌主旨，感受诗人情感

活动探究1：阅读全诗，找出诗歌中诗人直接惊叹蜀道难的三个句子，并思考这些句子分别写出了蜀道怎样的特点。

任务阐述：对学生来说，三个句子的查找应该不难。三个直接感叹蜀道难的句子分别是第1自然段中的“噫吁嚱，危乎高哉！蜀道之难，难于上青天！”、第2自然段中的“蜀道之难，难于上青天，使人听此凋朱颜！”和第3自然段中的“蜀道之难，难于上青天，侧身西望常咨嗟！”。

三个句子分别写出了蜀道怎样的特点，需要结合具体诗句加以概括区分。第一句“噫吁嚱，危乎高哉！蜀道之难，难于上青天！”写出了蜀道的“危和高”，在诗歌中寻找出体现“危和高”的词句。第二句“蜀道之难，难于上青天，使人听此凋朱颜！”中，“此”指山峰之高、悬崖之陡，指代“悲鸟号古木，子规啼夜月”，点出了蜀道的艰塞难通。第三句“蜀道之难，难于上青天，侧身西望常咨嗟！”以战乱写蜀道之难，抒写了人生喟叹。

活动探究2：从意象入手，通过想象，把握意境，进而掌握诗歌意蕴主旨，是诗歌鉴赏的一般程序。仔细阅读这首诗，你能找出诗歌中的意象，梳理诗歌的内容，品读出诗歌的意蕴吗？请找一找，品一品，并把你找出的结果与同学们分享一下。

任务阐述：诗歌内容分为三部分。第1自然段，写蜀道开辟之难，以“鸟道”“天梯”等意象，突出一个“难”字。诗人从古老的传说落笔，追溯了蜀秦隔绝的漫长历史，指出五位壮士付出了生命的代价，才在不通人烟的崇山峻岭中，开凿出一条崎岖险峻的山路，强调了蜀道来之不易。然后用“黄鹤”“猿猱”写蜀道之高和危。第2自然段，写蜀道之险，以“巉岩”“悲鸟”“枯松”“砯崖”等意象突出一个“险”字。第3自然段，把自然环境与政治形势结合起来，用“猛虎”“长蛇”“豺狼”等意象写国情的险恶，以引起人们的警惕，突出一个“恶”字。写剑阁险要、蜀地险恶，规劝远行的友人不可久留。这最后一部分，从自然环境写到社会人生，赋予“危途难行”的主题以政治的内容。

任务二：品味丰富的想象、奇特的夸张，感受诗人的浪漫主义风格

活动探究1：找出诗歌中想象的部分，思考诗人是如何运用虚实相生的艺术手法的。

任务阐述：李白并没有到过剑阁，因此有关山行艰险的生动描写，是从鸟兽的感受来刻画蜀道之高险——六龙回日、黄鹤难飞、猿猴愁攀；从行人的感觉来具体描写蜀道之艰险——峰回路转、山势险峻，表现人走在上面的畏惧心理、手扪星辰、呼吸紧张、抚胸长叹等细节；以山川幽冷深寂的悲凉气氛来衬托渲染蜀道之艰险——古木荒凉、鸟声凄切，将自然界渲染上了旅愁；还具体描绘了行人眼中的蜀道等。可以说，李白的想象力是惊人的，超越时空的限制，不受任何约束。

“但见悲鸟号古木，雄飞雌从绕林间。”古木参天，气象森严，鸟声凄厉，回荡其间。丰富的

想象，精心的构思，把人们引入一个悲凉、惨淡的艺术境界。“飞湍瀑流争喧豗，砯崖转石万壑雷”两句，使读者如身临其境，如闻其声，不得不叹服作者的想象力和描写的本领。诗人的想象，出入古今，驰骋上下，从古到今，从天上到地下，所有的想象与夸张都临近或超越了事物性质的极限，基本是超现实的。因此形成的意象，一个接一个地急促奔涌，奇意迭出。在想象、夸张之中又往往加上诗人的感叹、惊呼、反问，不仅充分显现了蜀道山川雄奇险峭的气势，而且表现着诗人激情的跌宕，从中可感受到诗人灵魂的飞动和落落大方的胸襟气度。正是这种鲜明强烈的主观性，才使得“蜀道”这一客观对象深深地印入读者心中，而难以忘怀。

活动探究2：李白善用夸张，他的夸张往往与众不同，请与同学探究讨论，并做概括说明。

任务阐述：李白往往是将事物夸张到极致，并且动辄用“千”“万”等数词来形容、修饰，如“燕山雪花大如席”“飞流直下三千尺”“轻舟已过万重山”等脍炙人口的诗句。《蜀道难》中夸张手法的运用也到了无以复加、登峰造极的地步。古人常将绝对办不到的事比喻成比登天还难，而本诗中却极力夸张说“蜀道之难，难于上青天”。“扪参历井仰胁息”一句中，“扪”“历”两个动词的连用，显出友人出没在星宿之间，那山之高就不言而自明了。

任务三：探寻李白乐府诗的章法特点，感受诗歌自由奔放的语言风格

活动探究1：明代文学家、藏书家胡震亨是浙江海盐人，他对唐诗的流传有着巨大贡献。胡震亨评价李白乐府诗说，“太白于乐府最深，古题无一弗拟。或用其本意，或翻案另出新意。合而若离，离而实合，曲尽拟古之妙。尝谓读太白乐府者有三难：不先明古题辞义源委，不知夺换所自。不参按白身世遭遇之概，不知其因事傅题、借题抒情之本旨。不读尽古人书，精熟《离骚》、选赋及历代诸家诗集，无由得其所伐之材与巧铸灵运之迹”。以《蜀道难》为例，说说李白乐府诗的特点。

任务阐述：《蜀道难》中描写蜀道行走之难的诗句，一般是七言，多至九言，还有十一言的。长句适合描写较为细致的景象和抒发较为复杂的情感。而诗的最后部分，则多用四字或五字的短句。简短、峻峭的句式，有力地反映出了蜀地自然环境和政治形势的险恶，反复为友人敲响了一阵又一阵短促而震耳的警钟。

李白的乐府诗，其句法、章法都是直接继承楚辞和汉乐府的，他用的都是乐府旧题，诗的内容也大多是依照传统的题意。从这方面看，他的乐府诗，对齐梁以来的乐府诗来说，确是复古。但是，他有针对现实的主题，他的辞藻表现着充沛的时代精神，诗的形式也大胆地摆脱了古典的束缚。从这方面看，他的乐府诗又是新创的唐诗。他给古老的乐府诗注入了新的生命，影响了之后的许多诗人，使乐府诗也成为唐诗的一个重要传统。

活动探究2：李白的杂言体古诗，格律不拘，句式灵活，韵脚多变，试分析《蜀道难》的语言特色。

任务阐述：这首诗用韵也打破了齐梁旧说，即一韵到底的格式，而是竭尽变化之能事，用“an”韵的，基本在诗的前半部分，如“天”“烟”“巅”“连”。而诗的后半部分，用韵变化较大。有“yi”韵的，如“尺”“壁”；“ai”韵的，如“开”“豺”；“a”韵的，如“家”。用韵的变化，与后半部分写环境的险恶、政治形势的动荡有关系，也体现出诗人变化不定的和紧张的情绪。

本诗对声调的安排，也与表达内容相称。如“愁平山”连用三个平声，空谷传响，荡人心魄，极写蜀道令人可畏，气氛感伤悲凉。“扪参历井仰胁息”连用五个仄声，形象地反映出行进在极高的山路上那种高度紧张局促的心理。

【课后任务】

1.李白在长安受排挤被放归的主要原因是什么？

2.你了解哪些关于李白的逸闻趣事？试举出一例，并谈谈你对此的看法。

3.有感情地诵读诗歌，背诵全诗。

参考答案：

1.唐玄宗只给了他一个侍御闲职，并不重用他，他一开始就被边缘化；他一身傲骨，不肯与权贵同流合污，得罪了权贵；他才华出众，受翰林院同事嫉妒。因此李白在长安仅住了一年多，就被赐金放还。

2.“力士脱靴”。段成式的《酉阳杂俎》中载：“李白名播海内。玄宗于便殿召见。神气高朗，轩轩然若霞举。上不觉忘万乘之尊。因命纳履。白遂展足与高力士曰：‘去靴。’力士失势，遽为脱之。及出，上指白谓力士曰：‘此人固穷相。’”李白由此出了口气，但高力士平时位高权重，从来没有受过这样的侮辱，这件事使他很愤怒，于是他就经常在唐玄宗面前说李白的坏话，唐玄宗对李白渐渐冷淡下来。李白在这样的环境里再也待不下去了，只得离开长安，再次到外地游历。看法：可信度不高。

3.略。

仙居县城峰中学 华伟臣

46.《蜀相》教学微设计

【课文提要】

杜甫（712—770），字子美，后世称杜拾遗、杜工部，自号少陵野老，也称杜少陵。《蜀相》是杜甫定居成都草堂后，第二年（760年）春天游览武侯祠时创作的一首咏史怀古诗。此诗前四句写祠堂之景，后四句写丞相之事。首联自问自答，记祠堂所在。草自春色，鸟空好音，此写祠庙荒凉，而感物思人之意，即在言外。"天下计"，见匡时雄略；"老臣心"，见报国苦衷。有此两句之沉挚悲壮，结作痛心酸鼻语，方有精神。宋宗忠简公临殁时诵此二语，千载英雄有同感也。诗歌借游览古迹，表达了诗人对蜀汉丞相诸葛亮雄才大略、辅佐两朝、忠心报国的称颂以及对他出师未捷而身死的惋惜之情。诗中既有尊蜀正统的观念，又有才困时艰的感慨，字里行间寄寓着感物思人的情怀。

《蜀相》是七言律诗，结构严整，法度森然。这首诗章法曲折婉转，自然紧凑。前两联纪行写景，洒洒脱脱；后两联议事论人，忽变沉郁。全篇由景到人，由寻找瞻仰到追述回顾，由感叹缅怀到泪流满襟，顿挫豪迈，几度层折。全诗所怀者大，所感者深，雄浑悲壮，沉郁顿挫，具有震撼人心的巨大力量。

【任务目标】

学习本诗，要围绕"诗意的探寻"展开研习，品味诗歌之美，感受诗人的哀乐悲欢，把握诗歌意蕴。了解我国古典诗歌的发展脉络，注意诗歌在用词句式、节奏韵律等方面的特点，感受七言律诗的严整结构，森然法度。把握作品中意象的特点，揣摩其组合方式，体会诗歌的意境，探究诗人是如何运用用典、对仗等艺术手法，写出诸葛亮祠堂深沉悲凉的意境，体会杜甫诗歌沉郁顿挫的风格。

本课的学习任务目标如下：

（1）通过对意象的梳理，揣摩诗歌意境，把握诗歌的主旨，感受诗人深沉的感时忧国的情怀和以身许国的抱负。

（2）分析诗歌的用典和对仗的内容，探究诗人是如何运用"以实写虚，情景交融，叙议结合"的艺术手法的。

（3）感受诗歌沉郁顿挫的语言风格。《蜀相》是七言律诗，结构严整，法度森然，语言精练。诵读时，要感受七言律诗句式整齐、音调和谐、炼字琢句、一唱三叹之美。

【预习任务】

1.结合注解，疏通诗意，找出诗歌中的意象和用典，初步感受诗人忧国忧民的爱国情怀。

2.查找相关资料，了解杜甫生平及本文写作背景，尝试解读诗歌的内涵。

3.背诵诗歌，把握意象，初步感受杜甫的巧妙用典和句式整齐、音调和谐的诗歌语言。

【任务设计】

任务一：梳理诗歌内容，把握诗歌主旨，感受诗人深沉悲凉的情感

活动探究1：阅读全诗，找出诗歌中用的典故，了解典故背后的故事分别蕴含了诗人怎样的情感。

任务阐述：杜甫是用典高手，常常化用典故于无形之中。本诗第一个典故比较明显，找出的难度不大，就是颈联“三顾频烦天下计”说到的刘备“三顾茅庐”请诸葛亮出山。刘备三顾茅庐，诸葛亮隆中对策，预见魏蜀吴鼎足三分的政治形势，并为刘备制定了一整套统一国家之策，足见其济世雄才。第二个典故相对较难找，就是尾联“出师未捷身先死”中隐含的“诸葛亮六出祁山”的典故。刘备去世时，将国家托付给丞相诸葛亮，并把年幼的孩子刘禅交由诸葛亮照顾，让其辅佐其子刘禅守卫江山、完成伟业。诸葛亮先后五次出师伐魏，因道路、天气、粮草等原因失败。234年发动第五次北伐，诸葛亮汲取教训，屯田种粮，做长期作战的准备，但司马懿始终保持坚守态势不主动出战，同年八月，诸葛亮积劳成疾，不久便死于五丈原营中。虽然诸葛亮率军出祁山没有获胜，但他为蜀国继续北定中原的谋略奠定了基础。这两个典故，高度概括了诸葛亮的一生，刻画出一位忠君爱国、济世扶危的贤相形象。

活动探究2：从意象入手，通过想象，把握意境，进而掌握诗歌意蕴主旨，是诗歌鉴赏的一般程序。仔细阅读这首诗，你能找出诗歌中的意象，梳理诗歌的内容，品读出诗歌的意蕴吗？

任务阐述：这首七律《蜀相》，抒发了诗人对诸葛亮才智品德的崇敬和功业未遂的感慨。首联“丞相祠堂何处寻？锦官城外柏森森”中“丞相祠堂”直切题意，语意亲切而又饱含崇敬；“锦官城外柏森森”指出诗人凭吊的是成都郊外的武侯祠。颔联“映阶碧草自春色，隔叶黄鹂空好音”写景，色彩鲜明，静动相衬，恬淡自然，表现出武侯祠内那春意盎然的景象。然而“自春色”“空好音”，诗人将自己的主观情意渗进了客观景物之中，把自己内心的忧伤通过景物描写传达出来，反映出诗人忧国忧民的爱国精神。颈联浓墨重彩，高度概括了诸葛亮的一生。上句写出山之前，刘备三顾茅庐，诸葛亮隆中献策。下句写出山之后，诸葛亮辅助刘备开创蜀汉、匡扶刘禅，颂扬他为国呕心沥血的耿耿忠心。两句14个字，刻画出一位忠君爱国、济世扶危的贤相形象。怀古为了伤今。此时，安史之乱尚未平定，国家分崩离析，人民流离失所，使诗人忧心如焚。他渴望能有忠臣贤相匡扶社稷，恢复国家的和平统一。在诸葛亮身上，诗人寄托自己对国家命运的美好憧憬。尾联“出师未捷身先死，长使英雄泪满襟”，咏叹了诸葛亮病死军中而功业未成的历史不幸。

任务二：品味诗歌工整的对仗，探究诗人“以实写虚，情景交融，叙议结合”的艺术手法

活动探究1：杜甫诗歌用律对仗，历来为人称道，阅读本诗颔联和颈联，体会杜甫律诗对仗的严谨工整。

任务阐述：诗歌颔联写景，“映阶碧草自春色，隔叶黄鹂空好音”，选用“映阶碧草”“隔叶黄鹂”两个意象，对偶工整，音韵和谐，静动相衬，刻画出武侯祠内春意盎然的景象；“自春色”“空好音”，“自”和“空”互文，意思相近；上下两联内容相应字数相同，词性相对，结构严谨。颈联“三顾频烦天下计，两朝开济老臣心”。上句写出山之前，刘备三顾茅庐，诸葛亮隆中献策；下句写出山之后，诸葛亮辅助刘备开创蜀汉、匡扶刘禅，颂扬他为国呕心沥血的耿耿忠心。内容上，上下联相承，高度概括了诸葛亮的一生；用词上，“三顾频烦”对“两朝开济”，“天下计”对“老臣心”，并且“三”对“两”又形成数字对。

活动探究2：《蜀相》一诗在艺术表现上，“以实写虚，情景交融，叙议结合”。请与同学探究讨论，并作概括说明。

任务阐述：这首诗分为两部分，前四句凭吊丞相祠堂，指出诗人凭吊的是成都郊外的武侯祠，作者抓住武侯祠柏树这一景物，展现出柏树那伟岸、葱郁、苍劲、朴质的形象特征，接着展现在读者面前的是茵茵春草铺展到石阶之下，映现出一片绿色；只只黄莺在林叶之间穿行，发出婉转清脆的叫声。从景物描写中感怀现实，透露出诗人忧国忧民之心，是写实。后四句从历史追忆中缅怀先贤，颈联浓墨重彩，高度概括了诸葛亮的一生。一写诸葛亮之济世雄才，一写其呕心沥血的耿耿忠心，刻画出一位忠君爱国、匡世扶危的贤相形象。尾联“出师未捷身先死，长使英雄泪满襟”，直抒胸臆，表达了对诸葛亮功业未就而病死军中的深深哀悼之情。本诗既咏叹丞相的才德，又蕴含着诗人对祖国命运的许多期盼与憧憬。全诗意蕴深厚，寄托深远，营造出深沉悲凉的意境。全诗熔情、景、议于一炉，既有对历史的评说，又有现实的寓托，在历代咏赞诸葛亮的诗篇中，堪称绝唱。

任务三：探寻杜甫七律诗的章法特点，感受诗歌“沉郁顿挫”语言风格

活动探究1：明代胡应麟《诗薮》评价《登高》说，“此章五十六字，如海底珊瑚，瘦劲难移，沉深莫测，而精光万丈，力量万钧。通章章法、句法、字法，前无昔人，后无来学，此当为古今七言律诗第一，不必为唐人七言律诗第一也……真旷代之作也”。以《蜀相》为例，说说杜甫七律诗的特点。

任务阐述：杜甫七律，是古典诗歌的典范。这主要体现在：①包罗万象的题材涵盖，娴熟恰当的意象运用。杜甫七言律诗十分注意意象的建构与安置，对意象的运用达到炉火纯青的地步。如《蜀相》颔联中“映阶碧草”“隔叶黄鹂”，《登高》中的“急风高天”“清渚白沙”，等等。②巧妙的结构安排。《蜀相》首联“丞相祠堂何处寻？锦官城外柏森森”，一问一答，一开始就形成浓重的感情氛围，笼罩全篇。颔联“映阶碧草自春色，隔叶黄鹂空好音”中的景物色彩鲜明，恬淡自然；“自”和“空”把诗人内心的忧伤通过景物传达出来，以乐景写哀情。颈联“三顾频烦天

下计，两朝开济老臣心”以浓墨重彩，高度概括了诸葛亮的一生，刻画出一个忠君爱国、济世扶危的贤相形象。尾联“出师未捷身先死，长使英雄泪满襟”咏叹了诸葛亮病死军中功业未成的历史不幸。全诗设问自答，以实写虚，情景交融，叙议结合，结构起承转合、层次波澜，使人一唱三叹，余味不绝，充分体现了杜诗“沉郁顿挫”的风格。

活动探究2：杜甫七言律诗“沉郁顿挫”的风格不仅体现在情感题材上，也体现在意象结构上，还体现在语言音律上。试分析《蜀相》一诗的音律特征。

任务阐述：《蜀相》是一首七言律诗，其韵律如下。

丞相祠堂何处寻？锦官城外柏森森。

⊙●○○⊙●△，⊙○⊙●●○△。

映阶碧草自春色，隔叶黄鹂空好音。

⊙○●●●○●，⊙●○○○●△。

三顾频烦天下计，两朝开济老臣心。

⊙●○○○●●，⊙○⊙●●○△。

出师未捷身先死，长使英雄泪满襟。

⊙○●●○○●，⊙●○○●●△。

（说明：○代表平声；●代表仄声；⊙代表可平可仄；△代表平韵；▲代表仄韵）

全诗韵脚为寻、森、音、心、襟，押“下平十二侵”韵（平水韵），韵脚和谐。其格律属于首句入韵仄起式，韵律严谨整齐。全诗又炼字琢句、音调和谐，充分体现了杜甫律诗的语言魅力。

【课后任务】

1.杜甫人生的经历，按少年漫游、长安困居、草堂客居、老年飘零可分成不同阶段。试整理杜甫长安困居、草堂客居的代表作品，联系其个人身世及社会状况做简要分析。

2.阅读《出师表》一文，了解诸葛亮生平事迹；结合杜甫“三吏三别”等诗歌，感受杜甫感时忧国的情怀和以身许国的抱负，领会诗人伟大的爱国主义精神。

3.李白和杜甫的人生都有“年轻时裘马轻狂、青年科举失利、中年长安困居、老年四处漂泊”的类似经历，但两人的诗风却相去甚远，这是为什么？试从个人的思想性格、家庭、社会环境等方面谈谈你的理解。

参考答案：

1.杜甫客居长安十年，郁郁不得志。天宝十四年十一月，杜甫往奉先省家，他刚刚走进家门就听到哭泣声，原来是他的小儿子饿死了。就客居长安十年的感受和沿途见闻，他写成著名的《自京赴奉先县咏怀五百字》。“安史之乱”爆发，见到战乱给百姓带来深重的灾难，杜甫写下了“三吏三别”等不朽的史诗。战乱中，杜甫几经辗转，在好友严武等人的帮助下，在城西浣花溪畔，建成了一座草堂，世称“杜甫草堂”。这一时期，他写下了《春夜喜雨》《茅屋为秋风所破歌》《蜀相》《闻官军收河南河北》《登高》《登岳阳楼》等名作。

2.诸葛亮（181—234），字孔明，号卧龙，三国时杰出政治家、军事家、外交家。年轻时隐居隆中乡间，耕种维持生计。刘备屯兵新野时，徐庶向其推荐诸葛亮。刘备三顾茅庐，诸葛亮才与其相见，并立刻提出了著名的《隆中对》。他深得刘备的赞赏，自此开始辅佐刘备，后助刘备败曹操于赤壁，佐定益州，使蜀与魏、吴呈鼎足之势。诸葛亮先后五次指挥北伐曹魏。234年8月，第五次北伐时，诸葛亮患病卒于前线，时年五十四岁。他死后葬在定军山下。他在遗嘱里要求依山造墓，墓穴能容下棺材就行，入殓时穿平常的衣服，不需要随葬器物，由此可见诸葛亮的一生廉洁。

3.李白和杜甫的诗风相去甚远，具体分析如下表。

姓名	思想性格	家庭出身与生活条件	社会环境	诗歌风格
李白	道家、儒家	商人、衣食无忧	盛唐（由盛转衰）	豪放飘逸
杜甫	儒家	官宦、生活困顿	经历“安史之乱”	沉郁顿挫

仙居县城峰中学　华伟臣

47.《望海潮》教学微设计

【课文提要】

《望海潮》是柳永创制的新声。其词相传为柳永赠两浙转运使孙何所作。词人以大开大合、波澜起伏的笔法，浓墨重彩地铺叙展现了杭州的繁荣、壮丽景象。虽为投赠干谒之作，然慢声长调和所抒之情起伏相应，音律协调，情致婉转，“承平气象，形容曲尽”（见陈振孙《直斋书录解题》），是柳永的传世名篇。

开头三句，入手擒题，从时空的角度点出了杭州的优越位置和悠久历史。其中“形胜”“繁华”为点睛之笔，总摄全篇。

上片自“烟柳画桥”起，重点描绘了杭州的形胜和繁华。词人先铺叙都会市容秀美雅致，人烟阜盛，再以钱江潮涌的浩荡气势凸显形胜，最后把镜头拉回市内，极写繁华的市井生活，展现杭州的民殷财阜。

下片侧重于描绘西湖。围绕“好景”二字，展现西湖美景与人民生活的平和安乐。先以“重湖叠巘”“三秋桂子，十里荷花”渲染了湖山的秀丽美好。接着，虚实相生、富有层次地展现西湖的人文风情。不管是吹着羌管的钓叟、唱着欢歌的采莲女，还是出巡宴游的地方长官，他们其乐融融、安闲风雅，人物与山水和谐自然，互为映衬，为我们呈现了一幅政通人和、国泰民安的盛世图景。最后两句以“异日”之想、祝愿之语，含蓄地点明题旨，照应开头。

全词精选意象，用点染手法，层层铺叙，以点带面，状景如画，极富声韵之美，展现了柳永慢词的独特魅力。

【任务目标】

学习本词，宜在诵读的基础上，借助想象，置身词境，通过对意象和意境的体察，把握词作的主旨，感受柳永以赋入词的慢词艺术。

本课的学习任务目标如下：

（1）反复诵读，感受抑扬谐婉的音律美，把握其情感基调。

（2）置身词境，描摹图景，体会杭州的雄奇秀丽和盛世繁华。

（3）比较柳词与歌咏杭州的诗词在意象选取和意境营造上的不同，领悟柳词以赋入词的独特魅力。

【预习任务】

1.反复诵读，在读准字音的基础上，标注节奏和韵脚，读出轻重缓急，把握情感基调。

2.结合注释理解句子，体会柳永笔下杭州城的盛世图景，完成下表。

序号	相关句子	内容概括	杭城风采
1	东南形胜，三吴都会，钱塘自古繁华	示例：鸟瞰钱塘图	示例：位置优越、历史悠久、社会经济繁华。(总写) (关键词：形胜、都会、繁华)
2	烟柳画桥，风帘翠幕，参差十万人家		
3	云树绕堤沙，怒涛卷霜雪，天堑无涯		
4	市列珠玑，户盈罗绮，竞豪奢		
5	重湖叠巘清嘉。有三秋桂子，十里荷花		
6	羌管弄晴，菱歌泛夜，嬉嬉钓叟莲娃		
7	千骑拥高牙。乘醉听箫鼓，吟赏烟霞		
8	异日图将好景，归去凤池夸		

【任务设计】

任务一："声"临其境，把握情感基调

活动探究："凡有井水饮处，皆能歌柳词。"柳永是第一位对宋词进行全面革新的词人，也是两宋词坛上创用词调最多的词人，堪称"宋朝的林夕"。《望海潮》据说是柳永为赠两浙转运使孙何所创的新声，音律协调，情致婉转。请反复诵读《望海潮》，感受音律美，把握情感基调。

要求：(1) 请边读边用"/"划分朗读节奏，并用"～～～"标出这首词的韵脚，用"______"标出重音，用上下箭头标出语调。(2) 组内展示，推荐优秀者在班级展示。

任务阐述：诗词朗诵讲求节奏和韵律，尤其是词，它是依声而填的，词的声音和情感紧密联系在一起。在读词时，力求通过声音去把握情感，这就需要注意词的节奏、押韵之处。《望海潮》节奏上是以二二拍为主，在107个字中，有一半左右是以ɑ、o为韵腹的开口音，押的又是洪声韵(ɑ韵)，这奠定了整首词明朗、上扬的基调。

任务二：置身词境，体会盛世图景

活动探究：一首词引发了一场战争。公元1158年，金主完颜亮读完这首赞美杭州的《望海潮》词作后，"遂起投鞭渡江，立马吴山之志"。请再读词作，体会柳永笔下杭州城的盛世图景，完成表格并交流。

序号	相关句子	内容概括	杭城风采
1	东南形胜，三吴都会，钱塘自古繁华	示例：鸟瞰钱塘图	示例：位置优越、历史悠久、社会经济繁华。（总写）（关键词：形胜、都会、繁华）
2	烟柳画桥，风帘翠幕，参差十万人家	市容秀雅图	市容秀雅、人烟阜盛。（关键词：烟柳、画桥、风帘、翠幕、十万）
3	云树绕堤沙，怒涛卷霜雪，天堑无涯	钱江潮涌图	风光清丽雄奇。（关键词：云树、绕、怒卷、无涯）
4	市列珠玑，户盈罗绮，竞豪奢	市井豪奢图	市井繁华、民殷财阜、生活奢华。（关键词：珠玑、罗绮、盈、竞豪奢）
5	重湖叠巘清嘉。有三秋桂子，十里荷花	湖山清嘉图	西湖山水秀丽，特产丰富，四季如画。（关键词：清嘉、三秋、十里）
6	羌管弄晴，菱歌泛夜，嬉嬉钓叟莲娃	百姓乐业图	百姓安闲欢乐，安居乐业。（关键词：弄、泛、嬉嬉）
7	千骑拥高牙。乘醉听箫鼓，吟赏烟霞	长官宴游图	政通人和，长官乐山乐水、儒雅风流。（关键词：醉听箫鼓，吟赏烟霞）
8	异日图将好景，归去凤池夸	凤池夸杭图	长忆杭州之美。（祝愿点题）（关键词：图、好景、归、夸）

任务阐述：借助想象，置身词境，通过对意象的揣摩和对意境的体察，把握词作的主旨，是鉴赏词作的重要方法。但如果一句句讲解，容易支离破碎且低效，因此，这一活动以完颜亮的典故来激发学生的阅读兴趣，并借助表格这一支架，给学生以赏读的方向和示例，化被动为主动，让学生在概括中理解词意，并通过抓关键词揣摩意象，展开想象，进入词境，领悟杭州城“形胜”“繁华”的风采，把握主旨。

任务三：联系比较，鉴赏慢词魅力

活动探究1：杭州的美丽繁华总是令人歌咏长忆，回忆所读过的歌咏杭州的诗词，说一说同是赞美杭州，柳永在意象选取和意境营造上的独特性。

任务阐述：本活动通过引导学生联系旧知，比较同题材诗词在意象选取和意境营造上的不同，意在让学生了解柳永慢词“以赋入词”的艺术魅力，掌握点染和铺叙手法的特点。一般来说，文人骚客歌咏杭州，都选取杭州最典型的一二山水图景进行描摹，如白居易的《忆江南》，选取山寺寻桂、郡亭看潮来表达对杭州的难忘。而柳永则不同，他除了关注山水风景，更关注都市风情。他所选取的意象，或为城市风情，或为郊外景物，或为士庶生活，将表现繁华富庶的意象相互连缀，点面结合，营构了“东南形胜”“自古繁华”的杭州美景，以渲染、烘托手法呈现国泰民安的盛世图景。

活动探究2：穿越时空，大宋才子柳永在微博上发表了他的《望海潮》，立马得到了以下名人的广泛点赞和评论，请你也为柳永的《望海潮》写几句评价吧。

陈振孙：音律婉谐，语意妥帖，承平气象，形容曲尽。

李之仪：铺叙展衍，备足无余，形容盛明，千载如逢当日。

范镇：仁宗四十二年太平，镇在翰苑十余载，不能出一语咏歌，乃于耆卿词见之。

谢处厚：谁把杭州曲子讴？荷花十里桂三秋。那知卉木无情物，牵动长江万里愁！

任务阐述：读诗、读词重在意会，或是一个词，或是一句诗（词），或是其主旨，抑或是与现实互照的一种体悟等。这一活动的设置，旨在激发学生在理解词意的基础上，从不同的角度个性化地去解读一首词，照应单元任务“今天，我们为什么读古诗词”。

【课后任务】

1.铺叙写慢词，请仿照《望海潮》，选取独特风景、人情夸一夸你的家乡或学校，平仄、韵律不做要求。

2.有人认为，《望海潮》一词，一改柳永婉约之风，其写景之壮伟，声调之激越，与东坡相去不远。对此，你是否赞同？请说明理由。

参考答案：

1.示例：海滨形胜，百年学府，新中自古不凡。腾蛟起凤，受智启明，参差三千学子。华砚邀明月，士林访贤踪，书香满园。育青育英，求真求实，竞奋发。锦鸡文笔相映，有如是我园，安若吾阁。汗牛充栋，草廊报春，煌煌文运天开。玉带跨西东，乘兴舞高阳，笑看天舒。他日金榜拿云，永忆师生情。

2.赞同。理由：①起笔阔落，从时空的角度点出了杭州的优越位置和悠久历史。“形胜”“繁华”奠定了全词昂扬、明朗的基调。②“怒涛卷霜雪，天堑无涯”一句写出了钱塘潮涌的气势，其中“怒”“卷”展现浪涛的力度，“霜雪”写出了浪涌的质感，钱江潮汹涌澎湃，而“无涯”则由近及远，写出了潮水的浩浩荡荡，与苏轼的《念奴娇·赤壁怀古》里的“乱石穿空，惊涛拍岸，卷起千堆雪”有异曲同工之处。③多用夸饰，如“三吴都会”“十万人家”“三秋桂子”“十里荷花”“千骑拥高牙”等由数字组成的词组的运用，或为实写，或为虚指，均带有夸张的语气，有助于体现柳永式的豪放词风。（若答不赞同，言之成理亦可）

温岭市新河中学 颜佩文

48.《扬州慢》教学微设计

【课文提要】

此词作于宋孝宗淳熙三年（1176），这时距完颜亮南侵（1161）已有15年，距符离之败（1163）也有十三年，但扬州城依然是四顾萧条，残破冷清。当时才20岁出头的姜夔经过扬州，眼见这座过去繁华无比的都市如今破败不堪，感慨万千，抚今追昔，写下这首《扬州慢》。此词在哀时伤乱的情调中，不仅写出名城扬州的昔盛今衰，更道出词人低回不尽的黍离之悲。

综观全词，词人选取荠麦、废池、乔木、清角、冷月等一系列清空冷寂的意象，用对比、想象、用典等表现手法，写出扬州因战乱而从名都胜地到荒郭芜城的今昔变迁。词人同情人民遭遇之惨，痛心边境守备之疏，并结合自身流落之悲发出寄慨极深的家国之恨。宋翔凤乐《乐府余论》中评论本词说："其流落江湖，不忘君国，皆借托比兴于长短句寄之。"

【任务目标】

学习本词时，注意通过意象和表现手法，探寻诗词之美，品评诗词之味，感受词作的情感内蕴；从经典传统文化的角度把握其中蕴含的文化精神，探讨古典诗词在当下社会生活中的重要意义；结合以前所学知识，探讨词的发展脉络。

本课的学习任务目标如下：

（1）研习课文，感受词作表达的"黍离之悲"。

（2）知人论世，结合姜夔的身世，理解感时伤世的民族文化心理和家国情怀对当下现实的重要意义。

（3）触类旁通，结合已有知识，总结词的发展脉络和分类。

【预习任务】

1.研读词作，筛选意象；体会意境，理解意旨。

2.查阅资料，了解姜夔的生平事迹及所处的时代背景。

3.阅读其他感时伤世的诗词作品，了解这种文化心理的意义。

【任务设计】

任务一：聚焦意象，理解意旨

活动探讨：《易传·系辞》中说，"圣人立象以尽意"。即若语言难以表达，可通过卦象来达意。

“圣人”之所以能够“立象以尽意”，是因为“象”既有自然物象的客观特征，也有人对这些物象的认识、想象与情感寄寓。它既包含了一种丰富的审美经历，也是尽悉其“意”的方式与途径，最终达到“得意忘象”的效果。仔细品读本词，说一说作者是怎样通过意象来表达情感的。

任务阐述：意象就是蕴含主观之“意”的客观之“象”。在诗词中，作者给某些客观的事物赋予某种特殊的含义和文学意味，由此抒发感情、寄托思想。

《扬州慢》通过实写战争洗劫后扬州的残破萧条，追忆往日繁华，营造出萧条凄怆的意境，寄托对昔日繁华的怀念和对山河残破的哀思。词的上阕，开头借“淮左名都，竹西佳处”点出扬州昔日的繁华兴盛，以及对传闻中扬州的向往；接下来几句写映入作者眼帘的实际景象，荠麦满目，废池乔木，黄昏落日，空城吹角，极力渲染扬州城此时的残破荒凉。词的下阕，作者化用杜牧写扬州的诸多诗句，如“豆蔻梢头二月初”“赢得青楼薄幸名”“二十四桥明月夜”等，来表现昔盛今衰的感慨；如今的二十四桥只能看到冷月无声与桥边红药，一片荒凉寂寞。作者设想杜牧的“重到须惊”“难赋深情”，含蓄地表达自己的哀伤。纵观全词，《扬州慢》把眼前实际的意象与古人诗中的意象纷呈叠加，既写历史上扬州的繁华兴盛，又写战后扬州的残破萧条、荒凉孤寂，今昔对比，强化了悲怆萧条的意境，抒发了作者哀时伤乱的情怀。

任务二：知人论世，切磋琢磨

活动探究1：《孟子・万章下》中说，“颂其诗，读其人，不知其人可乎？是以论其世也”。孟子所谓的“知人论世”，本义是指“交友之道”，后经文论家发展，“知人论世”成为一种论文的方法，即要理解文本必须先了解作者为人及其所处时代的论文方法。清人章学诚在《文史通义·文德》中提出，不了解古人生活的时代，不可妄论古人的文辞，知其世，而不知古人的身处，也不可以遽论其文。王国维也认为，由其世以知其人，由其人以逆其志，“则古人之诗，虽有不能解者，寡矣”。请在了解姜夔的生平后，重新谈谈你对《扬州慢》的理解。

任务阐述：姜夔（1154—1221），字尧章，号白石道人，饶州鄱阳（今江西省鄱阳县）人。南宋文学家、音乐家。出生于一个破落官宦之家。其父亲姜噩，是绍兴十八年（1148）进士，先后官任新喻（今江西新余）县丞、汉阳（今湖北武汉）知县，在知县任上病卒。姜夔自幼跟随父亲到任职地，父亲死后，14岁的姜夔依靠姐姐在汉川县山阳村度完少年时光，直到成年。姜夔曾于淳熙元年（1174）至淳熙十年（1183），四次回家乡参加科举考试，均名落孙山。仕途不顺的姜夔四处流寓，与范城大、杨万里情趣相投，结为忘年之交，并因这两位文坛大家的揄扬而名声籍甚。姜夔为人潇洒不羁，以陆龟蒙自许，当时的名流士大夫都争相与他结交，连大学者朱熹也对他青眼相加，不但喜欢他的文章，还佩服他深通礼乐。著名词人辛弃疾对他的词深为叹服，曾和他填词互相酬唱。姜夔四处游历，往来于苏州、杭州、合肥、金陵、南昌等地。嘉定十四年（1221），姜夔卒于杭州，靠友人捐资，勉强葬于杭州钱塘门外的西马塍。

作为一个一生布衣的清苦文人，姜夔在《扬州慢》中时常流露出身无可依的漂泊之感和人生凄苦之情。扬州在杜牧诗中是个繁华昌盛、歌舞升平的城市，然而在姜夔笔下却成了自身几重悲剧的载体。身世经历和才华上的相似，让姜夔对杜牧有着高度的心理认同，在这种心理认同的基础上，姜夔尤为喜欢将杜牧的诗歌化为己用，“借他人酒杯，浇心中块垒”。整首词萦绕着身世之悲、生存之困与家国之痛的复合悲剧意蕴。

据夏承焘《姜白石词编年笺校》，姜夔的词作年代可考者只有72首，所作之地依次为扬州、湘中、沔鄂、金陵、吴兴、吴淞、吴兴、合肥、金陵、合肥、苏州、越中、杭州、吴淞、梁溪、吴淞、杭州、越中、华亭、杭州、括苍、永嘉、杭州等。姜夔频繁地转换居所，显然不同于前人的游历之风。姜夔一生生计无着，甚至对生存的意义也产生过怀疑——“南去北来何事？荡湘云楚水，目极伤心”（《一萼红》）。

写《扬州慢》的时候，姜夔22岁，虽未历经辗转之波折，但少年丧父的他先是跟着出嫁的姐姐生活，成年之后便自谋生路，开启了各处旅食之路，其中的酸楚可想而知。《扬州慢》处处寄情于物。姜夔在小序中直言“感慨今昔，因自度此曲”，说明整首词的基调就是在感受古今之别的处境下形成的，在词人“怆然”之时回想到前人是怎样的“俊赏”，更增悲凉之感。首先，词的上阕是眼前事物一繁华一凋敝，昨日之“淮左名都”“竹西佳处”“春风十里”，今日已是“荞麦青青”“废池乔木”“清角吹寒”。词人入城之后见名都已毁，人烟稀少，自然悲从中来，见物起兴。其次，词的下阕写游历之人一潇洒快活一落寞凄苦。杜牧当年在扬州尽显风流才气，而姜夔路过扬州写下《扬州慢》时，所见之景已不同于昨日，二人因国运和身世之不同，心境自然有天壤之别。

全词的结尾处，作者再次将对生命意义的拷问落笔在物上。冬至时节，料峭之寒还未过去，本不是芍药花开的季节，作者却想象着芍药伴着二十四桥这一扬州经典美景，这与眼前的场景构成强烈的对比，凄凉倍增。最后又笔锋一转，“年年知为谁生”，拷问芍药生存之意义，纵使花开，那时也是伴着冷月、寒水，构成一幅冰冷的画面，在国家残破的环境里，不过是独自开了又败，或盛或衰再无人欣赏、无人在乎。而在拷问芍药生存意义的同时，作者又何尝不是对自己发问？国家命运尚且不知，自己纵然如杜牧般满腹才华，却如芍药般无人欣赏、无处可依，飘飘荡荡如同天地间的孤鸿，或生或死恐怕也无人关心。此时此地，对物对己的生存意义的拷问是《扬州慢》另一层面的悲剧性意义。

南宋初期，朝廷偏安，战火不息，在整个文坛都以渴求统一、抗击金兵为创作主旋律时，出现了以张孝祥、辛弃疾等为代表的豪放派词人，他们高扬着为民发声、誓要收回失地的旗帜，写下抗金复国的宏伟志愿。而作为一介布衣，姜夔居无定所，四处漂泊，一方面苦恼于“绕树三匝，无枝可依”，另一方面却始终用一种含蓄、节制的笔法抒发自己感时伤世的情怀。姜夔在淳熙三年（1176）自湖北沿江东下，路过扬州，饱读诗书的他必然在诗词歌赋中读到了“十里长街市井连，月明桥上看神仙”（张祜《纵游淮南》）之类描写扬州繁盛的作品，其东下停顿此处肯定有眼见扬州之实之意。但宋南渡之后的扬州，因其重要的地理位置，成为兵家相争之地，战火侵扰之下，昨日之“名都”“佳处”已是野草遍生，人烟萧条，野舟自横，无言无语的废池乔木都早已厌弃了这兵荒马乱的境况，何况亲身经历国破城荒的凡夫俗子？暮色渐起，角声吹响，作者的注意力从视觉转向听觉，原本毫无感情的号角在作者听来都是“悲吟”，让人顿生寒意，一个“寒”字又将笔触延伸到触觉，作者的“黍离之悲”表现得淋漓尽致。

姜夔所存词中，表达爱国情感的接近四分之一，《扬州慢》便是最早的一首，其忧民伤世的情怀已见其端。

活动探究2：自然事物的兴衰往往会引起古代文人强烈的兴趣和敏锐的情感反应，由此产生了很多感时伤世的经典诗词作品。这些作品或揭露统治者的昏庸腐朽，或反映战争离乱的痛苦，或流露对人民疾苦的同情，或表达对国家民族前途的忧虑，或生发昔盛今衰的感慨。可以说，感时伤世已成为中国文人的传统文化心理，这种文化心理中所蕴含的家国情怀与儒家提倡的“修身齐家治国平天下”的人生理想是一脉相承的。请阅读其他的感时伤世的经典诗词，说说这种文化心理对现世的作用和影响。

任务阐述：这类诗词数量众多，比较典型的如：杜牧《过华清宫》以“一骑”挥汗如雨、日夜兼程赶送荔枝与贵妃嫣然一笑、品鉴荔枝形成对比，揭露统治者骄奢淫逸的生活；杜甫《春望》以战火不断、家书不至，表达对家人的强烈思念，反映战争的离乱之苦；白居易《卖炭翁》以卖炭翁的艰难处境，表达对人民疾苦的无限同情；杜甫《登岳阳楼》以诗人倚定阑干，眼望万里关山，兵荒马乱中不禁涕泗滂沱的情景，表达对国家民族前途的忧虑；刘禹锡《乌衣巷》以如今飞入寻常百姓家的燕子过去曾栖息在王谢权门高大檐檩之下，生发出沧海桑田、昔盛今衰的感慨。

这些诗词中感时伤世情感的不断展现，不是一种简单的重复，而是古代知识分子在追寻个人生存价值的同时，不忘观照国家社会发展的必然结果，因此说其与儒家提倡的“修身齐家治国平天下”的人生理想一脉相承。这些诗词中普遍显露出的“穷则独善其身，达则兼济天下”的心声和操守在当下仍不失现实意义。如今，人们呼唤家国情怀、呼唤君子人格，可以说是对社会缺失信念梦想和道义担当的一种自然反映。人们希望出现越来越多的“在外能挡千军万马，在内能孝亲持家”的谦谦君子，呼唤“诚实守信、仁心宅厚、忠孝节义、克己复礼、知（智）者不惑，仁者不忧，勇者不惧”的情怀和人格的回归。社会主义核心价值观倡导的就是新时代的家国情怀和君子人格，体现的是社会主义国家意志与个人诉求的交互连接。由这些诗词所搭建起来的中国人的心理结构是我们民族在漫长的历史进程中共同创作和选择的结果，以至于一经吟咏便会激荡起民族的文化默契与共鸣，这正是古典诗歌在当下社会生活中的重要意义所在。

任务三：重温经典，词中寻宗

活动探究：结合所学所读的词，总结对词这种文学体裁的认识。

任务阐述：词是诗歌的一种，萌芽于南朝，是隋唐时兴起的一种新的文学样式。词最初称为“曲词”或者“曲子词”，别称有近体乐府、长短句、词子、曲词、乐章、琴趣、诗余等，是配合宴乐乐曲而填写的。词牌是词的调子名称，不同的词牌在总句数、句数，每句的字数、平仄上都有规定。词是长短句，但是全篇的字数是一定的，每句的平仄也是一定的，明代徐师把词的形式概括为“调有定格，句有定数，字有定声”。进入宋代以后，词发展到鼎盛状态，成为一种完全独立并与诗体相抗衡的文学形式。词按长短规模分为小令（58字以内）、中调（59—90字）和长调（91字以上，最长的词达240字）。有些词只有一段，称为单调；有些分两段，称双调；有些分三段或四段，称三叠或四叠。词按创作风格分为婉约派和豪放派；当然词牌名也是对不同词进行归类的一个依据。

【课后任务】

1.仔细研读温庭筠的《菩萨蛮》(小山重叠金明灭)、周邦彦的《苏幕遮》(燎沉香)、辛弃疾的《青玉案·元夕》、刘克庄的《贺新郎》(国脉微如缕)等词作，从语言、构思、意象、情感等方面任选一两个角度，写一篇不少于800字的鉴赏文章，发现词作者独特的艺术创造之美，分享自己阅读欣赏中所获的审美体验。

2.搜集描写扬州的诗词，了解扬州的兴衰史以及这座城市在古代文人笔下所展现的独特意蕴。

参考答案：

1.略。

2.写扬州的诗作很多，耳熟能详的精华之作亦是不少。这里暂选十首以供管中窥豹。

(1)萧娘脸薄难胜泪，桃叶眉尖易觉愁。天下三分明月夜，二分无赖是扬州。(徐凝《忆扬州》)

(2)娉娉袅袅十三余，豆蔻梢头二月初。春风十里扬州路，卷上珠帘总不如。(杜牧《赠别(其一)》)

(3)故人西辞黄鹤楼，烟花三月下扬州。孤帆远影碧空尽，唯见长江天际流。(李白《黄鹤楼送孟浩然之广陵》)

(4)青山隐隐水迢迢，秋尽江南草未凋。二十四桥明月夜，玉人何处教吹箫？(杜牧《寄扬州韩绰判官》)

(5)落魄江南载酒行，楚腰纤细掌中轻。十年一觉扬州梦，赢得青楼薄幸名。(杜牧《遣怀》)

(6)雨过一蝉噪，飘萧松桂秋。青苔满阶砌，白鸟故迟留。暮霭生深树，斜阳下小楼。谁知竹西路，歌吹是扬州。(杜牧《题扬州禅智寺》)

(7)十里长街市井连，月明桥上看神仙。人生只合扬州死，禅智山光好墓田。(张祜《纵游淮南》)

(8)夜市千灯照碧云，高楼红袖客纷纷。如今不似时平日，犹自笙歌彻晓闻。(王建《夜看扬州市》)

(9)墨云拖雨过西楼。水东流。晚烟收。柳外残阳，回照动帘钩。今夜巫山真个好，花未落，酒新篘。美人微笑转星眸。月花羞。捧金瓯。歌扇萦风，吹散一春愁。试问江南诸伴侣，谁似我，醉扬州。(苏轼《江城子》)

(10)画舫乘春破晓烟，满城丝管拂榆钱。千家养女先教曲，十里栽花算种田。雨过隋堤原不湿，风吹红袖欲登仙。词人久已伤头白，酒暖香温倍悄然。(郑燮《扬州》)

浙江省舟山中学 张 颖

49.《阿Q正传（节选）》教学微设计

【课文提要】

《阿Q正传》是鲁迅的代表作，创作于1921年12月，最初发表于北京《晨报副刊》，后收入小说集《呐喊》。《阿Q正传》的主人公，是“精神胜利者”的典型，受了屈辱，不敢正视，反而用自我安慰的办法，说自己是“胜利者”。这部小说以辛亥革命前后的中国农村为背景，描写了一个无名无姓、无家无业的贫苦雇农阿Q短暂的一生。小说共九章，课文节选的是第二、三章。课文首先以空间形态展示阿Q的“精神胜利法”，目的是通过对“精神胜利法”的描述，集中展示鲁迅所批判的国民劣根性诸表现。

《阿Q正传》是以一部通俗的滑稽小说或文学漫画的方式亮相的，在体裁和写作手法上，更接近白话章回体小说，既没有作为现代派作品标记的变形和张力，也没有现实主义小说情节上的蓄意性和紧张感。其主要是以具体生动的人物形象、入木三分的刻画分析及对社会的清醒认识，深刻地揭露和批判中国国民的劣根性和人性的“痼疾”，作者希望借此“揭出病苦，引起疗救的注意”，达到治病救人、改造国民性的目的，故其有着伟大的现实意义。

【任务目标】

阅读《阿Q正传（节选）》，要着重分析阿Q这一典型人物的性格特点，从人物形象、叙述语言以及幽默、夸张、讽刺等艺术手法的角度，挖掘“精神胜利法”的内涵，关注小说喜剧表象下的悲剧意味，认识辛亥革命前后的中国历史和鲁迅致力于“改造国民性”的思想，探讨阿Q为何具有超越时代、民族的意义和价值。

本课的学习任务目标如下：

（1）梳理评论与写作背景，理解鲁迅的创作动机。

（2）把握人物性格，分析漫画式人物的塑造方式。

（3）结合现实社会，探究阿Q形象的意义价值。

【预习任务】

1.阅读课文，概括情节。有条件的同学可阅读《阿Q正传》全文。

2.收集相关文献，梳理至少三条有关本文的评论，理解鲁迅的创作动机。

3.查阅资料，尝试分析和评价鲁迅的创作风格，写成作品评论。

【任务设计】

任务一：梳理评论，探究原因

活动探究1：阿Q这一人物形象已经成为文学经典，读者热议不断。有人说，造成阿Q的悲剧的主要原因是社会；有人说，造成阿Q的悲剧的主要原因是其自身。请梳理至少3条相关评论，并探究造成阿Q的悲剧的主要原因。

任务阐述：相关评论——①阿Q尸首两地的下场，根植于当时的黑暗的社会现实。人们对阿Q"怒其不争，哀其不幸"，但是在更深层次上，更是"怒社会不争，哀社会不幸"，这种悲剧性格不是偶然的，也不是改变阿Q的处境，就能改变这种悲剧性格的结局。（邹素《阿Q悲剧性格试析》）②（阿Q）他身受残酷的剥削、压迫和凌辱，处在社会的最底层。这本已十分可悲，但是尤其令人痛心的是，他对来自统治阶级的残酷迫害竟然麻木健忘，自轻自贱，自欺自慰，甚至用欺侮弱者来发泄自己被别人欺压的不平之气。（《普通高中教科书 教师教学用书 语文 选择性必修 下册》）③鲁迅小说中悲剧人物阿Q等都因被剥夺了劳动权利之后，物质和精神需要都得不到满足，交往受到了限制，思想意识更受封建思想的钳制，其各要素间相互影响和制约最终导致了他们悲剧命运的形成和发展。（徐万平《阿Q悲剧成因新探》）

社会环境与个人人格的双重挤压造成了阿Q的悲剧。就社会环境而言，即极端卑微的生活方式造就的国民劣根性的存在；就个人人格而言，即为艰难存活而产生的麻木人格与"精神胜利法"。

活动探究2：鲁迅曾说他写《阿Q正传》是因为"要画出这样沉默的国民的魂灵来"。请与同学讨论，如何理解鲁迅创作《阿Q正传》的动机。

任务阐述：辛亥革命推翻了两千多年的封建帝制，使民主共和的观念深入人心，但它没有完成反帝反封建的民主革命的伟大任务，广大农民在革命之后，仍处于帝国主义和封建主义的残酷剥削和压迫之下，承受着政治上的压迫、经济上的剥削和精神上的奴役。封建统治者为了维护自己的统治，采取暴力镇压和精神奴役的政策，利用封建礼教、封建迷信和愚民政策压迫人民。鲁迅以思想家的深邃和文学家的敏感，观察、分析着所经历的一切，逐步认识所经历的革命、所处的社会和所接触的人们的精神状态。试图通过阿Q这一典型人物，特别是他的"精神胜利法"，暴露当时中国国民的劣根性，揭示民族衰败的根源，也揭示普遍的人性弱点。

任务二：赏析技巧，把握形象

活动探究1：阅读课文，梳理阿Q的人生经历，说说你对阿Q是抱有同情的态度还是其他。

任务阐述："优胜记略"和"续优胜记略"两章，着重写的就是阿Q在不能生存的地方苟活下去的弱势生存策略。"优胜记略"主要写了两个故事，一是阿Q自尊、忌讳而被打，二是阿Q聚赌而被打。第一个故事写出了阿Q的第一个生存策略——自轻自贱；第二个故事展现的是典型的自慰自欺，属于阿Q的第二个生存策略。"续优胜记略"主要写的是阿Q是如何转嫁失败的痛苦的。向孩子和小尼姑转嫁失败的痛苦，典型地展现了阿Q应对失败的第三个策略——怕强凌弱。对于阿Q，我在浅层次的同情之下，有愤恨——怒其不争，更有反省——是什么造成了这样的生存策略。

活动探究2：有人说，“《阿Q正传》的行文风格忽而像某种法庭告示的喜剧，忽而又像是某种‘游侠列传’的闹剧版。作品没有传统小说的叙事设计和观念性，有的只是一个又一个简短的、没头没脑的逸闻趣事、小道消息”。仔细品味小说语言，思考探究这篇小说的叙事特点。

任务阐述：《阿Q正传》是以一部通俗的滑稽小说的方式亮相的，在体裁和写作手法上，既没有作为现代派作品标记的变形和张力，也没有现实主义小说情节上的蓄意性和紧张感。小说看似结构松散，像传统章回体小说漫不经心地结合，但细读就会发现，它又是鲁迅所有作品中完整性和人工性最高的作品之一。《阿Q正传》首先是在报纸上连载，而报刊连载对作品提出了特殊的要求，即每一部分都需要相对独立成篇，在基本的人物、事件、情节发展和道德寓意上都要有所成就、相对完整。小说表面上那种轻松调侃的语调、松散的结构、写意式的白描，以及举例和图解式的叙事方法更像是在常识和公共舆论层面上展开的议论和讽刺。

任务三：永恒典型，叩问意义

活动探究1：鲁迅在《论睁了眼睛看》中指出，“中国人的不敢正视各方面，用瞒和骗，造出奇妙的逃路来，而自以为正路。在这路上，就证明着国民性的怯弱，懒惰，而又巧滑。一天一天的满足着，即一天一天的堕落着，但却又觉得日见其光荣”。请结合这段话对阿Q这一典型形象做一些探究，并向同学说说你对“精神胜利法”的理解。

任务阐述：阿Q的精神胜利，是奴隶们在失败面前闭上眼睛，用瞒和骗制造胜利的幻觉麻醉自己，把奴隶的屈辱和失败的痛苦变成精神上的自满自足，从而使自己麻木不仁、安安心心地做奴隶。所谓的“精神胜利法”，是奴隶为了维系自己的心理平衡，用自欺、自瞒、自骗的方式使自己麻木。例如：阿Q“夸耀先前的阔，设想儿子的阔”；阿Q“打自己的嘴巴，认为被打的是别人，他胜利了”；阿Q画圆圈画不圆，他马上想“孙子才画得很圆的圆圈”，他不是孙子，是爷爷，又胜利了。

活动探究2：鲁迅说他写《阿Q正传》是因为“要画出这样沉默的国民的魂灵来”，列夫·托尔斯泰读完《阿Q正传》之后认为这是鲁迅在骂他。结合文本与社会现实，理解阿Q形象的典型性。

任务阐述：阿Q形象的典型性体现在小说漫画式的勾勒下，对阿Q的真实性进行了虚化。他处于未庄的最下层，没有家，也没有固定的职业，甚至连姓甚名谁都不知道。而作者对阿Q的定位则是，“我的意见，以为阿Q该是三十岁左右，样子平平常常，有农民式的质朴，愚蠢，但也很沾了些游手之徒的狡猾。在上海，从洋车夫和小车夫里面，恐怕可以找出他的影子来的，不过没有流氓样，也不像瘪三样。只要在头上给戴上一顶瓜皮小帽，就失去了阿Q，我记得我给他戴的是毡帽”。在作者眼里，阿Q其实就是一个最普通的中国国民，普通到需要一个毡帽才能将他辨认出来。

阿Q形象的典型性体现在其身上集中体现了诸种国民劣根性。身份下贱而又自尊自大是为“自欺”，自轻自贱是为“退守”，既自尊自大又自轻自贱则体现为“巧滑”“奴性”和“无特操”，而自慰自欺必须具备“虚伪”“麻木”“健忘”的素质，怕强凌弱则为典型的“卑怯”，亦是“奴性”和“无特操”的典型表现。究其本质，阿Q是一个具有矛盾人格、病态精神和本能冲动的农村赤贫者，有着乌毡帽、小辫子、瘌疮疤等形象标志和“精神胜利法”等性格标志，最终成为与政治体系、生活构架格格不入，欲做奴隶而不得的社会零余者。

阿Q形象的典型性体现在生活在其身边人物的典型性上。在作者笔下，小说里共出现了十多个人物，他们是各种等级的代表。如体面尊贵、作威作福者，有头有脸者，能在等级社会里占有一席之地者，“坐稳了奴隶地位”者，“想做奴隶而不得”者，与三权(政权、族权、夫权)无缘、得不到任何保护者。这其实就是当时社会的虚构与缩影。

阿Q形象的典型性还体现在其对于当下中国与世界的精神危机的意义。“前世纪中，各式各样的‘希望’‘理想’出现而消失了，……严重的是，这些历史悲剧不仅破坏了人们的‘幻想’，使他们知道‘理想’本来有往往化为‘幻想’的危险，也留下了一个很深刻的结果。那就是人们找不出代替的新的‘理想’‘理论’，似乎丧失了对‘理想’‘理论’本身的信赖。”

《阿Q正传》在现代文学史上具有不可替代的地位。《阿Q正传》的“现实意义”和“针对性”一点也没有减退，反而日渐浓烈、日显尖锐，“未庄”的国情并无根本改观，“阿Q精神”仍然到处可见。《阿Q正传》就是一把解剖刀，通过“解剖自己”而剖析中国人的精神危机和国民性格。

【课后任务】

1.阅读整篇小说，探究小说结尾，思考阿Q死到临头还不痛苦的真实性。

2.小说中除了阿Q，还有很多的人物，请选择一两个分析其形象特点以及与阿Q命运的关系。

参考答案：

1.结局的悲剧意味明显，一是阿Q结束了他悲惨的一生，二是阿Q成了替罪羊，想投靠革命党却被“革命党”杀害。但阿Q被绑赴刑场时，他已经意识到这回是去什么地方了，还一心想着出风头，好像英雄慷慨赴义似的，为圆圈画得不圆而遗憾。鲁迅以喜剧来写悲剧性的死亡。他在这里追求的不是通常的悲剧效果——后果的严重、群众的愤怒，而是严重的后果与阿Q麻木的心灵之间的不相称以及由此而形成的怪异之感。这怪异之感正是形成喜剧效果的基础。把生活中的悲剧当成喜剧来写，这正是鲁迅不同凡响之处，他的想象没有被文学史上悲剧的优势所束缚，而是遵循着喜剧性的歪曲逻辑自由地飞翔。

2.赵太爷：有钱、有权、有大房子、有文化，是所有未庄的居民都崇拜和憧憬的对象。一个典型的具有封建意识形态的人物，与阿Q的“精神胜利”形成了鲜明的对比，是封建社会中社会强者势力的代表。在阿Q扬言革命之后，赵太爷以“革命”的罪名将他逮捕，杀害了阿Q，对未庄所有的居民提出了警告——“革命”即是“反动”，是要丢掉性命毫无利益的蠢事，使赵家在未庄的地位更加牢固。假洋鬼子和赵秀才：假洋鬼子代表富裕阶层的读书人，有实力学习洋务，有钱留洋，有资本参与革命，但是实际上是封建势力的维护者。而赵秀才是接受正统封建教育成长起来的封建统治的坚决维护者。他们都出身于封建大家庭，是富裕阶级的成员，与底层劳动人民之间的关系是彻底对立的，都是利用革命风潮为自己争取利益的小人。从本质上来说，假洋鬼子和赵秀才一样，都是造成阿Q悲剧结果的罪魁祸首，是封建势力的代表。

仙居县城峰中学 华伟臣

50.《边城（节选）》教学微设计

【课文提要】

《边城》是中国现代文学家沈从文先生于1934年出版的中篇小说。故事发生在20世纪30年代川湘交界的边城小镇“茶峒”，小溪边、白塔旁住着主人公翠翠和她爷爷老船夫，端午节翠翠去看龙舟赛，偶遇傩送，傩送在翠翠的心里留下了深刻的印象。而傩送和兄长天保同时喜欢上了翠翠，兄弟俩决定采用唱山歌的方式表达感情，让翠翠自己从中选择，傩送是唱歌好手，天保自知唱不过弟弟，心灰意冷，断然驾船远行做生意，结果出事淹死。傩送虽仍爱着翠翠，但因为哥哥的死，赌气出走，他们的父亲船总顺顺也因此不愿意翠翠再做傩送的媳妇。雨夜，白塔塌了，爷爷抑郁死去，翠翠守着渡船，等待着傩送的归来。小说共二十一章，课文节选的是第三至第六章，讲的是发生在端午节里翠翠和傩送、天保初逢的故事。

《边城》是一篇脱去“矜持、浮夸、生硬、做作”的田园牧歌情调的散文化小说，寄寓着沈从文对“美”与“爱”的追求，对湘西特有风俗人情的“风俗美”“自然美”的追求，对“优美，健康，自然，而又不悖乎人性的人生形态”的追求。然而，沈从文先生却认为读者“能欣赏我故事的清新，照例那作品背后蕴藏的热情却忽略了，你们能欣赏我文字的朴实，照例那作品背后隐伏的悲痛也忽略了”。因此，鉴赏时，读者既要关注作品表面上的清新和朴实，也要探究其背后的悲痛和热情。

【任务目标】

阅读小说时读者往往容易忽略“风俗”等重要内容，沈从文是“风俗画家”，在《边城》中精心刻画了很多风俗，如课文中的“端午”，它是故事发生的背景，更是社会人文精神的写照，只有读懂风俗才能读懂作者的深意。阅读时，首先要通过关键词读懂风俗中的人性之美，并通过风俗揣摩人物形象，再了解历史背景，后回归文本，从而真正探究作者的“悲痛”与“热情”。

本课的学习任务目标如下：

（1）熟读小说第三章有关端午风俗的描写，梳理其中的人和事，抓住关键词，感受边城社会的风俗之美、人性之美。

（2）朗读人物语言中有关风俗（鱼俗）的对话，揣摩主人公翠翠的心理，了解风俗对人物形象塑造的重要作用。

（3）依据课文内容和社会背景资料，合作鉴赏沈从文作品“清新”和“朴实”的风格，探究作品背后深层的“悲痛”和“热情”。

【预习任务】

1.阅读课文，梳理故事情节，初步感受作者笔下边城的风俗活动。

2.阅读课文，梳理人物关系，初步感知人物形象。有条件的同学可阅读整本小说。

3.收集相关文献，了解沈从文的人生经历和《边城》创作的社会时代背景。

【任务设计】

任务一：品端午风俗，感受人情之美

风俗是社会性的礼制规范、行为习惯，更是人们的思想、价值、信仰体系的体现。沈从文先生是现代中国的“风俗画家”，他在作品中画出一幅幅关于婚嫁、服饰、礼节、传说的风俗长卷，揭示了这些代代流传的古风习俗所包含的人情美和人性美。课文中写的就是几个发生在端午节的美妙动人的故事。所以说，端午的风俗是开启《边城》鉴赏的一把金钥匙。

活动探究1：小说第三章对端午风俗进行了全景描写，请阅读相关内容，找一找端午的“风俗之美”体现在哪里。

任务阐释：传统风俗是乡土中国现实社会人文精神的凝聚场。在《边城》中，端午的风俗活动有传统的划船比赛，有新增加的抓鸭子比赛。全城百姓都参与了这个节日，热闹非凡，鼓锣喧天。风俗活动充满了古朴之美、自然和谐之美、生命力之美，充满了人们对美好生活的祈望。

活动探究2：阅读小说第三章的相关内容，抓住关键词，赏析端午风俗“人性之美”的具体表现。

任务阐释：人性之美主要体现在竞赛者、观众和顺顺等人身上。从竞赛者看，“在税关前领赏，一匹红、一块小银牌，不拘缠挂到船上某一个人头上去，都显出这一船合作努力的光荣”“自由下水赶鸭子。不拘谁把鸭子捉到，谁就成为这鸭子的主人”等，无论是船和船的竞赛，还是人和鸭子的竞赛，都显示了人与自然的和谐之美、青年人昂扬的生命力之美，在反复使用的“不拘”中，更展现了边城人抛却物质名利的纯真、自由、质朴之美。

从风俗中的群众看，“当地妇女、小孩子，莫不穿了新衣”“莫不倒锁了门”“莫不在税关前看热闹”“莫不因鼓声想到远人”等，作者反复使用“莫不”，意在强调边城民众之间的平等，没有尊卑贵贱，即使是妇女也有享受美好生活的权利。这与学生们在《祝福》中看到的风俗人情是不同的，鲁迅笔下的祝福节日中，妇女只有劳动的权利，没有享受的权利，甚至如祥林嫂连劳动权利也被剥夺。对于风俗中的人，鲁迅批判，沈从文歌颂，都是为了各自主题的表达。

掌水码头的龙头大哥顺顺“凡帮助人远离患难，便是入火，人到八十岁，也还是成为这个人一种不可逃避的责任”！“凡”“便是”“不可逃避”等词意在展示边城人无论地位高低，都怀有崇高的助人为乐、守望相助的精神。

只有读懂了作者在第三章的端午风俗描写中刻意展现的边城人淳朴、互助、正直的人性之美，才能理解后文的各色人情故事（如爷爷不要渡船人的钱等），理解作者的情感。

任务二：读风俗对话，揣摩人物形象

沈从文先生主张“贴着人物写”，语言动作要符合人物的形象，要能揭示人物形象。由于地区差异、风俗习惯不同造成语意的模糊，使学生在读人物语言时往往不知所措，自然也就无法读懂人物。读懂对话里的风俗，是鉴赏人物形象的一把金钥匙。

活动探究：分析对话里“鱼俗”的意义，感受沈从文人物描写的魅力。请找一找小说中和鱼有关的对话描写，和同桌分角色读一读，猜一猜翠翠的心理活动。

任务阐释：在整部小说中提到鱼吃人、鱼咬人的地方多达 13处，在课文中围绕“鱼”的人物对话有7处，比如，“那男的却听得出，且从声音上听得出翠翠年纪，便带笑说：‘怎么，你那么小小的还会骂人！你不愿意上去，要呆在这儿，回头水里大鱼来咬了你，可不要叫喊救命！’翠翠说：‘鱼咬了我，也不关你的事。’”“‘翠翠，你长大了！二老说你在河边大鱼会吃你，我们这里河中的鱼，现在可吞不下你了。’翠翠一句话不说，只是抿起嘴唇笑着”“‘你一个人在河边等我，差点儿不知道回来，天夜了，我还以为大鱼会吃掉你！’提起旧事，翠翠嗤地笑了”等。通过分角色朗读，我们发现每一次话及“鱼”，翠翠都会笑，神态和语言的背后是翠翠和傩送之间“甜而美”的端午往事，是少女怀春、爱情萌芽的羞涩含蓄。

闻一多先生在《说鱼》中论证了中国古典文化中，“鱼”是婚姻的象征。湘西的民俗文化中，“鱼”也是生殖繁盛的祝福、祥瑞的象征，是男女爱情的象征。

再看翠翠听人提起鱼咬人旧事时的微表情变化，从“一句话不说，只是抿起嘴唇笑着”到“嗤地笑了”，从无声到有声，说明这种往事带来的甜蜜感逐渐增强，翠翠内心对于爱情的感觉从朦胧逐渐清晰，如此才有了第六章结尾的翠翠看到婚礼请爷爷吹《娘送女》曲子。

一个“鱼”俗，一个“笑”字，内涵如此丰厚，由此可见沈从文先生在人物形象刻画上的匠心独运。诚如其弟子汪曾祺先生所说，“《边城》的语言是沈从文盛年的语言，最好的语言。既不似初期那样的放笔横扫，不加节制；也不似后期那样过事雕琢，流于晦涩。这时期的语言，每一句都“鼓立”饱满，充满水分，酸甜合度，像一篮新摘的烟台玛瑙樱桃”。

任务三：赏清新和朴实，悟悲痛与热情

沈从文先生自己认为读者“能欣赏我故事的清新，照例那作品背后蕴藏的热情却忽略了，你们能欣赏我文字的朴实，照例那作品背后隐伏的悲痛也忽略了”，这样的误读包括《边城》。

活动探究1：请结合文本，合作探究，谈一谈田园牧歌式“清新”和“朴实”体现在哪些方面。

任务阐释：①人物形象的清新朴实。无论是在外形上，如翠翠“在风日里长养着，把皮肤变得黑黑的，触目为青山绿水，一对眸子清明如水晶。自然既长养她且教育她，为人天真活泼，处处俨然如一只小兽物。人又那么乖，如山头黄麂一样，从不想到残忍事情，从不发愁，从不动气”，傩送俊美如岳云，还是精神品质上，爷爷坚守责任、不屑钱财，傩送热心、青春，翠翠朴实、纯真、善良，都充满了天然朴实之美。②故事的清新朴实。无论是翠翠对傩送的动情，还是兄弟之间唱歌竞争，并没有惊心动魄的矛盾冲突、没有物质的算计，故事情节发展的过程是朴实的。③环境的清新朴实。由青山、碧溪、白塔、小屋、黄狗等构筑的人物生活的自然环境是清新

的，由捉鸭、划船等风俗建构的社会环境是朴实的。④语言表达的清新朴实。如前文所分析的“莫不”“不拘”，又如翠翠轻轻说“你个悖时砍脑壳的！”等，“鼓立饱满”，生活气息浓郁。⑤主旨的清新朴实。作者赞颂一种远离现代文明的古朴的传统文化，一曲田园牧歌，一座“人性的小庙”。

活动探究2：根据社会背景资料，结合课文选段，合作探究作者的“清新”和“朴实”背后的“悲痛”可能体现在哪。

任务阐释：沈从文先生在《边城·题记》中写道：“这作品或者只能给他们一点怀古的幽情，或者只能给他们一次苦笑，或者又将给他们一个噩梦，但同时说不定，也许尚能给他们一种勇气同信心！”读者感受到的古老的风俗之美、人情之美、人性之美等，正是作者所谓的“怀古的幽情”。沈先生在《长河·题记》中说：“一九三四年的冬天……表面上看来，事事物物自然都有了极大进步，试仔细注意注意，便见出在变化中堕落趋势。最明显的事，即农村社会所保有那点正直素朴人情美，几乎快要消失无余，代替而来的却是近二十年实际社会培养成功的一种唯实唯利庸俗的人生观。”《边城》所写的那种生活确实存在过，但到写作时已经几乎不复存在。《边城》是一部怀旧的温暖的作品，但是背后隐伏着作者的悲痛，来自那种美尤其是人情美的消失带来的悲痛。

小说结局是一个悲剧，爷爷死了，爱情丢了，“这个人也许永远不回来了，也许‘明天’回来！”。课文中也有这种悲痛的隐伏，如翠翠关于爷爷死亡的暗示、吊脚楼上水手的话语，又如“中国其他地方正在如何不幸挣扎中的情形，似乎就还不曾为这边城人民所感到”，一个“似乎”用得多好，含有无限意味。

结合社会背景，重新审视文本，不难发现小说中作者极力去塑造“边城”中的人性之美，包括端午风俗中的守望相助、平等友爱、不慕钱财。作者不厌其烦地描写爷爷与过渡人关于钱的争执、爷爷和替手的醉酒、傩送遣人相送等。作者笔下的人性刻画得越美好，实则现实越苍凉，“边城”不过一个梦而已，一个美梦的破碎，带着苍凉与无奈，带着作者深层的悲痛。

活动探究3：读懂“热情”，赓续知识分子的家国情怀。

任务阐释：在《边城》这个梦里除了悲痛还有“热情”，知识分子的热情。作者想要寄寓的是“给他们勇气同信心”，用清新和朴实的语言热情歌颂传统的古朴美好的具有人性美、人情美的民族精神，为当时堕落的世俗社会创造一个人文精神的桃花源，为民族寻找一个出路。在沈从文写作的年代，国家破碎、民族沉陷灾难，知识分子都在用自己的笔承担起自己的家国情怀，如鲁迅在写《彷徨》《呐喊》，茅盾在写《子夜》，巴金在写《家》《春》《秋》等。沈从文的《边城》和鲁迅的《祝福》都写底层人民的风俗人生，鲁迅是用批评的眼光看待人性，而沈从文是用热爱的心境看待人性的真与善。批判也好，歌颂也好，悲痛也罢，热情也罢，背后都是源于一个知识分子对民族、对世界、对人类的爱和强烈的使命感，这正是今天我们青少年“我手写我心”理应赓续的家国情怀。

【课后任务】

1.阅读沈从文的《菜园》，回答下面的问题：《菜园》这篇小说的风格和《边城》很像，正如沈从文自己所评价的,“你们能欣赏我故事的清新,照例那作品背后蕴藏的热情却忽略了”。请结合具体内容,谈谈你对《菜园》中“清新”和“热情”的理解。

2.微写作:请从下面的题目中任选一个进行写作。

(1)请向《城市名片》栏目投稿,描写一则关于家乡“婚礼”风俗的文字,400字左右。

(2)请向《我有话说》栏目投稿,对家乡“婚礼”风俗写一则评论性文字,400字左右。

参考答案:

1.(1)这篇小说的清新表现在:①语言的清新质朴。作者的语言清丽恬淡,平易自然,无论记叙还是描写,含蓄隽永,平缓简洁生动,如“听蝉拖长了声音飞去,溪水绕菜园折向东去”等语句。②环境的清新。通过“大白菜”“菊花”营造了一种清新诗意、不染尘俗的“菜园”的环境氛围。③人物清新质朴。如姓“玉”名“琛”都是美玉之意,性格之美如母亲勤劳、优雅、善良,儿子年轻、质朴、爱国。④叙事呈现清新之美。短句独立成段,节奏舒缓,情节淡化,多诗意的环境描写和抒情。(2)故事背后的热情是指作者在小说中对以主人公为代表的传统中国国民的朴实、勤劳、向上、忍耐等人性美好的讴歌,对质朴诗意的田园生活的热情赞美,对美的生活和人性的坚守和追求;对生命之美和人性之美的坠落、毁灭的惋惜、无奈、悲愤,对苦难人生的悲悯,对污浊社会的深沉控诉。

2.略。(注意文体特征)

杭州市余杭中学 侯小娟

51.《大堰河——我的保姆》教学微设计

【课文提要】

《大堰河——我的保姆》是艾青创作于1933年1月14日的诗歌，是他的成名作。当时诗人在狱中，融合了自身经历，通过对自己乳母的回忆与追思，抒发了对贫苦农妇“大堰河”的怀念之情、感激之情和赞美之情。而“大堰河”的形象之所以在诗坛熠熠生辉，是因为她已成为中国大地上勤劳善良而又命运悲苦的普通母亲的形象符号，具有普遍意义，历久弥新。

20世纪30年代，新诗蓬勃发展。诗中贴近生活的细节描写，反复、排比、对比等多种修辞手法的运用，变换的人称、多元的色彩、富有深意的意象等使那份朴实真挚而强烈的感情自有动人的力量，深深感染着一代代的读者。艾青的诗作破除旧体诗的固有格式，不受格律限制，而根据内在情感的起伏变化安排诗歌意象和诗歌语言的节奏韵律，这类诗被称为现代自由体诗，是中国新诗的重要形式。

【任务目标】

学习本诗时，要梳理全文，抓住细节，理解“大堰河”这一人物形象，思考诗人的创作意图。以听读、范读、自由读、配乐读等多种朗读形式，充分感受诗人的情感，体味诗歌的抒情性特点。并能联读艾青的其他诗作，明晰现代自由体诗的特点。

本课的学习任务目标如下：

（1）梳理全文，鉴赏细节，把握“大堰河”这一人物形象。

（2）吟诵比对，品味诗情，探究“大堰河”人物形象的意义。

（3）联读他篇，明晰特点，感受现代自由体诗这一诗体。

【预习任务】

1.阅读全诗，完成有关“大堰河”的表格，并思考当时身陷狱中的诗人为何以“大堰河”为创作对象。

2.结合时代背景，理解诗中“呈给大地上一切的，我的大堰河般的保姆和他们的儿子”的深刻内涵。

3.查阅资料，了解现代自由体诗，进一步阅读艾青的《雪落在中国的土地上》《我爱这土地》等诗歌。

【任务设计】

任务一：梳理鉴赏，探究诗因

艾青在《和诗歌爱好者谈诗》中说："生活积累越丰富，创作越自由……当我们从真实的生活中看到动人的场面，总是多少年也忘不了的。"《大堰河——我的保姆》是诗人1933年写于狱中的成名作，当时身陷囹圄、处境困窘的诗人，为何会将目光投向大堰河？

活动探究1：听朗诵，述其人。播放中央电视台主持人季小军的朗诵，让学生边倾听，边完善下表。

名　字	身　份	家　人	死　亡
①没有自己的姓名，只是生________。 ②村庄名为________，"大堰河"是谐音	①童养媳 ②保姆 ③女佣	①丈夫：打骂、醉酒。 ②五个儿子：大儿子是土匪，二儿子________，其余三个儿子生活在师傅和地主的叱骂声里。 ③乳儿：地主的儿子，现在狱里	①______离世。 ②丧事：_____的棺材、几束稻草、______的墓地、_____的纸钱

任务阐述：大堰河是一位命运悲苦、地位卑微、生活贫困的底层普通农妇。诗人看到"雪"想到了她，想起了她悲苦苍凉的一生，对其怀着深深的同情。

名　字	身　份	家　人	死　亡
①没有自己的姓名，只是生她的村庄的名字。 ②村庄名为"大叶荷"，"大堰河"是谐音	①童养媳 ②保姆 ③女佣	①丈夫：打骂、醉酒。 ②五个儿子：大儿子是土匪，二儿子死在炮火里，其余三个儿子生活在师傅和地主的叱骂声里。 ③乳儿：地主的儿子，现在狱里	①四十几岁离世。 ②丧事：四块钱的棺材、几束稻草、几尺长方的墓地、一手把的纸钱

活动探究2：联细节，探其因。为什么"我"又自称为"大堰河的儿子"？请根据诗歌中对大堰河的"手""哭""笑""梦"等细节描写，做简要阐述。

任务阐述：紧扣细节描写，体会大堰河的人物形象，感受大堰河对"我"深沉的爱。

（1）"手"：作者在第4节连用"搭、拍、尝、放、补、包、掐、拿"等8个动词，围绕着"手"展现了大堰河困苦而繁重的生活。老舍在《我的母亲》中写道，"为我们的衣食，母亲要给人家洗衣服……她的手终年是鲜红微肿的"，而大堰河用"厚大的手掌把我抱在怀里，抚摸我"，强调她在辛苦劳作之后，仍无时无刻不在照料她的"乳儿"。"手"是爱的抚慰。

（2）"哭"：第6节中，"我"回到自己家，"红漆雕花的家具"等细节显示衣、食、住等物质层面的丰裕，与第4节中"乌黑的酱碗"等形成鲜明对比。可情感上，"我"与家庭格格不入：文中以"家里"与"新客"，"不熟识"与"妹妹"这些对立表现矛盾。大堰河因与我分别而"哭"。柔石在《为奴隶的母亲》中说，"她"为牵挂着"春宝"、不舍着"秋宝"而落泪。"哭"是爱的牵挂。

（3）"笑"：第7节连用六句"她含着笑，……"，写出了大堰河帮佣生活的艰辛、日子的困窘。如蒋海涛先生所说："一方面说明了大堰河的要求多么卑微，另一方面也说明在旧时代穷苦人要谋生，哪能哭丧着脸去惹东家或旁人的不愉快呢？”与《祝福》中的祥林嫂一样，大堰河安天乐命、质朴乐观。回归语境，这亦可理解为她因为又能见到乳儿，转哭为笑。“笑”是爱的满足。

（4）“梦”：第8节写了大堰河的“不能对人说的梦”。这是个真切、甜美的梦，她以梦诉说对乳儿的爱，期盼他成家立业，幸福美满。但残酷的现实（世俗的血缘、地位的差距、无形的鸿沟）是他们的厚障壁，她只得将这份无法诉说的深爱、不能言表的希望藏在梦里。“梦”是爱的希望。

既然“不能说”，乳儿又如何知晓？“梦”与其说是大堰河的，不如说是乳儿的，是无法还报这份深情的弥补，是生死相隔的两人的“重逢”，是乳儿对她的爱的积极回应。“梦”是爱的回应。

大堰河是一位勤劳淳朴、宽厚慈爱、坚忍乐观、无私付出的母亲，她给予我的爱与地位、身份无关，与利益、机心无关，朴实而真挚，温暖而绵长。身陷囹圄的诗人借诗歌来痛悼他的乳母，抒发心灵相依的孺慕之情，同时深深痛斥这导致乳母、乳兄以及自己的悲剧命运的不公道的世界！

任务二：吟诵比对，品味诗情

朱光潜在《诗与散文》中说道：“我们可以说，就大体论，散文的功用偏于叙事说理，诗的功用偏于抒情遣兴。事理直截了当，一往无余，情趣则低徊往复，缠绵不尽。”我们读《大堰河——我的保姆》时，总会被深深感染。这强烈的感染力不仅源自日常细腻的真实生活场景，更来自诗歌缠绵往复的抒情性特点。

活动探究1：个别范读，比较探究。老舍的《我的母亲》是质朴无华、情真意切的回忆母亲的散文佳作。以下节选的片段与本诗的第4节、第7节有同工之妙，都描写了“母亲”的辛勤劳作。请试着探究与散文相比，本首诗歌是如何来增强抒情性、感染力的。先请两位同学朗读片段，再全班讨论交流。

为我们的衣食，母亲要给人家洗衣服，缝补或裁缝衣裳。在我的记忆中，她的手终年是鲜红微肿的。白天，她洗衣服，洗一两大绿瓦盆。她做事永远丝毫也不敷衍，就是屠户们送来的黑如铁的布袜，她也给洗得雪白。晚间，她与三姐抱着一盏油灯，还要缝补衣服，一直到半夜。她终年没有休息，可是在忙碌中她还把院子屋中收拾得清清爽爽。桌椅都是旧的，柜门的铜活久已残缺不全，可是她的手老使破桌面上没有尘土，残破的铜活发着光。院中，父亲遗留下的几盆石榴与夹竹桃，永远会得到应有的浇灌与爱护，年年夏天开许多花。

——老舍《我的母亲》

任务阐述：（1）诗句的分行可以加强节奏感、旋律感，体现音乐美、建筑美。童庆炳曾说：“诗歌中的叙事，不同于小说中的叙事。诗歌在‘歌唱’故事，而‘歌唱’则必须有韵律、有节奏。”

（2）采用间隔反复、排比的手法。以第4节为例，最后一句与第一句反复、呼应，强调突出大堰河对“我”的关爱；中间八句共用“在你……之后”的句式，运用排比，渲染大堰河辛勤的劳作；不仅如此，“在你……之后”是个状语，放在首尾之间，强调她对“我”的关爱是时时刻刻的，烘托出“抱”“抚摸”等动作。位于金华的艾青故居中有一尊铜像，呈现的是大堰河怀抱着年幼的诗人。雕像的底座，刻着两句诗：恩比青天，母乳千滴汇诗泉；德犹黄菊，铜像一尊抱星归。

（3）人称变换：对大堰河的称呼由第二人称变为第三人称。第4节运用第二人称，增加亲切感，便于对话，有呼告效果，便于抒情，增强感染力。人称的变化也带来情感的变化，丰厚了诗人的思念、同情、感激等情感层次与内涵。

（4）多个修饰语的使用："乌黑""为山腰的荆棘扯破的""被柴刀砍伤了的""今天的第一颗""我们的""村边的结冰的""冰屑悉索的"等修饰语，营造了情境氛围，使她的辛苦、"我"的心疼跃然纸上。

活动探究2：自由诵读，合作讨论。选出感动自己的片段，反复诵读。然后以小组交流的方式，进一步揣摩诗人的情感，探究诗歌其他的抒情性特点。

任务阐述：老师可引导学生探究意象、对比手法、数量词、色彩词等，重点解读"紫色的灵魂"这一着了色的独特意象。诗人留学法国学习绘画，对颜色十分敏感，为什么会给灵魂着上"紫色"？1932年冬，艾青因参加"左联"被逮捕入狱。寒冷的雪日与凄惨的处境让诗人生出对温暖与爱的渴求。结合诗人生平，是大堰河给予他荒芜生命中无私的爱。"紫色"一词就蕴涵着这样的生命体验：不选红色，是不掩其伤，说明她历经曲折坎坷；不选蓝色，是生活苦痛中她总给人暖意。"紫色的灵魂"与后文的"手""唇""脸颜""乳房"等意象组合在一起，表达了诗人对这位饱受苦难却与苦难和解的伟大母亲的深深赞美。

活动探究3：配乐齐读，深化思考。最后两节直抒胸臆，全班齐读。20世纪30年代末，有位诗人见到艾青时，激动地说："德国有莱茵河，法国有塞纳河，埃及有尼罗河……我们可以骄傲地说：中国有大堰河！"结合诗歌最后两小节谈谈你对这段话的理解。

任务阐述：诗人的生命中确有一位"大堰河"，但文学世界中的"大堰河"显然不止于此。她没有名字，命运悲苦，地位卑微，但是勤劳淳朴、坚忍慈爱、无私付出，她是大地上千千万万人的母亲啊！这首诗是他献给心目中的母亲——中国大地上勤劳善良而又命运悲苦的普通农妇的颂歌。

艾青正是将内在情思与外在物象融为一体，从广大农民的感情出发去感受生活的苦难，将自己的心灵贴近农民和土地，以一个"农人的后裔""旷野的儿子"的激情、狂热、爱恋、忧虑，去吟唱这多灾多难的祖国大地，因而被誉为"人民的诗人"。

任务三：联读他篇，感受诗体

朱自清将创作于"五四运动"以后第一个10年的诗作分为自由诗、格律诗、象征诗三派，对自由诗做了充分的论述和肯定。自由诗在抗战时期因艾青、田间等的提倡，得到极大的繁荣。

活动探究1：仿照示例，结合《大堰河——我的保姆》的标题，给自由诗做解释。

格律诗，讲格律，篇句有定式，音韵有规律；象征诗，用象征，意象要朦胧，表达重内心；自由诗，________，________，________。

任务阐述：设计这一任务旨在让学生由诗作进一步感受诗体。我们可以这样解释自由诗："自由诗，爱自由，形式无拘束，精神最可贵。"正如绿原在《白色花·序》中所说："把诗从沉寂的书斋里、从肃穆的讲坛上呼唤出来，让它在人民的苦难和斗争中接受磨炼，用朴素、自然、明朗的真诚的声音为人民的今天和明天歌唱：这便是中国自由诗的战斗传统。"

活动探究2：1933年后，艾青写下了多篇关于土地的诗歌，如《雪落在中国的土地上》《我爱这土地》等。阅读课文和这两首诗，完成以下表格，进一步感受现代自由体诗的特点。

角度	特点（共性）
语言	口语化——________________。《雪落在中国的土地上》无深奥、华丽的字词，“寒冷”“封锁”等词虽简洁，但极富于弹力与表现力，它们蕴涵着深深的历史和现实的思考。《我爱这土地》中最后一句朴实平易，因蕴涵着深沉的忧郁情感而流泻出________，成为表达爱国的经典句子
体式	自由化——________________。如《大堰河——我的保姆》全诗不押韵，各段句数不尽相同，但每段首尾呼应，各段之间有着强烈的内在联系；不追求韵脚和行数，但排比的恰当使用，使诸多意象________
形象	生活化——“形象思维不是技术问题，而是更深刻地表达思想感情的问题。”（艾青）这三首诗歌中“大堰河”“鸟”“风”“河流”都集中体现了________。“大地”这一意象凝聚着作者对生于斯、长于斯的劳动者最深沉的爱，对他们命运的关注与探索，聚集着________________

任务阐述：设计这个任务旨在让学生通过对比阅读，进一步感受现代自由体诗的特点。

角度	特点（共性）
语言	口语化——接近大众口语的简洁亲切的俗字俗语。《雪落在中国的土地上》无深奥华丽的字词，“寒冷”“封锁”等词虽简洁，但极富于弹力与表现力，它们蕴涵着深深的历史和现实的思考。《我爱这土地》中最后一句朴实平易，因蕴涵着深沉的忧郁情感而流泻出惊天动地的撼人力量，成为表达爱国的经典句子
体式	自由化——无拘无束的表达方式，讲究切合自然音乐而不必拘于音韵。如《大堰河——我的保姆》全诗不押韵，各段句数不尽相同，但每段首尾呼应，各段之间有着强烈的内在联系；不追求韵脚和行数，但排比的恰当使用，使诸多意象繁而不乱、统一和谐
形象	生活化——“形象思维不是技术问题，而是更深刻地表达思想感情的问题。”（艾青）这三首诗歌中“大堰河”“鸟”“风”“河流”都集中体现了艾青的土地情结。“大地”这一意象凝聚着作者对生于斯、长于斯的劳动者最深沉的爱，对他们命运的关注与探索，聚集着对祖国和大地母亲深深的爱

【课外练习】

1.“土地”和“太阳”是艾青诗歌中常见的意象。将《光的赞歌》与同类作品比较，思考这一作品的独特之处。

2.由中国诗歌学会主办的艾青微诗歌大赛每年3月份启动，5月份截稿。作品要求：内容不限，要求征集符合国家政策法规，坚持以人民为中心的创作导向；须按照比赛规则，即最多不超过5行，总文字数（标题不计入字数，但标点符号计入字数）不超过150个字。请尝试创作。

参考答案：

1. 在诗人最初的创作中，光的形象就已经明显地出现并占有了重要位置。而《光的赞歌》写于诗人复出之后，他结合自己的遭际，融入历史经验，使整首诗歌篇幅宏大、气势磅礴，情绪深沉而热烈。它以高屋建瓴之势，在读者面前展开了时间和空间的无比宽阔的领域，层出不穷的哲理性的诗句，在这宽阔的领域中熠熠闪光。

2.略。

浙江省象山中学 黄黎莲

52.《再别康桥》教学微设计

【课文提要】

1920年10月至1922年8月，徐志摩曾游学于康桥。在康桥的那段时期是徐志摩一生的转折点。他曾深情地说："我的眼是康桥教我睁的，我的求知欲是康桥给我拨动的，我的自我意识是康桥给我胚胎的。"此诗作于徐志摩第三次去康桥的归国途中。1928年的夏天，他在英国哲学家罗素家中逗留一夜之后，一个人悄悄来到康桥找他的英国朋友。遗憾的是他的英国朋友一个也不在，只有他熟悉的康桥在默默等待他，一幕幕过去的生活图景，又重新在他的眼前展现……由于当时赶着要去会见另一个朋友，故未把这次感情活动记录下来。直到他乘船离开马赛的归国途中，面对汹涌的大海和辽阔的天空，才记下了这次重返康桥的切身感受。

1923年"新月社"在北京成立，徐志摩是其主要成员之一。新月派诗人闻一多在《诗的格律》中提出了著名的"三美"主张，即"音乐的美"（音节）、"绘画的美"（辞藻）、"建筑的美"（节的匀称和句的齐整）。从形式上来说，这首诗充分体现了新月派的"三美"主张，全诗句式整齐，旋律和谐，色彩鲜明。诗歌意象典雅柔美，极富传统文化内涵，由此营造出的意境鲜明优美，让人陶醉。学习时要注意领会意象的特殊内涵，品味意境中蕴含着的诗人感情。

【任务目标】

这是一首抒情诗，记录了作者面对康桥的所见、所思、所感，表达了作者对康桥依依惜别的深情。学习时要通过反复朗诵，体会诗的节奏韵律，感受诗句的美，看看诗人的感情与诗歌的形式是如何完美融为一体的。

本课的学习任务目标如下：

（1）通过反复朗诵，体会诗歌的章法、节奏、韵律，感受诗歌的音乐美。

（2）把握诗歌意象，品味诗歌意境之美，领会诗人融入其中的依依惜别之情。

（3）比较咀嚼诗歌语言，能结合语境阐释诗歌的创作特色。

【预习任务】

1.用"/"画出每一句的停顿，找出每一节的韵脚，同桌相互朗诵点评。

2.找出全诗的意象，为每一节如画的诗命名。

3.结合具体诗句，写出诗歌语言运用了哪些手法来表达离别之情。

【任务设计】

任务一：反复朗诵，感受“三美”

“三美”即音乐美、绘画美、建筑美。音乐美，表现为诗歌的章节统一、韵脚严整、节奏鲜明、旋律和谐，读起来朗朗上口、悦耳动听；绘画美，表现为诗人注意诗的画面感，用词讲究色彩运用和搭配，诗的每一节几乎都可以看作一幅色彩鲜明的图画；建筑美，表现在诗节和诗行的排列组合上，每节诗的行数相同，每行诗的字数基本相等。

活动探究1：反复朗诵诗歌，你能说出这首诗的章节、节奏和韵律有哪些特征吗？请结合具体内容谈谈这首诗的音乐美和建筑美。

任务阐述：学生朗诵诗歌时可以配上节奏轻慢，旋律舒缓、轻柔的钢琴曲作为背景音乐，以营造氛围。学生可以从章节角度谈，全诗共七节，每节诗均为四行，每行字数基本为六到八字，总体来说字数接近，单行双行错开一格排列，参差交错中见整齐统一；可以从韵律角度谈，每小节第二、四句押韵，节节换韵，抑扬顿挫，体现诗歌韵律跳动的美感；可以从停顿和节奏角度谈，每行两顿或三顿，不拘一格而又法度严谨；也可以从结构谈，首尾节，语意相似，节奏相同，回环呼应，韵律优美，使人产生梦幻般的感觉。

活动探究2：徐志摩的诗“诗中有画”，每一节都可以看作一幅画，请根据内容为七幅画命名，并与同学交流命名的理由。

任务阐述：根据诗歌所呈现的意象，以及充满色彩感的用词，通过想象，可用简洁、概括的词语来命名，如招手作别图、金柳荡漾图、青荇招摇图、梦满清潭图、寻梦放歌图、康桥沉默图、悄悄离别图。

任务二：把握意象，品味意境

本诗在意象的选择上独具特色，这些普通的意象一经作者的点化就魅力四射，显示出独特的神韵，构成了奇妙的意境。

活动探究1：诵读中间的五节诗歌，选择你最欣赏的一幅画面，说说诗人选择了哪些意象，并说说你喜欢的原因。

任务阐述：学生从中间五节，可以找到一些有色彩的词语。如“云彩”“金柳”“夕阳”“波光”“艳影”“青荇”“彩虹”“青草”等意象，给读者视觉上的色彩想象，同时也表达了作者对康桥的一片深情。如“金柳荡漾图”，“金柳”是夕阳照射下的柳树，镀上了一层妩媚的金色。金色的柳条随风摇摆，秀美婀娜，好像美艳的“新娘”。诗人把金柳比作“新娘”，形象逼真地写出了金柳的美好姿态，又传达出诗人的无限欢喜和眷恋之情。“艳影”在诗人“心头”“荡漾”，物我合一，情景交融。况且，在中国人眼中，柳与离别有着非常密切的关系，由此可见康桥在作者心中的地位。

活动探究2：“桃花潭水深千尺，不及汪伦送我情”，李白用夸张的手法写出了汪伦对自己的深情厚谊；“劝君更尽一杯酒，西出阳关无故人”，诗人王维用一个频频劝酒的细节表达了离别时对朋友的深切关怀；“无为在歧路，儿女共沾巾”，王勃笔下的离别，意境开阔，表现出积极乐观的进取精神。徐志摩的告别自有其独特之处，请结合诗句具体谈谈有哪些举动体现了他对康桥的深情。

任务阐述：诗人的告别方式，自与别家不同。作者通过动作性很强的词语，如“招手”“荡漾”“招摇”“做”“揉碎”“漫溯”“沉默”“挥一挥”等，来表达对康桥的深情。具体如第三节中，“在康河的柔波里”，诗人“甘心做一条水草”，抒发了其对康桥的无限依恋。第六节里，夏虫也为我“沉默”，交织着依恋、无奈、惆怅等复杂感情。

任务三：深入语言，体悟感情

诗歌采用了多种手法，经由极具个性的语言表达，以离别康桥时感情起伏为线索，抒发了作者对康桥依依惜别的深情。我们要透过语言的表层，去深入体悟作者的离别之情。

活动探究1：诗歌在语言运用方面，采用了多种手法，如修辞、虚实结合等，你能结合具体诗句来说说其妙处吗？请选几句说给你的同学听一听。

任务阐述：诗歌中运用了很多修辞手法，如上文所说的比喻。又如反复，诗人有意识地重复使用“悄悄”等词语，使情感上有了呼应，音律上形成回环，既让诗人惜别时细腻的情感得以表现，也产生一种唯美的效果。作者运用联想和想象的手法，虚实结合，想象自己撑着一杆长篙泛舟到青草更青处去寻找那“彩虹似的梦”。当水波与星光交相辉映时，诗人情不自禁地想要“放歌”，快乐的情绪达到顶点。清新秀丽的语言，伴随着情感的起伏跳跃，如一曲悦耳徐缓的散板，轻盈婉转，拨动着读者的心弦。

活动探究2：叠词的运用，增加了诗歌的音乐美。诵读诗歌第一节和第七节，你能说说这两节中叠词“轻轻的”“悄悄的”的表达效果吗？

任务阐述：学生可以从叠词“轻轻的”呈现的句式变化以及末段变“轻轻的”为“悄悄的”的用词变化进行分析。第一节连用三个“轻轻的”，显得节奏轻快、旋律柔和，突出了“宁静”，既抒发了诗人对康桥依依不舍的淡淡忧愁，又定下了全诗哀而不伤的基调。第一行将“轻轻的”放在“我走了”之前，语序的调整是为强调难舍难分又不忍惊动康桥的无奈与感伤。而第七节变“轻轻的”为“悄悄的”，在原来轻柔的情感中，又抹上了一层淡淡的哀愁。但“挥一挥衣袖，不带走一片云彩”，又显得比“轻轻的招手，作别西天的云彩”洒脱，毫不犹豫。那种欲别还留，又不得不离去的哀愁渗透在字里行间。

【课后任务】

以徐志摩的《偶然》为例，试述“新月派”诗歌“三美”主张。

偶　然

我是天空里的一片云，
偶尔投影在你的波心——
你不必讶异，

更无须欢喜——
在转瞬间消灭了踪影。

你我相逢在黑夜的海上，
你有你的，我有我的，方向；
你记得也好，
最好你忘掉，
在这交会时互放的光亮！

参考答案：

音乐美：全诗共两节，上下节格律对称，每一节的第一、二、五句都是用三个音步组成。每节的第三、四句则都是由两个音步构成，如“你不必讶异 / 更无须欢喜”。在音步的安排处理上显然严谨中不乏洒脱，较长的音步与较短的音步相间，读起来委婉顿挫、朗朗上口。建筑美：“你/我”或是“偶尔投影在波心”，或是“相逢在黑夜的海上”，都是人生旅途中擦肩而过的匆匆过客；“你记得也好，最好你忘掉”，这种“对立”式的情感态度，以及两个完全相异、背道而驰的意象——“你有你的”和“我有我的”恰恰统一在一个句子里，构成了建筑美。绘画美：“云”与“水”、“你”与“我”、“黑夜的海”、“互放的光亮”等意象及意象与意象之间的关系都富有美感。

绍兴市高级中学 胡奇良

53.《一个消逝了的山村》教学微设计

【课文提要】

《一个消逝了的山村》选自冯至散文集《山水》，是一篇蕴含哲思之美的散文，它专注于平凡的原生态自然山水的描写，追寻了一个消逝了的山村的余韵。

文章开头是个引子；随后，作者写他们探访一个在70年前因回汉互相仇杀而消逝了的山村，点出作者居住的山村隐藏着一段兴衰史；中间部分，作者描写了小溪、鼠麹草、彩菌、有加利树、野狗、麂子等自然风物，作者由眼前实景生发联想，抒发了独特的人生感悟；最后，作者总结了自然风物给自己的人生启迪。

在构思上，作者选取了一个已经消逝了的山村的自然风物，叠加作者丰富的想象，把一个山村的过去和现在交替呈现在读者面前，赋予对自然、对人生以及民族的独特感悟，让人生发出时空变幻、物是人非的慨叹，寄予了作者珍爱自然、珍爱生命、共创和平家园等美好愿望，挖掘了自然山水和人类以及人类生命的内在关联。

【任务目标】

品读文章，多角度、多层面探究本文的意蕴，理解冯至先生在文中体现的富有现代意味、带有生命色彩的感性认识，培养学生联系语境和特定社会历史背景对文句的理解能力和审美能力。让学生在阅读鉴赏中陶冶性情，获得鲜活的审美体验，培养学生珍爱自然、珍爱生命、共创美好家园的思想感情。

本课的学习任务目标如下：

（1）诵读课文，体会散文明净含蓄的语言特征和艺术效果，学会结合特定时代背景赏析散文情感的方法。

（2）体会散文意象选取的方法和表达效果，分析理解本文融情于景、寓情于物的表现手法及所表达的情感。

（3）理解作者在景物描写中寄寓的有关人生、民族、历史等方面的独特思考，在阅读鉴赏中获得鲜活的审美体验和个性化的解读。

【预习任务】

1.诵读课文两遍，试着梳理文章的写作脉络和层次。

2.查阅资料，了解本文写作的时代背景和作者在散文上的写作特色。

3.收集参考资料，初步了解冯至散文所表现的“山水特色”，思考冯至笔下的“山水”和人以及人类的生命有着怎样的内在关联。

【任务设计】

任务一：探讨意象，探究意蕴

活动探究：在《一个消逝了的山村》中，作者选取了哪些特别的景物和意象作为感怀的载体？它们寄托了作者怎样的情感？先自己梳理思考，然后与同学交流分享。

任务阐述：作者选取了小溪、鼠麹草、彩菌、有加利树、野狗、麂子等自然风物作为感怀的载体。在作者看来，人类的历史演变了几千年，它们却在人类以外，不起一些变化，千百年如一日，默默地对着永恒，由此作者抒发了人类历史短暂，而大自然永恒的感慨。而村庄城镇在浩劫仇杀中衰落的相关描写则寄寓了作者对人类历史兴衰更迭、人事变幻的感叹。

作者在写泉水、鼠麹草、菌子等事物时，充分表现出自然多姿多彩的美好，自然滋养人类，人类应该懂得敬畏、感恩自然。而在文章末尾，作者写道：“两三年来，这一切，给我的生命许多滋养。但我相信它们也曾以同样的坦白和恩惠对待那消逝了的村庄。这些风物，好像至今还在述说它的运命。”这表达出自然滋养人类，人类声息相通，人与自然、人与人应该和平共处的思想。

作者借助想象与联想，由此及彼，由浅入深，由实而虚地依次写来，融情于景、寓情于物，由个人到整体，赋予文章以历史的深度和广度，并形象地阐发了生命声息相通的哲理，通过这个环节的讨论，学生得以感受、理解冯至先生在文中体现的富有现代意味、带有生命色彩的感性认识。

任务二：涵泳语言，领略艺术

活动探究：李广田曾对冯至的散文做出过很高的评价：“又如冯至先生，他近年来写了若干散文，实在都是诗的，那么明净，那么含蓄，在平凡事物中见出崇高，在朴素文字中见出华美，实在是散文中的精品。”找出文章中你认为精彩的语言，然后在小组内研讨交流。

任务阐述：学习散文，要注意品味散文的语言美。散文的语言或优美，清新明丽，生动活泼，富于音乐感，行文如涓涓流水，叮咚有声；或凝练，简洁质朴，自然流畅，寥寥数语就可以描绘出生动的形象，勾勒出动人的场景，显示出深远的意境。而冯至的散文明净含蓄，在平凡事物中见出崇高，朴素文字中见出华美，如：“第二天太阳出来一蒸发，草间的菌子，俯拾皆是：有的红如胭脂，青如青苔，褐如牛肝，白如蛋白，还有一种赭色的，放在水里立即变成靛蓝的颜色。”作者选取了平凡普通的菌子，形象地描绘了太阳出来后菌子的色彩斑斓和旺盛的生命力。

任务三：开放探讨，个性解读

活动探究：有人认为，这篇写“灵魂里的山川”的散文，表现了作者“歌德式”的诗性生活态度，即思想和灵魂超越现实的喧嚣，执着于对纯粹精神和艺术世界的追求。你是否同意这种观点？为什么？

任务阐述：本任务通过开放性问题的设置，引导学生学习结合写作背景对课文进行个性化解读的方法。

本文写于1942年，正是抗日战争最艰苦的时期，作者避居山林、寄情山水，对现实和时局表现出一种超然和淡然的态度，表现出“歌德式”的诗性生活态度。当然，学生也可以理解为作者并没有完全超越现实。比如：文中写到了“浩劫”，而1942年恰好有一场关乎国家、民族乃至人类的“浩劫”；文章末尾“风雨如晦的时刻”含蓄地点明了时代特点。文章所表达的自然美好、生命美好、人类声息相通等人生感悟，以及末段所寄托的珍爱自然、珍爱生命、珍爱和平、共创人类美好家园的愿望，显然都带有鲜明的时代色彩，对阻止人类之间的杀戮、消除人为的“浩劫”，是一种呼唤和感召。

【课后任务】

有人说，冯至笔下的“山水”是与人的存在休戚相关的，他的相关作品就是“用山水中的事物给我们的生存以一种新的解释”，这里的“山水”即自然。学完本文，你觉得作者在对山水自然的观察中是如何抒发人生感受的？

参考答案：

冯至在散文《一个消逝了的山村》中写，在他曾居住过的杨家山的山谷里，那消逝的山村、清冽的小溪水源、开遍山坡的鼠麹草、雨后多彩的菌子、高耸的有加利树、野狗和麂子……这一切，都给了他的生命许多滋养。因为与那个许多年前消逝的村庄的人们踏过同一片土地，他觉得，“在生命的深处，却和他们有着意味不尽的关联”。《一个消逝了的山村》中描写的山水自然，包括各种植物、动物和村庄，显示出不同的生命状态，也暗示着人类和自然的不同关联。嗥叫的野狗显示了生命的竞争和残酷，植物界最高的有加利树显示了生命的尊严和高贵，而山中雨季五彩的蘑菇则显示了生命的美好和平静……在对山水自然的观察中，作者力图表达人世间和自然界互相关联与不断变化的关系。

杭州市第七中学　曹　静

54.《秦腔》教学微设计

【课文提要】

《秦腔》是当代作家贾平凹的一篇经典散文。课文从八百里秦川切入，先是总写了秦腔与秦地人民性命相关的重大意义及其普及性；再从排、看、听、唱、演及幕后的故事等不同角度描绘了秦地人民对秦腔的喜爱与痴迷；最后总结全文，强调只有秦腔才能承载秦地人民的喜怒哀乐。作者以悠游、流利的笔触，神情毕现地表现了秦地人民充满喜怒哀乐的日常生活以及他们从中凸显出的蓬勃的生命力，传递了作者对秦文化的领悟，并在文化的把握中透视民众的生存状态与生存哲学。

文章在艺术上最大的特点是气势磅礴、雄深壮阔，如文中所描述的秦腔一样高亢激越、振聋发聩。文笔热烈豪放，有一种大江东去的气势，也表现了作者对故土人民的深厚情感。在结构上，以时空交错、经纬交织的方法，井然有序地驾驭纷繁复杂的事物。作者运用现代鲜活的语言直抒胸臆，赋陈排比，汪洋恣肆。文章以议论、抒情为主，其中也穿插了民间传闻、故事片段。如说到在秦腔面前人人平等，兄可拜弟媳为师，子可将老父捆绑；又如一个演员因扮演匪兵而使原订的亲事告吹；等等。新鲜生动，庄谐并重，既丰富了主题，又增强了时代气息与文化风采。

【任务目标】

课后“学习提示”中写道，本文“以秦腔为描写对象，笔触广阔深远”。从人文目标完成角度来看，要求体悟三秦大地的山川风貌、风俗人情、民族性格等背后的文化意蕴。从语文素养培养角度来看，要求关注细节描写，体会作者是如何将秦腔所激发的喜怒哀乐场面表现出来，并且与秦腔艺术的韵味融为一体的。

本课的学习任务目标如下：

（1）细读文章，概括秦腔、秦地人民的基本特点，体会文章的大气和深沉的文化底蕴。

（2）品味语言，梳理文章的语言特点，体悟文章“言”“意”相得之妙。

（3）体会中国民俗文化的特点，从而对象征中华民族的历史、文化的民间文化有更深刻的理解。

【预习任务】

1.尝试朗读文章，了解秦腔、秦地人民的基本特点。

2.仔细阅读文本，圈画好词好句，对好句试着做一些阅读批注。

3.选择最喜欢的场景深入阅读，并尝试着将场景画出来。

【任务设计】

任务一：初体验，说一说

活动探究：本文是陕西作家贾平凹描绘自己家乡戏秦腔的一篇散文。大家对陕西都有些什么印象？可与同学进行简单交流。很多同学都会联想到秦始皇兵马俑、黄土高坡、羊肉泡馍等，事实上中华文明最早兴盛于陕西周边的黄河文明，陕西这片黄土地不仅养育了中华民族，也养育了灿烂的中国民族文化，"秦腔"就是中国灿烂民族文化中的一朵奇葩。请用一个词来概括你阅读全文后的感受，并说说理由。大家可以从文章的选材、内容、主旨、技巧、语言等方面进行概括。

任务阐述： 这一任务主要是引导学生说说初步感知，熟悉文章，进而了解散文鲜明的个性化特色。也可看作是对学情的把握，看学生读到什么程度，教师适时点拨。

就选材而言，比如可概括为宏大；就内容而言，比如可概括为有文化味；就主旨而言，比如可概括为史诗；就技巧而言，比如可概括为夸张；就语言而言，比如可概括为激情。

任务二：品细节，画一画

活动探究：在课前同学们已经选择自己喜欢的场景或人物画一画了，请同学们进行展示，并在展示的同时进行解说，大家点评。

任务阐述： 本环节通过活动促使学生细读课文，以画画为手段让学生深入体会课文细节之妙及其展现出来的秦地人民特有的生存方式、风土人情和淳朴民风。教师要注意引导学生贴近文本做赏析和点评。

如场景画："外边的趁机而入，一时四边向里挤，里边向外扛，人的漩涡涌起，如四月的麦田起风，根儿不动，头身一会儿倒西，一会儿倒东，喊声，骂声，哭声一片；有拼命挤将出来的，一出来方觉世界偌大，身体胖肿，但差不多却光了脚，乱了头发。"这里要引导学生赏析课文中的"挤""扛""光""乱"等动作细节，从中看到这一群为了看戏全然不顾形象、粗犷豪迈的秦地人民形象，赏析"人的漩涡涌起，如四月的麦田起风，根儿不动，头身一会儿倒西，一会儿倒东"里的比喻，写出了盼戏人之多，以及盼戏人想要看戏的迫切。不管人多拥挤，不管人流怎么涌动，但都坚持据守着属于自己的那一寸盼戏之地，生怕一动就被人占了去，从中可以看出秦地人民对秦腔的痴迷程度。

如人物画："左边的喊右边的踩了他的脚，右边的叫左边的挤了腰，一个说：狗年快完了，你还叫啥哩？一个说：猪年还没到，你便拱开了！言语伤人，动了手脚。"这里要引导学生赏析文中人物火爆的言辞、情绪和行为，感受其粗犷的性格和狂热的心态。再追问作者的描述里对人物抱着一种什么态度，由此引导学生体悟蕴藏于细节描写背后的深沉之美和深刻内涵，发掘八百里秦川大地上人们顽强旺盛的生命意志，刚烈、粗放、忍耐的民族气质和自给自足的生存状态。

任务三：探意蕴，读一读

活动探究：选择自己最喜欢的片段有感情地朗诵，要求读出其意蕴内涵和语言风格，其他同学根据自己的理解对其进行点评。

任务阐述：读书切戒在慌忙，涵泳工夫兴味长。本文一反传统散文为了表达作者情思，而将外在景物仅仅作为个体情感投射对象的内视结构，而是以宽阔的视野，不但把一定审美距离下的客观外在世界作为作品着力表现的对象，同时还从历史、文化的层面与高度，以创作主体智性的渗透，去深入挖掘所写对象本身所内蕴的丰富的文化含藏，充分展示其背后的文化积淀，因而使散文具有了史诗性质。教师在活动中要注意指导学生通过文本所写的秦地人民的生活细节和秦腔寻常演出过程中秦地人民狂热心态的展示等细节，读出凝聚于其中的民族气质、民族性格和民族精神。

如《秦腔》第2自然段，"农民是世上最劳苦的人……便一尽儿涤荡净了"，要读得有历史感，语气平静而崇高。句中贾平凹以"生时""死了"平静从容地概述秦地人民的生存状态，又以"老牛木犁疙瘩绳""大喊大叫""涤荡净了"形象地刻画秦地人民整体之像，展现这个地域人群的气质、性格与精神；它们既贴近生活现实，又超越生活具象，在具象与抽象的统一中获得一种"超以象外"的丰厚审美意蕴和宏观层次的精神涵盖，类似于史诗叙述。叙述视角的不同带来叙述腔调的变化，故此处应读得平静崇高。"有了秦腔……多么渺小、有限和虚弱啊！"结尾这几句，以对比描写、细节描写活灵活现地写出了秦地人民的粗犷豪迈、真诚达观。末句以"永恒"和"有限"、"伟大"和"渺小"将秦地人民与都市人民进行对比，使用了类似诗歌中"无理而妙"的手法，伟大的文人讨论的爱情应该是永恒和伟大的，作者却说它放在秦地人民面前时是"有限"和"渺小"的，看似不合常理，其实表现了作者情感之炽烈，这炽烈的情感与秦地人民的性格特点、与秦腔高亢宏大的特点都是吻合的，也更加凸显文章的史诗美感，这就要求在朗读中尽可能读出大气崇高的感觉。

【课后作业】

任选一个片段进行有感情的朗读，并选取一个角度写一段赏析小短文。

参考答案：

如《秦腔》第4自然段"冬天里四面透风……在火堆里煨熟给演员作夜餐"这段文字多处运用了反衬的手法，写出了人们对秦腔的喜爱和痴迷。"冬天里四面透风……热了前怀，凉了后背"一句着力刻画排戏环境的恶劣，但"排演到什么时候，什么时候都有观众"，用环境的恶劣反衬了秦地人民观看排戏时的执着。观点中"有抱着二尺长的烟袋的老者，有凳子高、桌子高趴满窗台的孩子"，说明喜爱秦腔的人，从年龄上看，上至老叟下至童稚，无一例外，展示了秦地人民对秦腔的喜爱，有力地表现了秦地人民对秦腔的痴迷。"跑回来偷拿了红薯、土豆，在火堆里煨熟给演员作夜餐"一句呈现出本身性子大大咧咧的秦地人民为了看戏偷跑回家，煨熟红薯、土豆等给演员吃的情景，生动地展现秦地人民对秦腔的喜爱之情。

浙江省青田中学 詹 鑫

55.《茶馆（节选）》教学微设计

【课文提要】

《茶馆》是被授予“人民艺术家”称号的现代作家、语言艺术大师老舍先生的话剧代表作品。作品共有三幕，以老北京裕泰茶馆为舞台，展现了近代中国从清末到民国半个世纪三个时代的社会风貌，旨在“葬送三个时代”。第一幕的时间是清末（1898年初秋），戊戌变法刚刚失败，谭嗣同被问斩后不久，裕泰茶馆生意兴隆，三教九流各色人物云集于此，但中国封建社会的末日即将来临。第二幕的时间是民国初年的军阀混战时期，帝国主义入侵，军阀连年混战，人民陷入了更加痛苦的深渊，尽管王利发苦心改良茶馆，但也只能惨淡经营。第三幕的时间是抗日战争胜利后国民党统治时期，美帝国主义与国民党反动派狼狈为奸，给人民带来更大的灾难，幸存的裕泰茶馆，终于在恶势力压迫下倒闭了。老舍将三个时代发生在茶馆中的一个个小故事，通过贯穿全剧的线索人物王利发，巧妙地连缀起来，形成了卷轴式平面结构，展现了这些人物在不同时代的不同命运，揭示出旧时代必然灭亡的命运，暗示了促使旧时代灭亡的新的潜在力量已然出现。

课文节选的是《茶馆》第一幕，主要由九个小故事构成：一是常四爷出直言，二德子抖威风，马五爷施威风，说明了帝国主义的势力庞大；二是刘麻子拉纤，康六要卖女，说明了当时农村凋敝，社会腐败黑暗；三是刘麻子兜售洋表，常四爷骂洋货，说明了帝国主义对中国经济的掠夺；四是黄胖子调解鸽子之争，老人家感慨人不如鸽，揭示了穷人与富人的差异与对立；五是秦仲义作势涨房租，王利发谦卑求情，揭示了民族资本家与小商户之间的矛盾；六是常四爷怜悯乡妇母女，秦仲义想要实业救国，揭示了民族资本家与富有正义感的民众之间的矛盾；七是秦仲义舌战庞太监，众茶客议论谭嗣同，揭示了维新派与保守派之间的冲突，以及民众对维新变革或不了解或反对的社会现实；八是庞太监买妻，说明了封建统治者的荒淫无耻；九是常四爷被抓，说明了封建专制下言论的不自由。整幕戏通过富有京味与个性化的语言，塑造了面貌各异的人物形象，展现了人物与时代的冲突，揭露了清末社会的黑暗腐朽。作者没有一句话写政治，却通过人与事展现了那个时代的政治全貌。

【任务目标】

学习本文，了解中国封建社会末期的人生百态与社会现实，领会中国现代话剧体裁的艺术魅力。通过梳理情节内容，了解众多人物故事单一连缀的特点，理解话剧独特的卷轴式平面结构艺术；通过鉴赏潜台词，感受话剧塑造的个性各异的人物形象，领会话剧表现的社会环境和时代特征；通过演绎话剧冲突，体验人物与时代的矛盾，领悟话剧表现的“葬送”的主题。

本课的学习任务目标如下：

（1）梳理人物与情节，理解卷轴式平面结构艺术。

（2）鉴赏潜台词，感受鲜活形象，领会社会环境。

（3）表演话剧冲突，体验尖锐的话剧冲突，领悟“葬送”主题。

【预习任务】

1.阅读课文，根据人物出场顺序，用列表的方式标出每个人物各自的身份，并用连线的方式将这些人物按其社会阶层进行归类。

2.阅读《茶馆》整部话剧，大致了解话剧反映的三个时代的特征。

3.查阅资料，了解作家老舍的背景及《茶馆》的创作背景。

【任务设计】

任务一：梳理探究情节，理解平面结构艺术

活动探究：话剧是综合性的舞台艺术，《茶馆（节选）》将舞台空间设置在茶馆，而茶馆是三教九流会面之处，可以多容纳各色人物，一个茶馆就代表一个小社会，出场的人物众多那是自然的事。但是，《茶馆》只是围绕着“茶馆”的特点来写，让裕泰茶馆掌柜贯穿始终，让那些人物纷纷出场，演绎一个个小故事，呈现出一种独特的情节结构特点。

（1）根据第一幕人物出场顺序，用列表的方式标出每个人物各自的身份，并用连线的方式将这些人物按其社会阶层进行归类。小组合作完成任务，先交流预习任务，再共同梳理情节，后探究结构特点。

（2）根据人物之间的关系，梳理第一幕的故事情节。随着人物出场，第一幕共有几个小故事？请分别概述这些故事，并归纳《茶馆（节选）》独特的情节结构特点。小组合作交流与探究后，派代表在班级展示成果。

任务阐述：设计本任务旨在梳理《茶馆（节选）》的人物关系与情节内容，探究《茶馆（节选）》独特的结构特点。

任务情境主要介绍舞台空间“茶馆”的特点，引出对人物关系与情节内容的梳理，引出对《茶馆（节选）》结构特点的探究。

活动任务主要有两个：一是梳理话剧人物，二是探究情节结构。

梳理话剧人物，主要通过课前预习完成，主要目的是用列表的方式梳理第一幕中出场人物的身份特点，用连线的方式为茶馆出场的人物归类，通过梳理人物之间的关系，初步了解“茶馆社会”的基本阶层构成。从第一幕中出场的人物看，“茶馆社会”主要有五个阶层：一是下层劳动人民，有王利发、李三、康六、老人、乡妇、小妞、康顺子等；二是有闲阶级，有松二爷，常四爷，茶客甲、乙、丙、丁，等等；三是民族资本家，主要是秦仲义；四是反动统治阶级的走狗或帮凶，有二德子、马五爷、庞太监、宋恩子、吴祥子等；五是社会渣滓，有唐铁嘴、刘麻子、黄胖子等。

列表与连线情况如下：

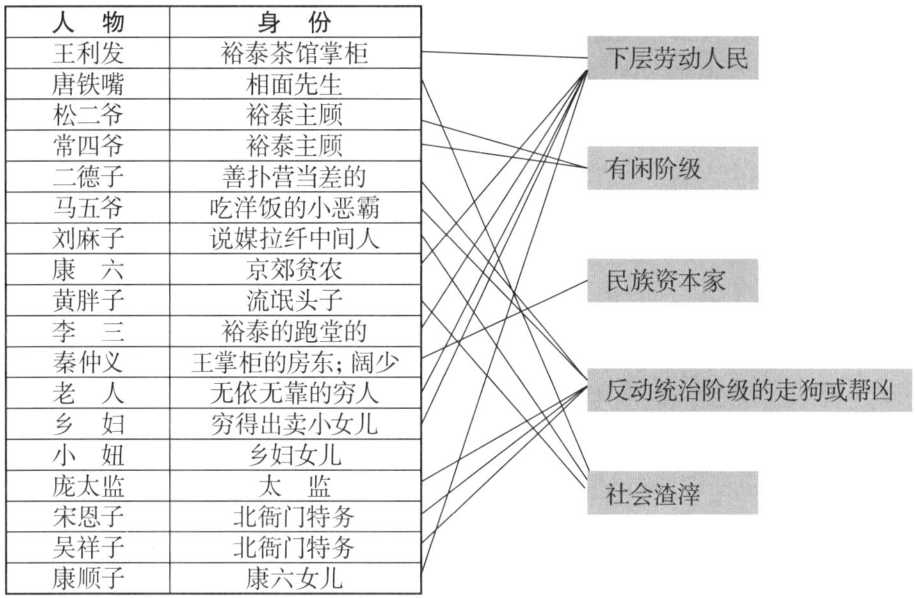

人　物	身　份
王利发	裕泰茶馆掌柜
唐铁嘴	相面先生
松二爷	裕泰主顾
常四爷	裕泰主顾
二德子	善扑营当差的
马五爷	吃洋饭的小恶霸
刘麻子	说媒拉纤中间人
康　六	京郊贫农
黄胖子	流氓头子
李　三	裕泰的跑堂的
秦仲义	王掌柜的房东；阔少
老　人	无依无靠的穷人
乡　妇	穷得出卖小女儿
小　妞	乡妇女儿
庞太监	太　监
宋恩子	北衙门特务
吴祥子	北衙门特务
康顺子	康六女儿

探究情节结构，主要目的是通过梳理课文中的人物故事，探究《茶馆（节选）》的情节结构特点。从人物看，《茶馆（节选）》表现的人物是一组群像，第一幕中出场的人物共有二十几个，这些人物没有特别突出的主次之分，每一个人的台词也不多，有的人物在茶馆中一闪而过，即便是起着贯串全剧作用的王利发，也没有什么重头戏，只是在与茶客的交流中表现着自己。从情节看，《茶馆（节选）》随着人物渐次登场，共有多达九个故事片段：马五爷施威、康六卖女、常四爷骂洋货、鸽子之争、秦仲义要涨房租、秦仲义梦想实业救国、秦庞交锋、庞太监买妻、常四爷被抓。整幕剧没有一个完整的情节线索，没有一个贯穿始终的矛盾冲突，而是以人物来推动情节的发展。而且，每个人的故事都是单一的，人物之间的联系也基本上是单线的、小范围之内的，大多没有什么关联。因此，《茶馆》这一故事是由一个个发生在茶馆中的小情节、小故事组成的，所有人物展现出来的都只是他们各自生活中的一个横断面，这无数个横断面组织起来、平面展开，形成卷轴式的平面结构。

任务二：鉴赏台词内蕴，感受话剧语言魅力

活动探究：话剧的人物语言即台词，其背后往往具有丰富的潜台词。潜台词是指隐藏在台词背后的言外之意、弦外之音，是潜藏在台词背后的人物的思想、愿望和目的，是台词的真实含义。品味潜台词，可以透过人物的表层语言，挖掘出人物隐藏在灵魂深处的珍品或污垢，揭开层层迷雾下的社会时代的面纱。

细读《茶馆（节选）》，完成以下两个任务：

（1）《茶馆（节选）》中人物众多，你最喜欢的是哪个人？你最厌恶的是哪个人？请结合人物最典型的一句台词赏析人物形象。

2.《茶馆（节选）》有很多台词反映了当时的社会环境与时代特征，请从中找出这些台词并加以赏析。

要求：独立阅读课文，找出相应台词，揣摩台词内涵，进行个性化赏析。

任务阐述： 设计本任务旨在让学生通过品味话剧潜台词，感受人物的鲜明个性，揭示社会时代特征，感受话剧语言的独特魅力。

任务情境主要介绍话剧人物语言的特点及潜台词的特点，指明鉴赏话剧的任务方向。

活动任务主要有两个：一是透过潜台词赏析人物形象，二是透过潜台词剖析社会时代特征。

赏析潜台词中表现的人物形象，要抓住文中最富有个性化、动作化的潜台词，赏析人物独特的个性。

示例一：①最喜欢的人是常四爷。“要抖威风，跟洋人干去，洋人厉害！英法联军烧了圆明园，尊家吃着官饷，可没见您去冲锋打仗！”常四爷言辞犀利地回敬对方，明着是讽刺二德子只会在百姓面前耍威风，暗中指责政府腐败无能，一针见血，咄咄逼人，凸显出常四爷硬气仗义、有正义感、爱憎分明、忧国忧民等个性特征。②最厌恶的人是松二爷。“我，我听见了，他是说……”松二爷看到宋恩子与吴祥子找麻烦，努力替常四爷解围，但最终还是承认了“我听见了，他是说……”，这说明他心地善良，却又胆小怯懦，这是一个懒散无能的晚清旗人形象，反映了中国封建社会的腐朽与落没。

示例二：①最喜欢的人是秦仲义。“庞老爷！这两天您心里安顿了吧？”秦仲义是新派资本家，而庞太监是皇室守旧派，两个人见了面礼貌性问候之后，表面上是秦仲义又说了一句问候的话，言下之意是“斩了谭嗣同，你们心里高兴了吧”，这是秦仲义利用反讽的语气表达了他对晚清政府废除戊戌变法、杀害六君子的不满，表现了胸怀实业救国理想的民族资本家对封建势力的反抗。②最厌恶的人是庞太监：“那还用说吗？天下太平了：圣旨下来，谭嗣同问斩！告诉您，谁敢改祖宗的章程，谁就掉脑袋！”庞太监通过“天下太平了”一句表现了一个胜利者的姿态，“谁敢改祖宗的章程，谁就掉脑袋”的潜台词是以一个胜利者的姿态警告以秦仲义为代表的维新派“别造反，天下还没大乱呢”，表现了封建卫道士的嚣张与专制。

鉴赏潜台词中蕴含着的社会时代特征，目的是从人物对话中揭示社会环境与时代特征。

示例一：马五爷的话“二德子，你威风啊！”把马五爷的威势凸显出来，而这威势不过是依仗着洋教的庇护，暗示了当时帝国主义在中国的威风。

示例二：王利发的话“坐下！我告诉你，你要是不戒了大烟，就永远交不了好运！这是我的相法，比你的更灵验！”从侧面交代了一个社会现实，即清朝末年，鸦片战争失败，清政府腐败，大量鸦片流入中国，腐蚀着中国人民的身体和灵魂。

示例三：康六的话“那不是因为乡下种地的都没法子混了吗？一家大小要是一天能吃上一顿粥，我要还想卖女儿，我就不是人！”揭示了一种社会现象，即农村破产，民不聊生。农民已经无法生存下去，只能靠卖儿卖女以维持暂时的生计。

任务三：表演话剧冲突，领悟话剧葬送主题

活动探究：话剧因为受演出的时间空间的条件限制，只有具有集中而尖锐的矛盾冲突，才能吸引观众，而且话剧主要是通过尖锐的话剧冲突表现社会人生的，所以话剧冲突是构成话剧的根本因素。但是《茶馆》似乎没有一个自始至终的话剧冲突，与传统话剧有很大区别。

表演话剧版《茶馆（节选）》，并探究完成下列任务。

（1）梳理《茶馆（节选）》中呈现的话剧冲突，概括其安排话剧冲突的特点，并通过小组交流形成共识。

（2）表演《茶馆（节选）》中的一个片段，要求重现情境，展现尖锐的话剧冲突。班内分小组合作表演，组长确定表演情节，分配表演角色，小组成员共同参与；在小组表演的基础上，指派小组在全班表演。

（3）老舍先生曾说，他写《茶馆》的目的是"葬送三个时代"。据此，《茶馆（节选）》肯定也是"葬送"一个"时代"的，你是如何理解的？请结合写作背景具体阐释理由，并在小组交流之后派代表在全班发言。

任务阐述：设计本任务旨在通过体验话剧冲突探究话剧主题。任务情境主要介绍话剧冲突的重要作用，交代《茶馆》安排话剧冲突有别于传统话剧，引出下面的活动任务。

活动任务主要有三个环节：一是梳理话剧冲突，并概括话剧冲突的特点；二是表演话剧冲突，体验话剧冲突；三是探究话剧"葬送"时代的主题。任务要求也有三个，对每个任务完成提出具体要求。

梳理话剧冲突的目的是让学生理解《茶馆（节选）》安排话剧冲突的特点以及冲突的本质内容。《茶馆（节选）》没有完整的故事情节，没有自始至终的话剧冲突，一幕之中众多独立的事件构成各自的话剧冲突，众多各自独立的零碎的冲突合在一起使话剧的每一幕都充满了高潮。《茶馆（节选）》的话剧冲突主要有四个方面：第一组冲突是二德子和常四爷、松二爷之间的冲突，揭示了戊戌变法失败后帝国主义横行、社会腐败混乱、流氓恶霸仗势欺人的社会环境；第二组冲突是刘麻子和康六之间的冲突，庞太监和康六、康顺子父女俩的冲突，揭露了旧社会人吃人的黑暗本质；秦仲义和王利发之间的冲突，展现了小业主与民族资产阶级的矛盾；第三组冲突是庞太监和秦仲义的冲突，表明了民族资产阶级（维新派）和封建势力（守旧派）之间不可调和的矛盾；第四组冲突是特务宋恩子、吴祥子和常四爷的冲突，预示了用尽压制、暴政手段的清政府在日薄西山之后必将被历史埋葬的命运。剧中人物仿佛是在某种外力的作用下按照自己的轨迹必然地运行，正直善良的人往往无法摆脱厄运的袭击，而那些社会黑暗势力又各自遵循着自己的道德准则行事。这些人物与人物之间的冲突共同暗示了人民与旧时代的冲突，构成了全剧最大的冲突。

表演话剧冲突的目的是让学生通过体验话剧舞场情景深入理解话剧冲突。话剧是一种综合性舞台艺术，剧本体式也明显含有舞台表演的特征。阅读《茶馆（节选）》，要准确理解台词背后的潜台词，准确感受人物与人物之间的尖锐冲突，就需要我们切身进入话剧舞台的场景中，在舞台情境中开展阅读与鉴赏活动。

探究话剧主题是为了让学生领悟当时的时代特点与《茶馆（节选）》的"葬送"主旨。《茶馆》通过一系列人物与人物之间的尖锐冲突，反映了戊戌变法失败后晚清时代黑暗腐朽、民不聊生的社会现实。达官贵人为争一只家鸽大打群架，荒淫无耻的朝廷老太监竟然娶妻，82岁的卖挖耳勺的孤老沦落街头，饥肠辘辘的农家姑娘被卖入火坑，常四爷因为一句话被捕入狱。常四爷、王利发等一些正直善良的人物始终无法摆脱厄运，而二德子、王麻子、黄胖子、宋恩子等地痞流氓和封建鹰犬心怀鬼胎、蝇营狗苟，告诉我们是帝国主义渗透、侵略和封建统治的荒淫、腐败造成了农民破产、市民贫困和社会黑暗，揭示出中国封建社会末日即将来临这一深刻主题。而且，作者对劳动人民的同情与对黑暗时代的批判，往往借着剧中人物直接表达出来。课文结尾"茶客甲"有一句话："将！你完啦！"这句话是作者有意加在结尾处的，和常四爷说的"大清国要完"一句遥相呼应，振聋发聩，形成阵阵回音，飘荡在茶馆的上空，一语三关，既是指棋局，又暗示受害者的命运，还象征着腐朽的清王朝的没落，也达到了老舍"埋葬三个旧时代"的创作意图。

【课后任务】

1.阅读《茶馆》第一幕和第二幕，鉴赏老舍的幽默语言艺术。

2.2022年3月15日，某单位举办的"经典文学作品巡演"活动将在你所在学校举办，作为"校园之声"广播站的小记者，请你拟写一则宣传海报。本次活动内容是省话剧团演出话剧《茶馆》。

写作提示：设计海报的目的是宣传作品，所以先要为读者简单介绍《茶馆》；另外，也要告知观众话剧《茶馆》的演出时间和地点等内容。

参考答案：

1.话剧《茶馆》"是旧时代的丧钟，是一曲带笑的葬歌"，语言寓庄于谐、幽默讽刺。在幽默微笑中蕴藏着严肃和悲哀，蕴藏着讽刺与批判。

第一幕：王利发问报童"有不打仗的新闻没有"，像句玩笑话，表现的却是人民对动荡时局的不满。松二爷看见宋恩子和吴祥子仍穿着灰色大衫，外罩青布马褂时说"我看见您二位的灰大褂呀，就想起了前清的事儿"，既表现出松二爷的怀旧情绪，也讽刺了辛亥革命的不彻底。

第二幕：松二爷说，"我饿着，也不能叫鸟儿饿着！你看看，看看，多么体面！一看见它呀，我就舍不得死啦！"鸟比人还重要，让人觉得又可笑又可怜，自己养活不了自己，把精神寄托在鸟儿身上，不能不说是一种悲剧。唐铁嘴说："大英帝国的烟，日本的'白面儿'，两个强国伺候着我一个人，这点福气还小吗？"帝国主义的经济侵略深入到国人日常生活的各个角落，而国人对抽上外国"白面儿"津津乐道，不以为耻，反以为荣，这是何等的麻木、可笑、可悲！吴祥子说："多年的交情，你看着办！你聪明，还能把那点意思闹成不好意思吗？"同样是"意思"，但前后含义不同，"那点意思"是要钱的委婉说法，"不好意思"是指钱太少说不过去。其实是暗示王利发不要给得太少，否则就会同他过不去，体现了其无耻无赖的兵痞流氓本性。

2.略。

玉环市玉城中学 陈梁飞

56.《陈情表》教学微设计

【课文提要】

《陈情表》是三国两晋时期李密写给晋武帝的奏章。当时处于新旧政权交替之时，时局动荡，晋武帝司马炎希望李密能出来做官。因为李密是蜀国人，在蜀国又以孝著名，当过蜀国的尚书郎，在蜀国颇有名望，所以晋武帝希望他出来做官以服民心。李密孝顺，同样也有浓厚的忠君思想，所谓"一朝天子一朝臣"，但为了保全性命，他还是写了这篇表。

文章从李密自己幼年的不幸遭遇写起，说明自己与祖母相依为命的特殊感情，叙述祖母抚育自己的大德大恩，以及自己应该报养祖母的亲情大义；除了感谢朝廷的知遇之恩外，又倾诉自己不能从命的苦衷，辞意恳切，真情流露，语言简洁，委婉畅达。此文被认定为中国文学史上抒情文的代表作之一，有"读诸葛亮《出师表》不流泪者，其人必不忠；读李密《陈情表》不流泪者，其人必不孝；读韩愈《祭十二郎文》不流泪者，其人必不友"的说法。相传晋武帝看了此表后很受感动，特赏赐给李密奴婢二人，并命郡县按时给其祖母供养。

全文语言生动形象，特别是排偶句的运用极有特色，不仅音韵和谐，节奏鲜明，简洁练达，而且情真意切，极具震撼人心的力量。例如"日薄西山，气息奄奄，人命危浅，朝不虑夕"，运用比喻和夸张的修辞手法，将祖母危在旦夕，自己不忍废离的衷情写得淋漓尽致。又如"臣欲奉诏奔驰，则刘病日笃；欲苟顺私情，则告诉不许"，通过对比的手法，凸显了李密"尽忠"与"尽孝"的两难处境。全文以情动人、以理服人，情意尽在字里行间。

【任务目标】

学习本文，要反复诵读，用心体会文中饱含的深情；还要在熟读的基础上，理解作者是怎样以"孝道"贯串全文，做到既以情感人又以理服人的。当然，还需要结合作者的特殊身份和本文的写作背景，进一步思考作者为何坚持不入晋朝为官，体会这篇文章表达上的委婉与得体。

本课的学习任务目标如下：

（1）了解李密生平及文章的写作背景，积累古代官吏选拔制度的文化常识。

（2）疏通文义，背诵全文，积累"矜""夙""见"等文言实词。

（3）反复诵读，理解文中所陈"忠孝两难"之情，体会"寓理于情"的陈情方式。

（4）赏析本文"融情于事"的写法和自然、生动、精粹的语言。

【预习任务】

1.上网或去图书馆查找资料，了解李密的生平及其所处的时代背景。

2.诵读《陈情表》全文，结合注释或其他工具书，自行解决字音和断句。

3.借助课文注释，疏通文义，画出感到困惑或疑难之处。

【任务设计】

任务一：整体感知，理解“为何陈情”

活动探究：李密的《陈情表》是中国古代散文史上的经典名篇，以“孝”感人，以“情”动人。通读全文，整体把握，并结合课外资料的查找梳理，探究李密是在什么样的处境下陈情的，以及他所陈的是何情，想要通过陈情达到什么目的。

任务阐述：李密是蜀汉政权的旧臣。公元263年，蜀汉灭亡，李密成为亡国遗臣。司马炎称帝后，为加强统治、笼络人心，开始起用亡国旧臣，先任命李密为郎中，后征召李密为太子洗马。李密已拒绝了新朝廷的两次征召，如果这次还不奉诏束装就道，后果难以预料。但李密还是给晋武帝上奏了《陈情表》表达“辞不赴命”。从某种意义上来说，本文之所成为千古经典之作，就在于李密以一个“孝”字贯串全文，反复阐说，顶住了来自新朝廷的诸多征召的压力，最终在强大的皇权面前守住了自己拒绝出仕的个体意志，也表现了自己在伦理道德方面的操守。

在《陈情表》一文中，李密交代了自己处于“欲奉诏奔驰，则刘病日笃；欲苟顺私情，则告诉不许。臣之进退，实为狼狈”的尴尬处境。如何化解尴尬？只有向晋武帝“陈情”以求得新主的谅解。在一番忠情阐说之后，他坦白了自己仍然“愿乞终养”之“情”，希望晋武帝能“听臣微志”，这样就能做到“庶刘侥幸，保卒余年”。

任务二：合作探究，研读“如何陈情”

活动探究1：既然李密“愿乞终养”，想请皇上同意自己的辞官请求，为什么没有在第1自然段中直接表达这样一种愿望，而是曲折迂回地从自己幼年的经历写起？他又是用哪些语句来具体表现的？

任务阐述：李密为何不直接在第1自然段就直接陈“辞不赴命”之情？他是有自己的考虑的。一则他陈情的对象是猜疑心很重的晋武帝，直接陈“辞不赴命”之情不仅可能起不到应有的效果，还可能把自己的身家性命搭进去；二则他要达到让晋武帝同意自己暂不赴命的目的，得讲究一些说话的艺术。李密首先祭出“动之以情”这一招。在第1自然段中，详细叙述自己幼年的多重不幸遭遇，凸显自己的孤弱，进而突显他和祖母生死相依、血肉相连的情感；陈述自己进退两难的无奈，意在突出无人侍亲，所以自己责无旁贷、不能废离。他想借此来从情感上打动晋武帝。

当然，如果李密仅仅想用情来打动晋武帝的话，也许晋武帝会稍动恻隐之心，但这种恻隐之心很快会从搞政治的阴险多疑的晋武帝心中溜走。你李密尽孝不能尽忠？自古说“忠孝不能两全”,那你就舍孝而全忠！对此,李密祭出了第二招必杀技——“晓之以理”,以“孝道之大义”来晓谕晋武帝。

活动探究2：默读第3—4自然段,从中找出说理的语句,结合全文整体把握,想一想晋武帝看完这篇文章会不会同意李密辞官侍亲。

任务阐述：第3—4自然段说理的句子比较好找,有如下几个典型的说理句：①伏惟圣朝以孝治天下,凡在故老,犹蒙矜育,况臣孤苦,特为尤甚。②且臣少仕伪朝,历职郎署,本图宦达,不矜名节。今臣亡国贱俘,至微至陋,过蒙拔擢,宠命优渥,岂敢盘桓,有所希冀？③臣密今年四十有四,祖母今年九十有六,是臣尽节于陛下之日长,报养刘之日短也。

这几个说理句显然是掷地有声的,结合全文和当时的社会局势,我们可以对晋武帝的心理做如下推测：①皇帝也是人,并非铁石心肠,李密如此感人的陈情,应该可以打动他；②多次征召,表现自己求贤若渴、笼络人心的目的想必已然达到；③“圣朝以孝治天下”,树立李密这一典范,能更好地在全国推行“孝道”；④准许李密的请求,可显示出作为皇帝的宽容大度,更何况李密已经做出承诺,“生当陨首,死当结草”。当然,这只是情理之中的推测。概而言之,我们做出这样的推测基于两点：一则李密以皇帝之理消皇帝之疑,二则李密想出了先尽孝后尽忠的缓兵之计。

那么,历史上的晋武帝是如何批复的呢？《晋书·李密传》中记载：“帝览之(《陈情表》)曰：‘士之有名,不虚然哉。’乃停召。”《古文观止》中则说：“晋武览表,嘉其诚款,赐奴婢二人,使郡县供祖母奉膳。至性之言,自尔悲恻动人。”

任务三：评点赏析,琢磨语言艺术

活动探究：评点,是古人品赏文章的常用方法。学习评点,既能培养细读文章的能力,又能提高概括表达的水平,有助于研习古代诗文类的文本。《陈情表》一文的语言艺术特色鲜明,请联系文章内容试进行评点,并与同学交流。

任务阐述：《陈情表》大量使用四字句,语言形式齐整,节奏感强。文中以四言为主的句子,有的是骈句,节奏紧凑；有的则是散句,节奏舒缓。文中的一些单行长句,以及“且臣”“今臣”一类加在四字句前面的词语,都起到了使文气“不促”的作用。在表情达意方面,本文常用骈句表达最能打动皇帝、说服皇帝的情事,如概述自己的不幸(外无期功强近之亲,内无应门五尺之僮),坦率展现自己的尴尬处境(欲奉诏奔驰,则刘病日笃；欲苟顺私情,则告诉不许),表现祖孙不可须臾分离的实情(臣无祖母,无以至今日；祖母无臣,无以终余年),等等。至于散句,多用来铺叙,但有时也与骈句配合,或进一步描述,或概括总结,或强化表达效果,点明意旨,前举句子后面的“茕茕孑立,形影相吊”“臣之进退,实为狼狈”“母、孙二人,更相为命,是以区区不能废远”即是如此。

除此之外,文中还大量使用对偶句,语气铿锵有力,语意简洁凝练,朗朗上口,感情热切,更具说服力。另外,还有一些比喻句,形象生动,感情浓烈,富有感染力。总之,这篇文章不光“以情动人”“以理服人”,还通过高超的语言艺术令人慑服,一篇千古经典不朽文由此成就。

【课后任务】

对比阅读：夏完淳的《狱中上母书》与李密的《陈情表》都属于“陈情”作品中的佳作，都写得情感真挚、回肠荡气，但两文的写作目的、“陈情”的方式却有所不同。试比较分析。

参考答案：

①从写作目的看，《狱中上母书》是写给母亲的一封诀别书，表达自己为国赴难，义无反顾，不惜抛却亲情，但拳拳之心，天地可鉴；《陈情表》是写给皇帝的一封书信，目的是婉言拒绝朝廷的任命，借亲情之名“辞不赴命”。②从“陈情”方式上看，《狱中上母书》自始至终，直抒胸臆，毫无掩饰，酣畅淋漓；《陈情表》则表达得委婉含蓄，虔敬有加。

浙江省诸暨市海亮高级中学 王建军

57.《项脊轩志》教学微设计

【课文提要】

《项脊轩志》是明代文学家归有光所作的一篇回忆性记事散文。《项脊轩志》分两次写成。前4段写于明世宗嘉靖三年（1524），当时归有光18岁，他通过对所居项脊轩的变化和几件小事的描述，表达了对家人的怀念之情。在经历了结婚、妻死、不遇等人生变故后，作者于明世宗嘉靖十八年（1539），即33岁时又为这篇散文增添了补记。

全文以作者青年时代朝夕所居的书斋项脊轩为经，以归家几代人的人事变迁为纬，真切再现了祖母、母亲、妻子的音容笑貌，也表达了作者对三位已故亲人的深沉怀念。作者借一轩以记三代之遗迹，志物怀人，悼亡念存，叙事娓娓而谈，用笔清淡简洁，表达了深厚的感情。全文语言自然本色，不事雕饰，不用奇字险句，力求朴而有致、淡而有味，营造出一种清疏淡雅的感觉。

【任务目标】

学习本文，宜抓住一些时间词，注意分析在不同的时间里，作者对项脊轩变化的细致入微的刻画。这些琐琐碎碎的景物描写，渗透了作者融于其中的几十年的感情，使人读来如临其境，感同身受。如自己幼年的不幸、仕途的坎坷、多舛的命运等，都通过对祖母、母亲和妻子三位女性的叙写体现出来，最终化作不怨天尤人、平和冲淡。我们可以从中感悟作者"居于此，多可喜，亦多可悲"的原因所在——这，便是项脊轩带给作者的亲情和温情。

本课的学习任务目标如下：

（1）梳理本文的细节描写，领悟作者融于细节描写中的感慨、怀念之情。

（2）学习本文详略得当的叙事方式，理解、体会本文凝练质朴的语言风格。

【预习任务】

1.阅读《项脊轩志》全文（教师事先提供未删减版）。

2.借助工具书和教材中的注释，结合学案，扫除阅读时可能存在的文言词语理解上的障碍，初步疏通文义。

3.收集相关资料，了解中国社会大家庭的利与弊，可结合阅读巴金的《家》、费孝通的《乡土中国》，以及一些史料。

【任务设计】

任务一：聚焦时间词，识“阁子”，知“变迁”

活动探究1：清朝姚鼐的《古文辞类纂》中说，“此太仆最胜之文，然亦苦太多”。作者的苦，几乎全来自南阁子的“变迁”。请你从文中找出与变迁有关的时间词，并在与同桌讨论后，共画一个项脊轩的前后变化图。

任务阐述：设计本任务旨在让学生通过表时间变迁的词语大致了解全文内容。

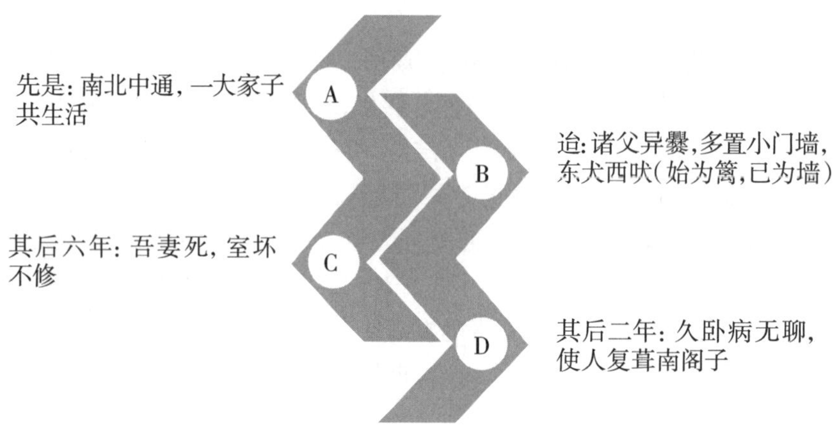

活动探究2：在这个阁子里，共出现了三位女性。作者对这三位女性的态度不一样，请联系全文，梳理作者对她们的态度有什么不同，并与你的同桌探讨其对母亲、对大母态度不同的原因。

任务阐述：对母亲是“余泣”，对大母是“长号不自禁”，对妻是无言的深情（寄托于一棵枇杷树，“吾妻死之年所手植，今已亭亭如盖矣”）。

作者对母亲、对大母态度不同是因为他在8岁时丧母，对母亲的印象比较模糊，但仍然对母亲有较深的感情，故是“余泣”。在母亲去世后，是大母把他抚养大，所以他跟大母感情深厚，故“长号不自禁”。

任务二：梳理小事，把握“细节”，关注语言

活动探究1：明朝黄宗羲的《张節母葉孺人墓志铭》中说：“予读震川文之为女妇者，一往深情，每以一二细事见之，使人欲涕。盖古今来事无巨细，唯此可歌可泣之精神，长留天壤。”请梳理文中描绘的细节，并用自己的语言解说给你的同学听。

任务阐述：作者善于以细节“撩人”——从日常生活中选取那些感受最深的细节和场面，表现人物的风貌，寄托内心的感情。如写修葺后的南阁子，图书满架，小鸟时来，明月半墙，桂影斑驳，把作者偃仰啸歌、怡然自得的情绪充分表现出来了。

环境固然清幽、静谧，充满诗意，然而作者更为怀念的是自己的亲人。作者写大母、写母亲、写妻子，只是通过叙述一两件和她们有关联的事来呈现。笔墨不多，事情不大，只留下人物的一些身影，但人物的音容笑貌跃然纸上。

写母亲时，写她听到大姐“呱呱而泣”，便用手指轻轻叩打南阁子的门扉说：“儿寒乎？欲食乎？”极普通的动作描写，极平常的生活话语，却生动地展现了母亲对孩子的慈爱之情，读来如见其人，如闻其声，倍感真切。“语未毕，余泣，妪亦泣”，悲戚的感情生发得很是自然。

写祖母的文字，简洁细腻，绘声传神，如“大类女郎也”“比去，以手阖门”“儿之成，则可待乎”“顷之，持一象笏至”等，用平平常常的几个场面、平平常常的几句话、平平常常的几个动作，就把老祖母对孙儿极其疼爱、牵挂、赞许、鞭策、关怀的感情，写得淋漓尽致、惟妙惟肖。正如清人姚鼐所说：“震川之文，每于不要紧之题，说不要紧之语，却自风韵疏淡。”

写亡妻时，只说：“时至轩中，从余问古事，或凭几学书。”寥寥数笔，绘出了夫妻之间的一片深情。文末，作者把极深的悲痛寄寓一棵枇杷树。“庭有枇杷树，吾妻死之年所手植也，今已亭亭如盖矣。”枇杷树本来是无思想感情的静物，但把它的种植时间与妻子逝世之年联系起来，便移情于物了；在“亭亭如盖”四个字前面加上“今已”这个时间词，表明时光在推移，静物也显示着动态。树长人亡，物是人非，光阴易逝，情意难忘。由于想念人而触及与人有一定关系的物，便更添了对人的思念；再由对物的联想，又引发对往事的伤怀。于是托物寄情，物我交融，进一步把思念之情深化了。只说树在生长，不说人在思念，它所产生的艺术效果则是：不言情而情无限，言有尽而意无穷。

再如第2自然段，他只写了“东犬西吠”“客逾庖而宴”“鸡栖于厅”三个典型细节，就把封建大家庭中分家后所产生的那种颓败、衰落、混乱不堪的情状完全呈现出来了，这种状况能在他的心底造成深深的隐痛，使他流下伤心的泪滴，真可谓“一枝一叶总关情”。

作者借平凡之景抒情，叙琐屑之事抒情，托普通之物寄情，处处不明写情，却满纸抒情淋漓，使人感慨万千。状物而怀人而抒情，三者融为一体。

活动探究2：明朝王世贞的《归太朴赞序》中说：“不可雕饰而自有风味。”请你和前后座同学一起探究本文是如何做到语言质朴无华的。

任务阐述：作者不大张声势，不故作惊人之笔，甚至也不采用色彩强烈的辞藻来进行恣意的渲染，而只是运用明净、流畅的语言，平平常常地叙事，老老实实地回忆。但通俗自然之中蕴含着丰富的表现力，浅显直白的文字却能使景物如画、人物毕肖。如写老妪叙述母亲之事，寥寥数语，老妪的神情、母亲的慈爱无不尽现纸上。祖母爱怜的言辞、离去时的喃喃自语、以手阖扉以及持象笏的动作等，也都是通过通俗平淡的语言展现出来的，但平淡的文字，道出了人间的亲情。此外，妻婚后来轩的往事、妻从娘家回来后转述的诸小妹语、亭亭如盖的枇杷树等细节，无一不是在平常中露真情。

此外，作者还运用了一些叠词来助情。文中的叠词也增加了形象性和音乐美，如用“寂寂”来烘托环境之清静，用“往往”来渲染门墙之杂乱，用“呱呱”来描摹小儿的哭声，用“默默”来状写作者攻读之刻苦。又如写月下之树随风摇曳，用“姗姗”；写枇杷树高高耸立，用“亭亭”。运用叠词后，摹声更为真切，状物更为细致，写景更为生动。而且读起来，音节和谐，更富美感。

任务三：人间真情，言说有“技”，拷问灵魂

活动探究1：近代教育家钱基博在《明代散文》中说：“此意境人人所有，此笔妙人人所无，

而所以成震川之文，开韩愈、柳、欧、苏未辟之境者也。”你同意他的看法吗？请试着在小组内陈述理由。

任务阐述：近代文学家林纾在《古文辞类纂》中说：“震川既丧母，而又悼亡，无可寄托，寄之于一小轩。先叙其母，悲极矣；再写枇杷之树，念其妻之所手植，又适在此轩之庭，睹物怀人，能毋恫耶！凡文人之有性情者，以文学感人，真有不能不动者。此文与其《先妣事略》同一机轴，而又不相复沓，所以为佳。”

作者在文中，喜的是那份安然自得、那份温情的享受和埋头诗书的情趣；悲的是幼年丧母的痛苦、家道中落后和叔父分家的凄凉、自己科举坎坷的不忿和对自己前途的忧心惆怅。当然，无论哪种感情，都不及这所老房子承载的所有记忆里的感情：那里的陈设，那里的花草树木，那里的满架书籍，都饱含着他记忆里点点滴滴的情感。

因此，作者记叙时用细节，抒情时用真情，语言上质朴无华，写作上不讲技巧。

活动探究2：有人认为，时代已经发展到今天，归有光这种大家庭的观念已经过时了，各自组建小家庭才是适应时代潮流的做法。你认为此种观点正确吗？请小组讨论，并派代表发言。

任务阐述：大家庭有大家庭的利与弊：利的是，很多人在一起和睦相处，其乐融融，从伦理角度能享受无穷的天伦之乐、家庭温馨和温情；弊的是，人多矛盾也不少，特别是某个小家庭有矛盾时，会直接影响到大家庭的团结与和睦，且家长制也容易造成对后代的压制，《家》里觉慧、觉民的遭遇便是例子。

【课后任务】

请你阅读《寒花葬志》，回答下列问题：

1.这篇叙事散文是写婢女寒花的，为什么要几次提到妻子魏孺人？

2.本文具有详略得当、语言凝练等特点，请你加以评析。

3.你认可归有光的功名利禄观吗？为什么？

寒花葬志

婢，魏孺人媵也。嘉靖丁酉五月四日死，葬虚丘。事我而不卒，命也夫。

婢初媵时，年十岁，垂双鬟，曳深绿布裳。一日天寒，爇火煮荸荠熟，婢削之盈瓯。予入自外，取食之，婢持去不与。魏孺人笑之。孺人每令婢倚几旁饭，即饭，目眶冉冉动，孺人又指予以为笑。

回思是时，奄忽便已十年。吁，可悲也已！

参考答案：

1.这篇叙事散文明写婢女寒花，却几次提及妻子魏孺人，表现出归有光与魏孺人夫妻之间真挚深笃的感情。

2.全文篇幅短小，构思巧妙，详略得当。作者从日常生活的平凡琐事中选材，详细描写了寒花的动作、性格、神态，自然平实，无雕琢之痕迹，富有感染力。本文运用了小巧灵活的新形式，并采用倒叙的手法，突出了寒花的形象，情感真挚，亲切自然；另外，本文语言简洁凝练，抒情真挚，记事生动，体现出归有光散文善用极淡之笔，写极浓之情的特点。

3.不完全认可。在今天，三百六十行，行行出状元。一个人尤其是男人，未必一定要一味追求仕途上的成就，可以经商，可以宅家做博主，更可以写小说、时评等文章以度日。

绍兴鲁迅高级中学 陈爱娟

58.《兰亭集序》教学微设计

【课文提要】

《兰亭集序》是魏晋时期的一篇经典散文，全文共分为三个部分。第一部分叙述兰亭集会的时间、地点，描绘兰亭周遭的景色、气候，记录雅集活动的曲水流觞之乐；第二部分转入对暂与久、悲与欢、生与死问题的思考，抒发了作者对世事和生死等问题的感慨；最后一部分交代了作序的原因和目的，批判了当时士大夫崇尚虚无的思想。

【任务目标】

梳理重要的文言实词、虚词、句式，诵读古代经典散文作品，反复涵泳，把握文意，理解作品的思想情感及其承载的文化观念；理解作者如何通过特有的语言形式去抒发情志，形成独特的美感；学会梳理和评点，品析古代散文的章法之妙和细节之美，积累古代散文阅读经验。

本课的学习任务目标如下：

（1）诵读课文，积累掌握文中重点的实词、虚词和特殊的句式等文言知识，积累与“序”有关的古代文化常识。

（2）学习运用记叙、描写、抒情、议论等多种表达方式相结合的写法，感悟本文抒情真挚、不事雕琢的散文写作特色。

（3）理解作者在山水描写中寄寓的对人生、世事的感悟，理解作者积极的生死观以及魏晋时期的生死观。

【预习任务】

1.诵读课文，预习并梳理文中重点的实词、虚词和特殊的句式等文言知识。

2.查阅资料，了解本文写作的时代背景和本文叙事、描写、抒情、议论相结合的写作特色。

3.收集参考资料，初步了解魏晋时期文人的玄学思想。

【任务设计】

任务一：理清文脉，探究章法

活动探究：古人为文，讲究章法，重视文章的结构和内部联系。反复诵读《兰亭集序》，理清其整体结构及各部分之间的联系。

任务阐述:《兰亭集序》的内容可视作兰亭集会“三部曲”:首先是记叙兰亭雅会、畅叙幽情;然后是“兴尽悲来”,由乐转痛,表达个体之痛、生命之殇;最后是神接古人,抒发千古之悲,遥望来者,而又难解其惑,由痛入悲。三个部分内容前后勾连、感情层层递进,传达出魏晋士人的生命沉思。古代散文写法比较自由,句子可骈可散,结构可密可疏,通过这个任务,可让学生探究、品析古代散文《兰亭集序》的章法之妙。

任务二:拓展整合,比较哲思

活动探究:《赤壁赋》和《兰亭集序》均为作者游览风景名胜后所写,寄寓了文人的山水情怀,透露出不同的时间观和处世观。假如苏轼穿越时空宴游兰亭,两人会有怎样的对话?

任务阐述:苏轼的《赤壁赋》和王羲之的《兰亭集序》都融合了时间与空间的观念,这些对于宇宙不同维度的思考,可以给予学生思辨的参考。这个问题相对开放,结合文章,可以有类似这样的对话:如苏轼感叹“哀吾生之须臾,羡长江之无穷”,哀叹生命短暂,羡慕长江之水长流不尽,想要飘然而去,与飞仙、明月长存,达到时间的永恒;还会感叹“不知东方之既白”,最终忘却时间长短,忘我于山水之间。而王羲之会回应“夫人之相与,俯仰一世”,感叹人生短暂、“情随事迁”,但终究不能“一死生、齐彭殇”……苏轼思索时间流逝、人生无常,更接近老庄超脱尘世、道法自然的主张,其处世态度是豁达乐观的;王羲之感慨时间短暂,生命有限而死生亦大,倾诉了对生命的热爱,折射出一种积极的处世态度。通过这个任务,可让学生深入理解王羲之在山水描写中寄寓的对人生、世事的感悟,理解其积极的生死观。

任务三:读评结合,学以致用

活动探究:评点,是古人评析诗文常用的方法。学习评点,既能培养细读文章的能力,又能提高概括表达的水平,有助于研习古代诗文。试采用外联内引等方式对《兰亭集序》进行评点,角度自选,并与小组成员交流。

任务阐述:评点有多种写法,采用外联内引的方式进行评点,可以增进学生对文章的理解。如可以这样来写:正如宗白华在《美学散步》中所言,“晋人向外发现了自然,向内发现了自己的深情”,王羲之在《兰亭集序》中描绘了如茂林修竹、清流曲水一般存在的山水自然,真实地吐露了自身对于生命之道的体悟——生命有限、诸事无常,但死生亦大。作者试图摆脱个体孤独,获得超越时空的永恒。他向外发现了自然,向内发现了自己的深情。评点,有助于研习古代诗文,读评结合可以更好地让学生做到学以致用。

【课后任务】

魏晋风度作为魏晋时期士族的人格特征,表现为风流名士们崇尚自然、超然物外、风流自赏、追求自由生活等。有人说,《兰亭集序》中对山水自然的描写、对个人生命的体悟等,都无不透露着魏晋风度。你同意这个观点吗?请结合文章内容谈一谈。

参考答案：

同意。《兰亭集序》开篇选取高山、茂林、修竹、清溪、曲水等一系列色调淡雅的景物，对兰亭周遭景物进行描写，极力渲染出兰亭的幽静、静雅，表现出作者对山水自然之美的崇尚，暗合魏晋风度；作诗饮酒亦是魏晋名士的标志，如“竹林七贤”中的阮籍和刘伶，文中，作者在兰亭盛会席间，和名士行曲水流觞之乐，暗合魏晋风度；最后，王羲之发出对生死存亡的重视、哀伤，感慨人生短促、世事无常，“向之所欣，俯仰之间，已为陈迹，犹不能不以之兴怀。况修短随化，终期于尽”，这种哀伤喟叹在魏晋时期非常普遍，因为魏晋时期政权更迭频繁，士人个人生命难以自我把控，王羲之深谙人生短暂之痛，也是魏晋风度的体现。

杭州市第七中学 曹 静

59.《归去来兮辞并序》教学微设计

【课文提要】

本文是魏晋时期的重要篇章，是陶渊明的经典之作。作品抒发了作者回归田园的乐趣，也是作者脱离官场、归隐田园的宣言。学习本文，重在把握作者的思想情感及其承载的文化观念，领会作者在审美上的独特追求。要反复诵读，揣摩品味，把握文意。理解作者如何通过特有的语言形式去抒发情志，形成独特的美感，领会章法之妙和细节之美。

课文的“序”以散体叙事，说明了出仕和自免去职的原因，是理解本文的关键。“辞”以骈体抒情，二者相得益彰。“辞”部分是阅读的重点。作者反复铺陈、连续咏叹，抒写自己回归田园、重返自然的欢愉，也透露出对自我与世俗、生命与自然的思考。阅读时要注意理解作品所呈现的情感状态和人生境界，感受其善用骈偶押韵，却不追求藻饰，追求锤炼语言，而不失朴素自然的语言特色。与经典对话，探究课文丰富的内涵，领悟陶渊明的人文精神，探讨其人生价值和时代精神，对于我们建构自己健康美好的精神家园，具有不可磨灭的借鉴意义。

【任务目标】

本文“辞”部分在语言、章法等方面颇有讲究。语言上骈散结合，抒写自如。虽章法上被誉为“不见有斧凿痕”（宋李公焕《笺注陶渊明集》引李格非评语），但全文由“归程”写起，历“归舍”“归园”“归田”，结于“归尽”，结构严密。我们要通过反复诵读，感受其韵味，理清其结构，从而理解其情感，探究其文化。

本课的学习任务目标如下：

（1）反复诵读，感受韵味，能举例说出课文运用骈散结合来表情达意的特点。

（2）用简洁的语言概括归隐的各个画面，认识课文严密的结构。

（3）能结合具体所叙之事和所绘之景，体会作者复杂的感情，探究作者的思想。

【预习任务】

1.阅读“序”部分，分析概括陶渊明归隐的原因。

2.反复诵读“辞”部分，结合一个具体的例子说出课文运用骈散结合来表情达意的特点。

3.分别用四个字概括陶渊明归隐的各个画面。

【任务设计】

任务一：比较诵读，感受韵味

活动探究1：本文具有辞赋的铺张叙事、讲求用韵、骈句和辞藻华美等特点。你能就其中一个特点，结合具体的句子，在小组中诵读交流吗？

任务阐述：文章的主旨在于说明“今是而昨非”，作者对“昨非”一笔带过，而对“今是”，即归田后的农村生活的描写则极尽铺陈之能事。第2、3自然两段都在描写“今是”，包括景物描写和心理描写。行文对仗、骈偶、押韵，如“或命巾车，或棹孤舟。既窈窕以寻壑，亦崎岖而经丘。木欣欣以向荣，泉涓涓而始流。善万物之得时，感吾生之行休。”这里句式两两相对，四六三拍，骈偶押韵，既保持了辞赋的文体音韵和谐、辞采艳丽的特点，又避免了堆砌辞藻的毛病，从而增强了文章的抒情性。又如双声词“惆怅”“崎岖”，叠韵词“盘桓”“窈窕”，叠字“遥遥”“欣欣”等的使用，读来朗朗上口，增强了语言的节奏感和音乐美。

活动探究2：找出作者直抒胸臆的句子，并指出抒发了何种感情。结合骈句，比较诵读，你能在小组内说说用骈散结合表情达意的特点吗？

任务阐述：那些直接表达感情的句子，句式自由，字数不限，自然可亲。如文首一句“归去来兮，田园将芜胡不归？”开门见山喊出久郁心中之志，可见自在坦荡、轻松畅快；末尾的反问，则表明其志已决，不容迟疑、犹豫。再如“归去来兮，请息交以绝游。世与我而相违，复驾言兮焉求”四句，坦陈自己想断绝与上层社会的联系，只和自己的亲戚、邻居的农民乐享田园生活，可见其高洁志趣。还有末段“已矣乎，寓形宇内复几时”等几句吐露了他对生命短暂的感喟，对自己生不逢时的嗟叹，对于乐享余生的宽慰。文末二句“聊乘化以归尽，乐夫天命复奚疑”，虽流露出苟安避世的老庄思想，但也可看出他已不再犹豫，下决心归老田园的坚定态度。

任务二：丰富画面，理清结构

这篇辞赋写于作者将归未归之时，想象田园生活的美好。全文由“归程”写起，先乘船，后上路，历“归舍”“归园”“归田”，结于“归尽”，思路清晰，结构严密，其描绘充满现场感。

活动探究1：诵读第2、3自然段，你能用四字句概括作者归田园的乐事吗？完成后，同学间相互交流完善，推荐优秀内容在班上展示。

任务阐述：在前文用一“恨”字表达自己归途欢快、急迫之后，作者在第2、3自然段中通过叙事、写景来抒情，其事其景极具画面感。诗人快享室内天伦之乐、涉园自在之趣和外出纵情山水之感。如第2自然段可以概括为“携幼入室、饮酒赏柯、倚窗寄傲、涉园成趣、拄杖流憩、矫首遐观、赏云观鸟、抚松盘桓”。第3自然段为“喜话家常、弹琴读书、躬耕西畴、巾车经丘、孤舟寻壑”。

活动探究2：如果你是一个编导，要根据第2自然段“享室内天伦之乐、涉园自在之趣”其中一个场景写视频拍摄脚本，你会关注哪个？请说说你关注的理由。

任务阐述：视频拍摄脚本是将文字内容转换成视频内容的中间媒介，主要通过切割和细分文字所表达的内容，设计相应的镜头，配置背景音乐音效，把握时长、节奏和风格等，将文字图案化、视频化。如“享室内天伦之乐”场景。因为这个场景描绘出了一个和乐温馨，其乐融融的共享天伦的画面，画面中不仅描绘出了主人公初到家门时的欢欣雀跃之态，还有家人迎接主人归家的热情，主仆同心，长幼一致，特别是“有酒盈樽”，可以想象出女主人的满足与幸福。

任务三：点评“序”“辞”，深入探究

活动探究1：阅读“序”部分，你能用自己的话概括陶渊明归隐的原因吗？请点评这些原因，揭示陶渊明的内心世界。

任务阐述：通读并翻译“序”部分，先筛选出陶渊明归隐原因的句子，然后用自己的话进行概括。句子有“及少日，眷然有‘归欤’之情”“质性自然，非矫厉所得”“饥冻虽切，违己交病”“尝从人事，皆口腹自役”“深愧平生之志”“犹望一稔，当敛裳宵逝”“寻程氏妹丧于武昌，情在骏奔，自免去职”等。可以概括为陶渊明因家境贫寒，为生活所迫步入仕途，之后发现出仕要折腰事人、同流合污，违背自己的本性，这种违背本性导致的心力交瘁远比受冻挨饿更难忍受；仕于当时污浊的官场使他感到“深愧平生之志”；而自己“质性自然”又不想强迫自己做不愿做的事，就只能选择归隐，于是借“程氏妹丧”之机，弃官归田。

活动探究2：归园田居到底“乐”在何处？请你结合具体内容做适当的点评。对于本文情感是写“乐”，还是写“悲”“愁”，不同的人有不同的看法。你的意见是怎样的？

任务阐述：结合具体文本分析，不难归纳，归园田居有归途之乐、居家之乐、游园之乐、田园生活之乐等。至于“悲”“愁”，在“序”部分中就有挨饿受冻之“悲苦”，弃官归田之无奈；还有不容于世之孤独（“世与我而相违”）、生命短暂之“愁苦”（“感吾生之行休”），以及不能主宰命运之“悲哀”（“帝乡不可期”）等。也可以结合诗人同时期的诗歌，为自己的观点做佐证。

【课后任务】

下面这首诗写于陶渊明辞官归田10年之后，请仔细分析这首诗带给我们一种怎样的情感体验。先用一个词概括，再说说你的理解。

杂诗十二首（其二）

［东晋］陶渊明

白日沦西河，素月出东岭。
遥遥万里晖，荡荡空中景。
风来入房户，夜中枕席冷。
气变悟时易，不眠知夕永。
欲言无予和，挥杯劝孤影。
日月掷人去，有志不获骋。
念此怀悲凄，终晓不能静。

参考答案：

悲愁（或失落）。我们可从“夜中枕席冷”“欲言无予和，挥杯劝孤影”中看出诗人愁“知音难觅”，从“日月掷人去”中看出愁“光阴易逝”，从“有志不获骋”中看出悲“壮志难酬”。

《归去来兮辞》面世10年之后，陶渊明又写了这首诗。品读此诗，可见他心心念念的桃花源并未让他彻底忘记那个曾让他遍体鳞伤的仕途，现实中的田园生活并未让他消弭心中的壮志，抉择的背后，满是鲜为人知的孤独与无奈、悲苦与沉痛。

绍兴市高级中学 胡奇良

60.《种树郭橐驼传》教学微设计

【课文提要】

《种树郭橐驼传》是唐宋八大家之一的柳宗元的作品，这是一篇兼具寓言和政论色彩的传记文，也是一个讽喻性极强的寓言故事。郭橐驼种树的事迹已不可考，后世学者多认为这是设事明理之作，是否真有郭橐驼种树一事已无关紧要。柳宗元的这篇文章，针对当时官吏繁政扰民的现象，通过对郭橐驼种树之道的记叙，说明“顺木之天，以致其性”是“养树”的法则，并由此推论出“养人”的道理，指出为官治民不能“好烦其令”，批评当时唐朝地方官吏扰民、伤民的行为，反映出作者同情人民的思想和改革弊政的愿望。

文章先写郭橐驼的名字由来、种树专长和种树之道，然后陡然转入“官理”，演绎了一番“为官治民”的大道理。前三段构成的上半篇是郭橐驼之传，目的是为下半篇的议论做好铺垫；后两段构成的下半篇的“治民之理”，是上半篇种树之道的类比和引申。前宾后主，事理相生，充分发挥了寓言体杂文笔法的艺术表现力。从写作时间上来看，这篇文章可以看成是柳宗元参加“永贞革新”的先声。

全文融叙事、说理于一体，婉而多讽。以寓言的方式进行讽谏，是中国古代文人向帝王或上层统治者提意见的传统做法，它有着委婉含蓄的特点，也夹杂着幽默诙谐的成分。本文中对比和类比的说理方式尤其鲜明，亦是寓言体文本语言风格的呈现。本文中的对比，既有叙事性的，也有论述性的。叙事性的对比，有郭橐驼和“乡人”之间的对比，如乡人用郭橐驼的身体缺陷开玩笑，给他取外号，而他自己却说“名我固当”，表现了郭橐驼的洒脱豁达；还有郭橐驼和“他植者”的对比、两种种树方法的对比。论述性的对比，即郭橐驼对自己种树方法的归纳和对“他植者”的批评。本文先谈“养树”，后论“养人”，运用了类比的写法。

【任务目标】

学习本文时，需反复诵读，感受骈散结合而富有韵味的语言特点；梳理本文的行文脉络，在此基础上把握对举、类比的说理方式，并进而体会本文融叙事说理于一体、婉而多讽的写法，精准把握本文因事明理、针砭时弊背后深刻的寓意。

本课的学习任务目标如下：

（1）了解柳宗元的生平及本文的写作背景，学习“知人论世”的文章分析法。

（2）对照注释疏通文义，积累掌握“业”“以”“若”“且”等文言词语。

（3）熟读全文，理解本文借种树人之口阐发的为官治民之理。

（4）体悟寓言体人物传记委婉、含蓄的讽谏特点及对比与映衬的写法。

【预习任务】

1.查找资料，了解柳宗元的生平及本文的写作背景。

2.诵读《种树郭橐驼传》全文，自行疏通文义，把握文章大意。

3.对本文的写作技法和思想内涵进行初步探究，展示有价值的探究成果。

【任务设计】

任务一：对比整合，探文章写法

活动探究1：熟读课文，用文中的词句概括郭橐驼的种树经验，并比较“他植者”和郭橐驼在做法上有什么不同。

任务阐述：郭橐驼的种树经验在文中集中体现在他对别人的回话中。“顺木之天，以致其性”说的是种树的基本原则，“其本欲舒，其培欲平，其土欲故，其筑欲密”阐发的是种树的具体方法，“勿动勿虑，去不复顾。其莳也若子，其置也若弃”谈的是对待树的态度，“其天者全而其性得矣”揭示的是“如此种树”的自然结果。

在文中，郭橐驼除了阐发自己种树的经验外，还形象生动地阐述了“他植者”的做法，在这种不经意的比较中引发读者的深入思考。“根拳而土易，其培之也，若不过焉则不及”乃“他植者”种树的方法，“爱之太恩，忧之太勤……爪其肤以验其生枯，摇其本以观其疏密”乃“他植者”种树的态度，“木之性日以离矣”乃“他植者”种树的最后结果。

郭橐驼懂得遵循树的生长规律，相机而动，而“他植者”不顾树的生长习性，急于求成，最后适得其反。在两者的比照中，孰对孰错一目了然。

活动探究2：语言表达是为内容服务的，这篇文章的语言表达就很有特色，诵读文中集中描写“吏治不善”的文字，感受并概括其表达特色。诵读文章第2—4自然段，交流“养树之道”和“养民之理”之间的关系，想一想作者为什么要这么行文。

任务阐述：文中集中描写“吏治不善”的文字，使用铺陈手法，有言有行，细致入微；多采用短促的排比句，两个“尔”、五个“而”和七个动词，足以令人感受到现场官吏那嚣张跋扈、不可一世的气焰。在反复诵读中，我们不难体会到本文简洁生动的语言特色、对比映衬和婉而多讽的写作特色。

文中第3自然段先谈“养树”，以“橐驼非能使木寿且孳也”起首，后论“治民”，以“吾又何能为哉”收尾，运用了映衬的手法，前后照应。有关“树”和“人”的话题合而为一，互相补充，增强了文章的气势。树犹如此，人何以堪！“传其事以为官戒也”，行文充满了强烈的现实精神和讽谏意义。柳宗元所处的中唐时期，豪强地主兼并土地日益严重，仅有一点土地的农民，除了缴纳正常的赋税外，还要承受地方军政长官摊派下来的各种杂税，可谓政令繁出，民不聊生。柳宗元作为一位有良知的文人官员，想以此篇警示统治者整肃吏治，宽简为政，顺应老百姓的生产生活规律，让他们休养生息，安居乐业，以维持承平之世。

任务二：审美感知，析人物形象

活动探究1：《种树郭橐驼传》是一篇成功的寓言体人物传记，文中的主人公郭橐驼也是一个很有意味的人物，请反复诵读文章第1、2自然段，结合文中具体语句，尝试用几个词概括他给你留下的印象。

任务阐述：在这篇寓言体人物传记中，对主人公郭橐驼的形象描绘可谓是神来之笔，在文章开篇即用凝练简洁的语言直接刻画了郭橐驼的形象，让人耳目一新、印象深刻。如用“不知始何名”来刻画他来自底层、默默无闻、身份低微的形象，用“隆然伏行，有类橐驼者，故乡人号之‘驼’”来刻画他吃苦耐劳的奉献品质，用“‘甚善，名我固当。’因舍其名，亦自谓‘橐驼’云”来刻画他的心胸豁达、性情开朗。综合文章第1、2自然段来看，郭橐驼形丑、性善、技高、理明的形象已跃然纸上。

活动探究2：选择什么样的人物来阐释深刻的寓意，这往往体现了作者的独特思考。在熟读课文的基础上，与同学一起探究作者为什么要选择郭橐驼这样来自社会底层的小人物来讲述“种树”和“养人”的道理。

任务阐述：柳宗元是一位关注社会现实和人民疾苦的文学家，除了《种树郭橐驼传》之外，他还写了大量针砭时弊的文章，揭露中唐时期人民深受官吏侵扰的现实，呼吁让百姓休养生息，恢复元气。于是在本文中，柳宗元选取了郭橐驼——一个来自社会底层的、真正了解黎民疾苦的劳动人民。他虽其貌不扬，却乐观自信，“顺其自然的人生智慧”经他之口娓娓道来，更为合情合理、合乎逻辑，并由此反映折射了真实的社会弊病。《庄子》一书中承蜩的佝偻丈人，虽外表丑陋，却探寻美的真谛，留下不尽之意给读者以回味，这两者有异曲同工之妙。

任务三：合作探究，做深入思考

活动探究：《捕蛇者说》和《种树郭橐驼传》同为柳宗元的寓言体作品，且均为名篇，但两者写法不同，其中隐含的哲学观也不同，你能尝试从写法和哲学观两个角度对这两篇文章进行比较阅读吗？请在学习小组内交流探究成果。

任务阐述：《捕蛇者说》写“悍吏”下乡，纯是扰民，而“悍吏”的后台是官府，是唐王朝的皇帝。“悍吏”的剥削武器是苛酷的赋税，因此，“悍吏”同劳动人民之间的矛盾在文章中暴露得很尖锐。所以，《捕蛇者说》主要是提出减轻苛捐杂税的政治主张。从继承传统的角度看，《捕蛇者说》直接受《礼记·檀弓》孔子论“苛政猛于虎”的影响，体现的是儒家民本的哲学思想。《种树郭橐驼传》通过郭橐驼讲种树要“顺木之天，以致其性”的道理，说明封建统治阶级有时打着爱民、忧民或恤民的幌子施政，却收到适得其反的效果，同样使民不聊生。作者以此劝诫统治者要改善吏治，顺应民性。在这篇文章中，作者承继了老庄无为而治、顺其自然的思想，但也有差别。“贵自然”不等于撒手不管，放任自流，而是强调了解规律、利用规律，因势利导，灵活掌握。所以，《种树郭橐驼传》一文，实际上就是“圣人不死，大盗不止”“掊斗折衡，而民不争”的老庄“崇尚本性自然”的哲学思想的具体反映。

【课后任务】

《种树郭橐驼传》揭示了“顺木之天，以致其性”的深刻主题。联系当下“双减”政策的大背景，请谈谈你对当下为人父母者培养教育孩子常见做法的看法。

参考答案：

“望子成龙，望女成凤”是为人父母者的共同心愿，在这种迫切愿望的驱动下，父母们可谓是花样百出，其中，有不少家庭因不得要领，对子女的教育正走向误区，如过度宠爱、动辄体罚、心灵施暴、智育第一、强行塑造、不注重家庭环境等。这些问题带来的直接危害，就是严重地违背了孩子生理、心理发展的自然规律，损其天性，影响了孩子的正常成长，最终步入了“虽曰爱之，其实害之；虽曰忧之，其实仇之”的误区，适得其反。

浙江省诸暨市海亮高级中学 王建军

61.《石钟山记》教学微设计

【课文提要】

《石钟山记》是宋代大文豪苏轼于宋神宗元丰七年（1084）游石钟山后所写的一篇考察性的游记，是一篇带有说理性质的游记。山水游记散文始于魏晋，到了唐代，经过元结、柳宗元等人的创作实践，得到了极大的发展。而宋代说理之风大盛，以记游为议论，在叙述中阐发事理，形成了山水游记散文全新的独特风格。苏轼在元丰七年六月，由湖北黄州团练副使调任河南汝州团练副使，而此时其长子苏迈将赴江西饶州担任德兴县县尉，于是苏轼顺道送苏迈赴任，途经湖口县，游览了石钟山，写下了这篇文章。

《石钟山记》详述了出游的缘由和见闻，以及探究石钟山得名由来的经过，说明了想要认识事物的真相必须"目见耳闻"，切忌主观臆断的事理。文章先交代了文献记载中石钟山得名由来的两种说法，以及对这两种说法的怀疑，引出下文作者实地探访石钟山的经历。接着，记叙了作者实地考察石钟山，得以探明其名由来的经过。最后写探明石钟山得名由来的感想——"事不目见耳闻，而臆断其有无，可乎？"，点明写这篇游记的目的，即记录自己的见解，证实、补充郦道元的观点，纠正李渤的观点。

古代散文中，有的格局谨严而不乏情采，有的潇洒随性而自有法度，《石钟山记》可谓后一类文章的典范。姚鼐《古文辞类纂》卷五十六引方苞云："潇洒自得，子瞻诸记中特出者。"刘大櫆则说："以心动欲还，跌出大声发于水上，才有波折，而兴会更觉淋漓。钟声二处，必取古钟二事以实之，具此诙谐，文章妙趣洋溢行间。坡公第一首记文。"这些说法都很有道理。这篇文章将情趣与理趣融为一体，由小事入，由深理出，体现了作者注重调查研究的质疑精神和实证精神，极富启发意义。

【任务目标】

本文是一篇山水游记，虽然带有说理性质，但写得妙趣横生，兴会淋漓，学习本文时，需反复诵读，细心体会理趣与情趣交融、潇洒随性而自有法度的散文艺术。在此基础上，由浅入深、由此及彼，感知文中体现的质疑和实证的科学精神。

本课的学习任务目标如下：

（1）了解苏轼的生平及文章的写作背景。

（2）疏通文义，积累"空中""适""而""焉"等文言词语。

（3）感受本文集记叙、描写、议论于一体的行文特点及自然流畅、挥洒自如的文笔。

(4)学习反对臆断、重视实践的科学精神,学习对人或事做全面评价。

【预习任务】

1.查找资料,了解苏轼的生平、成就及“游记”这类文体的基本特点。

2.反复诵读《石钟山记》全文,结合注释和工具书,自行疏通文义。

3.以学习小组为单位对本文的文体与写法进行探究,展示相关成果。

【任务设计】

任务一:文脉梳理,理文章结构

活动探究1:本文结构不像一般的记游性散文那样,先记游,然后议论。请结合文本梳理文章结构。

任务阐述: 作者以“质疑—察疑—释疑”三个步骤展开全文。本文一开始就提出郦道元的说法,以及别人对此说法的怀疑,这种怀疑也并非没有根据,而是以钟磬做的实验为依据的。这就为文章第2自然段中作者所见的两处声源——“石穴罅”和“大石当中流”做铺垫,从而发出“古之人不余欺也”的慨叹。在文章最后又一次感叹郦道元所说虽对,但太简单了,让世人不能真正明白。而对李渤扣石聆之并以此推断石钟山得名原因的做法,作者在第1自然段就表示“余尤疑之”;对第2自然段中寺僧使小童持斧、扣石的验证方法,作者仍是“笑而不信”。待实地考察得出真相之后,在第3自然段中,作者又回扣前文,“笑李渤之陋”。

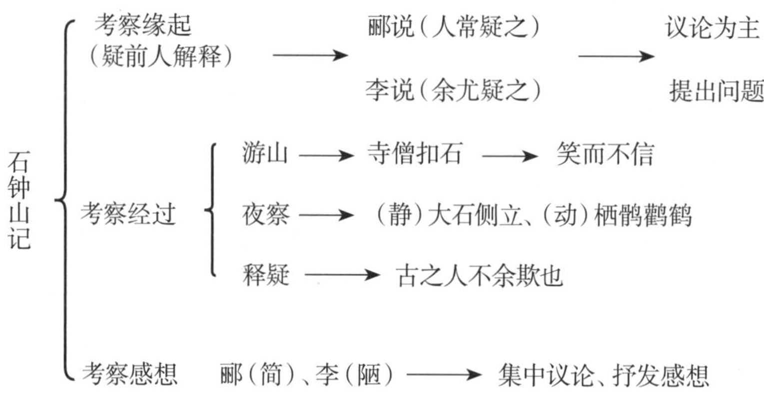

活动探究2:苏轼自己实地考察后发现了石钟山得名的由来,认为这证明了“古之人不余欺也”。请分析这一论断内在的逻辑思路。

任务阐述: 苏轼实地考察发现,“大声发于水上,噌吰如钟鼓不绝”“与风水相吞吐,有窾坎镗鞳之声”,并且两者相应,“如乐作焉”。这说明了水声如钟,符合人们对钟声的共识,所以,石钟山应是以声得名。这与古人郦道元的说法“微风鼓浪,水石相搏,声如洪钟”相合,所以说,“古之人不余欺也”。

任务二：夜游赏析，品写景绘声

活动探究：夜游绝壁一段是全文最生动的地方，有情、有景、有声、有色，全为写实而无故弄玄虚，却能让人感到一丝阴森恐怖的鬼气。作者是如何描绘月夜绝壁之景的？他为什么要着力描写这绝壁之景？

任务阐述：作者在发现石钟山得名的原因之前，先写大石、栖鹘、鹳鹤等，运用比喻的修辞手法，进行状形、摹声和绘态。观察的角度：由上（视觉）到下（听觉），着重描写石钟山月夜的阴森恐怖，说明一般人在平常情况下不敢涉足。

作者着力描写绝壁之景的原因：使议论不显乏味，引人入胜，使读者有身临其境之感；说明石钟山得名的原因长期未被弄清楚，就是因为环境艰险；营造阴森可怖的气氛，和下文"士大夫终不肯以小舟夜泊绝壁之下，故莫能知"相呼应。

任务三：大胆质疑，悟探究精神

活动探究1：郦道元、李渤对石钟山得名由来各有什么说法？作者为什么说郦道元的说法"人常疑之"，而对李渤的说法"余尤疑之"？

任务阐述：郦道元的说法是"下临深潭，微风鼓浪，水石相搏，声如洪钟"，李渤的说法是"得双石于潭上，扣而聆之，南声函胡，北音清越，桴止响腾，余韵徐歇"。作者说郦道元的说法"人常疑之"是因为"今以钟磬置水中，虽大风浪不能鸣也，而况石乎"，而对于李渤的说法"余尤疑之"是因为"石之铿然有声者，所在皆是也，而此独以钟名，何哉"。

活动探究2：作者夜游石钟山实地考察，有没有遇难而退？结果如何？

任务阐述：没有。作者实地考察时，石钟山各种情状、声音令人毛骨悚然，气氛阴森恐怖，探访困难，他心动欲还，却被"噌吰如钟鼓不绝"之声所吸引，便"徐而察之"。这反映了作者镇静而坚忍的探索精神。

他发现"山下皆石穴罅，不知其浅深，微波入焉，涵澹澎湃而为此也""有大石当中流，可坐百人，空中而多窍，与风水相吞吐"，终于搞清了石钟山得名的原因。

活动探究3：作者对石钟山得名由来的探究，表现了其怎样的精神？对此你有什么感想？

任务阐述：关于石钟山得名的原因，虽然早有成说，但本文作者却不一味迷信和盲从古人，而是在文章一开始就提出人们对郦道元的说法的怀疑，以及自己对李渤的说法的怀疑。难能可贵的是，他能够在"暮夜""乘小舟"实地考察。虽然石钟山一带地处偏僻，地势险要，风险浪恶，但他为了弄清石钟山得名的真相，不避艰险，亲身探访。尽管由于种种原因，他考察得出的结论，不完全正确，但这种精神是值得肯定的。第3自然段得出"事不目见耳闻，而臆断其有无，可乎"的结论，带有哲理的意味。人们对于客观事物的认识，本来就有一个过程，而且后人对苏轼说法的怀疑、察疑、释疑，正和苏轼不迷信古人、不轻信旧说、不主观臆断，而自愿实地考察的精神一致。

【课后任务】

王安石的《游褒禅山记》与苏轼的《石钟山记》同为北宋山水游记名篇，试对两篇游记进行“同中求异”“辨异求同”的比较研读。

参考答案：

（1）写作年代大体相同，凸显了同中有异的文学主张。两人都批判那种“力去陈言夸末俗”和“以艰深文其浅陋”的辞章家习气，注重文章为社会现实服务和理性的说服力。王安石把文学创作和政治活动密切联系起来，把文章看作器皿上的装饰品。苏轼的文学思想是文道并重，注重文学的独创性和表现力，认为作文应“文理自然，姿态横生”，提倡文学创作中的独创精神。

（2）叙议结合的写法相同，记游、议论各有侧重。两篇游记都通过记游来说明道理，叙议紧密结合，前后呼应，事、理浑然一体，因事见理，卒章显志；且层次清楚，结构严密。但两文在叙议结合的具体安排和侧重点上又有不同。《游褒禅山记》除最后补写外，主体分为记游和议论两部分，前面记游山，后面发议论，它是上下相对、两相配合的二元结构，重点在分析说理。《石钟山记》是议从记发，记从议起，穿插描写，紧密结合，有机地构成一个整体，总体上是“议论—记叙—议论”的回环链形结构，重点在于记叙、描写夜游石钟山的经过和景物。

（3）主旨异中有同，治学精神一致。《游褒禅山记》通过写游褒禅山的经过，着重阐发了两个观点：一是做任何事情都要有恒心、有毅力，要不避险远、知难而进，反对浅尝辄止、半途而废；二是从所见的仆碑而联想到古书残缺不全，以讹传讹者甚多，因此做学问的人必须“深思而慎取之”，不可人云亦云。《石钟山记》作者带着“石钟山得名的原因究竟是什么”的疑问，通过实地考察探究石钟山得名的真正缘由，并就此发表议论，提出凡事必须“目见耳闻”而不可主观臆断的正确主张。《游褒禅山记》的第二个观点与《石钟山记》的观点体现了相同的思想，即在治学和做学问的态度上必须谨慎、躬行，要有不迷信前人、敢于质疑、善于思考、大胆探索、注重实践的精神。

（4）语言明白畅达，风格各树一帜。王安石和苏轼同属于北宋散文大家，他们的文章语言大都明白畅达、朴素自然，但由于人生阅历的不同和文学主张的差异，其语言风格各树一帜。王安石的散文比较重视理论的说服力，较少注意酝酿气氛，描摹物象，从感情上打动读者，因此他的散文一般立意超卓，具有较强的概括力与逻辑性，语言简练朴素。苏轼既强调文章的社会功能，又注重文章的艺术价值和审美作用，因而形成了其文章语言汪洋恣肆的风格。

浙江省诸暨市海亮高级中学 王建军

62.《自然选择的证明》教学微设计

【课文提要】

《自然选择的证明》节选自英国博物学家达尔文的《物种起源·综述和结论》，理论强大、逻辑严密、论证多样，是典型的学术性科学论著。

课文共15自然段，第1自然段提出论点——在自然条件下生物的变异中，自然选择发挥了作用；第2自然段从事实结论上推断自然选择学说的合理性；第3自然段用物种起先是以变种形式存在这一观点去解释同一属内的许多物种很繁盛、有大量变种的生物现象；第4自然段用自然选择解释生物的演化、改良、灭绝，以及所有生物都可以排列成大小不一的次一级生物群等事实；第5、6自然段说明自然选择可以解释生物的稳定性与变异的缓慢性，并列举生物现象；第7自然段说明自然选择让"自然界处处充满美"；第8自然段说明自然选择让生物得到适应与改良，但这种适应与改良并不是绝对完美无缺的；第10自然段从本能的形成、遗传角度论证自然选择；第11自然段说明自然选择可以解释杂交的后代与其父母的相似性，而特创论则不能；第12自然段以地质记录所提供的事实为依据，从遗传与变异的角度论证自然选择的正确性；第13自然段用生物的地理分布的重要事实证明遗传变异学说；第14自然段说明生物的地理迁徙是特创论无法解释的；第15自然段论证生物的物种变异是特创论无法解释的。

全文以对自然选择学说的论证为核心，列举大量的事实、现象，严谨、科学、客观地对特创论进行批驳。

【任务目标】

学习本文时，注意把握文中复杂的、重要的概念，在理解概念的基础上，理解文段具体内容，并做到分析段落间的内在联系与逻辑关系。在理解文章的同时，品味科学论著语言的严谨性，体会作者的科学探究精神。最终，通过对本文的学习，掌握阅读科学论著的一般方法，提升思维能力。

本课的学习任务目标如下：

(1) 熟读全文，在理解文章重要概念的基础上，理清并学习本文逻辑严密的结构方式，体会科学论著类文章学术性较强的特点。

(2) 品读细节，较准确地从文中找到复杂长句，以及科学、严谨的词句，分析品味科学论著类文章准确、严密、精练、明确的语言特点。

(3) 找出论证过程，分析概括、推理、假说、证明等思维方法在论证中的运用。

【预习任务】

1.阅读全文，查阅资料，明确文中复杂科学术语的含义。

2.理解作者的主要观点，概括每段的段落大意。

3.阅读《物种起源》第二章“自然状态下的变异”和第五章“变异的法则”，有条件的同学阅读全书。

【任务设计】

任务一：明晰概念，理解观点

活动探究1：本文是一篇科学论著，有较多的复杂词语、科学术语，阅读全文，找到你认为重要的核心概念，以及其他疑难词语，结合自己的课前预习，为这些核心概念、词语做解释说明。

任务阐述：阅读《自然选择的证明》这一类科学论述类著作，首先要解决的是其中复杂难懂的科学术语。文中有四个重要概念：变异、变种、特创论和自然选择学说。查清这四个概念，有助于更准确地解读文章，明晰概念之间的关系，理解作者的观点。除此之外，还有一些区别于语文的生物学范围内的词语，如“属”“本能”“次级法则”等，理解这些词语，对于流畅地阅读全文大有帮助。以下是对四个核心概念的解释：

变异：变异在生物体上泛指生物种与个体之间的各种差异，包括形态、生理、生化以及行为、习性等各方面的歧异，变异是生物进化和人类育种的根源，包括可遗传的和不可遗传的变异。

变种：生物分类中指比种小的单位。它保留种的特有属性，但在某些方面有一定的差别。

特创论：神创论的一种表现形态。认为地球上包括人类在内的各种生物都是上帝根据一定的目的在一定时期内创造的；它们一旦被创造出来就永恒不变，或只能在种的范围内变化。

自然选择学说：是由达尔文提出的关于生物进化机理的一种学说。达尔文认为，在变化着的生活条件下，生物几乎都表现出个体差异，并有过度繁殖的倾向；在生存斗争过程中，具有有利变异的个体能生存下来并繁殖后代，具有不利变异的个体则逐渐被淘汰。

活动探究2：绘制思维导图是梳理文章框架、理解文章的重要方法，请你概括每段的内容，梳理段与段之间的联系与逻辑关系，为本文绘制一张思维导图。完成之后，同桌之间相互交流、补充。请相关同学面向全班解说，老师做适度点评。

任务阐述：《自然选择的证明》是专业性极强的科学论著，内容丰富、结构复杂，阅读时若想要透彻理解文义，就需要先把文章“读薄”，抓住关键内容。借助思维导图，可以更加快速准确地把握文章的核心观点和结构框架。该思维导图还可与之后的学习任务联系，随着对文章理解的深入，学生可以在学习过程中对思维导图进行补充，不断完善。

任务二：分析归纳，探究逻辑

活动探究1：达尔文认为“科学就是整理事实，从中发现规律，做出结论”。在《自然选择的证明》中，达尔文罗列了大量事实，请你整理出这些事实，分析归纳其特点。

任务阐述： 为了证明自己的结论，达尔文列举了大量事实。这些事实例证也是学生理解达尔文观点的重要突破点。文中第4自然段所举事实，主要是通过理性分析所得；第6自然段所举事实，是较为罕见的特殊事实；第7自然段所举事实，是常见的一般事实；第8自然段所举的事实，则体现了自然界设计的不完美；等等。

活动探究2：达尔文通过长期的实地考察搜集了大量事实证据，并在整理后将其运用于对自然选择学说的证明之中。请你阅读全文，思考达尔文在论证自己的观点时所用的论证方法，并分析其中体现的逻辑思维方法。

任务阐述： 在文章中，达尔文较多通过举例论证来证明自己的观点。例如：课文第7自然段列举鸟类的例子，来论证“自然界处处充满着美，这很大一部分应归功于自然选择”这一观点；第8自然段列举蜜蜂等生物不合情理的构造，来论证“自然界的一切设计，并不是绝对完美无缺的”这一观点。除此之外，达尔文还运用了事实论证，如第12自然段，用地质记录所提供的事实论证遗传变异理论；对比论证，如第14自然段段末与特创论对比，否定特创论的观点；因果论证，如第4自然段开头的论证。这些论证过程，体现了概括、推理、假说、证明等思维方法。

任务三：品读语言，领会精神

活动探究1：分析复杂长句的层次结构。《自然选择的证明》中有许多复杂的长句，细读才能准确把握其含义，请你在文中找出一句，分析这一复杂长句的逻辑层次与内在关系。

任务阐述： 读懂复杂长句，才能够更精准地理解文义。

例如，“如果动植物确有变异，不管这一变异是多么微小和缓慢，只要其变异或个体差异在某一方面有益于自身发展，它们为什么不会通过自然选择将其保存和积累起来，即所谓最适者生存呢？”这句复杂长句分为两层，第一层是假设关系，第二层是条件关系。

又如，“虽然两个地区具有适于同一物种生活的相同的自然条件，但如果两个地区长期隔离的话，它们之间的生物存在极大的差异，人们也就不必为怪了，因为生物与生物之间的关系是一切关系中最重要的。”这句复杂长句分为三层，第一层是转折关系，第二层是假设关系，第三层是因果关系。

活动探究2：品味语言的科学性和严谨性。达尔文在证明“自然选择学说”的过程中，始终否定“特创论”。请你找到这些句子，分析其语言特点。除此之外，文中还有许多值得品味的句子，请你找出来，小组讨论这些句子的语言特点。

任务阐述： 在文中第3—5自然段、第11自然段、第14—15自然段，均出现达尔文否定“特创论”的语句。在否定“特创论”时，多用假设语气，如“假如……就……”“如果……就……”。而假设语气较为委婉，显得谦逊有礼；又因为之前的论证充分确凿，使用假设语气也能让人感受到委婉之后的坚定与确信。文中其他的句子，大多都体现了语言的科学性和严谨性，语言准确、严密、精练、明确。通过这一任务，学生能够体会科学语言的魅力，领略科学家探求真理、科学严谨的精神。

【课后任务】

1.用科学、简练的语言为本文撰写摘要，要求：①200字左右；②语言简明扼要；③内容包括“研究的问题”“研究的方法”“研究的结果”；④表达流畅，概括性强，思维清晰。

知识介绍：摘要又称概要、内容提要，意思是摘录要点或摘录下来的要点。摘要是以提供文献内容梗概为目的，不加评论和补充解释，简明、确切地记述文献重要内容的短文。其基本要素包括研究目的、方法、结果和结论。

2.阅读《物种起源》“绪论”部分，概括章节的主要内容和观点。

参考答案：

1.示例：历来关于物种和变种起源问题的争论不断。本文列举大量科学考察所得到的例证，理性分析事实现象，并联系地质学的观点和地质记录所提供的事实，从一般和特殊的角度、遗传和变异的角度，证明“自然选择决定生物进化方向”这一观点。用自然选择的观点解释生物的演化、改良、灭绝的过程，从而有力地驳斥了“特创论”的观点。

2.《物种起源》的绪论分为两部分，第一部分说明了《物种起源》的写作经过和提前发表的原因，提及了《物种起源》不完善的原因，并对在写作过程中给予过帮助的人士表示感谢；第二部分介绍了《物种起源》的主要内容，概述了《物种起源》的结论，说明了研究生物进化原因的主要方法，并介绍了《物种起源》一书各章的内容，重申了《物种起源》的结论与物种进化的主要手段。

嘉善高级中学 朱崧源

63.《宇宙的边疆》教学微设计

【课文提要】

《宇宙的边疆》是一篇电视纪录片的解说词，节选自卡尔·萨根的作品《宇宙》。《宇宙》是《纽约时报》连续70周的最佳畅销书，是历史上用英语出版的科普书籍中发行量最大的——在80多个国家发行了500多万册。

根据说明顺序，文章可分为五个部分：第1—6自然段，介绍宇宙并阐述人类探索宇宙的原因、方法及意义；第7—11自然段，介绍星系的知识；第12—14自然段，介绍恒星的知识；第15、16自然段，探索彗星和行星的奥秘；第17、18自然段，介绍人类从地球开始探索宇宙的奥秘。

全文准确、严谨地介绍了宇宙的相关知识，采用空间顺序，从宇宙整体到星系的组成再到太阳系，每个部分紧密相连，又各有侧重。作者用大段的议论和抒情来抒发自己的思想感情，这是这篇文章与一般的说明文不同的地方。

【任务目标】

阅读本文时，需在掌握文中关于宇宙的知识的前提下，思考文章的说明方法，并能自主分析文章的解说逻辑与层次。在理解课文的内容时，还需品味文章语言的严谨性、议论性和抒情性，在体会语言传递的情感时，还需思考作者写作的意图。最终，通过对本文的学习，巩固上篇课文所学的知识，提升思维能力，培养科学精神。

本课的学习任务目标如下：

（1）通读全文，归纳概括文章主要介绍的宇宙知识，梳理文章的说明顺序，探究说明顺序的作用与意义。

（2）分析文章说明宇宙知识部分，指出说明方法，关注文章议论、抒情性较强的文段，通过鉴赏准确把握作者情感。

（3）诵读语段，品味作者的思想情感，在朗读中把握情感，并思考作者的写作意图，观看同类型纪录片，分享观看感悟，增强理解共情能力，激发求知欲和探索精神。

【预习任务】

1.阅读全文，查阅资料，梳理文中介绍的关于宇宙的知识。

2.细读全文，思考作者写作本文的顺序以及如此安排的原因。

3.朗诵课文开头的两则名言以及文章的前三段。

【任务设计】

任务一：掌握宇宙知识，分析文章结构

活动探究1：本文是一篇电视解说词，介绍了宇宙的相关知识，其中有些内容在地理、物理学科中已经学过，有些内容可能较为生疏。阅读本文，梳理文中提及的宇宙知识，结合自己的课前预习，归纳说明你认为重要的或是之前不甚了解的科学术语。

任务阐述：本文内容简单，概念清楚，涉及的宇宙知识大部分学生已经接触过，如“光年”的概念、“星系”的构成、“彗核”“彗尾”“恒星”的特点、“黑洞”等；也有部分内容是初次了解，如“旋涡星系”“矮椭圆星系”等。归纳说明这些知识，能对宇宙有更加清晰的认识，同时锻炼阅读、概括能力。以下是对部分概念的解释：

星系：是由气体、尘埃和恒星群（上亿个恒星）组成的。星系是构成宇宙的基本单位。参考银河系，它是一个包含恒星、气体、宇宙尘埃和暗物质，并且受到重力束缚的大星系。

星云：是稀薄的气体或尘埃构成的天体之一。包含了除行星和彗星外的几乎所有延展型天体。

彗核：通常被认为是彗星中心的固体部分，核心是由岩石、尘埃和冰冻的气体组合成的一颗小行星。

彗尾：一颗彗星的明亮的尾部延伸部分，可以是彗头的扩展或者具有某种结构，因而能与彗头有所区别；彗尾主要由气体和尘埃组成。

活动探究2：在阅读文章时，你会发现作者有一定的写作顺序，请你分析文本，明确作者的写作顺序，并进行小组讨论，探究作者这样安排的好处。

任务阐述：本文是一篇电视解说词，这一特点决定了文章内容是为电视画面服务的。在全文中，有“展现在我们面前的就是我们所见到的极其宏伟壮观的宇宙”“我们所见到的星云离地球80亿光年，处在已知宇宙的中心”“但是，这个时候，我们的旅程只到达地球上的天文学所通称的‘本群星系’”“现在，我们离地球4万光年，我们正处于密集的银河中心”“我们现在已经回到了我们的后院——离地球1光年的地方”之类的句子，告知读者画面的变换及内容的变换。从写作顺序上来看，作者以空间顺序为主，先后描述了宇宙、星系、恒星、太阳系、行星的特点。说明对象由大到小，能让读者从整体上把握、了解宇宙，而后再从局部深入了解，这样结构层次分明，有助于读者阅读。我们生活在地球上、宇宙中，从宇宙讲起，让读者跳出宇宙之外，以客观的角度了解宇宙，更为清晰、直观。

任务二：思考说明方法，品味语言风格

活动探究1：思考文章的说明方法。本文是一篇解说词，解说词也属于说明文的范畴。通读全文，找出作者说明宇宙知识的段落或文句，分析其中所用的说明方法。

任务阐述：本篇课文属于说明文的范畴，在介绍知识的时候，运用了许多说明方法，例如：第8自然段最后一句，用打比方的说明方法，形象准确地说明了星系的形状特点，让人能够有直

观具体的感受；第9自然段第一句，用列数字的方法对宇宙中星系的数量进行说明；第10自然段中，用举例子的说明方法，通过说明“M31”星系的特点，来说明“本星系群”等。这些说明方法的使用，让语言准确、清晰、严密，客观地说明了事物的特征，读者阅读时能清楚快速地掌握科学知识。

活动探究2：品味作者语言风格。本文虽是一篇说明文，但同一般的说明文不同，文中作者除了用严谨的语言介绍宇宙知识之外，还运用大段议论和抒情性文字来阐述观点、抒发情感。阅读全文，请你找到这类语段，简要赏析，说明语言特点。

任务阐述：课文介绍了很多宇宙的相关知识，但最能震撼人心的是开头三段与结尾两段。这几段文字带有浓烈的议论、抒情色彩，融说理和抒情为一体，并且内容衔接得融洽自然，传递了作者的观点与态度。穿插在语段中的议论、抒情也较多，如“我们还乡心切。虽然我们的夙愿可能会冒犯‘天神’，但是我相信我们并不是在作无谓的空想”“假如我们被随意搁置在宇宙之中，我们附着或旁落在一个行星上的机会只有10^{33}分之一。在日常生活当中，这样的机会是‘令人羡慕的’。可见天体是多么宝贵”“我们的探索才刚刚开始。80亿光年以外嵌着银河系的星系团催迫着我们去探索，探索太阳和地球就更不用说了”等。这些议论、抒情性的文字，使文章内容鲜明深刻，又引人深思。

任务三：探究语言深意，领会写作意图

活动探究：分小组开展活动，组内互相朗诵文中议论、抒情的语句，把握语句背后的情感。组内朗诵好之后，每组推荐一个代表在全班朗诵，其他组点评。在诵读时，通过对情感的揣摩，思考作者的写作意图。

任务阐述：在说明文中，议论、抒情性的文字包含了作者的情感，引人深思。学生能通过朗诵，从中更深刻地体会作者的情感，思考作者的写作意图。反复诵读则能体会到作者对人类如此渺小、宇宙如此浩大的认识，体会作者对人类勇敢探索宇宙的赞扬，也能理解作者在文字中传递出来的对继续开拓探索宇宙、主动把握未来的恳切期盼。全文通过对宇宙画面的解说，展示了宇宙的奥秘，引发人们探索宇宙的兴趣，激发献身科学、创造未来的勇气和信心。

【课后任务】

1.观看纪录片《地球脉动》第一季第一集《两极之间》，有时间的同学可观看全季内容。

2.观看之后，请仿照课文的前三段，写下观看感悟，要求：①200字左右；②包含抒情或议论手法；③真情实感，不得抄袭。

参考答案：

1.略。

2.两极之间，有抵御零下70℃的低温与漫长的黑暗守护脚下的蛋的企鹅与带着憨态可掬的懵懂幼崽缓缓爬下极陡峭的山坡去觅食的北极熊；有数量巨大的在迁徙途中还得防止狼群攻击的驯鹿群；有覆盖着皑皑白雪的干枯的荒凉针叶林；亦有长出绿叶、水源充沛、热闹的森林。在

两极之间，我们领略了大自然不加雕琢的惊心动魄的美丽，体会到了在大自然中生存的困难与不易，也见证了奋力生存的动物们与破坏环境的人类之间的矛盾。

嘉善高级中学 朱崧源

64.《天文学上的旷世之争》教学微设计

【课文提要】

《天文学上的旷世之争》是关增建的作品，是一篇讲述中国古代关于宇宙结构模式争论的文章，描述的是科学发展史。科学史是有关科学本身的学问，主要揭示科学发现、发明的历史，探讨科学理论、思想的演变。阅读科学史文章，有助于我们更深刻地认识科学、理解科学。

本文的第1自然段，由西方关于"日心说"与"地心说"的争论提及中国古代的旷世之争——"浑盖之争"；第2自然段追根溯源，介绍"'天圆地方'说"的具体内容；第3—5自然段，介绍"宣夜说"的具体内容、优缺点与发展过程；第6—7自然段，介绍"盖天说"并指出其重要意义；第8自然段介绍"浑天说"挑战"盖天说"的由来；第9—13自然段，说明"浑盖之争"的发展过程与主要内容；第14—16自然段，说明"浑盖之争"的重要原则、发展特点与深远影响。

本文概括了中国古代宇宙结构学说的发展过程，回顾了我国古代关于宇宙结构模式的争论，并指出这些学说的历史贡献，说明中国古代天文学有重视实际校验的传统。

阅读时要了解"'天圆地方'说""宣夜说""盖天说""浑天说"等学说的基本观点、历史贡献及其相互关系，理解"浑盖之争"的本质；还要分析课文是怎样梳理、概括中国古代宇宙结构学说的发展过程的。

【任务目标】

学习本文时，需要先把握文章主要框架，梳理概括各种学说的观点，并思考文章的行文思路，体会作者如此安排的深意，品味文章的语言特点。在了解内容之后，重点关注"浑盖之争"的发展过程及其影响，思考探究中国古代自然科学的特点，提升辩证思考能力。

本课的学习任务目标如下：

（1）通读全文，梳理"'天圆地方'说""宣夜说""盖天说""浑天说"的基本观点与历史贡献，了解中国古代天文学的发展历程。

（2）分析文章结构，思考作者的写作思路，细读文本，总结文章的说明方法及其优点，品味语言的严谨、准确性。

（3）细读"浑天说"与"盖天说"的争论过程，思考这场学术之争的价值与意义，明确中国古代自然科学研究的实际特点。

【预习任务】

1.细读全文,理清文章结构,绘制思维导图。

2.结合相关段落,查阅《古汉语常用字字典》(第5版),读懂文中引用的文言文语段。

【任务设计】

任务一:概括学说内容,明确历史贡献

活动探究:本文讲述了中国古代天文学的发展史,细读课文,归纳中国古代天文学对宇宙结构的几种认识,概括各学说的基本观点、代表人物,总结这些学说的历史贡献。

任务阐述: 作者在文中提及"'天圆地方'说""宣夜说""盖天说"和"浑天说"四种学说。

"'天圆地方'说"认为天是圆形平盖,在人的头顶上方悬置;地是方的,静止不动。信奉人物有孔子、曾子,该观点的出现意味着中国人很早就形成了自己对宇宙形状的认识。

"宣夜说"认为日月星辰自由飘浮在虚空之中,它们之间互相独立,没有联系。记载者为郗萌。"宣夜说"似乎较为接近宇宙的实际情况,得到了很高的评价。

"盖天说"认为天地是两个中央凸起的平行平面,天在上,地在下,天离地的距离是8万里,日月星辰围绕着北极依附在天壳上运动。"盖天说"有传世经典《周髀算经》,信奉人物有司马迁等。该学说能够为人们提供有价值的信息,是富有科学意义的宇宙结构理论。

"浑天说"认为天是个圆球,天包着地,天大而地小。代表人物有落下闳、邓平、扬雄、葛洪、朱熹等。"浑天说"更符合观测依据,逐渐成为主流认识。

任务二:梳理文章思路,分析写作方法

活动探究1:本文作为一篇讲述科学史的文章,有其特定的行文思路,略读全文,梳理文章的写作思路。

任务阐述: 本文结构清晰,开篇从西方"日心说""地心说"的争论说起,引出中国历史上的旷世之争"浑盖之争";而在正式介绍"浑盖之争"之前,先按照中国古代对宇宙结构的认知发展过程介绍了"'天圆地方'说""宣夜说""盖天说"和"浑天说"四种学说,之后再详细解说"浑盖之争"的争论内容,评价分析争论的特点、影响和意义。全文详略得当,重点突出,既按照时间顺序说明,也按照事情的发展规律论述,体现了我国古人对宇宙认识逐渐深入的过程。

活动探究2:本文在阐述各种学术观点时,运用了多种说明方法,使内容更丰富、真实。阅读全文,思考作者运用的说明方法,并举例说明其作用。

任务阐述: 文章主要运用引用说明和比较说明两种说明方法。介绍"'天圆地方'说"时引用《大戴礼记·曾子天圆》中曾子的话,来说明"天圆地方"观点存在一定缺陷;介绍"宣夜说""盖天说"时都引用《晋书·天文志》中的内容,指出观点出处,完整地体现学说内容,为作者阐释观点提供了依据。

比较说明在文章第1自然段就有体现,将"浑盖之争"与"日心说""地心说"之争进行对比,

突出“浑盖之争”的重大意义。在介绍“宣夜说”时，作者将其与古希腊人的“水晶天说”进行比较，说明“宣夜说”的描述更接近宇宙的实际情形。在说明“浑盖之争”过程中体现出的优秀传统时，与希腊天文学进行比较，体现对“浑盖之争”重视实际校验这一做法的称赞表扬。

任务三：思考争论意义，探究科学特点

活动探究1：文章主要讲述被称为天文学上的旷世之争的“浑盖之争”，这场争论持续时间长、参与人员多，影响深远。请阅读文章第9—16自然段，归纳概括“浑盖之争”的主要内容，思考其意义与影响。

任务阐述：“浑盖之争”涉及与宇宙结构有关问题的方方面面。西汉末年，扬雄从观测依据到数理结构等八个方面逐一批驳“盖天说”。东汉著名学者王充就“浑天说”中“天在外，表里有水；地在内，漂浮水上”这一主张进行批驳。晋朝葛洪针对王充的责难，以太阳落入地平线时呈现出“横破镜”的状态这一事实作为依据，证明盖天说的观点是错误的。南北朝时期的浑天家何承天对太阳从水中出没的问题给出了自己的解释。南宋大学者朱熹从天文观测仪器的制作角度反对“盖天说”。

意义与影响：“浑盖之争”促使各学者提出更多的宇宙结构学说，促成了与之相关的众多重要科学问题的解决，促成了中国古代天文学诸多重要成就的获得。

文章的最后一段较为全面、深刻地说明了“浑盖之争”的意义与价值。

活动探究2：阅读科学史文章，能够让我们更清晰、准确地认识一些科学、文化问题。历来关于中国古代自然科学的发展就有诸多争论，有观点认为中国古代自然科学多技术、少理论，也有观点认为古代中国的科学研究常受到非学术因素的影响。请细读全文，思考上述观点，得出自己的探究结果。

任务阐述：“浑盖之争”过程中表现出来的重视实际校验的这种做法，不以先验的哲学观念为依据判断是非，是中国古代天文学的一个优秀传统；“浑盖之争”在其他方面的表现完全符合学术发展规律，政治和宗教等非学术因素没有介入到这场争论之中，是“浑盖之争”中值得肯定的地方。

在探究该问题时，教师可以引导学生查阅相关资料，结合书本内容，深入思考；可与西方自然科学发展的模式进行比较，深刻认识中国古代自然科学的发展特点，引导学生思考“多技术、少理论”“受非学术因素影响”这些印象产生的原因。学生可通过深入探究，提升思维能力，开阔眼界。

【课后任务】

请你在“‘地心说’与‘日心说’的争论过程”“中国古代天文仪器的发展历程”和“中国古代科学传统”中选择一个作为主题，以PPT的形式进行介绍。要求：①内容丰富、全面、准确，并在PPT中写下探究感悟；②图文并茂，图片与文字相结合；③PPT不少于15页，展示时间为5—10分钟。

参考答案：

任务说明：在学习本课、学习本单元时，学生能在学习的过程中体会到严谨、钻研的科学精神，激发探索科学的兴趣。完成一个PPT，学生需要阅读大量书籍、相关文献，之后需要对汲取的知识内容进行梳理、整合，整理出逻辑合理的讲述思路与内容，还须以文字的形式把自己所讲的内容呈现出来，并结合图片进行说明、补充，最后面向班级同学做分享。整个过程能锻炼学生的搜集整合能力和语言表达能力，提高其科学表达力、思维力，是对学生综合素质的锻炼与提升。

创作思路：对于三个主题，学生在阅读书籍、搜集资料的时候都要做到全面客观。"'地心说'与'日心说'的争论过程"，可以在PPT中呈现两种学说的主要观点、代表人物以及争论过程；"中国古代天文仪器的发展历程"，可以列举中国各个时期的天文仪器，讲述发展历程；"中国古代科学传统"，可以联系本课最后的讨论，关注中国古代科学的特点及其与西方科学的区别。PPT中呈现的探究感悟，可以是完成资料搜集的感想，也可以是对于研究内容的感想，要学会在搜集中思考，在思考中进步。

嘉善高级中学 朱崧源